# Das Buch der Weltpolitik Gottes

# Die Botschaft des Alten Testaments

Erläuterungen alttestamentlicher Schriften

Achtzehnter Band

## Das Buch der Weltpolitik Gottes

Calwer Verlag Stuttgart

# Das Buch der Weltpolitik Gottes

## Kapitel 40–55 des Buches Jesaja

ausgelegt von

Mag. Hellmuth Frey

Calwer Verlag Stuttgart

CIP-Kurztitelaufnahme der Deutschen Bibliothek

Die **Botschaft des Alten Testaments:**
Erl. alttestamentl. Schr. – Stuttgart:
Calwer Verlag
Bd. 18. Frey, Hellmuth: Das Buch der Weltpolitik
Gottes – 7. Aufl., 19. – 20. Tsd. – 1985

**Frey, Hellmuth:**
Das Buch der Weltpolitik Gottes:
Kap. 40 - 55 d. Buches Jesaja /
ausgelegt von Hellmuth Frey. 7. Aufl., 19. – 20 Tsd.
Stuttgart: Calwer Verlag, 1985.
(Die Botschaft des Alten Testaments: Bd. 18)
ISBN 3-7668-0051-5

ISBN 3-7668-0051-5
7. Auflage 1985

Druck: Gutmann + Co, Heilbronn

# Inhalt

## Einleitung. Jes. 40, 1 – 31

Seite

A. Überschrift: Die große Wendung (40, 1 – 2) . . . . . . . 21

B. Der Aufriß der Botschaft (40, 3 – 11) . . . . . . . . . 15

1. Die Enthüllung der Herrlichkeit Gottes vor allem Fleisch (40, 3 – 5)
2. Das Gericht über die Herrlichkeit alles Fleisches (40, 6 – 8)
3. Die frohe Botschaft vom Anbruch der Gottesherrschaft (40, 9 – 11)

C. Der Richter (40, 12 – 31) . . . . . . . . . . . . 25

1. Wer greift den Geist Jahwes? (40, 12 – 17)
2. Wem wollt ihr Gott vergleichen in seiner Größe? (40, 18 – 24)
3. Wem wollt ihr Gott vergleichen in seiner Güte? (40, 25 – 31)

*Theologische Besinnung* . . . . . . . . . . . . . 36


## Erster Teil. Jes. 41, 1 – 44, 23

Die zwei Werkzeuge der Weltpolitik Gottes
Die Enthüllung der Herrlichkeit Gottes vor allem Fleisch. – Der Sturz der drei Mauern, die ihr Erscheinen aufhalten

Kap. 1. **Erste Gerichtsverhandlung** (41, 1 – 42, 17)
Die Werkzeuge der Weltpolitik Gottes

A. Erster Gang der Verhandlung: Die Völker und das Volk Gottes vor Gericht (41, 1 – 20) . . . . . . . . . . 43

1. Cyrus – das Werkzeug des Gerichts (41, 1 – 4)
2. Der Zusammenbruch der Völker und ihrer Götzen im Gericht (41, 5-7)
3. Die Geborgenheit des Volkes Gottes im Gericht (41, 8 – 20)
   a) Der Gott der Weltgeschichte steht hinter seinem verlassenen Volk (41, 10 – 13). b) Der Gott der Weltgeschichte gebraucht sein ohnmächtiges Volk als Werkzeug (41, 14 – 16). c) Der Gott der Weltgeschichte speist sein verschmachtendes Volk (41, 17 – 20)

B. Zweiter Gang der Verhandlung: Die Götzen der Menschheit vor Gericht (41, 21 – 42, 17) . . . . . . . . . 58

1. Der Erweis der Nichtigkeit der Götzen (41, 21 – 24)
2. Der Erweis Gottes als des Herrn der Geschichte (41, 25 – 29)
3. Der Erweis Gottes als des Erlösers von Schöpfung und Geschichte (42, 1 – 9)
   a) Gott führt den Knecht ein als Werkzeug seiner Erlösung (42, 1 – 4)
   b) Der Knecht ist Bund und Licht der Menschheit (42, 5-8) c) Gott erweist sich als Schöpfer des „Neuen" (42, 9)

Ausleitung: Der Jubel der erlösten Völker über die Offenbarung der Herrlichkeit Gottes im „Neuen" (42, 10 – 17) . . . 72

*Theologische Besinnung* . . . . . . . . . . . . . 75

Kap. 2. **Zweite Gerichtsverhandlung** (42, 18 – 43, 21)
Die Zeugen der Weltpolitik Gottes

A. Erster Gang der Verhandlung: Der Knecht als Zeuge der Weltpolitik Gottes für sein Volk (42, 18 – 43, 7) . . . . 85

Seite

1. Der Todesweg des Knechts als Zeugnis von der Weltpolitik Gottes (42, 18–21)
2. Der Todesweg des Volkes Gottes im Licht dieses Zeugnisses (42, 22-25)
3. Die Herrlichkeit des Volkes Gottes im Licht dieses Zeugnisses (43, 1-7)
a) Die Unantastbarkeit des Volkes Gottes (43, 1 b – 4). b) Die Ausführung des Volkes Gottes aus der Gewalt der Welt (43, 5-7)

B. Zweiter Gang der Verhandlung: Das Volk Gottes und der Knecht als Zeugen der Weltpolitik Gottes für die Welt (43, 8–21) . . . . . . . . . . . . . . . . . . . . 94
1. Die Unfähigkeit der Götzen, Zeugen ihrer Gottheit zu stellen (43, 8-9)
2. Der Zeugenberuf des Volkes Gottes nach innen (43, 10–12 a)
3. Der Zeugenberuf des Volkes Gottes nach außen (43, 12 b – 15)
Ausleitung: Der Jubel der stummen Kreatur über das Zeugnis von der Herrlichkeit Gottes im Auszug der Gemeinde (43, 16–21) 98

*Theologische Besinnung* . . . . . . . . . . . . 101

Kap. 3. **Dritte Gerichtsverhandlung** (43, 22–44, 23)
Die Frucht der Weltpolitik Gottes

A. Erster Gang der Verhandlung: Der Anteil der Frömmigkeit der Gemeinde an der Erlösung (43, 22–44, 5) . . . . 111
1. Die Erlösung allein aus Gnaden (43, 22–28)
2. Die Erneuerung allein durch den Geist (44, 1–5)

B. Zweiter Gang der Verhandlung: Der Anteil der menschlichen Frömmigkeit überhaupt an der Erlösung (44, 6–23) . 118
1. Gott als alleiniger Erlöser (44, 6–8)
2. Die Unfähigkeit der Götzen zu erlösen (44, 9–20)
a) Religion als Menschenwerk macht dem Menschen Arbeit (44, 12-14). b) Religion als Menschenwerk ist nicht wirkungsmächtig (44, 15–17). c) Religion als Menschenwerk ist Blindheit und macht zuschanden (44, 18–20)
3. Erlösung als Werk Gottes (44, 21–22)
Ausleitung: Der Jubel von Himmel, Erde und Unterwelt über die Verherrlichung Gottes in der vollbrachten Erlösung (44, 23) . 129

*Theologische Besinnung* . . . . . . . . . . . 131

**Zweiter Teil.** Jes. 44, 24–48, 22

Das geschichtliche Werkzeug der Weltpolitik Gottes: Cyrus
Das Gericht über die Herrlichkeit alles Fleisches. – Gottes Werk in der Geschichte und das Wort

Einleitung: Weltgeschichte als Schöpfungsgeschichte (44, 24–28) . . 138

Kap. 1. **Der verborgene und der offenbare Gott** (45, 1–25)

A. Das Werkzeug Gottes in der Geschichte (45, 1–13) . . . 141
1. Gottes Verborgenheit in der Geschichte für sein Werkzeug (45, 1-8)
2. Gottes Verborgenheit in der Geschichte für seine Gemeinde (45, 9-13)

B. Wirkung und Ziel des Werkes Gottes in der Geschichte (45, 14–25) . . . . . . . . . . . . . . . . . . . . 147

Seite
1. Die Verborgenheit Gottes als Not der Völker (45, 14 – 17)
2. Der offenbare Gott als Antwort auf die Not der Völker (45, 18-25)
*Theologische Besinnung* . . . . . . . . . . . . 154

Kap. 2. **Das Gericht** (46, 1 – 47, 15)
A. Das Gericht über die Götzenherrlichkeit (46, 1 – 13) . . . 161
1. Die Entlarvung der Götzen und die Bewährung Gottes (46, 1 – 4)
2. Das Versagen der Götzenreligion und die Bewährung des Wortes Gottes (46, 5 – 13)
B. Das Gericht über die Herrlichkeit der Weltmacht (47, 1 – 15) 166
1. Die Vermessenheit der Weltmacht und ihr Sturz (47, 1 – 10 a)
2. Ursache und Stützen der Vermessenheit und ihr Versagen (47, 10 b-15)
*Theologische Besinnung* . . . . . . . . . . . . 172

Kap. 3. **Das Wort** (48, 1 – 22)
Einleitung: Die Anrede (48, 1 – 2) . . . . . . . . . 177
A. Gottes Werben durch Wort und Geschichte (48, 3 – 13) . . 179
1. Weissagung und Erfüllung des „Alten" als Werben Gottes (48, 3-6 a)
2. Ankündigung des „Neuen" als bestürzende Begnadigung (48, 6 b-11)
3. Das Ziel seines Werbens: Gott will uns Gott werden (48, 12-13)
B. Gottes Gegenwart in der Geschichte als Entscheidung (48, 14 – 22) . . . . . . . . . . . . . . . . . 184
1. Gottes Gegenwärtigwerden in der Erfüllung des „Früheren" (48, 14 – 15)
2. Gottes Gegenwärtigwerden in der Erfüllung des „Neuen" (48, 16-19)
3. Gottes Gegenwärtigwerden in der Geschichte als Ruf zu Aufbruch und Scheidung (48, 20 – 22)
*Theologische Besinnung* . . . . . . . . . . . . 190

**Dritter Teil.** Jes. 49, 1 – 55, 13

Das heilsgeschichtliche Werkzeug der Weltpolitik Gottes: der Knecht. Die frohe Botschaft vom Kommen der Königsherrschaft Gottes. – Gottes Werk in der Erlösung

Kap. 1. **Der Kampf** (49, 1 – 50, 3)
A. Der Knecht als Schwert des Wortes und Licht der Weltmission (49, 1 – 13) . . . . . . . . . . . . . 194
1. Umfang und Durchschlagskraft seiner Sendung (49, 1 – 6)
2. Der wunderbare Umschwung zum Sieg und die Völker (49, 7)
3. Der wunderbare Umschwung zum Sieg und die Gemeinde (49, 8-13)
B. Die Gemeinde, das neue Jerusalem, als Kampfziel Gottes (49, 14 – 21) . . . . . . . . . . . . . . . . . 203
1. Ihre scheinbare Verlassenheit und tatsächliche Geborgenheit (49, 14-17)
2. Der Umschwung vom gegenwärtigen Elend zur zukünftigen Herrlichkeit (49, 18. 19)
3. Der wunderbare Hintergrund des Umschwunges (49, 20. 21)

Seite

C. Drei Kampfworte (49, 22–50, 3) . . . . . . . . . . 207
1. Gottes Zeichen an die Völker, seine Kinder herauszugeben (49, 22-23)
2. Gottes Kampf mit der Weltmacht um seine Kinder (49, 24–26)
3. Gottes Besitzrecht auf seine Kinder wider den Anspruch der Weltmacht (50, 1–3)

*Theologische Besinnung* . . . . . . . . . . . . . . 212

Kap. 2. **Der Glaube** (50, 4–52, 12)

A. Der Knecht als Hirte und Zusprecher seiner Gemeinde (50, 4-11) 219
1. Die Spannung des Glaubens (50, 4–9)
2. Die Bestätigung des Glaubensgehorsams durch Gott (50, 10)
3. Die Bestätigung der Glaubensgewißheit durch Gott (50, 11).

B. Die Gemeinde unter der Anfechtung und in der Spannung des Glaubens (51, 1–8) . . . . . . . . . . . . . 228
1. Forderung und Verheißung des Glaubens an das wartende Israel (51, 1–3)
2. Forderung und Verheißung des Glaubens an das suchende Heidentum (51, 4–6)
3. Forderung und Verheißung des Glaubens an die Gemeinde der Jünger (51, 7. 8)

C. Drei Weckworte (51, 9–52, 6) . . . . . . . . . . 234
1. Der Notschrei des Knechtes und Gottes Antwort (51, 9–16)
2. Der Weckruf Gottes an seine Gemeinde I (51, 17–23)
3. Der Weckruf Gottes an seine Gemeinde II (52, 1–6)
Ausleitung: Die frohe Botschaft vom Anbruch der Königsherrschaft Gottes (52, 7–12) . . . . . . . . . . . . 247

*Theologische Besinnung* . . . . . . . . . . . . . 249

Kap. 3. **Die Erlösung** (52, 13–55, 13)

A. Der Knecht als Hoherpriester und Lamm Gottes (52, 13–53, 12) . . . . . . . . . . . . . . . . . 257
1. Das unerhörte Wunder der Erhöhung des Knechtes (52, 13–16)
2. Der Sinn der Erniedrigung des Knechtes (53, 1–9)
a) Die Verborgenheit des Armes Jahwes unter der Knechtsgestalt des Knechts (53, 1–3). b) Die große Überraschung: sein Leiden war Stellvertretung (53, 4–6). c) Die Weise seines Leidens: nicht heldisches Martyrium, sondern Knechtsgehorsam (53, 7–9)
3. Jahwes Plan: Stellvertretung bringt seine Weltpolitik ans Ziel (53, 10–12)

B. Die Gemeinde in der Herrlichkeit (54, 1–17) . . . . . 271
1. Das neue Volk (54, 1–6)
2. Der neue Bund (54, 7–10)
3. Das neue Jerusalem (54, 11–17)

C. Drei Einladungsworte (55, 1–13) . . . . . . . . . 282
1. Das gegenwärtige Heil will umsonst genommen sein (55, 1–5)
2. Das gegenwärtige Heil verlangt Umkehr (55, 6–11)
3. Das gegenwärtige Heil schenkt frohen Aufbruch (55, 12–13)

*Theologische Besinnung* . . . . . . . . . . . . . 289

# Einführung

„Das Buch des Zweiten Jesaja" läßt uns wie von Bergeshöhe über die Zeit hinweg und durch die sichtbare Wirklichkeit hindurch in das Geheimnis der Erlösung blicken. Von dem Kreuze Jesu Christi aus gesehen, liegen die verborgenen Wege der Weltpolitik Gottes aufgedeckt da. Mit dem Licht, das von der Person Jesu ausgeht, durchleuchtet dieses merkwürdige Buch den ganzen Umfang des Seins: Geschichte und Heilsgeschichte, Welt und Gemeinde, Gericht und Erlösung, Schöpfung und Erneuerung, das Reich Gottes und sein Verhältnis zu den Reichen dieser Weltzeit. Indem der Knecht Gottes und in ihm Gott in den Mittelpunkt tritt, eine neue Schau des unvergleichlichen Gottes sich auftut, erhalten alle Fragen des Lebens und der Welt, der Lebensauffassung und Weltanschauung ein neues Gesicht. So ist dieses Buch die Krone des Alten Testaments.

Der Form nach ist es ein Gesicht, ähnlich der Offenbarung Johannis, die erste große „Offenbarung" oder Apokalypse in der Bibel. In den Bildern dieser Offenbarung hat nachher der Seher Johannes seine Gesichte geschaut. Dem Inhalt nach ist es eines der grundsätzlichsten theologischen Bücher der Bibel, das unsere Begriffe klärt. Martin Luther hat den Römerbrief den Wächter vor dem rechten Verständnis des Neuen Testaments genannt. Ebenso ist der Zweite Jesaja Wächter vor dem rechten Verständnis Alten und Neuen Testaments, des Gesetzes ebenso wie der Messiashoffnung, des Evangeliums vom erschienenen Erlöser im Neuen Testament ebenso wie des Wortes in seinem Verhältnis zum Leben, der Offenbarung in ihrem Verhältnis zur Geschichte. So hat denn auch Paulus auf den Höhepunkten des Römerbriefs in den Worten des Zweiten Jesaja gesprochen. Ja Martin Luthers Erfahrung der Rechtfertigung, seine Losung „sola scriptura, sola gratia, solus Christus", das reformatorische Zeugnis von der Gerechtigkeit Gottes ist im Grunde nur Wiederentdeckung der Botschaft des Zweiten Jesaja.

Doch dieses Buch ist nicht nur erste Schau in die Rätsel der Vergangenheit und Zukunft des Reiches Gottes, nicht nur gesammeltes Strahlenbündel der Erkenntnis, in dessen Schein die Fragen der Theologie und des neuen Lebens sich grundsätzlich klären. Es ist auch über alle Schranken des Raumes und der Zeit hinweg das erste Zeugnis vom geschichtlichen gekreuzigten und auferstandenen Herrn, die erste Verkündigung der frohen Botschaft von der angebrochenen Gottesherrschaft, das Evangelium im Alten Testament. Darum ist dieses Buch auf der einen Seite das froheste, lindeste und gnadenvollste des Alten Testaments, durchzogen von einem Jubelpsalm um den andern, auf der andern Seite das erschütterndste, das wie kein anderes alle Herrlichkeit des Menschen verbrennt. Über dem Aschenhaufen unserer Herrlichkeit geht darin Gottes Herrlichkeit auf.

Äußerlich betrachtet ist unsere Prophetenschrift ein in sich geschlossenes Werk mit kristallischem Aufbau und dramatischer Spannung. Wessen Hände daran schufen, bleibt dunkel. Namenlos ist uns das Buch überliefert. Bloß weil es neben dem Jesajabuch stand, hat man es das „Buch des Zweiten Jesaja" genannt. Uns soll es gleichgültig sein, ob eines oder vieler Menschen Hände daran schufen. Wichtig ist, daß eines Gottes Geist dieses Buch zur einheitlichen Riesenschau gestaltet hat, vor der alle menschlichen Versuche, es zu zerstückeln und zu bekritteln, verstummen sollten. Eine Riesenarbeit hat die Wissenschaft am Verständnis dieses Buches geleistet, Arbeit, auf der heute die Auslegung aufbauen kann. Doch sollte die Wissenschaft sich auch von den geschlossenen Riesenketten der Gedanken dieser Apokalypse mitnehmen lassen in die Schau, in die Gott uns darin stellt.

Geschichtlich betrachtet ist das Buch in einem denkwürdigen Augenblick entstanden, an einer Weltenwende zwischen zwei Zeiten, während Geistesströmungen von Ost und West miteinander rangen. Den Hintergrund bildet die babylonische Gefangenschaft Israels, den ersten Leserkreis – die Gemeinde der Verbannten, den Anlaß – das Auftreten des Perserkönigs Cyrus. Die Jahre 597 und 586 hatten der Selbständigkeit des judäischen Reiches den Todesstoß, der führenden und wehrfähigen Schicht des Volkes die Verbannung gebracht. Im Innern des babylonischen Weltreiches angesiedelt, genoß die Gemeinde eine Art Autonomie und hatte es zu einem gewissen Wohlstand gebracht. Dennoch war ihre Lage hoffnungslos: die Führer im Gefängnis, die Gemeinde selbst weitgehend der Willkür örtlicher Behörden ausgeliefert, abgeschnitten von der Heimat mit allen Verheißungen, die an ihr hingen, beraubt der Möglichkeit, sich zur öffentlichen Anbetung als Volk Gottes im Tempel zu versammeln. Inmitten eines fremden Volkes, einer weit überlegenen Kultur und einer eindrucksgewaltigen Pseudokirche und Götterwelt ging dieser Volkssplitter nach menschlicher Berechnung dem sicheren Tode seines religiösen und völkischen Eigenlebens entgegen. In diese Lage hinein flammte am politischen Horizont das Wetterleuchten neuen Weltkrieges auf. Die ersten Siege der aufsteigenden Persermacht wurden bekannt. Zugleich mit der drohenden Gefahr von außen ward das babylonische Weltreich von religiösen und innerpolitischen Spannungen erschüttert. Diese Stürme erfaßten auch die Gemeinde Gottes und rissen sie hin und her zwischen schwärmerischen Hoffnungen und letzter Verzweiflung. Der sterbenden Gemeinde verkündigt unsere Prophetenschrift den Sturz Babels, die Entlassung der Verbannten in die Heimat und die Wiederaufrichtung ihres Tempels durch Cyrus. Ersteres erfüllte sich 539, zu Letzterem ging im Jahre 538 der Erlaß des Perserkönigs aus. Der äußeren Wiederaufrichtung durch Cyrus aber soll, so verkündigt der Prophet, die innere Erlösung Israels durch den Knecht Gottes, die Aufrichtung der Gottesherrschaft und die Weltmission nachfolgen.

So ist unsere Prophetenschrift eine aus der Schau in die Hintergründe der Geschichte geborene Vorausverkündigung des größten Wunders der Geschichte, der Auferstehung des kleinen jüdischen Volkssplitters aus dem Tode der Verbannung. Doch die Grundlage dieses geschichtlichen Wunders ist die Schau des noch größeren übergeschichtlichen Wunders der Auferstehung des hingerichteten Knechts. So verschlingen sich in diesem Buch Geschichtliches und Übergeschichtliches. Seine geschichtliche Botschaft lebt von seiner übergeschichtlichen. Die zeitgeschichtlichen Ereignisse, die es vorausverkündigt, sind nur Darstellung oder Verkörperung des ewigen Ereignisses, das es verkündet, des Anbruchs der Gottesherrschaft. Dieses Ewige wird in verkürzter menschlicher Sicht mit dem Zeitlichen zusammengeschaut. Darum ist das Zeitliche überall durchscheinend von ewiger Herrlichkeit. Die vergänglichen Größen und Gestalten, die uns darin begegnen, werfen gleichsam ihr vergängliches Kleid ab, ein unvergänglicher Inhalt sprengt die zeitlichen Formen und Hüllen. Ebenso wie durch die Hülle des Knechts, der zagt und bebt, die Gestalt dessen hindurchscheint, der war, ehe denn er in der Hülle sprach, so ist die zeitliche Gestalt des Volkes Israel durchscheinend von dem ewigen Volk Gottes aus allen Sprachen und Zungen, das irdische Bild Jerusalems durchscheinend vom himmlischen. Das wunderbare Ereignis der Befreiung des Judenvolkes von der Herrschaft Babels ist durchscheinend vom Anbruch der ewigen Gottesherrschaft, der zeitliche Umschwung durchzittert vom ewigen.

Der Anlage nach ist das Buch eine große Gerichtsverhandlung, die in immer neuen stürmischen Gängen dahinläuft. Es ist das Weltgericht, und der Kampf geht um die Weltgeltung Gottes. Nicht in fortschreitender Entwicklung, sondern in einer über die Gesetze der Zeit und ihrer Folge erhabenen Entfaltung, in merkwürdiger Gleichzeitigkeit legt das Buch seinen Inhalt auseinander. In dieser Entfaltung der Schau des Riesengebirges seiner Weltpolitik, in der Enthüllung seines Planes, in der Erlösung durch Christus erweist Gott seine Gottheit. Ja das ganze Buch ist eigentlich nichts anderes als eine einzige große Selbstenthüllung des unfaßbaren Gottes in seiner Größe und Güte, vor der alle menschlichen Begriffe zerbrechen und nur Anbetung nachbleibt.

---

Aus praktischen Gründen war eine Neudurcharbeitung des exegetischen Teiles nicht möglich. Es konnte aber um so eher darauf verzichtet werden, als die neueste Forschung die Beobachtungen und Vermutungen über die literärische Einheit und die religionsgeschichtlichen Anknüpfungspunkte des Deuterojesajabuchs von damals in überraschender Weise bestätigt.

# Einleitung

## A. Überschrift: Die große Wendung

Jes. 40, 1 – 2:

(1) **Tröstet, tröstet mein Volk!**
**spricht euer Gott.**
(2) **Redet zum Herzen Jerusalems;**
**rufet ihr zu,**
**daß vollendet ist ihre Fron,**
**daß bezahlt ist ihre Schuld,**
**daß sie empfangen hat von der Hand Jahwes**
**Zwiefaches für all ihre Sünden.**

In dieser Überschrift lebt keimhaft schon die ganze Botschaft, die nachher auseinandergefaltet wird. Der kleine Abschnitt ist wie mit einer Klammer zusammengehalten durch das zwiefache „Tröstet" am Anfang, auf dem Hintergrunde des „Zwiefachen" an Gericht am Ende.

Was zwischen dieser Klammer liegt, ist in dem Bestürzenden und Überwältigenden, das ihm anhaftet, am ehesten vergleichbar dem Umbruch in der nordischen Natur nach dem ersten Frühlingsgewitter: aus demselben Himmel, der – von Wetterschlägen erschüttert – schwer geladen, dunkel niederhing, flutet plötzlich lauter Licht, bestürzend in seiner Klarheit, unglaubhaft in seiner Lindigkeit, und die schreckgebundene Kreatur hat sich in einen lichtglitzernden, harfenden Chor verwandelt. Solch einen Umbruch, nur noch gewaltiger in seinen Gegensätzen, weitgreifender in seinen Wirkungen, spricht die Überschrift zum Buch der Weltpolitik Gottes aus. Dieser Umbruch umfaßt nicht nur die Natur einer Landschaft, sondern die Geschichte eines ganzen Volkes. Ja, ohne daß es hier schon ausgesprochen wäre, zittert durch dieses „Tröstet" ein Umbruch, der über Israel hinaus die Menschheit, die Schöpfung, ja darüber hinaus Himmel und Unterwelt ergreift (42, 10 – 11; 43, 20; 44, 23).

Das ist ein Umbruch, nicht in der Atmosphäre dieser Welt, sondern in Gott selbst. Aus demselben Munde, aus dem ein „arur" = „verflucht!" nach dem andern wie Donnerschlag über die Schöpfung hingrollte, drängt jetzt ein „Tröstet" nach dem andern hervor. Nicht die Zweizahl, sondern die aus sich selbst herausdrängende Fülle, die Unaufhörlichkeit und Stärke im Drange Gottes zu trösten, drückt das doppelte „Tröstet" aus. Dieselbe Hand, die durch Jahrhunderte schlug, die Verheißung „mein Volk", „euer Gott", „euer Land" aufhob, auf der die Geschichte dieses Volkes seit Abraham beruhte, die Jerusalem zerstörte, seine Söhne verbannte, seinen Tempel plünderte, mit der Bodenständigkeit dem

Volk sein nationales Leben nahm und die Verbindung zwischen sich und diesem Volke löste, — dieselbe Hand tröstet jetzt.

Vergegenwärtigen wir uns: es ist ein Volk, das — geschichtlich betrachtet — gestorben ist, zu dem Gott jetzt spricht. Indem er spricht, offenbart er: für ihn lebt es, er hat seine Verbindung mit ihm nicht gelöst. „Mein Volk", „Euer Gott". In der geschichtlichen Wirklichkeit ist nur Druck, Schlag und Vernichtung zu sehen. Aber für den Glauben ist der Umschwung schon da, bricht schon das „Tröstet, tröstet" herein gleich einem zurückgedämmten Strom, der die Dämme durchrissen hat. Daher die Häufung der Worte: „Tröstet, tröstet", „mein Volk", „euer Gott", „redet zum Herzen...", „ruft ihr zu".

Aber nicht nur wie Sturzflut, so überwältigend in ihrer Fülle, sondern auch wie Tau und Morgensonne, so innig in ihrer Zartheit ist die Regung im verwandelten Herzen Gottes. Wörtlich heißt es: „Redet Jerusalem auf dem Herzen." Um das innigste liebkosende Reden eines Liebenden mit seiner Geliebten wiederzugeben, wird der Ausdruck sonst gebraucht (vgl. 1. Mose 50, 21; 34, 3; Richt. 19, 3; Hosea 2, 16).

Dieser Umschwung heißt: Gnade für Zorn.

Ebenso überraschend wie die Wendung selbst ist ihre Begründung, die jetzt in drei Sätzen hingestellt wird.

a) „Vollendet ist ihre Fron" (wörtlich: „erfüllt"). — Die Zeit des Unglücks und der Erniedrigung, die über das Volk hereingebrochen, erscheint als Fron unter dem treibenden Stecken des Fronherrn. Wie einem freien Bauern, der durch Verschuldung in die Frongewalt eines jüdischen Großgrundbesitzers geriet, ist es Israel ergangen. Die Verbannung ist die Fron, Grund der Fron ist Verschuldung. Aber ist wirklich der Babylonier der Fronherr? Nein, er ist nur der harte Treiber im Auftrag eines Größeren. Der Fronherr ist Gott.

Jetzt ist die Fron erfüllt. Hat Israel durch seine Arbeit genug getan? So scheint es. Aber 43, 24 begegnet uns Gott als Knecht in schwerer Fronarbeit unter der Schuldenlast seines Volkes; 40, 10 hören wir, daß er Lohn für seine Arbeit geerntet hat. Sollte hier schon angedeutet werden: die Fron ist erfüllt, weil ein Größerer gearbeitet hat für sein Volk? Es wird nicht ausgesprochen, wie ja alles hier nur Ansatz ist, der der Ausführung harrt, ohne diese nicht nur unvollständig ist, sondern im Widerspruch zum übrigen Buch steht.

b) „Bezahlt ist ihre Schuld." — Der Grund dafür, daß Not und Fron ein Ende haben sollen, lautet: Die Schuld ist abgebüßt. Durch wen? Im 43. Kapitel erfährt das Volk, daß all seine Leistungen vergeblich waren. Sollte ihm hier gesagt werden, daß es abgedient habe? Nimmermehr! Der Grundcharakter des Abschnitts ist vielmehr Bestürzung und Überraschung: die Wolke des Gerichts entlädt sich in Gnade; die Hand, die zum Schlagen ausgereckt war, tröstet; die Verbindung mit

Gott, die zerschnitten war, ist plötzlich da; die Fron, die nie zu Ende gehen konnte, ist zu Ende; die Schuld, die so groß war, daß sie nie bezahlt werden konnte, ist bezahlt. Das ist die jubelhelle Überraschung. Gott sagt nicht, wer es getan. Erst später erfahren wir, daß Gott gearbeitet hat (43, 24), und am Ende des Buches hören wir, daß ein Schuldopfer für dies Volk eingezahlt wurde (53, 10). Und im Mittelpunkt des ganzen Buches steht der Gedanke des Loskaufes. Vorstellungen aus dem priesterlichen und dem gerichtlichen Leben verbinden sich. Wieder ist hier nur angedeutet. Unentfaltetes Geheimnis steht hinter den Worten.

c) „... Zwiefaches für all ihre Sünden." – Hinter der hellen Sturzflut „Tröstet, tröstet" taucht als dunkle Wetterwand das Übermaß des Gerichtes auf, das über dieses Volk hereinbrach. „Zwiefaches" hat Jerusalem empfangen. Wieder ist nicht die Zweizahl, sondern die Fülle gemeint. Aber ist wirklich das Gericht im Verhältnis zur Sünde übergroß gewesen und nicht vielmehr umgekehrt? Kap. 43 hören wir doch, daß dies Volk mit der Überzahl seiner Sünden Gott Arbeit macht?

Der Widerspruch hat zu mannigfaltigen Deutungen Anlaß gegeben. Man hat „Zwiefaches" auf Gericht und Gnade gedeutet, oder auf das, was der babylonische Zwingherr in Gottes Auftrag, und das, was er eigenmächtig auflegte. Oder man hat in richtiger Deutung des Wortes „doppelt" die Strafe wirklich für übergroß erklärt, meinte dann aber, die Strafe nähme sich, vom Überschwang des göttlichen Erbarmens aus gesehen, so groß aus, weil Gottes Stimmung umgeschlagen ist. Aber das ist alles Abschwächung. Der Text meint wirklich: hinter dem Übermaß des Trostes steht ein Übermaß an Gericht, das sich über diesem Volk wegen seiner Sünden entladen hat. Aber straft Gott über das Maß? Wir stehen vor einem Rätsel. Erst am Ende des Buches erfahren wir von einem alles Maß übersteigenden Verhängnis, das über einem Einzelnen niederging. Und wieder ist es Überraschung: es war das Gericht, das für das Volk bestimmt war. Dieser Einzelne hat den Schlag dieses Gerichts aufgefangen im Namen des Volkes für die Welt; darum sind die andern frei.

## Ausblick

Damit sind wir beim Letzten angelangt. Zunächst ist hier nur von der Not der babylonischen Gefangenschaft die Rede. In Wirklichkeit ist sie aber nur letzte Zusammenfassung und Verdichtung alles dessen, was an Schuld und Fron in der Geschichte dieses Volkes sich aufgehäuft hat. So faßt der Zweite Jesaja immer wieder die Gegenwart des Volkes mit seiner Vergangenheit zusammen als ein Ganzes, eine große Verschuldung von Uranfang an, und Gottes Antwort darauf als eine Kette von Fron.

Die Linie reicht über die Ursprünge Israels hinauf: Judas Fron in Babel, Israels Fron in Assur, die Fron des Volkes zur Richterzeit,

Israels Fron in Ägypten, Jakobs Fron bei Laban, Adams Fron auf dem verfluchten Acker. Und über diese Kette äußerer Fron spannt sich wie ein dunkler lastender Bogen die innere Fron unter dem Gesetz vom Sinai bis Christus.

Nichts Geringeres als das Ende der Fron des Gesetzes ist es, was Gott hier mit dem „Tröstet, tröstet" einleitet, um es später mit dem „Ich, ich bin es, der abwischt deine Treubrüche um meinetwillen" (43,25) auszuführen und endlich mit dem „Züchtigung uns zum Frieden lag auf ihm" (53,5c) zu begründen.

Daß es bei der großen Wendung wirklich um mehr als um Beendigung der babylonischen Gefangenschaft, daß es um Beendigung der Geschichte Israels schlechthin, ja um Vollendung der Geschichte als solcher geht, wird aus dem Folgenden klar.

## B. Der Aufriß der Botschaft

### 1. Die Enthüllung der Herrlichkeit Gottes vor allem Fleisch

Die Überwindung aller Widerstände

Jes. 40, 3–5:

(3) **Eine Stimme ruft:**
**In der Wüste bahnet**
**einen Weg für Jahwe!**
**Ebnet in der Steppe**
**eine Königsstraße unserm Gott!**

(4) **Alles Tal soll sich heben,**
**aller Berg und Hügel sich senken!**
**Es werde das Unebene zur Ebene,**
**Felstrümmer zum offenen Tal,**

(5) **daß sich enthülle die Herrlichkeit Jahwes,**
**und daß es schaue alles Fleisch mit einander.**
**Denn der Mund Jahwes hat's geredet.**

a) Die Gegenwart mit Menschenaugen gesehen. – Was in der Überschrift ausgesagt wurde, stand in schneidendem Widerspruch zur notvollen Lage der Verbannten. Der Tag Jahwes war das Ziel, auf das hin der Fromme Israels die Geschichte erlebte. Beim Zusammenbruch, in dem die Geschichte Israels endigte, war dies Ziel in Nacht versunken. Oder sollte die Religion dieses vaterlandslosen und heimatlosen Volkssplitters noch Weltreligion werden? Sollte dieser Gott, für dessen Namen keine Tempel mehr gebaut wurden, noch die Welt in Besitz nehmen? Ein irrsinniger Anspruch!

Wie weglose Wüste, wie Felswände, die kein Menschenfuß erklimmt, wie Abgründe, über die kein Brückenbogen sich spannt, wie Talschluchten, deren Ausgang Bergsättel und Felstrümmer versperren, den Anmarsch eines Heeres hemmen, so widersteht die geschichtliche Gegenwart diesem Anspruch Gottes, so trennt die Wirklichkeit den Glauben von seinem Ziel. Ganz andere Mächte sind es, die die Welt beherrschen und die Geschichte machen: Weltreiche wie Assur und Babel, Herrscherpersönlichkeiten wie Nebukadnezar und Cyrus, machthungrige Priesterhierarchien, die Könige ein- und absetzen, gewaltige Pseudokirchen und Volksgötter.

Wie eine uneinnehmbare Burg steht vor dem Anspruch des Glaubens das babylonische Heidentum, eindrucksgewaltig durch seinen Staatsgedanken, erdrückend durch seine Machtmittel, gefährlich durch die Grausamkeit seiner Politik, überlegen durch seine Kultur, welterobernd durch Recht, Schrift und Literatur, beeindruckend durch seine Frömmigkeit, die Riesenausmaße seiner Gotteshäuser, berückend durch den Glanz seiner Prozessionen und Feiern, die wilde Phantasie seiner Götterdramen, die Gewalt seiner Lieder und die Wucht seiner Gottesvorstellungen. Diesem Heidentum gehörte die Welt, dem Gott Israels – nur der Anspruch.

Zwar geht ein Zittern wie vor dem Fall durch die Grundfesten der Weltmacht Babel, ein Raunen von Unzufriedenheit, Parteiung und Landesverrat. Aber die Väter haben geschaut, wie eine Weltmacht wankte (Assur) und die andere an ihre Stelle trat (Babel). Wankt jetzt Babel, schon tritt von Osten her die persische Weltmacht an und mit ihr ein kämpferischer Glaube, die geistig und sittlich blendende Religion Zoroasters. Meder und Lyder haben daran glauben müssen. Schon rüstet Cyrus gegen Babel. Wieder ist Weltgewitter. Zwei Weltmächte ringen um ihre Existenz, zwei Staatsgedanken, zwei Kulturen, zwei Religionen; dazwischen die kleine jüdische Kolonie mit ihrem Gott, die gelernt hat, für den Rest ihres gedrückten Daseins zu danken. Wird der neu entbrennende Weltkrieg auch diesen Rest vernichten, die letzten Erinnerungen an den Namen ihres Gottes aus dem Buch der Geschichte löschen?

So sieht die Wirklichkeit mit Menschenaugen gesehen den Glauben an. Die Hoffnung auf Jahwes Kommen zum Weltregiment erscheint davor wie ein Traum, der ausgeträumt ist.

b) Der Blick in die Hintergründe der Geschichte (3.4). – Da öffnet Gott dem Propheten das Ohr, daß er hört, was hinter dem sichtbaren Gang der Ereignisse vor sich geht in der unsichtbaren Werkstatt der Weltgeschichte. Wie Patmos für Johannes die Geburtsstunde der Offenbarung, wird dies für den Zweiten Jesaja die Geburtsstunde seiner großen Schau der Weltpolitik Gottes. Über Not und Lärm der Zeit, über das Gespräch zwischen den Weltmächten hinweg hört er Kommandoruf vom Himmel an Himmelswesen: „Bahnet ... Ebnet!" Ist das Himmelsheer im Anmarsch? Es ist das Heer, auf dessen Vorposten Jakob bei Pniel stieß (1. Mose 32, 3), dessen Scharen zu Deboras Zeiten vom Himmel her für Israel stritten (Richt. 5, 20), dessen Kriegsrat Micha, der Sohn Jimlas, belauschte (1. Kön. 22, 19), dessen Thronwache Jesaja das dreimal Heilig singen hörte (Jes. 6, 2. 3), die „starken Helden", die Gottes „Befehl ausrichten", „daß man höre auf die Stimme seines Wortes" (Ps. 103, 20). In drängender Eile, mit heischendem Kommandoruf feuern sie einander an. Wozu?

Sie bauen die Krönungsstraße für den Anmarsch des Gottes Israels. So baute man einst die große Prozessionsstraße für Bel-Marduk, den „Herrn der Länder", auf der er am Neujahrsfest auszog, um den Sieg über die Chaosgötter, seine Thronbesteigung und die Weltschöpfung zu feiern. So ähnlich baute man auch für die orientalischen Weltherrscher Prachtstraßen, wenn sie sich aufmachten, um sich von ihren Ländern huldigen zu lassen. Eine noch gewaltigere Straße soll jetzt werden. Nicht Menschen-, sondern Engelshände bauen; alle Hindernisse fallen, ob sie wie weglose Wüste sich dehnen, wie steile Felsen sich türmen, wie Abgründe sich auftun oder wie Talschluchten ohne Ausgang den Durchzug sperren. Was Menschenkräfte nicht vermögen, die Überirdischen tun es: sie reißen die Felsen ein und sprengen die Bergsättel.

c) Der Sinn des Weltgewitters (5). – Hinter dem Schaffen der himmlischen Hände verborgen, bereitet sich Unerhörtes vor. Eben jetzt, wo – menschlich gesehen – sein Name aus dem Buch der Geschichte ausgelöscht ist, ist Jahwe dabei, die Krone zu nehmen. Er hat sie zwar schon immer getragen und seine Herrlichkeit hat von jeher Himmel und Erde erfüllt, aber für Menschenaugen verborgen. Nur die Himmelswesen, die um seinen Thron das dreimal Heilig sangen, schauten und verkündigten, daß die ganze Erde seiner Herrlichkeit voll (Jes. 6, 3). Jetzt will seine Herrlichkeit sich enthüllen. Darum verlassen die Himmelswesen ihre erhabene Ruhe, in der sie verharrten, solange diese Herrlichkeit ein Geheimnis des Himmels bleiben mußte, und greifen in den Gang der Weltgeschicke ein. Wo Menschenaugen nur Machtkampf der Weltstaaten, Triumph der Volksgötter, Vernichtung und Chaos sehen, da ist in Wirklichkeit ungestümer Plan und Wille: Weg muß werden für den Gott Israels. Dazu altern Völker, stürzen Throne, toben Kriege, entstehen und vergehen Kulturen.

Nach unserem Empfinden sollte diese Schau in die Hintergründe der Geschichte ein so großes Erleben bedeutet haben, daß es weiterer Bestätigungen nicht mehr bedurfte. Anders in Gottes Augen. Es ist seine Art, den Menschen an das Wort zu weisen und durch das Wort zu halten. Selbst in dieser unvergleichlichen Stunde des Schauens weist er den Propheten auf das Wort, das die Gemeinde in vergangenen Jahrhunderten empfangen hat, und besiegelt die Botschaft der Engel und das Erlebnis des Propheten durch sein Wort an die Gemeinde: „denn der Mund Jahwes hat's geredet."

Man hat davon gesprochen, daß der Zweite Jesaja, der Prophet der Geschichte, durch die Geschichte zum Propheten geworden sei, und hat daraus gefolgert, daß wir alle Gottes Stimme aus der Geschichte vernehmen können. Das geht am Tatbestande vorbei. Die große Weltwende haben Millionen erlebt, aber der Sinn der Geschichte blieb ihnen verborgen. Gott mußte sprechen, Offenbarung mußte den Sinn der Weltwende aufdecken. Nicht die Geschichte, sondern Offenbarung machte den Zweiten Jesaja zum Propheten.

Berge und Täler sind die Hindernisse, die das Erscheinen der Herrlichkeit Jahwes aufhalten. Man hat sie geographisch auf den Rückweg der Verbannten gedeutet, geschichtlich auf die politischen Widerstände, psychologisch auf Trotz und Verzagen, oder ethisch auf sittliche Mängel, die durch menschliche Anstrengungen beseitigt werden müssen. Aber nicht Menschen-, sondern Gottes Werk ist gemeint. Der erste Teil unseres Prophetenbuches gibt selbst die Auslegung, indem er die Botschaft vom Erscheinen der Herrlichkeit Gottes entfaltet. Vor seinem geschichtlichen Werkzeug Cyrus, das vorangeht, und dem Knecht, der ihm als das Licht der Welt nachfolgt, stürzen nacheinander die drei Mauern, die sie verdunkelten: erst die Vermessenheit des Menschen und seiner Götzen, dann die Schmach der Gemeinde Gottes in der Verbannung und endlich Gesetz und Leistung, die den Weg zu Gott verbauen.

Johannes der Täufer hat sich als Verkörperung der Stimme gewußt, die die Ankunft der Herrlichkeit Gottes meldet (Luk. 3, 4–6), der Jünger Johannes und der Apostel Paulus bezeugen, daß sie in Jesus erschienen ist. „Wir schauten seine Herrlichkeit", bekennt der eine (Joh. 1, 14), „Wir alle spiegeln mit aufgedecktem Angesicht die Herrlichkeit des Herrn wider", der andere (2. Kor. 3, 18).

## 2. Das Gericht über die Herrlichkeit alles Fleisches

Der ewige Bestand des Wortes Gottes

Jes. 40, 6–8:

**(6) Eine Stimme sprach: „Rufe!"**
**Und ich sprach: „Was soll ich rufen?"**
**Alles Fleisch ist Gras**
**und all seine Pracht wie Blüte des Feldes.**

**(7) Es vertrocknet das Gras,**
**es verwelkt die Blüte,**
**denn der Odem Jahwes**
**bläst darein.**

**Wahrlich, Gras ist das Volk.**

(8) **Es vertrocknet das Gras,**
**es verwelkt die Blüte,**
**das Wort aber unsres Gottes**
**besteht in Ewigkeit.**

(6 a) Die vorige Strophe öffnete uns das Ohr für eine stürmische Bewegung hinter dem sichtbaren Gang der Geschichte, für eine unsichtbare zweite Wirklichkeit innerhalb dieser: zwei Wirklichkeiten ineinander, deren eine das Schicksal der anderen, und doch kein Herüber und Hinüber zwischen beiden – Hochspannung. Was die neue Strophe schildert, ist die Entladung. Wie im Blitz die Wolke die in ihrem Schoße verborgene Elektrizität aus der Unsichtbarkeit in die Sichtbarkeit entlädt, so bricht die unsichtbar aufgestaute Energie der oberen in unsere Welt herein in der Bevollmächtigung des Propheten. Alle Vollmacht ist Einbruch senkrecht von oben. Der Funke braucht eine Spitze, die ihn an sich zieht. Der Einbruch von oben, die Vollmacht, braucht ein Ohr, das hört, einen ganzen Menschen, der sich zur Verfügung stellt. Der Bevollmächtigte wird in den Kreis der Wesen und Mächte der unsichtbaren Welt hineingezogen, der Prophet in die Kampffront des Himmelsheeres.

Das läßt uns ermessen, was sich in dem kurzen Zwiegespräch „Rufe!" – „Was soll ich rufen?" vollzog. Wie das Überspringen des Funkens, so sekundenhaft ist der Befehl, ebenso kurz die Antwort. Eigentlich ist es keine Antwort, sondern wortloses „Sich zur Verfügung stellen". Nicht der Gehorsam, sondern nur das „Was" der Predigt unterliegt noch der Frage. Während die anderen großen Propheten, Mose, der Erste Jesaja, Jeremia, Hesekiel, bei ihren Berufungen Gesichte schauten oder sich sträubten, versinken hier alle äußeren Umstände ebenso wie alles innere Erleben. Nur die Stimme von oben bleibt nach und ein Menschenleben, das nur noch weitertragender Hall dieser Stimme ist.

(6 b) Stand für Menschenaugen dem unsichtbaren Heer des unsichtbaren Gottes und seinem ungeduldigen Willen die sichtbare Wirklichkeit wie starrender Granit entgegen, so reißt das Wort, das der Prophet empfing, ihr die Zeichen der Macht und Hoheit ab. Wo Menschenaugen Persönlichkeiten sehen, die dem Jahrhundert ihren Namen geben, Staaten, die in ihrem Drang zur Weltmacht aus den Schranken des Raumes und der Zeit ausbrechen wollen, Kulturen, die Jahrtausende überdauern und formen, Religionen, die auf Ewigkeit Anspruch erheben, – da sagt Gottes Wort: „Gras". „Alles Fleisch" – das ist Zusammenfassung aller irdisch-zeitlichen Machtentfaltung, ebenso in einzelnen Herrschergestalten gegipfelte wie in Völkern und Weltstaaten geballte Menschenkraft – „Gras"; in Kulturen geformte Menschengedanken, in Religionen Gestalt gewordene Menschensehnsucht – „Blüte des Feldes". Ein ungeheuerliches Urteil, wenn es gegen die machtvollsten und herr-

lichsten Verkörperungen des Menschentums geschleudert wird! Gottes Schau und unsere Schau des Menschen, auf der unsere idealistische Weltanschauung ruht, stoßen schroff widereinander. „Viel Gewaltiges", singt Sophokles in der Antigone, „doch nichts Gewaltigeres gibt es als den Menschen." „Alles Fleisch ist Gras und all seine Pracht wie die Blüte des Feldes", sagt Gott. Den Gedanken noch unterstreichend, hat die griechische Bibelübersetzung das hebräische Wort für „Pracht" mit „Herrlichkeit" übertragen, so daß sich die Herrlichkeit des Menschen hier und die Herrlichkeit Gottes im vorigen Abschnitt gegenübertreten wie Gras und Glorie.

(7) „Aber ist das nicht seit Spengler auch die Auffassung des modernen Menschengeistes vom geschichtlichen Werden?" hat man gefragt. Eindrucksvoller als Frühere schaute Oswald Spengler in der Geschichte das Gesetz des organischen Wachsens und Vergehens, zeigte, wie Völker und Kulturen nach unabänderlichem Gesetz antreten, alle Stufen der Entwicklung vom Kindes- bis zum Greisenalter durchlaufen und schließlich sterben. Er lehrte den trotzigen Heroismus, der das Unabänderliche zu tragen und – wenn die nach ehernem Naturgesetz herbeieilende Stunde es verlangt – auch gelassen zu sterben bereit ist. – Gras und Blüte, Vertrocknen und Verwelken drücken im feierlichen Gleichklang der sich wiederholenden Sätze die ewige Wiederkehr aus. Die ganze Geschichte ist Wachsen, Blühen und Verwelken, die gleich dem ewigen Kreislauf der Jahreszeiten unaufhörlich einander ablösen, Völker an Völker, Kulturen an Kulturen reihend. Läßt sich „organische Geschichtsbetrachtung" gewaltiger im Bilde darstellen? –

Doch nicht unserer gemäßigten Zone, sondern dem heißen Süden ist das Gleichnis von Gras und Blüte entnommen. Die märchenhafte Blumenpracht des Frühlings, der jäh einsetzende Sommer, der heiße Glutwind aus der Wüste, der Gras und Blume verbrennt, – das ist alles nicht Bild für *organische*, sondern Ausdruck für *jäh durchgerissene* Entwicklung. In der Unnatur des Sterbens sieht Gottes Wort das Grundgesetz des Lebens auf dieser Erde, das Grundgesetz aller Geschichte, und hinter der Wirklichkeit des Todes zeigt es uns die Wirklichkeit des Zornes. Wie der Glutwind aus der Wüste für das Verbrennen der Frühlingspracht, so ist Gottes Zornesodem Ursache für das Sterben in der Geschichte. Der Grund aber für seinen Zorn ist die Sünde. Die Auslegung unserer Stelle steht im 90. Psalm: „Das macht dein Zorn, daß wir so vergehen, und dein Grimm, daß wir so plötzlich dahin müssen. Denn unsere Missetaten stellest du vor dich, unsere unerkannte Sünde ins Licht vor deinem Angesicht" (V. 7. 8). Der heldischen Gelassenheit, die sich in das Naturgesetz fügt, setzt die Bibel das Wort entgegen, das die Gewissen weckt: „Wer glaubt's aber, daß du so sehr zürnest, und wer fürchtet sich vor solchem deinem Grimm? Lehre uns bedenken, daß wir sterben müssen, auf daß wir klug werden" (Ps. 90, 11. 12).

Diese Wirklichkeit des Zornes und des Todes wird besonders schrecklich dadurch, daß dieses Leben nicht als Jammertal voll blasser Schatten geschaut ist, sondern als Blütenpracht, wie nur orientalischer Frühling sie so märchenhaft schön hervorzubringen vermag. Diese ganze Pracht ist im voraus todgeweiht durch den Zorn. Der feierliche Gleichklang des Kehrreimes: „Es vertrocknet das Gras, es verwelkt die Blüte" soll sagen: das Verhängnis des Todes will kein Ende nehmen.

(8) Steht am Ende des ersten Kehrreimes der Zornesodem Jahwes als die unversiegliche Quelle, aus der unaufhörlich der Tod hereinbricht, so tritt an das Ende des zweiten Kehrreimes unvermittelt das Wort Gottes wie unbeweglicher Felsen, von dem die Wirklichkeit des Todes ohnmächtig zurückbrandet, die einzige Wirklichkeit, die nicht dem Grundgesetz des Sterbens unterliegt. Der Zorn und das Wort sind die zwei großen, bleibenden und sieghaften Mächte in der Geschichte. Die Wirkung der einen ist Tod, die der andern – Leben, die Wirkung der einen Zerstörung, die der andern – Schöpfung, die Wirkung der einen Gericht, die der andern – Erlösung. Die eine ist die Wirklichkeit der Weltgeschichte, die andere die Wirklichkeit der Heilsgeschichte, die eine Gottes „fremdes", die andere Gottes „eigenes" Werk.

Wie einst im Kriege die uneinnehmbaren Wälle der Burg frei hervortraten, wenn man die hölzernen Vorstädte niederbrannte, so tritt – je heftiger der Glutwind des Zornes sein verheerendes Werk in der sichtbaren Geschichte treibt – um so fester die unsichtbare Wirklichkeit des Wortes hervor. Das Wort lügt nicht, wandelt sich nicht, erfüllt sich, ist Kraft. Es überwindet Widerstände, schafft Leben, neue Erde, neuen Himmel und neue Menschen. Im Wort zeichnen sich über dem wechselnden Wogengang der Geschichte die Umrisse der ewigen Weltpolitik Gottes ab. Dieses Wort ist Bürge für das Erscheinen der Herrlichkeit Gottes.

### 3. Die frohe Botschaft vom Anbruch der Gottesherrschaft

Das Kommen Gottes zu seiner Kirche

Jes. 40, 9–11:

(9) **Auf hohen Berg steige du,**
**Freudenbotin Zion!**
**Erhebe mit Macht deine Stimme,**
**Freudenbotin Jerusalem!**
**Erhebe sie, fürchte dich nicht!**
**Sprich zu den Städten Judas:**
**Siehe da, euer Gott!**
(10) **Siehe da, der Allherr Jahwe!**
**In Kraft kommt er,**
**und sein Arm waltet für ihn.**

**Siehe da, sein Lohn ist mit ihm**
**und sein Erwerb vor ihm her.**
(11) **Wie ein Hirte weidet er seine Herde,**
**mit seinem Arme sammelt er sie.**
**Die Lämmer trägt er am Busen,**
**die Säugenden leitet er sanft.**

Beherrschte drängende Ungeduld die erste Strophe, erhabene Feierlichkeit die zweite, so ist diese dritte ganz von hellem, jubilierendem Jauchzen erfüllt. Das malt sich auch klanglich in den hellen J-Lauten, mit denen sie im Urtext anhebt, um dann anzuschwellen zu machtvollen A- und O-Lauten, in denen sich das Kommen des Allherrn ankündigt.

(9 a b) Um den überraschenden Klang unseres Abschnitts zu hören, müssen wir uns gegenwärtig halten: die drei hier angeredeten Namen „Zion", „Jerusalem", „die Städte Judas" umreißen eine Welt von Hoffnungslosigkeit. Die Davidsburg auf dem Zion ohne Königtum, Jerusalem ohne Tempel, die Städte Judas ohne Volk – das war das Ergebnis der Heilsgeschichte.

In diese Hoffnungslosigkeit bricht Jubelruf. Die Träger dieser Hoffnungslosigkeit, Zion und Jerusalem, sind als „Freudenboten" angeredet. Nicht nur empfangen, sondern senden sollen sie Botschaft, die so groß ist, so eilt, so weit hinaus muß, daß menschliche Laute und Mittel der Weitergabe nicht zureichen. Die Stadt auf dem Felsen, der Berg Zion, muß noch auf einen Berg steigen, dieser noch hoch sein, der Türmer droben noch seine Stimme erheben, es „mit Macht" tun, muß darüber hinaus noch einmal sie erheben, damit möglichst schnell möglichst viele hören.

Freudenbotschaft soll es sein, „Evangelium". Im Ursinn des hebräischen Wortes liegt der Gedanke des „Glättens", Botschaft, die leidentstellte Züge erhellt, sorgengefurchte Gesichter glättet, Freude, die als überraschender Umschwung in Leidensnot hereinbricht. Das klingt noch wie eine Erinnerung nach in dem hebräischen Ausdruck für „Evangelium verkünden". („Siegesbotschaft" oder „Heroldsruf" bedeutet das Wort.) So ganz soll die Freude darin die Überhand haben, daß auch keine leise Regung der Furcht sie dämpfen darf. So ganz muß der Evangelist von seiner Botschaft ausgefüllt sein, daß auch kein Seitenblick auf die Machtentfaltung der Welt die Angst hereinläßt. „Erhebe sie, fürchte dich nicht!"

Über alle Fernen soll die Botschaft hinauswachsen, wie von Bergeshöhe Befriedung und Freude ins Tal tragen, wie unsere Väter Flammenzeichen auf den Bergen entfachten. Im vorigen Abschnitt sahen wir, wie aus der oberen Welt ein Funke übersprang und der Zweite Jesaja zum Botschafter wurde. Hier sehen wir, wie der Funke sich weiter fortpflanzt und zum Riesenbrande der Freude wird. Zion und Jerusalem hören seine Botschaft nicht nur um froh, sondern um „Freudenboten", „Evangelisten" zu werden. Indem man Freudenbotschaft hört, wird man Freudenbote. Daß Gottes Wort für die Enthüllung seiner Herrlichkeit vor allem Fleisch Bürge ist, hörten wir im ersten, daß dieses Wort in Ewigkeit nicht wankt, im zweiten Teil des Prologs. Daraus wächst die Botschaft des dritten Teiles, daß die Erfüllung da ist.

(9 c – 10 a) Ein dreimal hintereinander hastig hinausgestoßenes „Siehe" zerreißt den dichten Wolkenschleier der Traurigkeit und enthüllt den Inhalt der Freudenbotschaft. Er heißt: Gott kommt. Das „Siehe" ist wie staunender Ausruf des Schauens, der diese eine Tatsache mit ihrem Näherkommen von immer neuen Seiten in immer neuer Deutlichkeit und Tragweite entfaltet.

„Euer Gott" ist der erste Klang in der aufbrechenden Freudenbotschaft. Während die Wirklichkeit von Aufhebung der Erwählung und von Verwerfung durch Gott, das eigene Gewissen von Abwendung und Lossage Gottes sprechen, sagt die frohe Botschaft wider Wirklichkeit und Gewissen: „Euer Gott."

„In Kraft kommt er, und sein Arm waltet" ist der zweite Klang. Nicht nur der Zorn, auch das Schweigen Gottes kann Anfechtung sein. Hält der Glaube auch fest: „Gott ist, ist gut, ist letzte Ursache von allem", so sagt der Zweifel: „Hört und hilft er aber auch heute noch?", sagen Erfahrung und Augenschein: „Er schweigt, gibt keine Kraft, wirkt nicht mehr unter uns, hat seinen Arm zurückgezogen, das Regiment anderen überlassen, und wir sind den rohen Gewalten der Geschichte ausgeliefert." Die frohe Botschaft sagt: „Er kommt in Kraft, sein Arm waltet", das heißt: er wirkt auch heute, er bezeugt sich wieder unter uns. Dieses zweite „Siehe" zeigt, wie er wehrhaft mit ausgerecktem Arm in unwiderstehlicher Gewalt hereintritt in die Sichtbarkeit.

(10 b – 11) „Sein Lohn ist mit ihm" ist der dritte Ton. Gottes Weltplan, die ganze Heilsgeschichte, seine Erwählung, seine Taten, sein unermüdliches Reden durch die Propheten, seine Arbeit waren vergeblich, wenn der Trümmerhaufen Jerusalems und das Häuflein der Verbannten das Ergebnis sind. Mit seiner Arbeit war auch Leiden und Hoffen seiner Kinder vergeblich, lehrt der Ausgang der Geschichte. Die frohe Botschaft ruft: Ein Tag bricht an, der die unermeßliche Frucht seiner Arbeit durch die Jahrtausende offenbar macht. Sah ihn das vorangehende „Siehe" als wehrhaften Krieger, so erscheint er jetzt als schweißbedeckter Lohnknecht, der redlich geschafft hat und Erwerb mitbringt. Das Endergebnis der Heilsgeschichte sind nicht Trümmer und ein Häuflein, sondern ein großes Volk. Ist in der Gegenwart auch nichts davon zu sehen, Gott bringt es mit, wenn er wiederkommt zu seiner Kirche nach Jerusalem. Es wird hier noch nicht gesagt, wo dieses Volk herkommt. Wie Jakob einst nach zwanzigjähriger Abwesenheit mit schwerem Her-

denreichtum, so kehrt Gott nach der Zeit von Zorn und Ferne heim und bringt eine ganze Herde mit.

Noch einmal wandelt sich im Näherkommen seine Gestalt. Aus dem Lohnarbeiter wird der Hirte. Bei seinem Herannahen erkennt das Auge, daß er nicht allein ist, daß es hinter seiner ragenden Gestalt nachfolgt wie unzählige Herde. Unserem Verständnis ist das Bild zunächst unzugänglich, weil wir Nordländer nur den Hirten kennen, der mit Hund und Peitsche seine Herde treibt. Oder aber unsere Vorstellungswelt ist durch das süßliche Bild des guten Hirten aus der Schule der Nazarener vergiftet. Der morgenländische Hirte geht nicht mit der Peitsche hinter seinen Tieren, sondern schreitet an der Spitze der Herde, ruft seine Tiere einzeln beim Namen, und sie folgen ihm. Er ist auch nicht der süßliche Schwächling, sondern der rauhe Sohn der Berge, der, mit Bergstock und Keule bewaffnet, mit wilden Tieren streitet, alle Pfade kennt, den Verirrten nachgeht, das Gefallene mit dem krummen Hirtenstab aus der Felsspalte zieht. Das ist ein Bild der Wehrhaftigkeit und männlichen Kraft, die auf das Müde Rücksicht nimmt und das Schwache trägt.

Das Anbrechen herrlichen Tages verkündigt die frohe Botschaft. Aber durch Erschütterungen, unter denen die Felsen einbrechen (V. 3–5), durch Glutwind, vor dem die Mächte der Geschichte wie Gras verbrennen (V. 6–8), durch Anfechtung, Todesnot und Gericht vollzieht sich die Ankunft Gottes zur Herrschaft. Werden wir durchkommen? Wenn die Tage nicht abgekürzt würden um der Auserwählten willen, würde kein Mensch selig werden, sagt auch Jesus (Matth. 24, 22). Die frohe Botschaft antwortet: Nicht der Fronvogt, sondern der Hirte, nicht euer Treiber, sondern euer Seelsorger ist Gott. Ein Vierfaches schenkt er als solcher: Zur rechten Zeit gibt er Speise, Kraft (Weide); sein Arm sammelt die Vereinsamten zur Gemeinschaft; wenn alle Kraft aus ist, greift er zu und trägt; und in der Kraftlosigkeit dürfen wir ihm besonders nahe, „am Busen", sein. Auch auf die Aufgaben und Lasten der Einzelnen sieht er und legt nicht mehr auf, als einer tragen, fordert nicht mehr, als einer leisten kann; das sagt das Bild von den Lämmern, die er im Gewandbausch trägt, und von den säugenden Müttern, die er sachte führt.

Das erste und das zweite Kommen Gottes in Christus ist hier wie an anderen Stellen unseres Prophetenbuches in eins geschaut.

Den drei Teilen des Prologes entsprechen die drei Teile unseres Prophetenbuches. Der erste Teil entfaltet die Botschaft von der Enthüllung der Herrlichkeit Gottes vor allem Fleisch, der zweite stellt das Gericht Gottes über alles Fleisch und das ewige Wort Gottes innerhalb der Geschichte einander gegenüber. Der dritte Teil bringt die frohe Botschaft von der Enthüllung seines Armes im Knecht: die Offenbarung der Weltpolitik Gottes im Sterben seines Knechts und damit das Kommen Gottes zum Antritt der Königsherrschaft.

## C. Der Richter

### 1. Wer greift den Geist Jahwes?

Jes. 40, 12–17:

(12) Wer mißt mit seiner hohlen Hand die Wasser,
und greift mit der Spanne die Himmel,
und faßt mit dem Dreiling den Staub der Erde,
und wägt auf der Waage die Berge
und die Hügel auf Waagschalen?
(13) Wer greift den Geist Jahwes
und ist der Mann seines Rats, der ihn unterwiese?
(14) Mit wem berät er sich, daß er ihn Einsicht lehrte,
und ließe ihn lernen den Pfad des Rechts,
und ließe ihn lernen Erkenntnis,
und unterwiese ihn den Weg der Einsicht?
(15) Sieh, die Völker sind wie ein Tropfen am Eimer,
und wie Stäubchen auf der Waagschale sind sie geachtet.
Sieh, die Inseln hebt er auf wie ein Sandkorn,
(16) und der Libanon reicht nicht aus zum Feuerbrand,
und sein Wild reicht nicht aus zum Brandopfer.
(17) Alle Völker sind wie gar nichts vor ihm,
vom Nichts und für Chaos gelten sie ihm.

Bevor die große Gerichtssitzung beginnt, auf der Gott den schweigenden Völkern seine Weltpolitik darlegt, wird unser Blick auf den Richter gelenkt. Bevor er zu uns reden kann, zerreißt er unsere Vorstellungen von Gott und enthüllt sich uns als der „ganz Andere". Das tausendfältig abgegriffene Wort „Gott" tritt heraus aus der kühlen Luft sachlicher Erörterungen und wächst über uns empor, fängt an auf uns einzudringen, uns niederzuschlagen und aufzurichten, zu töten und lebendig zu machen.

(12) Zuerst werden wir vor die Schöpfung gestellt. Ein Blick auf das Meer: ganz an der Oberfläche bleibt der Eindruck der Unendlichkeit, die wie Befreiung die Brust weitet. Wenn Jahr um Jahr in unabsehbaren Ketten die Wogen gegen die Küste rollen; wenn im Schiffsleib die Maschine stöhnend arbeitet, hilflos verloren in der ungeheuren tosenden Wasserwüste ohne Grenzen, – dann legt sich Unendlichkeit des Meeres wie Bleigewicht auf die Seele, und sie wird sehr schweigsam. Der Gedanke, diese graue Unendlichkeit mit der hohlen Hand zu fangen wie einen Tropfen, verliert sogar seine Vermessenheit; die Seele lächelt nur noch darüber wie über kindliches Spiel.

Ein Blick gen Himmel: wenn seine Weiten von Horizont zu Horizont sich spannen und er aus unergründlicher Tiefe uns entgegenschweigt, kommen wir gar nicht mehr auf den Gedanken, die Finger zu spreizen und ihn mit der Spanne zu „begreifen".

Ein Blick auf die nach Milliarden von Milliarden zählenden Massen von Körnlein des heißen Staubes der Wüste: Menschenschicksal ist vor ihnen wie ein Seufzer, Menschenleben wie ein Tröpflein, das spurlos aufgesogen wird.

Ein Blick auf die von Wolkenfetzen umbrodelten Gipfel und blauen Höhenzüge des Hochgebirges, deren Schau erschlägt: der Mensch wird davor ganz klein; Küchenmaße, Krämergeräte sind seine Meßinstrumente wie Dreiling und Setzwaage. Alles Bemühen seines Geistes reicht nicht hinan an die Riesenmaße der Schöpfung. Und wenn heute nach jahrtausendealtem Ringen der Wissenschaft das Weltbild sich ins Unendliche geweitet hat mit seinen unermeßlichen Räumen und nach Millionen von Lichtjahren zählenden Entfernungen von Weltkörper zu Weltkörper, dann muß der Menschengeist erst recht bekennen, daß er in Wahrheit erst tastend an den äußersten Marken der Schöpfung steht und noch nicht darüber hinauszudringen vermochte. Vor uns steht wieder das Hiobwort: „Das sind nur die Säume seiner Wege. Welch leis Geflüster nur vernehmen wir von ihm, und wer erfaßt die Donnersprache seiner Machterweise?" (Hiob 26, 14 nach der Übersetzung von Kautzsch).

(13. 14) Vermag Menschengeist weder Anfänge noch Grenzen des Endlichen zu denken, entzieht sich noch mehr das Unendliche seinem zugreifenden Verstande; reicht er nicht einmal an die Schöpfung heran, wieviel weniger an den Schöpfer! Damit stehen wir vor der Kernfrage.

Gottes Wort gibt keine sachliche Abhandlung über Gottes Wesen und Größe. Es stellt uns einfach vor die Wirklichkeit und öffnet uns das Ohr, daß wir ihre Sprache hören. Es ist dabei, als ob die Schöpfung in ihrer erdrückenden Riesengröße anfinge, fragend auf uns einzudringen: „Wer mißt?... Wer begreift?... Wer faßt?... Wer wägt?..." Vor jeder neuen Frage muß der winzige Menschenverstand hilflos verstummen. Die Schöpfung ist nicht mehr ein Problem, über das *wir* zu Gericht sitzen, sondern *sie* sitzt über uns zu Gericht. Die Eigentümlichkeit dieses Abschnitts, ja des ganzen Buches, ist nach außen der Stil des Verhörs und nach innen Gerichtsverhandlung, die uns fragend zur Verantwortung zieht: „Wer? ... Wer?" und beweisführend vor die Entscheidung stellt: „Sieh ... Sieh ..."

Mit einem zweiten gebieterischen „Wer?" setzt das Verhör von neuem ein und treibt den Menschengeist, der schon vor der Schöpfung zuschanden wurde, weiter in die letzte Enge, stellt ihn vor Gott, der, über alles Irdische erhaben, Geist ist. Schöpfer Geist ist er, der im Ursprung über dem noch ungestalteten Chaos brütete; Geist, der mit Regentenkraft und Regentenweisheit über der gestalteten Schöpfung waltet; Geist, der – allein um den Weg wissend – nach verborgenem Plan Schöpfung und Geschichte ihrem Ziel entgegengestaltet. Wer hat an seinem Tun Anteil, wer in seinen Plan Einblick? Wer kennt das Gesetz des Alls mit seinen Sternenwelten und das der Wunderwelt der kleinsten Zelle, das Gesetz, auf das sie ausgerichtet sind und das sie im Gang erhält? All unsere sogenannten Naturgesetze sind nur eine Zusammenfassung äußerlich gewonnener Eindrücke von seinem Tun. Eine Beobachtung vermag diese Gesetze, die auf ewig gelten sollten, umzuwerfen. Reicht Menschenwitz nicht aus, das Gesetz seines Handelns zu begreifen, noch weniger reichen die von Menschen aufgestellten Naturgesetze aus, Gott vorzuschreiben, was er darf und nicht darf.

Als unausgefüllte Lücke im hehren Bau der Naturgesetze, als ewig offene Wunde am Weltbild unseres erklärenden Verstandes klafft das Wunder und lacht über den Menschen. War das Wunder in den hinter uns liegenden Jahrhunderten des Rationalismus die uneinnehmbare Stellungslinie, an der Menschengeist auf seinem Siegeslauf haltmachen mußte, heute sehen wir das Wunder als Feuerlinie, die Gott vortreibt bis in die ureigensten Gebiete des Menschengeistes, Wissenschaft und Technik. Wer träumt noch, das Geheimnis der Kraft, auf dem die ganze Technik aufgebaut ist, oder das Wunder, auf dem alles Leben beruht, erklären zu können? Das Wunder in Schöpfung und Leben ist heute wieder wie zu Jesajas Zeiten Angriff auf die Sicherheit unseres Geistes. Das Wunder des Woher, Wohin und Wodurch alles starren Seins ebenso wie alles bewegten Lebens trägt der Schöpfer Geist als undurchdringliches Geheimnis in sich: „Wer greift (legt das Maß an) Jahwes Geist und ist der Mann seines Rates, der ihn unterwiese?"

Der Schöpfer Geist entzieht sich nicht nur dem Zugriff unseres Fragens, sondern treibt den Menschengeist, ohne daß er es will, ewig nach Antwort zu suchen auf die Frage nach den Ursprüngen, ewig sich abzumühen um das Erfassen Gottes. Er braucht Antwort, weil er selber unter Verhör steht, vor Gericht lebt, von Gott gefragt wird: „Wer?... Wer?..." Denn – so sollen wir es hören – aus Gottes Munde kommen die Fragen, die der Prophet hier stellt.

(15. 16) Nachdem dem Menschengeist der Atem ausgegangen, hört Gott zu fragen auf, nicht um den Menschengeist der Verantwortungslosigkeit zu überlassen, sondern um vom Verhör zum Beweisverfahren überzugehen. Mit doppeltem „Siehe" stellt Gott ein Doppeltes vor uns hin.

Das Erste: Gott ist so groß, daß Menschen, Staaten, Völker, Weltreiche sein Walten so wenig zu beeinflussen, seinen Plan so wenig zu verrücken vermögen, wie ein Stäubchen, das auf der Waage blieb, das Gewicht verändert, ein Tropfen, der am Eimer zurückblieb, bemerkt wird. „Die Inseln" – d. h. den weitesten Völkerkreis hinter den Meeren – „hebt er auf wie ein Sandkorn". In Völkerwillen geballte und zusammengefaßte Menschenkraft kann sein Gericht weder aufhalten noch beschleunigen, wenn er auf der Waage die Zeiten wägt.

Das Andere: Alles, was Menschen von sich aus erdenken, um ihn zu ehren und zu erfreuen, sein Reich zu bauen und ihn zu verherrlichen, aller nicht von ihm gesetzte Dienst ist völlig unzulänglich. Ein Bild veranschaulicht das: ein Riesenopferaltar; darauf aufgeschichtet der ganze Hochwald mit seinen Riesenmasten, der die Abhänge des Libanongebirges deckt; und darauf alles Wild, das in seinen Forsten wimmelt, als Brandopfer geschlachtet. Für Menschengedanken eine unvorstellbare Opferglut! Gott – wird davon gar nicht erreicht.

(17) Der Mensch – auch in seiner Masse – ist „gar nichts", „nichts" und „Chaos" vor Gottes Größe, faßt der Schluß zusammen.

## 2. Wem wollt ihr Gott vergleichen in seiner Größe?

**Jes. 40, 18–24:**

**(18) Wem wollt ihr Gott vergleichen,
und was für ein Abbild wollt ihr ihm setzen?**

**(19) Das Götzenbild hat ein Handwerker gegossen,
und der Goldschmied beschlägt es mit Gold
und lötet silberne Kettchen daran.**

**(20) Und wer arm an Gabe, wählt Holz, das nicht fault,
sucht sich weisen Handwerker,
ein Bild aufzustellen, das nicht wackelt.**

**(21) Habt ihr's etwa nicht gewußt?
Habt ihr's etwa nicht vernommen?
Ist's euch etwa nicht kundgetan von Anfang?
Habt ihr's etwa nicht erfaßt seit der Grundlegung der Erde?**

**(22) Der da thront über dem Kreis der Erde –
ihre Bewohner sind wie Heuschrecken;
der ausspannt wie einen Flor die Himmel
und sie ausbreitet wie ein Zelt zum Wohnen;**

**(23) der hingibt die Fürsten dem Nichts,
die Richter der Erde zum Chaos macht;**

**(24) kaum sind sie gepflanzt,
kaum sind sie gesät,
kaum wurzelt in der Erde ihr Schoß –
und schon bläst er sie an, und sie verdorren,
und der Sturmwind trägt sie wie Stoppeln davon.**

(18) Die Summe des vorigen Abschnitts hieß: Alle Menschenherrlichkeit ist vor Gott nichts. Das ist die einzige Grundlage für ein Gespräch zwischen Gott und Mensch. Auf dieser Grundlage hebt das Gespräch jetzt an mit zwei letzten Fragen: „Wem wollt ihr Gott vergleichen?" – erst in seiner Größe, dann in seiner Güte.

Welches Bild könnte der Mensch sich von Gott in seiner Größe machen? Ist der Mensch wirklich nichts vor Gott, dann sind alle menschlichen Vorstellungen von Gott auch nichts, denn sie sind ja aus dem Nichts aufgestiegen.

(19. 20) Ein Gleichnis veranschaulicht das. Aus den vorkommenden Abbildern für Gott greift der Prophet die seinen Zeitgenossen geläufigsten heraus, das kostbare Gußbild der Reichen aus Edelmetall und das hölzerne Schnitzbild der Armen für den Hausgebrauch. Schon die Schilderung ihrer handwerksmäßigen Entstehung stellt diese Götzen als elendes Menschenmachwerk bloß.

Aber hat der Prophet nicht das unbeholfene Abbild mit der Vorstellung, die für den Heiden dahinterstand, verwechselt? Ein Ausleger hat sich ausgemalt, wie erstaunt der Prophet gewesen wäre, wenn die großen Künstler der Antike ihm die tiefen Ideen ihrer unsterblichen Götterbildnisse dargelegt hätten. – Doch daß der Heide nicht Metall und Holz, sondern die darin abgebildete Macht verehrte, dürfte auch dem Propheten nicht entgangen sein. Er wußte wohl zwischen Bild und Sache zu unterscheiden, wußte aber auch, daß das Bild Ausdruck der Sache war.

Dann kannte der Prophet vielleicht nur die unbeholfenen Abbilder der kleinen Hausgötzen? Hätte er die kunstvollen Götterbilder der babylonischen Tempel gesehen, so hätte er vielleicht anders geurteilt? – Doch die Anbetung in Babel war eine Angelegenheit des öffentlichen Lebens. Der Prophet mußte die großen Götterbilder, die bei den Prozessionen herumgetragen wurden, gesehen haben. Auch erinnern seine Ausdrücke an die Schilderung der Götzenherstellung in der Liturgie des babylonischen Neujahrsfestes. Endlich sind die einzigen babylonischen Götter, die in unserem Buch mit Namen genannt werden, Bel (Marduk) und Nabu, die die erhabensten Ideen des babylonischen Götterkreises verkörpern. Weisheit, Wissenschaft, Prophetie verbinden sich in der Vorstellung der Babylonier mit dem Namen Nabu, Schöpfung, Weltherrschaft, Allmacht und Schicksalsbestimmung mit dem Namen Marduk (Bel). Er ist die Verkörperung babylonischen Macht- und Staatsgedankens, Ausdruck der Vorstellungen von Gottheit und Größe, die in der babylonischen Volksseele schlummern. Solche Gottesideen hat der Zweite Jesaja gekannt.

Wenn er von Bildern spricht statt von diesen Ideen, von Hausgötzen statt von den großen Staatsgöttern, so nimmt er für das ganze Götzenwesen seiner Zeit den geläufigsten, das tägliche Leben beherrschenden Typus als sichtbaren Ausdruck für die gesamte heidnische Vorstellungswelt vom Übersinnlichen. Und er spricht über diese Vorstellungswelt ein vernichtendes Urteil. Die technische Herstellung des Bildes wird ihm Ausdruck für die Entstehung der Idee, die es abbildet. Das eine wie das andere ist Menschenmachwerk, das Menschen halten und befestigen müssen, damit es „nicht wackelt".

Durch die Einleitung: „Wem wollt ihr Gott vergleichen? Und was für ein Abbild wollt ihr ihm setzen?" – rückt der Prophet diese Kritik ins Licht grundsätzlichen Urteils über alles menschliche Streben, sich selbst Vorstellungen von Gott zu machen. Wenn er dabei nicht wie frühere Propheten auch die Abbildung Jahwes unter irgend einer kreatürlichen Gestalt (Stier) erwähnt, so geschieht es, weil für seine Leser, die unter dem machtvollen Eindruck der Gottesvorstellungen Babels standen, diese Form des Götzenglaubens zurücktrat. Im Gleichnis von der Götzenherstellung reißt er also a l l e n Gottesvorstellungen den Heiligenschein ab.

(21) Aber liegen den Gottesvorstellungen des Menschen – auch der Babylonier – nicht vielfach wirkliche Eindrücke zugrunde, die sie von der übersinnlichen Wirklichkeit aus Natur und Geschichte gewonnen haben? Auf Natur und Geschichte beruft sich unser Wort bei seinem vernichtenden Nein zu allen menschlichen Gottesvorstellungen. „Habt ihr's etwa nicht erfaßt seit der Grundlegung der Erde?" Man hat an Ps. 19 und Röm. 1, 20 erinnert und gemeint, hier sei von einer Offenbarung Gottes in der Natur n e b e n der Schrift die Rede. Oder man hat ausgelegt, der Prophet rede von Offenbarungen ü b e r die Natur, die der Menschheit je und je in Adam, Noah, Abraham usw. im Wort zuteil geworden sind. Also: Offenbarung in Natur und Geschichte – oder Offenbarung im Wort?

Zunächst ist nötig festzustellen: von unserem starren Begriff der Schrift als des geschriebenen Wortes weiß der Prophet noch nichts, wohl aber von dem offenbaren Reden Gottes in der Heilsgeschichte durch den Mund seiner Propheten. So sagt er auch hier: Ist der Menschheit – speziell seinem Volke – nicht von Anfang an durch Gottesmänner offenbart worden, was es um Gottes Taten in Schöpfung und Geschichte ist?

Aber er geht weiter. Er weist den Blick seiner Hörer auf Natur und Geschichte selber und sagt: Lest darin; darin ist wirklich etwas von Gott zu lesen. Aber was? – Daß Gott unfaßbar ist! In der Tatsache der Schöpfung liegt schon, daß die Wirklichkeit des Schöpfers die Vorstellungsfähigkeit des Geschöpfes sprengt. Der ganze folgende Abschnitt veranschaulicht den unendlichen Abstand zwischen beiden.

(22) Dem hausbackenen Bilde des Schöpfers Mensch, der sich seinen kleinen Gott formt, tritt eine zweite Bilderreihe entgegen, die die „Heuschrecke" Mensch vor ihren Schöpfer Gott und das Riesenwerk sei-

ner Schöpfung stellt. In einer gewaltigen Schau ziehen Schöpfung, Geschichte und Gericht an uns vorüber.

Ein Blick empor zum unsichtbaren Gott: sein Thron über dem Erdenrund in schwindelnder Höhe, die Menschen tief unten, winzig „wie Heuschrecken". Die Unsichtbarkeit des Schöpfers selbst schon predigt die Unerreichbarkeit Gottes für den Menschen.

Ein Blick auf die sichtbare Schöpfung: Gott am Werk, mit seinen Armen die Himmel breitend wie Flortuch, sie spannend wie Zeltdecken. Ist schon des Himmels Spannweite Inbegriff der Unfaßlichkeit für Menschenmaße, erst recht die Spannweite der Arme Gottes, die den Himmel breiten. Die sichtbare Schöpfung predigt die Unfaßbarkeit Gottes für Menschengedanken.

(23) Ein Blick in den Machtkampf der Geschichte: wie im Wogengang des Meeres die schaumbedeckten Kronen, so heben sich – von den Bewegungen innerhalb der Geschichte emporgetragen – aus ihrem Lauf die Gewaltigen und Richter der Erde, um schon im nächsten Augenblick in nichts zu zerfließen. Die Richter, die auf Erden Recht und Ordnung anrichten, dem Völkerchaos Gestalt geben sollen, verwandelt Gott in Chaos. Jene Jahrhunderte in der Geschichte des Orients sind ein Bilderbuch dazu: machtvolle Herrscher, Riesenreiche, die nach wenigen Generationen wieder zerbrechen, lösen einander ab in eigentümlichem Gegensatz zwischen gewaltiger Machtentfaltung und plötzlichem Verschwinden. Die Geschichte predigt die Unwiderstehlichkeit Gottes im Vernichten.

(24) Ein Blick ins Sterben: Hinter der Vernichtung in der Geschichte taucht als letzte Ursache Gottes Zorn auf. Wir sehen die keimende Saat; die jungen Pflänzchen fassen kaum mit ihren ersten Wurzelfasern das Erdreich; da bläst der Glutwind, sie verdorren, und der Sturm jagt die verbrannten Stoppeln über das Gefilde. Die in zusammengedrängter Kürze sich überhastenden Verse drücken jähe Unterbrechung des Lebensvorganges aus, die Aufhebung der Geschichte ist. Vergänglichkeit ist nicht der Geschichte innewohnendes Gesetz, sondern Eingriff von oben. Die Tragik aller Erdengröße ist nicht Vergänglichkeit, sondern ihr Gegensatz zum Schöpfer, d. i. Sünde. Das Sterben in der Geschichte predigt nicht nur den Abstand zwischen Gottes Größe und unserer Kleinheit, sondern den schrecklichen Gegensatz zwischen seiner Heiligkeit und unserer Sünde, seinem Zorn und unserem Selbstbehauptungsstreben; den Kampf zwischen Mensch und Gott, Völkern und Gott, den Gewaltigen der Erde und Gott. Das ist eine merkwürdige Schau für eine Zeit, die so tieffromme und edle Herrscherpersönlichkeiten von Riesenausmaßen sah wie Nebukadnezar und Cyrus, die von „Gottes Gnaden" regierten, und von denen die Propheten (Hesekiel von Nebukadnezar, der Zweite Jesaja von Cyrus) zu bezeugen wußten, daß sie Gottes Werkzeuge waren.

So predigen Schöpfung und Geschichte Unerreichbarkeit, Unfaßbarkeit, Unwiderstehlichkeit und Unerträglichkeit Gottes des Heiligen.

### 3. Wem wollt ihr Gott vergleichen in seiner Güte?

Jes. 40, 25–31:

(25) Wem wollt ihr mich vergleichen,
daß ich ähnlich sei? spricht der Heilige.

(26) Hebet auf zur Höhe eure Augen
und schaut: wer schuf jene?
Der herausführt abgezählt ihr Heer,
der ruft sie alle mit Namen, –
vor dem Reichen an Gewalt,
vor dem Starken an Kraft
wird nicht eines vermißt.

(27) Warum denn sagst du, o Jakob,
warum sprichst du, o Israel:
Verborgen ist mein Weg vor Jahwe,
und an meinem Gott geht mein Recht vorüber?

(28) Weißt du es etwa nicht?
Oder vernahmst du es vielleicht nicht?
Ein Gott der Ewigkeit ist Jahwe,
Schöpfer der Enden der Erde.
Nicht ermattet er,
nicht ermüdet er,
nicht gibt es Erforschung für seine Einsicht.

(29) Er gibt dem Ermatteten Kraft,
und dem Ohnmächtigen macht er die Stärke reichlich.

(30) Wohl ermatten Jünglinge und werden müde,
und junge Männer straucheln ganz und gar.

(31) Die auf Jahwe hoffen, erneuern ihre Kraft;
sie treiben Schwingen wie Adler,
sie laufen und werden nicht müde,
sie gehen und werden nicht matt.

(25) Bei Gottes unendlichem Abstand von uns, bei seiner unerträglichen Heiligkeit für uns setzt unser Abschnitt ein mit einer zweiten Frage: „Wem wollt ihr mich vergleichen, daß ich ähnlich sei? spricht der Heilige." Jetzt redet auch äußerlich gesehen nicht mehr der Prophet. Der Richter selbst nimmt das Wort und weist uns noch einmal auf die Schöpfung; doch er spricht jetzt für die, die sich richten ließen. Das Wunder der

Schöpfung aus dem Nichts hat für die Zunichtegewordenen noch eine andere Predigt.

Wieder beherrschen zwei Bilder den ganzen Abschnitt. Bewegte sich der vorige Abschnitt vom Menschen als Schöpfer seines Gottes zu Gott, dem Schöpfer der Welt und Richter des Menschen, so beginnt dieser bei Gott dem Schöpfer und schließt bei dem Menschen; nicht bei dem, der sich vermessen seinen Gott schafft, sondern bei dem, der sich nach Gott ausstreckt. Am Ende des vorigen Abschnittes stehen Tod und Gericht, am Ende dieses – Leben und Erneuerung. Den Übergang zwischen beiden Bildern bildet hier wie dort die Besinnung auf die Schöpfung.

(26) Am Anfang steht der Blick auf den Sternenhimmel mit seinem unzähligen Heer, und darüber die Frage: „Wer schuf jene?" Wieder rückt die Schöpfung fragend auf den Menschen ein, aber diesmal nicht bedrängend, sondern verheißend, weil es der zuschanden gewordene und nicht mehr der selbstherrliche Menschengeist ist. Wenn es schien, als fange Gott ein neues Verhör an („Wer?"), so bricht schon im nächsten Satz die Frage ab und geht über zur Deutung der Predigt, die das Himmelszelt für das Volk Israel hat.

Menschlich und geschichtlich betrachtet war für dieses Volk wirklich keine Hoffnung mehr, aus dem nationalen Tode der babylonischen Gefangenschaft und dem geistigen Tode seiner Gottverlassenheit je wieder herauszukommen, keine Hoffnung ganz besonders für den Juden, der gewohnt war, die Gleichung zu ziehen zwischen Gott und Erfolg, Gott und Glück.

Was ist die Predigt des Sternenhimmels an dies Volk von Gestorbenen? Die Antwort fällt je nach der Deutung der Stelle verschieden aus.

Man hat an 1. Mose 15 erinnert und bei dem Unsichtbaren, der die Sterne „herausführt abgezählt" und sie alle beim Namen ruft, an einen Hirten gedacht, der seine Herde von unzähligen Schäflein droben weidet. Der Sinn wäre: wenn er die Sterne zählt, die kein Mensch zählen kann, ja, sie beim Namen kennt wie ein Hirt seine Schafe, wie sollte er dann sein Volk übersehen oder vergessen, wenn es auch von allen Menschen und allem Glück verlassen wäre!

Gegen diese Auffassung des Bildes spricht, daß der Ausdruck „bemisphar" (= „bei der Zahl") wahrscheinlich nicht „vollzählig", sondern „abgezählt", „in Reih und Glied", „in der Ordnung aufgestellt" bedeutet, was bei einer Schafherde keinen Sinn ergäbe. – Ferner bedeutet das „mit Namen rufen" nicht „genaue Kenntnis der Einzelnen haben", sondern „sie ins Dasein rufen", „ihnen das Leben geben". – Endlich läßt das Wort „ihr Heer" (dasselbe Wort kehrt wieder in „Jahwe Zebaoth") an „Heerscharen" oder „Kriegsheere" denken. Die Sterne werden auch sonst im Alten Testament als Kriegsheere Gottes vorgestellt.

So hätten wir das Bild eines funkelnden Riesenheeres, das droben unter dem Befehl des unsichtbaren Feldherrn in blitzender Waffenrüstung, in hehrer Ruhe und Ordnung, in Reih und Glied seine Bewegungen ausführt. Man hat darin den Ausdruck der großen „Weltharmonie" wiederfinden wollen, jenes Erlebnis, das Kant meinte, wenn er von dem gestirnten Himmel über uns als dem stärksten Gottesbeweis neben dem moralischen Gesetz in unserer Brust sprach. Oder man hat an die hehre Musik im Gang der Sphären erinnert. In dem Bilde müßten danach Ordnung, Ruhe und Maß der vorherrschende Zug sein.

Doch das ist nicht alttestamentlich empfunden. Wie die Natur, so ist auch das Empfinden des Orients dynamisch. Beim Sternenhimmel denkt der Fromme nicht zuerst an Ordnung und Harmonie, sondern an Macht und Wunder. Wenn beim schnellen Wechsel zwischen Tag und Nacht dort, wo der Himmel leer war, mit einem Mal Millionen von Sternen aufglühen, empfindet er das Wunder, daß sie aus dem Nichts ins Dasein traten. Er empfindet ihr Blitzen wie den Ansturm eines Heeres, das der unsichtbare Feldherr herausführte durch sein Wort, indem er sie beim Namen rief. So ist jeder neue Abend mit seinem aufglühenden Sternenheer gleichsam Wiederholung oder Darstellung des ersten Schöpfungswunders. Wie die Sterne geschaffen wurden aus dem Nichts, so werden sie, nachdem sie scheinbar den Tag über gestorben, allabendlich wieder aus dem Nichts herausgeführt; kein einziges ist im Tode, in der Unsichtbarkeit zurückgeblieben oder vergessen.

Auch der Prophet sieht in dem blitzenden, in Reih und Glied anreitenden Heer ganz allein Offenbarung der Macht und Gewalt, nicht der Ruhe und Ordnung Gottes. Ja, darin, daß keines beim Appell fehlt, erlebt er das Wunder der Macht Gottes, die sie alle bis aufs letzte aus dem Nichtsein herausgerissen hat, die das Tote lebendig macht. Darum liegt der Ton auf dem „Herausführen". Darum auch häuft er vier verschiedene Ausdrücke für „Kraft" übereinander: „Vor dem Reichen an Gewalt, vor dem Starken an Kraft." Er will etwas ausdrücken, wofür irdische Worte und Begriffe nicht zureichen.

Besonders eindrucksvoll ist, daß diese gehäuften Worte für Kraft und Gewalt nicht Ausdruck der Größe Gottes, sondern Ausdruck seiner Güte sind.

(27) Vor diesen Blick auf die Überkraft Gottes, die lebendig macht, stellt der Prophet die Gemeinde, die meint, Gott werde sein Volk im Tode des Exils lassen, er habe im Rechtsstreit der Nationen und Götter den Prozeß seines Volkes verlorengehen lassen. Das in blitzender Waffenrüstung anstürmende Heer von solchen, die eben noch gestorben waren, ist Angriff auf Verzagen und Kleinglauben, die bloß mit dem Möglichen rechnen.

Darunter wandelt sich auch äußerlich die Rede aus Verheißung,

Deutung und Hinweis in Frage. Es ist nicht mehr die bedrängende Frage des Verhörs „Wer? Wer?", sondern die anklagende Frage des Vorwurfes „Warum?": „Warum sagst du, o Jakob ...?" Der Prozeß zwischen Gott und der Welt um Anerkennung seiner Gottheit wird zum Prozeß zwischen Gott und seinem verzagten Volk, das ihm nicht zutraut, er könne es lebendig machen, auch nachdem es gestorben.

(28) Der 28. Vers wendet sich zurück zu einer Besinnung auf die Tragweite der Schöpfungstatsache überhaupt. Das allabendlich wiederkehrende Sternenheer war ja nur Ausschnitt aus Gottes Schöpfungswirken. „Wer schuf jene?" predigte der Sternenhimmel. „Der Schöpfer der Enden der Erde" steht über dem All. Beide Male ist es derselbe Wortstamm für „schaffen aus dem Nichts" als Wundertat.

Es wird nicht darauf eingegangen, woher wir von der Schöpfungstatsache wissen, nur gezeigt, was sie für den Glauben bedeutet. Sie antwortet auf die vier urmenschlichen Anfechtungen des Glaubens: Ob Gott auch jetzt noch hört? Ob sein Arm bis in diesen verlorenen Winkel reicht? Ob seine Hand uns auch gegen diese Widerstände durchbringt? Ob es Sinn hat, auch dann zu hoffen, wenn nichts mehr von Plan und Sinn zu sehen ist? Die Schöpfungstatsache antwortet dem Glauben: Gott hört ewig, reicht bis an die „Enden der Erde", „ermattet" vor keinem Widerstande und ist einsichtig und weise wider Menschenverstehen. Gott in seiner Schöpferkraft ist unvergänglich („ein Gott der Ewigkeit"), unbegrenzt („Schöpfer der Enden der Erde"), unermüdlich („nicht ermattet er, nicht ermüdet er"), unerforschlich („nicht gibt es Erforschung für seine Einsicht"). Er spottet aller menschlichen Begriffe, richtet alle menschliche Vernunft, ist ohne Vergleich im Vergänglichen: „Wem wollt ihr mich vergleichen?"

(29–31) Das ist für den selbstherrlichen Menschengeist Gericht, für den an sich selbst zuschanden gewordenen – Trost. Für die Ermatteten, die nicht mehr selbst sich ihren Gott dichten, sondern „auf Jahwe hoffen", ist es Verheißung, für zerbrochene Kraft – Erneuerung.

In das Geheimnis dieser Erneuerung leuchtet das letzte Bild. Eindrucksvoll ist die Gegenüberstellung: dort das Stärkste, was ein Volk an hoffnungsvoller Menschenkraft ins Feld zu stellen vermag, Jugend, Wehrkraft und Mannheit, – hier die Ermatteten, Ohnmächtigen und Zusammengebrochenen. Über dem ersten Bilde in seiner strotzenden Kraft und Lebensfreudigkeit bricht, wie Wirbelsturm über Eichenkronen, Ermüdung, Straucheln, Fallen und Versagen herein. Aus dem zweiten Bilde in seiner Kirchhofsmüdigkeit streckt sich Leben empor – Wunder!

Dieses Wunder schuf der Blick auf die Kraft, die in den Schwachen mächtig ist, das sehnsüchtig ausgestreckte Warten auf Gott, der aus dem Tode herausholt. „Die auf Jahwe hoffen, erneuern ihre Kraft." Dieser Blick schafft nicht nur Erneuerung, sondern wird in den Harrenden selbst zu einer weitersprudelnden Quelle der Wunderkraft, die sich nicht verbraucht. Es ist wie mit den Schwungfedern, die den jungen Adlern wachsen, wenn sie flügge werden, und die aus hilflosen kleinen Federbällen Könige im Reich der Lüfte machen. Es ist Geheimnis der Wunderkraft Gottes, daß sie erst dort anfängt, wo Menschenkraft aufhört, wo Menschengeist bettelnd geworden ist; daß sie – während alle Menschenkraft unter dem Gesetz des Todes steht und sich verzehrt – ihrerseits unter dem Gesetz des Lebens steht und sich erneuert; und daß sie die, die sich ihr anvertrauen, immer wieder über das Versinken hinwegträgt.

## *Theologische Besinnung*

Die Frage „Gott und Götzen" steht im ersten Teil unseres Buches im Mittelpunkt der Verhandlung. Hat diese Frage für uns noch praktische Bedeutung? Es ist von brennender Wichtigkeit, daß wir uns grundsätzlich darüber klar werden, denn eine der größten Begriffsverwirrungen herrscht heute gerade auf diesem Gebiet. Beim Wort „Götze" denken wir sofort an buntbemaltes Metall oder Holz mit verzerrten Zügen. Wenn man eine Bewegung „heidnisch", einen Menschen in unserem christlichen Europa einen Heiden nennt, gilt es als Schimpfwort, und man stellt sich darunter einen Gottesleugner vor. Dementsprechend ist in unserer Vorstellungswelt jede geistige Gottesvorstellung, jeder sittliche Gottesglaube, jede tiefe Frömmigkeit „christlich". Diese Auffassung beherrscht wie eine Zwangsvorstellung unsere Zeit und verbaut ihr damit den Blick für das, was wirklich christlich ist, den Weg zu dem Gott des Christentums. Darum ist es höchste Zeit, daß wir mit heiligem Ingrimm dieser Zwangsvorstellung ans Leben gehen. Denn ist sie eine Wand, die Menschen von ihrem Gott und Erlöser trennt, so verdient sie mit heiligem Haß niedergerissen zu werden. Weil Gottesvorstellungen solche Wände zwischen Gott und Mensch sind, reißt in unserem Buch Gott selbst durch sein Wort Gottesvorstellung um Gottesvorstellung nieder.

### 1.
### Die Gottesvorstellungen der Babylonier

Ein Blick auf die Gottesvorstellungen, die Gott als Menschenmachwerk verspottet, macht uns vielleicht von dieser Zwangsvorstellung frei. Wir sehen, daß dort, wo er Holz und Metall sieht, Menschenaugen erhabene Bilder, gewaltige Ideen sehen. Lassen wir das babylonische Heidentum selbst sprechen!

Die unerforschliche, menschliches Fassungsvermögen sprengende Fülle der Weisheit und Macht in Gott spricht aus einem Wort über Anu, den einstmals obersten Himmelsgott der Babylonier:

„Anu, der Heilige und Große, dessen Wort unendlich ist,
– Die großen Götter verneigen sich in Zustimmung und Bitte vor ihm wie Sichel(n) (sprechend):
‚Wenn du sprichst, bist du gerecht; erhabener Herr, wenn du sprichst, bist du gnädig!'
‚O Anu, dein erhabener Befehl geht über (alles)! Wer würde nein sagen?'
‚O Vater der Götter, dein Wort ist die Grundlage Himmels und der Erde! Welcher Gott ist ungehorsam?'
‚Du bist der Herr, der „Reichtum", der sich selbst berät! Was ist unser Rat?'"
(Greßmann, A. O. T. Z. A. T. S. 252.)

Ein Hymnus feiert den Sonnengott Schamasch als allgegenwärtigen Richter des Guten und Bösen:

„Die Pläne in den Sprachen aller Länder kennst du, ihre Wege beobachtest du...
Wer auf Schlechtigkeit sinnt – dessen Horn zerstörst du,
Wer beim Feststellen der Grenzen auf Abänderung des Besitzes bedacht ist,
Den ungerechten Richter hältst du durch Gefangenschaft zurück.
Der Bestechung annimmt, der nicht recht leitet, – dem legst du Sünde auf...
Jeder, wer er auch sei, ist in deiner Obhut.
Du leitest ihre Rechtssprüche, die Gebundenen befreiest du.
Du erhörst, o Schamasch! Flehen, Gebet und Anrufung,
Demütigung, Verbeugung, Verehrung (?) und Niederwerfung.
Mit lauter Kehle schreit der Elende zu dir;
Der Schwache, Kraftlose, Bedrängte, Niedergetretene,
Mutter, Frau und Magd flehen dich beständig an.
Der entfernt von seiner Familie weilt, fern von seiner Stadt,
Der Hirt beim Einbringen des Feldertrags fleht zu dir."
(Jastrow, D. R. B. u. A. Bd. I S. 434/435.)

In einem Klagelied an die Göttin-Mutter Ischtar ist die Barmherzigkeit der Gottheit geschaut:

„Wo du hinschaust, wird der Tote lebendig, steht der Kranke auf,
Wird gerecht der nicht Gerechte, der dein Antlitz erblickt!"
(Greßmann, A. O. T. Z. A. T. S. 258.)

Barmherzigkeit, Väterlichkeit und letzte Urheberschaft alles Seins preist ein Hymnus an Sin, den Mondgott, den zur Zeit des Zweiten Jesaja der letzte babylonische König zum Mittelpunkt seiner Religionspolitik machte.

„Mutterleib, Erzeuger aller Dinge, der du unter den lebenden Dingen einen erhabenen Wohnsitz aufschlägst.
Barmherziger, gnädiger Vater, in dessen Hand das Leben der ganzen Welt ruht.
Herr, deine Göttlichkeit, die wie der ferne Himmel und wie der weite Ozean voller Ehrfurcht ist.
Erschaffer des Landes, Begründer der Heiligtümer, Verkünder ihrer Namen.
Vater, Erzeuger der Götter und Menschen, der du Wohnungen errichtest und Opfergaben spendest,
Zur Herrschaft berufst, das Szepter verleihst, die Geschicke auf ferne Tage bestimmst.
Starker Führer, dessen tiefes Innere kein Gott erfaßt.
Rüstiger, dessen Knie nicht ermatten..." (Jastrow S. 437.)

Die schaffende Macht des Wortes der Gottheit verkündet die Fortsetzung desselben Hymnus:

„... dessen Befehl nicht geändert wird ...
Dein Befehl wird im Himmel verkündet ...
Dein Befehl wird auf Erden verkündet ...
Dein Befehl zieht, gleich einem Sturme, hoch oben dahin, und Speise und Trank strömen hervor.
Dein Befehl läßt sich auf Erden nieder, und es sprießt der Pflanzenwuchs hervor.
Dein Befehl erstreckt sich über Stall und Hürde und Leben mehrt sich.
Dein Befehl bringt Recht hervor und verkündet der Menschheit Gerechtigkeit.
Dein Befehl erstreckt sich über den fernen Himmel und über die verborgene Unterwelt, die niemand durchschaut.
Deinen Befehl, wer kann ihn fassen? Wer käme ihm gleich?"

(Jastrow, D. R. B. u. A. Bd. I S. 437/438.)

In die Frömmigkeit eines heidnischen Staatsmannes leuchtet das Gebet Nebukadnezars an Marduk bei seiner Thronbesteigung:

„O ewiger Herrscher, Herr des Alls! Gib, daß der Name des Königs, den du liebst, dessen Namen du verkündet hast, gedeihen möge, wie es dir beliebt. Führe ihn auf den rechten Pfad! Ich bin der Fürst, der dir ergeben ist, das Geschöpf deiner Hand. Du hast mich erschaffen und hast mir die Herrschaft über die Menschen anvertraut. Gemäß deiner Gnade, o Herr, die du über alle ergehen läßt, möge sich deine erhabene Herrschaft als barmherzig erweisen. Die Furcht vor deiner Göttlichkeit lege in mein Herz. Gewähre mir, was dir gut dünkt, denn du bist der, der mein Leben geschaffen hat." (Jastrow S. 402.)

## 2.

## Der Unterschied zwischen den Götzen von damals und heute

So beteten große Heiden, bekannten und beugten sich öffentlich vor Gott – und waren doch Heiden. So erhaben und alles umfassend waren die großen Gottesvorstellungen der Babylonier – und waren doch Götzen! Unterscheiden sich die Götzen unserer Zeit von denen jener Tage vielleicht dadurch, daß sie tiefer stehen, daß wir nicht Gold und Metall anbeten, in die gewaltige Ideen geprägt sind, sondern Gold und Metall, das als nackte Münze durch unsere Taschen rollt? Für den großen Gott Marduk, die Ausstattung seiner Tempel führten Weltherrscher ihre Kriege. Um des Geldes und der großen Geldkönige willen treten Weltreiche heute in Weltkriege ein. Was ist edler?

Unterscheiden sich die Götzen unserer Zeit – ob sie nun Volkstum, Gesellschaft, Ratio, Urkraft oder Urstoff heißen – vielleicht dadurch von den Götzen jener Tage, daß wir in ihnen die Dinge selbst und nicht mehr die Dinge als Erscheinung oder Wirkung erhabener, persönlich gedachter Ideen verehren? Unterscheiden sich die großen geistigen Ideen der Philosophen vielleicht dadurch von den Götzen jener Tage, daß sie kalt und unpersönlich sind, und der Verkehr mit ihnen nicht durchglüht ist von Liebe und Haß, Seligkeit und Angst, vom Herzblut persönlicher Sehnsucht?

Wenn alles, was wir hier zu Worte kommen ließen, Götzentum ist, muß die Linie zwischen Gott und Götze, Christentum und Heidentum auch in unserer Zeit anderswo gezogen werden, als wir es gewohnt sind. Sie verläuft offenbar nicht entlang den farbigen Erdteilen, sondern mitten durch unser christliches Europa, unsere christlichen Völker und Kirchen. Oder sollten die Gebete und öffentlichen Bekenntnisse unserer heutigen Staatsmänner zu Gott wirklich christlicher sein als jene tiefen Gebete des Welteroberers Nebukadnezar? Sollte Recht, Politik, Verwaltung heute enger mit dem Gottesglauben verknüpft sein als zu seiner Zeit? Der große Gott Babels war Mittelpunkt nicht nur stiller Andachtsstunden, sondern auch der großen Staats- und Volksfeiern des Jahres. Eine Riesenfeier vor anderen Altären als denen des obersten Landesgottes wird dort schwer denkbar gewesen sein.

Aber haben wir nicht dafür Sittlichkeit? — Es lohnte sich zu erwägen, ob wirklich die sittlichen Verirrungen unserer Zeit den Lastern des Heidentums von damals so sehr nachstehen. Dabei ist unsere Zeit doch noch im Besitz eines Erbes an sittlicher Kraft und Erziehung aus früheren Zeiten, in denen noch wirklich christlicher Glaube die Türen zur verborgenen Welt und ihren Kräften aufschloß, jene Türen, die heute mit dem Erkalten des Glaubens zufallen!

## 3.

## Der Unterschied zwischen Gott und Götze

Die Gottesvorstellungen, die hier zu Worte kamen, können uns Spiegel sein, in dem wir unsere Religiosität wiedererkennen. Sie sagen uns: Heidentum kann tieffromm, Götzen können sittlich, geistig gewaltig sein. Gott aber sagt: Sie sind dennoch Menschenmachwerk, ins Unendliche vergrößerte menschliche Idealgestalten, Ausgeburten der Sehnsucht, hinter denen keine Wirklichkeit steht, geschaffen nach der „Schönheit eines Menschen".

Gott dagegen, der Herr der Geschichte und der Offenbarung, ist selbst alle Wirklichkeit, der *eine* Herr des Gewissens mit dem totalen Anspruch auf unser ganzes Sein, der keine anderen Götter neben sich duldet. Er ist der Erste und der Letzte, hinter dem kein anderer Gott mehr auftreten kann, um zu verklagen, etwas zu fordern oder aufzuheben. Darum ist sein Anspruch so unbedingt, letzte Autorität; darum aber auch sein Gnadenakt so endgültig, letzte Ruhe und Sicherheit. Die heidnischen Götter sind große helfende Mächte, die grundsätzlich noch viele andere Mächte oder Ansprüche neben sich dulden oder offenlassen. Darum können sie auch nie letzten Frieden geben, weil immer noch hinter ihnen ein unbekannter Gott auftreten und verklagen kann. Diese letzte Unsicherheit des Heils drückt sich ergreifend in babylonischen Bußpsalmen aus, in denen der Fromme nach Herzählung aller Götter und Göttinnen, die er kennt, noch den unbekannten Gott und die unbekannte Göttin nennt, die er vielleicht beleidigt haben könnte. Darum können die heidnischen Gottesvorstellungen aber auch nie mit letztem sittlichem Ernst etwas fordern, strafen oder richten, weil immer noch ein anderer Gott kommen und aufheben kann, was sie geboten.

Es ist kein Zufall, wenn die babylonischen Gottesvorstellungen in besonders verheerendem Umfang dem Schicksal aller menschlichen Religionen erlegen sind, dem Schicksal, daß der Mensch, der sie geschaffen, sich der Kraft in ihnen zu bemächtigen sucht. Davon zeugt das verheerende Beschwörungswesen ebenso wie die Verquickung von Religion und Politik, durch welche die Pseudokirchen Babels und Assurs den Herrschern Vorspann für ihre politischen Ziele wurden und umgekehrt die Priesterschaft ihren Einfluß auf den Thron ausdehnte. Es ist auch kein Zufall, daß die herrlichsten religiösen Texte umsponnen sind vom Rankenwerk verwirrendster Vielgötterei, grober Sinnlichkeit, jämmerlicher Menschlichkeit, so daß sie manchmal wie Perlen aus dem Schmutz anmuten.

Aber nicht die Frage des Wertes oder Unwertes, nicht die Höhenlage entscheidet letztlich über den Anspruch einer Frömmigkeit oder Gottesvorstellung, sondern die Frage nach der Wirklichkeit. Es hat nun einmal dem Belieben des großen Gottes gefallen, sich nicht zu diesen Gottesvorstellungen zu bekennen, nicht in ihren Tempeln zu wohnen, nicht durch ihre Worte zu wirken, nicht bei ihrem Namen seine Gemeinde zu sammeln, nicht aus ihnen die Menschheitsreligion wachsen zu lassen, sondern sich in dem Winkelvolk Israel seine Gemeinde zu berufen, in der Geschichte Israels Alten und Neuen Bundes sich den Ort zu erwählen, wo seine Herrlichkeit wohnt und sich offenbart. Die herrlichen Gottesvorstellungen der Heiden wie die modernen Gottesvorstellungen sind Ahnungen und Wunschbilder von unten her, durch die der Mensch sich selbst mit seinem Anspruch bedroht oder mit seinem Zuspruch tröstet, in denen er letztlich sich selber begegnet. Das Gottesbild der Offenbarungsreligion dagegen ist von oben her. Durch dasselbe bedroht Gott uns mit seinem Anspruch und tröstet uns mit seinem Zuspruch, in demselben begegnet er uns selbst.

## 4.

## Der Ort, wo sich Gott offenbart

Aber hat der Mensch nicht als Ebenbild Gottes in sich das rechte Gleichnis für Gott? Kann er nicht darum doch Gott in sich finden? — Aus der Bibel wissen wir, daß das Ebenbild durch die Sünde Zerrbild, darum auch Gott uns „der ganz Andere" geworden ist. Wie himmelweit der Abstand des einstigen Ebenbildes von seinem Urbilde ist, offenbart das Kreuz. Als der Mensch zum ersten Male dem wahren Ebenbilde Gottes begegnete, konnte er es nicht erkennen, nicht ertragen.

Weil es seinen Wünschen und Vorstellungen von Gott widersprach, schlug er es in Scherben.

Gott ist überall; aber erst sein Wort löst der stummen Schöpfung und der verworrenen Geschichte die Zunge. Doch gerade dann ist ihre Predigt die schreckliche vom verborgenen Gott. Unerreichbar, unfaßbar, unerträglich und unentrinnbar dringt er aus ihr auf uns ein. Wir sind nicht imstande, uns von ihm eine Vorstellung oder ein Bild zu machen. Darum hat Gott sich selbst in Jesus ein Abbild gesetzt, das ihm gleicht. Das richtet all unsere Abbilder und Gottesideen. Er, bezeugt Paulus, „ist das Ebenbild des unsichtbaren Gottes" (Kol. 1, 15), und Jesus selber bekennt: „Wer mich sieht, der sieht den Vater" (Joh. 14, 9) und: „Von nun an kennt ihr ihn und habt ihn gesehen" (Joh. 14, 7).

Gottes Kraft bewegt das All und kreist durch unser Blut. Wir erfahren und erleiden sie täglich. Aber es gibt keine Brücke zwischen unserer Kraftlosigkeit und seiner Kraft. Seine Kraft ist im Kreislauf des Lebens begriffen, unsere im Kreislauf des Sterbens befangen, und ist kein Herüber, das diesen Kreislauf durchbricht. Bloß an einer Stelle hat Gott ihn durchbrochen und Kraft, die nicht aus dem Leben in den Tod, sondern aus dem Tode ins Leben mündet, der Welt sichtbar gemacht – in der Auferstehung Jesu, nur in dieser. „Nicht soll ihr ein Zeichen gegeben werden, außer dem Zeichen des Jonas" (Luk. 11, 29 ff.). Ja an dieser Stelle läßt er seine Kraft nicht nur sichtbar werden, sondern in den Raum unserer Schwachheit einbrechen, „auf daß ihr erkennt ..., welches ist die überragende Größe seiner Macht, die sich auf uns, die wir glauben, richtet nach der Energie der Gewalt seiner Stärke, die er wirksam gemacht hat in Christus, indem er ihn von den Toten auferweckte", heißt es bei Paulus (Eph. 1, 18–20), und er bekennt, daß diese „Kraft in der Schwachheit zur Vollendung kommt" (2. Kor. 12, 9).

Jesus selbst bezeugt: „Wer an den Sohn glaubt, der hat das ewige Leben" (Joh. 3, 36). Erst vor Jesus, in dem das Leben das letzte Wort hat, wird die Welt zur Predigt von der Schöpfung statt vom Gericht, die Schöpfung zur Predigt von der Kraft Gottes, aus dem Nichts das Sein, aus dem Tode das Leben zu schaffen, wird aus dem Erleiden Empfangen, aus dem Aufgeriebenwerden Erneuerung der Kraft. Der Prophet, der zum erstenmal die Auferstehung des Knechtes Gottes schaute, sieht in der Schöpfung das Gleichnis für die Kraft Gottes, die denen, die auf ihn harren, neue Kraft gibt; und in bewußtem Anklang an seine gehäuften Worte für die Überkraft Gottes hat Paulus sein Zeugnis von der Auferstehungskraft Jesu geformt.

Schöpfung und Geschichte sind *Gestalt gewordene Weltpolitik* Gottes. Aber der *Plan seiner Weltpolitik* ist darin verschlossen wie ein Buch mit sieben Siegeln. Kein Menschengeist, auch kein überirdisches Wesen kann ihn erkennen. Nur das Lamm Gottes, das erwürget ist (Offb. 5, 1 – 10), enthüllt und vollstreckt sterbend, auferstehend und wiederkommend den verborgenen Plan der Weltpolitik Gottes. In Christus, sagt Paulus, hat Gott „uns kundgetan das Mysterium seines Willens gemäß seinem Plan, den er sich in ihm (in Christus) vorgesetzt hatte zur Verwaltung der Fülle der Zeiten, auf daß das All in Christus zusammengefaßt würde (oder sein Haupt, seine Spitze oder Krönung fände), sowohl das im Himmel als das auf der Erde" (Eph. 1, 9).

5.

## Ausblick

In Jesus aber wird Gott als Lenker der Weltgeschichte noch unbegreiflicher und als Schöpfer des Lebens uns noch wunderbarer. Jeder Atemzug des neuen Lebens, jedes „von neuem geborene" Menschenkind ebenso wie das Werk seines Geistes am neuen Leibe, der Gemeinde, ist für Menschengeist so wunderbar und unerklärlich, wie des Windes Sausen in seinem Woher und Wohin (Joh. 3, 8). Vor der neuen Schöpfung wird erst im tiefsten Sinne wahr: „Wer greift (mißt, schätzt) den Geist Jahwes?" Die Weltpolitik Gottes in der Geschichte wird von ihrem Gipfel, von Jesus aus gesehen für Menschengeist noch unbegreiflicher in ihrer Verschlungenheit, überwältigender in ihrer Zielstrebigkeit. Vor der Heilsgeschichte wird erst im tiefsten Sinne wahr: „Wer greift den Geist Jahwes? Wer ist der Mann seines Rates, der ihn unterwiese?" „Denn von ihm, durch ihn, zu ihm sind alle Dinge", führt Paulus das Jesajawort weiter (Röm. 11, 35. 36) und rühmt: „O Tiefe der Weisheit und der Erkenntnis Gottes! Wie unerforschlich sind seine Gerichte und wie unnachgehbar seine Wege" (Röm. 11, 33)!

Ja, Gott selbst wird für Menschengeist in Jesus noch verborgener und anstößiger am Kreuz (1. Kor. 1, 23. 24). Nur wem Gott es durch den Geist öffnet, der erschaut, daß Gott uns in Jesus bereitet hat, „was kein Auge gesehen und kein Ohr gehört hat und in keines Menschen Herz gekommen ist" (1. Kor. 2, 9. 10).

Weil nur in Jesus Gottes Größe zu schauen, seine Kraft zu nehmen und seine Weltpolitik zu erkennen ist, darum ist es so lebenswichtig, daß alles, was unsere Sehnsucht mit Ersatzmitteln stillt, daß alle Götzen fallen. Denn Götze ist alles, was wir mit göttlichem Glanz umkleiden neben Jesus; alles, wo wir Kraft suchen außer Jesus; alles, worum unsere Gedanken mehr kreisen als um Jesus, woran unsere Herzen fester hängen als an Jesus; alles, was unsere Zeit mehr ausfüllt als Jesus; alles, was unseren Willen, unsere Wunschbilder, unseren ganzen Menschen regieren und gestalten will neben Jesus. *Götze ist alles, was uns satt macht für Jesus.*

# Erster Teil

## Die zwei Werkzeuge der Weltpolitik Gottes

Die Enthüllung der Herrlichkeit Gottes vor allem Fleisch. – Der Sturz der drei Mauern, die ihr Erscheinen aufhalten

Leitwort: „In der Wüste bahnet einen Weg für Jahwe ...
Alles Tal soll sich heben, aller Berg und Hügel sich senken,
daß sich enthülle die Herrlichkeit Jahwes!"

### Erstes Kapitel

### Erste Gerichtsverhandlung

Die Werkzeuge der Weltpolitik Gottes. – Der Sieg der Weltpolitik Gottes: Sturz der Götzen, Offenbarung der Herrlichkeit Gottes im Knecht

### A. **Erster Gang der Verhandlung:**

### Die Völker und das Volk Gottes vor Gericht

#### 1. Cyrus – das Werkzeug des Gerichts

**Jes. 41, 1 – 4:**

(1) **Schweigt, mir zugewandt, Inseln!**
**Und Nationen mögen neue Kraft sammeln!**
**Sie mögen herantreten und dann reden;**
**miteinander zum Gericht wollen wir antreten.**

(2) **Wer hat erweckt (ihn) vom Aufgang?**
**Heil begegnet seinen Tritten.**
**(Wer) gibt hin vor ihm Völker,**
**läßt Könige niedertreten?**
**Es macht sie wie Staub sein Schwert,**
**wie verwehte Stoppeln sein Bogen.**

(3) **Er verfolgt sie, zieht einher in Heil;**
**den Pfad berührt er nicht mit seinen Füßen.**

(4) **Wer hat's gemacht und getan?**
**Der ruft die Geschlechter von Anfang,**
**ich, Jahwe, der Erste,**
**und mit den Letzten bin ich es.**

Nachdem im Vorangehenden der Blick auf den Richter freigeworden war, beginnt die Verhandlung.

(1) Gott ruft die Völker in die Schranken. Wie im heutigen Gerichtssaal, wenn das Gerichtsglöcklein erklingt, das Publikum ver-

stummt und schweigend wartet, so bricht in den Lärm des Weltgetriebes der Ruf Gottes: „Schweigt!"; die Weltgeschichte steht still, und die Völker halten den Atem an. Wie im Augenblick, da das Richterkollegium hereintritt, um den Spruch zu verkündigen, alle Augen sich auf einen Punkt richten, so lenkt Gottes Ruf: „Mir zugewandt!" die Blicke der Völker bis hin zu den fernsten Gestaden hinter dem Meer, die noch bewohnt sind (die „Inseln"), auf sich. Die Augen der Völker, die verlangend auf Arbeit und Brot oder neidend auf ihre Nachbarn, ängstlich auf ihre Feinde oder grollend auf ihre Unterdrücker, hilfesuchend auf ihre Götter oder selbstbewußt auf ihre eigene Kraft gerichtet sind, wendet er mit unerhörter Kehrtwendung auf einen Punkt, auf den ihnen bis dahin unbekannten Gott des Winkelvolkes Israel, der mit einem Mal beansprucht, Weltmittelpunkt zu sein.

Wie heute das Vortreten in die Schranken vom Angeklagten Sammlung und das Anhören des Urteils Kraft verlangt, so werden hier die Völker aufgefordert, Kraft zu sammeln, um vor den Richter zu treten, sich alles zurechtzulegen, was sie für sich selber anzuführen hätten, damit sie sich nachher nicht mehr entschuldigen können. Wörtlich steht: „Sie mögen ihre Kraft erneuern". Der Ausdruck greift das Wort auf, mit dem der vorige Abschnitt schloß, als sollte daran erinnert werden, wie notwendig Kraft ist, die nicht versiegt, weil Menschenkraft im Weltgericht im Stich läßt. Das ist die Not der Völker: den einzigen Weg zur Kraft, das Harren auf den Gott Israels, kennen sie nicht. – Erst wenn sie Kraft gesammelt, sollen sie antreten und hören, was Gott sie zu fragen hat; dann erst mögen sie „reden", d. h. sich verantworten.

Wie heute bei einer Gerichtssitzung das Zeichen zum Beginn der Verhandlung eine Schar von unbeteiligten Zuschauern plötzlich in Angeredete, Angeklagte, Beanspruchte verwandelt, so verwandelt sich im Licht der Schau Jesajas die Weltgeschichte aus einem sich abrollenden Entwicklungsvorgang, einem wirren Krieg aller gegen alle, einer sorglosen Glücksfahrt aufs Geratewohl in ein einziges großes Zwiegespräch mit Gott. Sie rückt ins Licht der Verantwortlichkeit, bekommt eine höchste Stelle über sich, einen Mittelpunkt, auf den sich alles ausrichten muß.

(2. 3) Als Erstes weist Gott die wartenden Völker mit einer Frage auf das geschichtliche Ereignis, das gerade die Welt in Verwirrung setzt und an den Grundfesten des bisherigen politischen Weltbildes zu rütteln anfängt: auf den aufsteigenden Stern Cyrus, den „Wundermann", das Genie der Zeit, den kleinen Vasallen von Anschan, der eines Tages die Herrschaft über das Mederreich an sich reißt, dem Lyderreich das Ende bereitet und jetzt gegen die Weltmacht Babel anrückt oder rüstet. „Wer hat (ihn) erweckt?" Wer unter ihnen hat um sein Auftreten vorher gewußt oder ihm den Antrieb gegeben? Wer

mitgeholfen bei seinem Siegeslauf, der doch für sie alle bestürzend kommt? Wer weiß um seine Berufung („hat ihn erweckt"), um das Rätsel seines Erfolges, daß Sieg, um den andere ringen müssen, ihm entgegenkommt wie eine Braut dem Bräutigam („Sieg" oder „Heil begegnet seinen Tritten"), um die Ursache des Zusammenbruchs der Völker vor seinem Ansturm, daß unsichtbare Hand sie ihm „hingibt"? Wer erklärt die zermalmende Kraft in ihm, die den Tritten gleicht, die die Kelter „treten", der Mühle, die das Korn zu „Staub" zermahlt, dem Glutwind, der das Kraut verbrennt und seine „Stoppeln" über das Gefilde trägt? Wer deutet die unaufhaltsame Zielstrebigkeit, mit der er – einem Traumwandler gleich – seiner Sendung nacheilt, unbeirrt durch Verhältnisse und Widerstände, zwischen denen andere sich den Weg mühsam hindurchsuchen müssen („den Pfad berührt er nicht mit seinen Füßen")?

(4) Mit einem zweiten „Wer"? – „Wer hat's gemacht und getan" („angebahnt und ausgeführt")? – stellt Gott die verstummten Völker noch einmal vor den Einbruch des Cyrus: Ihr begegnet in dieser Walze der Vernichtung keinem andern als dem, der auch allen geschichtlichen Lebens Ursprung ist, der – über der Geschichte thronend – „von Anfang" durch sein bloßes Wort Menschen, Geschlechter und Völker ins Leben ruft, daß sie antreten auf Kommando wie Soldaten.

Das ist das große „Ich", das aller Welt gegenübersteht, dem alle Welt verantwortlich ist, das „Jahwe" heißt. Das bedeutet „Ich bin, der ich bin"; aber nicht als starrer Begriff ruhenden absoluten Seins, wie Philosophen ihn erdachten, sondern eigentlich „ich werde sein, der ich sein werde", d. i. ein Lebendiger, der sich selber treu bleibt in dem, was er sich vorgenommen, und der sein Wort hält denen, die auf ihn hoffen. „Ich, Jahwe", das ist ein Ich so innerer Bewegung und Spannung voll, wie das noch aus dem wahrscheinlichen Ursinn des Wortes „Jahwe" klingt und ihn als den Wehenden kennzeichnet, den Sturmesodem, dem nichts widersteht.

Dieses große Ich ist ebenso letzte Ursache aller Bewegung wie allen Bestandes innerhalb der Geschichte. Es steht am Anfang wie am Ende, über der Jugend der Völker ebenso wie über dem Gericht am Abschluß der Zeiten („der Erste, und mit den Letzten bin ich es"). Es umschließt die Geschichte wie ein Ring, zwischen dem nach Jahrtausenden zählende Weltgeschichte mit ihrer grauen Frühzeit zur kurzen Spanne zusammenschrumpft; es ist die Klammer, zwischen der das Leben aus verantwortungslosem Hinschlendern ernster Gang wird vom Schöpfer her zum Richter hin, von Gott zu Gott und allezeit vor Gott: ständig von ihm begleitet, überallhin von ihm verfolgt, immer unter seinen Augen; alles von ihm zu Lehen tragend, alles ihm wiederbringend; von allen Seiten durch ihn geborgen, rettungslos an ihn verkauft, in jedem Augenblick von ihm angerufen und zur Verantwortung gezogen.

Seine Zeit erleben heißt: vor Gott stehen. Die Zeit steht vor dem Menschen wie ein Ritter mit herabgelassenem Visier vor dem Feinde. Erst wenn der Mensch vor Gott steht, fällt das Visier, gibt es Erkennen und Verstehen der Zeit, Erleben von Gegenwart und Geschichte. Die schicksalhafte Würde des Augenblicks, Spannung und Freiheit, die in seiner Verantwortung liegen, seine nie wiederkehrende Schwere und Schöne, das, was wir „Gegenwart" nennen, können wir nur in der Gegenwart Gottes erfahren. Ohne ihn kommt es gar nicht zur Begegnung mit der Gegenwart, mit Leid und Glück in ihren Tiefen. Wir hören, wenn überhaupt, so erst nachträglich, was sie uns sagen oder reichen wollten, gleich einem Verdurstenden, der erst – nachdem er vorüber – den Becher gewahrt, der ihm voll eingeschenkt war.

Auch die Vergangenheit wird erst dort Weg, Fortschritt, Wunderkette, mit einem Wort: lebendige Geschichte, und die Zukunft erst dort Kampfziel, Hoffnung und Freude, Gericht und Erfüllung, wo man lebt mit dem Blick auf den, der „sein wird, der er sein wird".

### 2. Der Zusammenbruch der Völker und ihrer Götzen im Gericht

**Jes. 41, 5–7:**

(5) **Es schauten's die Inseln und erschauerten,**
**die Enden der Erde erbebten.**
**Sie nahten sich und kommen herzu.**

(6) **Ein jeder unterstützt den andern**
**und sagt zu seinem Bruder: Sei fest!**

(7) **Es spricht Festigkeit zu der Handwerker dem Schmelzer,**
**der Hammerglätter dem Klöppelschläger,**
**indem er zur Lötung sagt: Gut ist sie, –**
**und befestigt es mit Nägeln, daß es nicht wackelt.**

Ohne Jahwe wird Geschichte ein Gang aufs Geratewohl, und die Schicksalszeiten gleichen einem Überraschtwerden mitten im Dahinschlendern, einem Überfall, der in Verwirrung und Ratlosigkeit stürzt. Wenden in der Geschichte sind Einbruch Gottes, Durchscheinen des Endgerichts durch die Risse der brüchig gewordenen Zeit. Solch ein Hereinflammen des Gerichts zwischen den zerreißenden Wolken war auch der Anmarsch des Cyrus. Der Prophet – auf perspektivische Schau angewiesen – sah darin den letzten Einbruch.

(5) Weil sie die Verbindung mit dem Gott der Geschichte nicht haben, geraten die Völker in Verwirrung. Es muß offenbar auch beim Anmarsch des Cyrus eine jener angstvollen Spannungen, die manchmal die großen Zeiten begleiten, die Menschheit ergriffen haben. Das ist mehr als planlose Verwirrung. Es ist Ahnung, Angst nicht nur vor dem Zusammenbruch, der nach außen Halt und Sicherungen zerschlägt, son-

dern noch mehr vor dem, was dahinter steht. Ein geheimnisvolles Schicksal entsichert in solchen Zeiten, bevor äußere Veranlassung vorhanden, die Menschen innerlich und macht sie kiellos, so daß die Ereignisse sie bereits ohne Halt und Widerstandskraft vorfinden. Das liegt wohl in dem betonten und zum Wortspiel zugespitzten „Es schauten's die Inseln und erschauerten, die Enden der Erde erbebten". Eine endzeitliche Angst schüttelt den Erdkreis wie in Wehen.

(6. 7) In einem Wortspiel schildert der Prophet die Antwort der Menschheit auf diesen Einbruch. Der Wortstamm „fest sein", der in den folgenden Abschnitten mehrfach abgewandelt wiederkehrt, zeichnet die Haltung der Götzenanbeter als Suchen nach Halt. Doch in der allgemeinen Haltlosigkeit kann keiner vom andern Halt bekommen. Jeder muß noch den andern stützen. Einer treibt den andern an: „Sei fest!" und ersetzt durch Haltung, was an innerem Halt und Gehaltenwerden ihm fehlt.

Und da sie voneinander nicht Halt bekommen können, fühlen sie besonders stark, daß sie Halt aus einer andern Welt brauchen. Eine Art religiösen Erwachens geht durch die Zeit, ein krampfhaftes Suchen, ein Drängen zu den Gottesdiensten und Gnadenmitteln, ob sie nun in Tempelfeiern oder häuslichen Übungen des Gottesdienstes bestehen, in Wallfahrten und Stiftungen von Gottesbildern an die Heiligtümer oder Anschaffung von Gottesbildern für das eigene Haus. Es ist religiöse Hochkonjunktur. Die Götzenfabrikation zieht gewaltig an. Wir verfolgen, wie die Götzenindustrie mit Volldampf an die Arbeit geht, um das religiöse Bedürfnis und die Nachfrage zu befriedigen; wie die Handwerker einander anfeuern und „Festigkeit zusprechen"; wie in unermüdlicher Arbeit das Götzenbild von Hand zu Hand wandert, bis es fertig ist: vom Handwerker, der es schnitzt, zum Schmelzer, der das Goldblech nietet und die Silberkettchen lötet; von dem, der es mit Hämmern glättet, zu dem, der es mit dem Klöppel bearbeitet; von dem einen, der sich von der Festigkeit der Lötung überzeugt, zu dem andern, der das Bild mit Nägeln festnagelt, damit es nicht auf seiner Unterlage wackelt.

Dem Propheten wird es zum Sinnbild für das Suchen der an die Götzen verlorenen Völker nach Halt im großen Zusammenbruch. Da sie weder beieinander noch bei ihren Göttern Halt finden, stürzen sie sich mit um so größerer Inbrunst auf ihre religiösen Vorstellungen und Übungen, in ihre Frömmigkeit. Mit einem Eifer, der einer besseren Sache würdig wäre, ermutigen, schnitzen, schmelzen, glätten, klöppeln, nageln sie an ihren wackelnden Götzen, über die Götterdämmerung hereingebrochen ist und die sie nicht durchbringen werden. Sie müssen ihre Götzen halten, statt von ihnen gehalten zu werden. Ein widersinniges und zugleich tief tragisches Bild jenes Suchens nach Halt, das sich dorthin wendet, wo es nichts bekommt, sondern immer tiefer in Haltlosigkeit hinabgerissen wird!

**3. Die Geborgenheit des Volkes Gottes im Gericht** (Jes. 41, 8–20)

**Jes. 41, 8–9:**

(8) **Aber du Israel, mein Knecht,**
**Jakob, den ich erwählet habe,**
**Same Abrahams, meines Freundes,**
(9) **den ich fest ergriffen habe von den Enden der Erde,**
**und von ihren Säumen dich gerufen habe.**
**Ich sagte zu dir: Mein Knecht bist du,**
**ich habe dich erwählt und habe dich nicht verschmäht.**

Der Gerichtsschauplatz hatte sich mit geschichtlichen und übergeschichtlichen Riesengestalten angefüllt: der anmarschierende Cyrus, die vor ihm zusammenbrechenden Völker und hinter dem anschwellenden Kriegslärm die Stimme Gottes, die den Völkerkreis zur Rechenschaft ruft.

Auf diesem Riesenhintergrunde wird Israel aufgerufen vorzutreten. Weltreiche, -völker und Kultgemeinden zittern in haltloser Angst; wieviel mehr muß dieses Häuflein sich zu Tode fürchten. Doch – das ist die Überraschung! – dieses Häuflein stellt Gott als einziges den Weltvölkern gegenüber und bekennt sich zu ihm als zu seinem Knecht. Das Sklavenvolk neben dem Welteroberer – sein Werkzeug! („Aber du, Israel, mein Knecht.") Dieses Volk hat er sich unter Hintansetzung der vornehmsten ausgesucht („Jakob, den ich erwählet habe"). Dieses Häuflein soll die Verwirklichung der Verheißung vom großen Volk sein, in dem der Völkerkreis Segen findet („Same Abrahams"). In der dreifachen Anrede ist mit Absicht Anfechtung und Anstoß des Glaubens am Volke Gottes schmerzhaft beleuchtet vor die Augen der Welt gezerrt.

Der dritte Name, „Same Abrahams", mit der Widersinnigkeit, die sein Anspruch und seine weltumspannende Verheißung auf dem Hintergrunde der trostlosen Gegenwart bekommen, enthüllt zugleich das ebenso notvolle wie selige Schicksal, unter dem Gottes Volk steht und in dem sich die Widersprüche lösen. An zwei bedeutsamen Stellen unseres Buches – hier und im 51. Kapitel – erscheint der Name Abrahams. Beide Male enthüllt die Berufung auf Abraham die Grundlage, auf der alle Heilsgeschichte ruht. Diese Grundlage heißt: Erwählung, unbegreiflicher Ratschluß, unwiderruflicher Entscheid, Tat Gottes. Da ist nichts auf der Seite des Menschen, was Gottes Entschluß hätte bestimmen können. Nicht daß Abraham als eine im Mittelpunkt des Weltgespräches stehende Führergestalt die Aufmerksamkeit Gottes auf sich gelenkt hätte. Im Gegenteil: von den „Säumen" (wörtlich „Winkeln") der Erde hat Gott ihn hervorgeholt, einen Winkelmann, Vater eines Winkelvolkes. Auch nicht, daß Abraham durch den Wert seiner Persönlichkeit für Gott so anziehend gewesen, durch die Energie seiner sittlichen Anspannung

Gott verpflichtet hätte. Gott war im Recht, ihn abzulehnen, hat ihn aber unerklärlicherweise „nicht verschmäht", sondern „erwählt".

Erwählung ist grundlose Wahl, die nicht im Menschen, sondern nur in Gott ihre Voraussetzung hat. Darum ist sie allem wechselnden Spiel der Verhältnisse und des Schicksals, den Widerständen der Weltgewalten, den rüttelnden Händen des Zweifels und der Anfechtung, dem Einspruch des eigenen Gewissens entnommen – Felsengrund.

Erwählung ist mehr als einmalige Berufung. Sie gleicht dem Griff der Hand, die zupackt und festhält. „Same Abrahams... den ich fest ergriffen habe." Das Wort bezeichnete vorher die Anstrengungen der Götzenanbeter, einander und ihren Götzen Festigkeit zu geben. Hier führt es auf den grundsätzlichen Unterschied zwischen aller menschlichen Religiosität und dem Offenbarungsglauben. Während alle menschliche Frömmigkeit ihre Gottesvorstellungen selbst festhalten und tragen, sich selbst das Heil zusprechen, sich mit eigener Kraft in der Gnade halten muß, wird Gottes Volk von seinem Gott gehalten, ruht so fest in seiner gewaltigen Hand, daß niemand es herausreißen kann, auch der eigene Kleinglaube nicht.

Erwählung bindet an Gott und ist doch nicht äußerer Zwang, wie die Kette, die den Galeerensklaven an die Galeere bindet, sondern ein Zwang, der innerlich Freiheit ist. Das Verhältnis zwischen Gott und seinem Sklaven Abraham nennt Gott selbst Freundschaft. Abraham, der „Freund" Gottes, ist nicht willenloses Geschöpf, das Führung und Liebe erleidet, sondern „Liebender" Gottes, sagt das hebräische Wort. Die Freiheit und der Reichtum persönlicher Gemeinschaft liegt in diesem Verhältnis.

Freund und Sklave – scheinbar unvereinbare Gegensätze! Und doch drücken beide Worte, nur von verschiedenen Seiten, dieselbe tiefe, unzerreißbare, innerlichste Bindung an Gott aus. Das Gespräch zwischen Abraham und Elieser (1. Mose 24, 2–9) gibt einen Begriff von dem Reichtum, der nach biblischer Auffassung in dem Verhältnis von Herr und Sklave liegt. Sklave ist einer, der kein eigenes Leben hat, für den der Wille des Herrn sein Wille, die Sache des Herrn seine Sache, Ehre, Haus und Familie seines Herrn seine Welt sind. Das ist nicht Armut, sondern Anteil am Reichtum seines Herrn. Sklave eines Gottes ist der, durch dessen Anbetung, Gehorsam und Vertrauen, aber auch durch dessen Glück und Erfolg sein Herr sich vor der Welt herrlich und anbetungswürdig macht. Der Begriff „Knecht Gottes" ist ein Hauptbegriff unseres Buches. Unter diesen Begriff wird nicht nur das Verhältnis Israels zu seinem Gott, des Glaubens überhaupt zu seinem Herrn gestellt; der Name „Knecht" umreißt auch das Geheimnis der Gestalt, die im Brennpunkt des Buches steht und die der „Knecht" oder „Sklave Gottes" schlechthin heißt.

Indem Gott Israel (V. 8 und 9) vor den versammelten Völkern zweimal als seinen „Knecht" oder „Sklaven" bezeichnet, sagt er: Die Geschichte dieses Volkes ist der Ort, wo, dies zertretene Völkchen selbst ist das Werkzeug, durch das, sein verachtetes Blut ist das Medium, in dem ich mich verherrlichen will vor der ganzen Welt.

Für Israel selbst ist diese Anrede höchste Auszeichnung und gleichzeitig Furcht einflößender Anspruch auf sein ganzes Sein. Aber auch die Auszeichnung darin ist für immer dem Zugriff des Dünkels entzogen und auf das der Anmaßung ebenso wie der Anfechtung unerreichbare Fundament grundloser Erwählung gestellt. Die beiden Namen „Jakob" und „Israel" sagen Ähnliches. „Jakob" erinnert daran, daß die Erwählung gegen alle menschliche Ordnung der Geburt und des Wertes erfolgte, und „Israel" daran, daß Erwählung Krieg auf Tod und Leben gegen Fleisch und Blut des Erwählten selber ist, das Ende eigenen Wertes, eigener Kraft und eigener Ansprüche, die totale Mobilmachung für Gottes Kriege. (Vgl. 1. Mose 32, 29; 35, 10; 25, 23–26; Mal. 1, 2. 3; 3, 6.)

Von der Berufung Abrahams spricht Gott so, als ob das, was dort geschah, mit dem zertretenen Volk hier vor dem Richter geschehen wäre, in direkter Anrede der zweiten Person: „Same Abrahams, den ich fest ergriffen habe von den Enden der Erde und ... dich gerufen habe." Darin drückt sich aus, daß die Erwählung Abrahams Tat Gottes an allem Samen Abrahams war.

### a) Der Gott der Weltgeschichte steht hinter seinem verlassenen Volk

Jes. 41, 10–13:

(10) **Fürchte dich nicht,**
**denn mit dir bin ich!**
**Schau nicht angstvoll um dich,**
**denn dein Gott bin ich!**
**Ich stärke dich,**
**auch unterstütze ich dich,**
**auch halte ich dich**
**mit meiner heilvollen Rechten.**
(11) **Siehe, es schämen sich und werden zuschanden**
**alle wider dich Entbrannten.**
**Es werden zu nichts und gehen zu Grunde**
**die Männer des Streites dein.**
(12) **Du wirst sie suchen und nicht finden,**
**die Männer des Haders dein.**
**Es werden zu nichts und wie gar nichts**
**die Männer des Krieges dein.**

(13) **Denn ich bin Jahwe, der Gott dein,**
**der festhält die Rechte dein,**
**der zu dir spricht: Fürchte dich nicht,**
**ich bin der Helfer dein.**

(10) In drei Strophen entfaltet Gott, was aus der Tatsache der Erwählung für das Volk folgt. „Fürchte dich nicht!" – setzt das Thema der ersten Strophe ein. Dasselbe Wort wurde einst dem ersten Samen Abrahams, Isaak (1. Mose 26, 24), und noch früher Abraham selbst zugerufen, als dieser in Gefahr war, vor der Wirklichkeit, die der Erwählung Hohn sprach, zu verzagen (1. Mose 15, 1). So hängt das „Fürchte dich nicht!" eng mit der Erwählung zusammen.

Erwählung stellt auf Felsengrund, aber entrückt nicht aus der notvollen Gegenwart, erspart nicht Zweifel und Anfechtung. Erwählung ist nicht kampfloses Schauen, sondern fordert den Kampf des Glaubens. Glaube steht immer in der Entscheidung zwischen zwei Welten: Verheißung und Erwählung auf der einen, die sichtbare Wirklichkeit auf der andern Seite. Schließt der Glaube die Augen und hört auf die Erwählung, so ist er geborgen. Blickt er auf die sichtbare Wirklichkeit, so hat er Angst. Glaube ist Wendung, Zuwendung zu Gott, Abwendung vom Augenschein, Einkehr in Geborgenheit, Abkehr von Furcht.

Auch hier ist es der unversöhnliche Widerspruch zwischen Erwählung und Verlassenheit, der den Glauben Israels bedrängt. Die Angst Abrahams und Isaaks war, daß sie das Ziel nicht erreichen, die Widerstände zu stark sein, Gottes Verheißungen lügen würden. Hier sind alle Verheißungen und Ziele über Bord gegangen, und die Gemeinde Gottes bangt um ihr nacktes Leben.

Ein Blick in den Textzusammenhang zeigt, daß wir uns innerhalb einer leidenschaftlich erregten Gerichtsverhandlung befinden. Das ist nicht geordnetes Gerichtsverfahren von heute mit unabhängiger Rechtssprechung, sondern das hebräische Volksgericht aus den Zeiten seines Niederganges, wo die streitenden Parteien – womöglich bewaffnet mit ihrem Anhang – im Tor erschienen und durch den Anblick der Gewalt den Ausgang des Spruches entschieden. Da kam es zu Gewaltanwendung und Ausschreitungen, so daß aus der Verhandlung die Vollstreckung wurde, und der Schutzlose nicht nur sein Recht verlor, sondern flüchtend das nackte Leben vor den Mißhandlungen seiner leidenschaftlich entbrannten Prozeßgegner retten mußte.

Israel schutzlos in der Hand seiner mächtigen Prozeßgegner – das ist der Hintergrund unseres Wortes. Das sind die wider es „Entbrannten", die Männer seines Streites, die Männer seines Haders, die Männer seines Krieges, von denen wir hören. Doch wer sind diese Prozeßgegner? Die großen Völker, die es vergewaltigt haben? Die kleinen Völker, die sein Unglück ausnutzen? Die Götzenanbeter, die auf Jahwes Versagen schließen? Die Götzen der Völker, die triumphieren? Oder Cyrus, der einen neuen Weltkrieg heraufführt, der auch Israels kleine Kolonie begraben kann? – Hinter diesen allen steht ein Größerer, den dies Volk tödlich beleidigt hat, aus dessen Dienst es ausgebrochen ist wie ein entsprungener Sklave. Er ist sein Prozeßgegner. Von seinem Zorn zeugt das Exil. Jetzt tritt er selbst im Tor oder Thing auf und holt sich sein Recht. Cyrus ist sein Herold, der sein Erscheinen ankündigt. So mußten die erwachten Gewissen in Israel die Gegenwart erleben. So gilt über alle irdischen Gegner hinweg Israels Angst letztlich Gott.

In diese Angst dringt der Ruf: „Fürchte dich nicht ... schau nicht angstvoll um dich!" Dein Prozeßgegner und Richter ist dein Anwalt. Er bekennt sich vor der ganzen Welt zu dir und steht wider deine Verkläger. Das ist die erste große Überraschung. In gewöhnlichen Zeiten hat die Wirklichkeit für die Welt nichts Beängstigendes, für den Glauben aber ist sie Bedrängnis. Wenn jedoch die Zeit der Anfechtung für die Welt gekommen ist, darf der Glaube sein Haupt erheben (vgl. Luk. 21, 28). Wenn alles zittert vor dem Gericht, darf die Gemeinde Gottes wissen: Mein Anwalt ist nahe.

Diese Gewißheit verwandelt mit einem Mal die Lage im Tor. Mit Gottes Versicherung: „Mit dir bin ich" – setzt ein jubelhelles Trösten ein. In immer neuen Ausdrücken ringt der Prophet darum, es so hell weiterzusagen, wie er es gehört hat. „Ich stärke dich, auch unterstütze ich dich, auch halte ich dich mit meiner heilvollen Rechten." Das ist die Rechte, die im Rechtsstreit Sieg, im Prozeß Freispruch und dem Angeklagten Rechtfertigung vor seinen Verklägern (d. i. „Heil") verschafft. In hellen, jubilierenden J-Lauten malt sich im Hebräischen auch klanglich der Jubel, der dann in herzandringenden Zuspruch übergeht, dessen Innigkeit auch wieder in eigentümlicher Klangmalerei durch die weichen, sehnsüchtig gedehnten E-Laute zittert, die reimartig Vers um Vers mit derselben Silbe beschließen und in sechsfacher Wiederholung immer neue Steigerung der Innigkeit ausdrücken. Das wiederholte „dein" versucht das im Deutschen wiederzugeben. Besonders innig spricht der zarte Ton dieses Verses auf dem rauhen Hintergrunde des Gerichts, der Anklage.

(11. 12) Mit einem unerschütterlich festnagelnden „Siehe" stellt Gott unter Beweis, was er zugesagt hat, und die Gemeinde darf mit seinen Augen sehen, daß auch äußerlich mit seinem Eintreten das Bild im Tor sich so völlig verwandelt hat, daß der Angeklagte sich staunend umsehen und seine Verkläger suchen muß. Sie sind verschwunden wie ein Traum. Das ist die zweite große Überraschung („Du wirst sie suchen und nicht finden"). Israel geht es wie der Ehebrecherin, die Jesus fragte: „Wo sind sie, deine Verkläger? Hat dich niemand verdammt?" (Joh. 8, 1–11). Paulus hat es in das Bekenntnis gefaßt: „Wer will die

Auserwählten Gottes beschuldigen? Gott ist hier, der da gerecht macht. Wer will verdammen? ... Ist Gott für uns, wer mag wider uns sein?" (Röm. 8, 33. 34 a. 31 b).

Gottes Erwählung war für Israel unwirklich geworden vor der Wirklichkeit, die „Nein" sagte. Mit dem Augenblick, wo der Anwalt an seine Seite tritt, wird diese Wirklichkeit mit ihren Mächten, Gefahren und Feinden unwirklich vor der alles zermalmenden und überstrahlenden Wirklichkeit Gottes, zerrinnt wie Schnee unter der Sonne. Acht verschiedene Ausdrücke hintereinander für „nicht" und „Zunichtewerden" bekräftigen in immer neuer Steigerung, wie völlig alles Verklagen ausgetilgt ist. Der verlassene Raum im Tor, die verschwundenen Kläger und der mit seinem Anwalt allein zurückgebliebene Angeklagte zeichnen die Stille nahe bei Gott, in die Rechtfertigung führt. Wie verklingende Erinnerung des Kampfes, der getobt hat, oder abziehende Gewitterwolken, die sich auflösen, sehen wir im Hintergrunde die Rotte der Prozeßgegner verschwinden, sich „schämend", „zuschanden werdend", „zugrunde gegangen", nicht mehr zu finden, „zu nichts und wie gar nichts" geworden; in umgekehrter Richtung und Reihenfolge, wie sie angetreten sind: erst wutentbrannt („alle wider dich Entbrannten"), dann prozessierend („die Männer des Streites dein"), dann schmähend („die Männer des Haders dein"), endlich Gewalt anwendend („die Männer des Krieges dein").

(13) Und wieder erscheint Gottes gewaltige Hand, die – wie sie bei der Erwählung in Abraham Israel fest ergriffen – es auch fürder „festhält". „Dein Gott" – in diesem einen Wort ist alles zusammengefaßt. Der Wortstamm „fest sein", der erst das Halt-suchen der Heiden, dann Israels Halt-finden in der Erwählung bezeichnete, kehrt hier abschließend wieder als Dauerzustand des Gehaltenwerdens durch Gott (wörtlich: „festhaltend die Rechte dein"). Das Ende kehrt zum Anfang zurück: „Fürchte dich nicht", denn noch ist die Wendung nicht im Schauen, sondern nur im Glauben da.

**b) Der Gott der Weltgeschichte gebraucht sein ohnmächtiges Volk als Werkzeug**

**Jes. 41, 14–16:**

(14) **Fürchte dich nicht,**
**Würmlein Jakob, Häuflein Israel!**
**Ich helfe dir, ist der Spruch Jahwes,**
**und dein Loskäufer ist der Heilige Israels.**

(15) **Siehe, ich mache dich zur scharfen Dreschwalze,**
**neu, mit Doppelschneiden.**
**Dreschen wirst du Berge und zermalmen**
**und Hügel wie Spreu machen.**

(16) **Wirst sie worfeln, und der Wind wird sie heben,**
**und der Sturmwind wird sie zerstreuen.**
**Du aber wirst jubeln in Jahwe,**
**im Heiligen Israels dich rühmen.**

(14) Das erste „Fürchte dich nicht!" antwortet auf die Not der Verlassenheit, das zweite auf die Not, die dem Gottesvolk aus dem Blick auf sich selbst erwächst. Knecht Gottes sein, d. h. berufen sein, gegen den Widerstand von Weltreichen, Pseudokirchen und Gottmächten seinen Namen vor der Welt herrlich zu machen, und selbst nicht nur ohne Bundesgenossen, sondern auch an Zahl ein „Häuflein", an Kraft ein Nichts zu sein – ist Anfechtung. Ein Blick auf die äußeren Widerstände und die eigenen Machtmittel, auf die großen geistigen Mächte, die die Weltgeschichte machen, und den kümmerlichen Stand des geistlichen Lebens innerhalb der Gemeinde Gottes, auf den Heiligen, der sie berufen hat, und das eigene sittliche Unvermögen – und das Urteil lautet: „Wurm". Ein Wurm ist da, zertreten zu werden, nicht aber ein passendes Werkzeug, um Gott zu verherrlichen.

Gottes Antwort tröstet nicht über die traurige Wirklichkeit hinweg, sondern bestätigt oder fällt erst das Urteil „Wurm"; Wurm, nicht nur vor Gott, sondern auch vor der verlorenen Welt, die von Gott nichts weiß. Noch mehr: Gottes Antwort läßt äußere und innere Not, Niedrigkeit und Häßlichkeit der Gemeinde nicht als Unglück erscheinen, sondern als Fluch, Exil, inneres Schuldgefängnis. Gott zeigt die Nacht im Zustand dieses Volkes noch dunkler, als es selbst sie zu sehen vermochte, aber nur, um gleichzeitig in einem noch helleren Licht in das Leben dieses Volkes zu treten, um sich ihm als „Loskäufer" zu offenbaren. Das Dunkel, das sein Wort aufdeckt, ist nur der vom Licht geweckte Schatten, der – sobald er geweckt wurde – schon auf der Flucht ist.

Das Wort „Loskäufer" wird von jetzt ab eines der häufigsten Worte, einer der grundlegenden theologischen Begriffe unseres Buches. Es kennzeichnet eine einschneidende Stufe in der fortschreitenden Gottesoffenbarung, führt an jene letzten Tiefen der Gottheit heran, vor denen menschliches Denken verzagend zurückweicht. Wenn Gott unser Gläubiger, Gott auch unser Loskäufer ist, von wem kauft er uns los? Dies Wort aus der Sprache des Sippenrechts bezeichnet den, der die Aufgabe hat, die in Gefangenschaft oder Schuldknechtschaft geratenen Glieder der Sippe freizukaufen. Auf welche Weise das im Falle Israels geschehen soll, wird hier noch nicht angedeutet. Über dem Volk, das vor den eindrucksgewaltigen Erscheinungen dieser Welt, noch mehr: vor Gott sich als Wurm im Staube erkennt, öffnet er die Tür und – o Staunen! – in der schrecklichen Majestät des „Heiligen Israels", vor der die Seraphim ihre Blöße bedecken (Jes. 6, 2), schaut dieses Volk seinen Loskäufer aus Schande und Schmach. Das ist wieder eine jener bestürzenden Wendungen, an denen dies Buch so reich ist.

(15. 16) Dieses ganz in Unglauben und Kraftlosigkeit, ganz in dieser finsteren Welt verstrickte Volk, das – wie ein versetztes Handwerksgerät aus der Hand des Handwerkers – aus seines Gottes Hand fortgekommen, soll losgekauft und wieder Werkzeug in der Hand seines großen Meisters werden. Was das bedeutet, stellt Gott wieder mit einem eindrücklichen „Siehe!" unter Beweis in einem zweiten, noch überraschenderen Wunder. Das Wunder, daß der Wurm im „Heiligen Israels", der ihn zertreten sollte, seinen Loskäufer gefunden hat, wird in den Schatten gestellt durch das andere, daß dieses „Häuflein" Werkzeug wird, durch das der Gott der Weltgeschichte allen Stolz und alle Machtentfaltung des Irdischen zunichte macht. Waren schon die plötzlich verwandelte Gerichtsszene und der verlassene Raum im Tor eindrucksvolle Gleichnisse, so wirkt geradezu herausfordernd und überwältigend das Bild des „Würmleins", das die endlosen Hügelketten und die ragenden Wände granitner Felsenmassen „zerdrischt", wie ein Dreschschlitten mit seinen scharfen Schneiden die Halme zerreißt und die Ähren zermalmt.

Man hat sich zu unrecht darüber gestritten, ob hier unter den Bergen und Hügeln die Überwindung der Hindernisse auf dem Heimweg des Volkes oder die Rache an seinen Feinden gemeint sei. Vielmehr: wie wir beim Ersten Jesaja hören, daß alle ragenden Berge und hohen Türme niedergelegt werden müssen vor dem Erscheinen der schrecklichen Majestät Gottes, wenn er sich aufmacht, das Erdreich zu richten (Jes. 2, 11 – 19), so auch hier. Alle Machtentfaltung des Irdischen, das selbst etwas sein will, darum dem Erscheinen der Herrlichkeit Gottes im Wege steht und, was zu ihrem Erscheinen gehört (also auch den Heimweg des Volkes), hemmt oder aufhält, muß zunichte werden. Und die Gemeinde soll das Instrument sein, durch das Gott Stolz und Größe demütigt und überwindet. Das ist mehr als: „Die Pforten der Hölle sollen sie nicht überwältigen" (Matth. 16, 18b). Sie soll die Pforten der Hölle überwältigen.

Ähnlich wie wir im vorigen Abschnitt die Prozeßgegner plötzlich sich in nichts auflösen sahen, sehen wir hier Hügel und Hochgebirge gemäht, zerrissen, zermalmt und auf den Flügeln des Sturmes fortgetragen „wie Spreu". Der Zornesodem Gottes besorgt das Worfeln und Windigen, scheidet die Spreu von dem Korn. Der große Druschtag Gottes ist für alle geschichtliche Machtentfaltung von Menschen, Völkern, Staaten und Religionen Gericht, begleitet vom Donnergetöse der krachenden Felsen und splitternden Hügel; für die Gemeinde Gottes ist er Sieg.

Sie ist der Dreschschlitten, das scharfgeschliffene Werkzeug in seiner Riesenhand, durch das er hier auf Erden die Politik seines Reiches zum Siege führt. Gleichzeitig aber ist sie am Druschtag das Erntevolk, dem Gott nicht nur Anlaß ist, über den es jubelt, sondern das er mit seiner schrecklichen, unnahbaren Majestät umhüllt und umgibt, wie Erntejubel die Erntenden. Es „jubelt in Jahwe", „rühmt" oder „preist" (singt Halleluja) „im Heiligen Israels", aufgenommen in einen Jubel, den kein Schatten trüben, kein Feind rauben oder stören kann, weil der unnahbare Gott selbst die Burg ist, die diesen Jubel schirmt und umschließt.

Auf welche Weise aber Gott dies Volk gebraucht, um zu überwinden, was seinem Kommen widersteht, sagt uns der Psalmist: „Aus dem Munde der jungen Kinder und Säuglinge hast du eine Macht zugerichtet um deiner Feinde willen" (Ps. 8, 3). Was hier geschaut wird, ist ähnlich der Wirkung des Steines vom Himmel im Buche Daniel, der den Koloß auf tönernen Füßen zertrümmert (Dan. 2, 34). Und zeigt nicht auch ein Blick in die Kirchengeschichte den Weg des Volkes Gottes Alten und Neuen Bundes besät mit den Trümmern von Reichen und Staaten, die sich ihm widersetzten? In vollem Umfange soll das aber erst am letzten Tage sichtbar werden.

**c) Der Gott der Weltgeschichte speist sein verschmachtendes Volk**

Jes. 41, 17–20:

(17) **Die Elenden und Armen, die nach Wasser suchen,**
**und es gibt keines;**
**ihre Zunge vertrocknete vor Durst, –**
**ich, Jahwe, erhöre sie,**
**ich, Israels Gott, verlasse sie nicht.**

(18) **Ich öffne auf kahlen Höhen Ströme**
**und inmitten von Talebenen Quellen.**
**Ich mache die Wüste zum Wasserteich**
**und das trockene Land zu Wassersprudeln.**
(19) **Ich gebe in der Wüste Zedern,**
**Akazie und Myrthe und Ölbaum.**
**Ich setze in der Steppe Pinien,**
**Platane und Buchsbaum zumal,**
(20) **damit sie es sehen und erkennen,**
**merken und verstehen zumal,**
**daß die Hand Jahwes solches getan hat,**
**und der Heilige Israels es geschaffen hat.**

(17) Das dritte Wort ist Antwort Gottes an „die Elenden und Armen" im Volk. Gemeint sind dieselben, die an anderen Stellen der Bibel „elend" und „zerbrochenen Geistes" (Jes. 66, 2), „gedemütigt" und „zerschlagen" (Jes. 57, 15), „bettelnden Geistes" (Matth. 5, 3) oder „hungernd und dürstend nach der Gerechtigkeit" (Matth. 5, 6) oder „die auf den Herrn harren" (Jes. 40, 31) genannt werden.

Es ist unrecht, wenn die Auslegung hier nur an äußere Not, nur an den Heimweg durch die Wüste denkt. Bewußtermaßen wird hier noch nichts von Heimweg, nichts von Ankunft in der Heimat gesagt. Zunächst leuchtet das Wort nur in einen ebenso gewaltig wie ergreifend aufbrechenden Hunger, in ein Suchen, das keine Antwort findet und an dem die Menschen fast verschmachten. Nicht nachzuahmen ist die Klangmalerei, in der Elendigkeit, Verdursten und Suchen an uns vorüberzieht in eintönigem Gleichlaut: „ha-anijím weha-ebjoním mebaqschim májim wa-ájin, leschonám bassamá naschátta“, wundervoll das Bild des Zuges der Pilger, die mit vertrockneter Zunge, vom Wege abgeirrt, durch Wüsten wandern nach Wasser.

Es ist ein Suchen und ein Hunger, der selbst schon von oben gewirkt ist, den so nicht die Welt, sondern nur die Gemeinde Gottes kennen kann, die durch Erwählung und Verheißung von der Fülle weiß und darum unter Leere und Geistesarmut der Gegenwart bis zum Verschmachten leidet, aber auch das äußere Leid und Elend der Gegenwart als Einspruch empfindet gegen das, was ihr als Gemeinde Gottes im Glauben gehört. Nicht nur Armut an Geist ist hier gemeint, sondern das massenhafte, das ganze Dasein bedrohende Meer von Jammer und Not, das wir in den großen Umbruchszeiten der Gegenwart als Flüchtlingselend kennengelernt haben, und das Israel als gewaltsam in die Fremde verpflanztes Volk sicherlich in besonderem Maße gekannt hat.

(18. 19) Armut und Hunger der Gemeinde Gottes in der letzten Zeit sollen an ihre Jugendzeit erinnern, gleich dieser ein Weg durch die Wüste werden, wobei hier noch nicht angedeutet wird, daß es wieder wie damals ein Weg nach dem Gelobten Lande sein wird. Besonders wirksam ist, daß es nicht gesagt wird, sondern nur als Frage dahinterschwebt: Am Ende auch ein Weg ins Gelobte Land ...?

Wie das Elend der Jugendzeit ein vorausfallender Schatten der Not der letzten Tage war, sollen aber auch Wunder und Erhörungen der Mosezeit nur Vorausdarstellung der kommenden letzten Erhörung sein, blasser Abglanz der Herrlichkeit des letzten Wunders. Wiederum auf Wüstenwegen, in Armut und Verschmachten soll die Gemeinde Gottes erfahren, daß Gott antwortet und sich annimmt, d. h. „erhört“, soll es ihr zum persönlichen Erfahrungsbesitz werden, daß er „nicht verläßt“.

Dieses überraschende Erlebnis, das selbst das größte Wunder ist, soll sich in Machtwirkungen offenbaren, die alles Dagewesene – auch die Wunder der großen Mosezeit – in den Schatten stellen, in dem Hereinfluten des Reichtums der oberen Welt in diese Welt der Dürre. Wenn wir von „Strömen“, „Quellen“, „Wasserteichen“, und „Wassersprudeln“, in immer neuen Worten von überströmendem Wasserreichtum in der Dürre, von einem in siebenfachem Artenreichtum wuchernden Edelbaumwuchs in der Wüste erfahren, sollen wir an den Garten Jahwes, das Paradies, und seine ungebrochene Lebensfülle denken und sollen überwältigt werden von der Überfülle des Lebens und der Gaben, die in die Ärmlichkeit der Gegenwart hereinbricht. Zugleich sollen wir uns an die große Mosezeit erinnern, über der trotz ihrer Schwere ein Abglanz vom Paradiese lag. Die Mosezeit mit ihrer Gottesnähe wird auch sonst im Alten Testament mit Paradieseszeit und Trinken aus Paradiesesquellen verglichen (5. Mose 32, 11 – 13). Unsere Stelle ist verwandt jener Weissagung des Propheten Hosea, nach der Gott einst sein Volk des Reichtums, der es stolz und unabhängig machte, berauben und von der verwirrenden Menge seiner Götzen und Baale fort in die Wüste führen wird, um ihm dort – wie in der Mosezeit – zu Herzen zu reden und in der Armut der Wüste Weinberge, das Paradies des Gelobten Landes, zu schenken. Die Gemeinde Gottes muß ganz arm werden, um den Reichtum der oberen Welt zu empfangen (Hosea 2, 16 – 19).

(20) Der Schlußsatz stellt als gewaltigstes Ziel an das Ende dieser gewaltigen Erfahrungen nicht die Rettung des kleinen Gottesvolkes, sondern das Offenbarwerden Gottes als des Herrn des Lebens, des Herrn nicht nur dieser Welt, ihrer Kräfte und Reichtümer, sondern auch der andern Welt, des Paradieses und seiner Fülle. So steht auch schon auf dem Wege zu diesem Ziel in den vorangehenden Versen nicht des Volkes Not, sondern betont Gottes Ich handelnd im Mittelpunkt: „Ich öffne ... ich mache ... ich gebe ... ich setze", „ich, Israels Gott".

Äußerlich gehört diese Strophe mit ihrer Klangmalerei zum Kunstvollsten und Schönsten in der ganzen Bibel. Sie verläuft in seltener Klangreinheit fast ganz in Reimen und durchläuft alle Schattierungen der Empfindungen von Elend und Hoffnungslosigkeit, durch inniges Erbarmen zu königlicher Schöpfermacht und -freiheit.

## B. Zweiter Gang der Verhandlung:

Die Götzen der Menschheit vor Gericht

### 1. Der Erweis der Nichtigkeit der Götzen

Jes. 41, 21 – 24:

(21) **Bringet herbei euren Rechtsstreit,**
**spricht Jahwe,**
**bringet vor eure starken Beweisgründe,**
**spricht der König Jakobs.**

(22) **Sie sollen vorbringen und uns kundtun**
**das, was sich ereignet.**
**Das Frühere, was ist es gewesen?**
**Tut es kund, daß wir's zu Herzen nehmen**
**und seinen Ausgang erkennen!**

(23) **Oder das Künftige laßt uns hören!**
**Tut kund, was eintreffen wird nachher,**
**daß wir erkennen, daß ihr Götter seid!**
**Ja, tut etwas Gutes, tut etwas Schlimmes,**
**daß wir uns ängstlich umschauen und es sehen zumal!**

(24) **Siehe, ihr seid vom Nichts,**
**und euer Tun von Nichtigkeit;**
**Greuel erwählt man sich an euch.**

(21) Gewaltig war schon der Umfang der vorangehenden Verhandlung: der Schauplatz – die Welt bis an die Enden der Erde, vor Gericht – die Völker. Jetzt weitet sich der Schauplatz des Gerichts über die Enden der Erde hinaus ins Übersinnliche. Über die zitternden Völker hinweg ruft Jahwe als Kläger und Richter in einer Person die Götzen der Menschheit zum Rechtsstreit. Als rechtmäßiger König Jakobs verlangt er Rechenschaft von ihnen über ihren Anspruch auf Königsherrschaft. In Gegenwart der Völker, über die sie ihre Königsherrschaft ausgeübt haben, fordert er „starke Beweisgründe" von ihnen zum Erweis, daß ihre Herrschaft und Würde nicht angemaßt war. Noch nie ist ein Prozeß von solchen Ausmaßen geführt worden. Das Feld der Beweisführung ist die Weltgeschichte, nicht nur, die war, sondern auch, die erst sein wird. Das Streitobjekt ist die Weltherrschaft. Noch nie ist ein Prozeß von solcher Tragweite geführt worden. Mit dem Recht auf Herrschaft streiten die erbitterten Rechtsgegner einander das Recht auf Sein und Wirklichkeit ab.

(22 a) Auf dem Gebiet der Geschichte werden die Götzen aufgerufen, ihren Anspruch zu rechtfertigen. Erst breitet der Richter das Weltgeschehen als Ganzes vor ihnen aus. Sie sollen darüber Rechenschaft geben, „vorbringen und uns kundtun das, was sich ereignet". Ein Dreifaches – oder wenigstens eines von dreien – verlangt der Gott Israels von ihnen: Deutung, Weissagung oder Wirkung der Geschichte.

(22 b) „Das Frühere." – Als erstes fordert er Deutung der Vergangenheit mit ihrem über die Gegenwart in die Zukunft weisenden Sinn. Das ist gemeint unter dem „Früheren", dessen Deutung man haben muß, um seinen Ausgang in Gegenwart und Zukunft zu verstehen („daß wir's zu Herzen nehmen und seinen Ausgang erkennen"). Das „Frühere" meint nicht die Vergangenheit als den Begriff von etwas Abgeschlossenem, sondern etwas, was in der Abwicklung und Entfaltung begriffen und auf dem Wege zur Vollendung ist. Die Geschichte ist nicht als Kette von aneinander gereihten Tatsachen geschaut, sondern als Ganzes, als fortgesetzte, auf ein Ziel ausgerichtete Schöpfung. Unter dem „Früheren" meint der Prophet daher etwas, was zum Teil selbst noch zukünftig ist, etwas vom Kommenden nicht so sehr zeitlich als der Art nach

Unterschiedenes, so wie erste Schöpfung verschieden ist von der „neuen". Deshalb begegnet uns das Gegensatzpaar des „Früheren" und des „Künftigen" im weiteren Verlauf des Buches unter dem Namen des „Ersten" und des „Neuen".

Zum „Früheren" oder „Ersten" gehört als krönender Abschluß auch noch das Kommen des Cyrus, dessen Sinn nur von der Heilsgeschichte Israels her verstanden werden kann. Der Zweite Jesaja ist sich mit dem Verfasser der biblischen Urgeschichte darin einig, daß Weltgeschichte ihre Lösung nur von der Geschichte Israels, die Geschichte Israels ihre Sendung nur für die Weltgeschichte, Weltgeschichte und Geschichte Israels ihr Ziel nur vom „Tage Jahwes" bekommen. Wer aber – wie die Götzen – Jahwes Zorn von der Urgeschichte der Menschheit her, Jahwes Erwählungsabsicht mit Israel für die Welt von Abraham her, Jahwes Gerichtsgedanken von den großen Propheten her, wer Jahwes Verheißung auf Wiederherstellung Israels und ihre Bedeutung für die Welt nicht kennt, steht völlig verständnislos und blind vor Vergangenheit und Gegenwart.

(23a) „Das Künftige". – Haben die Götzen nichts zu tun mit dem Ablauf der fluchgeladenen und fluchgebundenen Geschichte dieser Weltzeit, die zu Ende eilt, vielleicht wissen sie um den hereinbrechenden neuen Äon, dessen Nahen durch die schwüle Spannung der Weltenwende zittert. Das ist das „Künftige", das „eintreffen wird nachher". Durch Weissagung und Prophetie sollen die Götzen erweisen, daß sie in diesem anrückenden Zukunftslande zu Hause, Bringer des neuen Äons sind. Dann soll ihre Gottheit offenbar sein, ihr Anspruch gelten.

Damit hat Gott das babylonische Heidentum, das damals den Reigen innerhalb der Menschheitsreligionen anführte, auf seinem ureigensten Gebiet angegriffen. Diese Religion war nicht bloß Privatsache, Erscheinung des Innenlebens, ohne Beziehung zu Gemeinschaftsleben, Geschichte und Wirklichkeit, wie die Frömmigkeit des 20. Jahrhunderts. Sondern hier war eine Frömmigkeit, die eine ganze Literatur über Vorzeichen und Orakelwesen geschaffen hatte, den Gang der Weltgeschichte, die große Politik bestimmte. Das waren Götter, von denen sich die großen Welteroberer Assurs und Babels während ihrer Kriegszüge und für ihre Regierungsbeschlüsse laufend Orakel und Weisung holten; Religionen, die eine ganze Wissenschaft zur Erforschung der Beziehung zwischen den Sternen und den Schicksalen der Menschen, zur Bestimmung und Einteilung des Himmels und der Weltzeiten hervorgebracht hatten: die Astrologie, deren Mittelpunkt Nabus Heiligtum in Borsippa war. Das waren Gottesvorstellungen, wie die von Nabu, der selbst von sich das abgründige Wort spricht: „Ich rede das Künftige wie das Vergangene" (zitiert nach Volz, Jesaja S. 26). Sollten diese Religionen und ihre Götter nicht Bescheid wissen über Vergangenheit und Zukunft, Rechenschaft abgeben können über die Geschichte? Vielleicht nie früher oder später hat Frömmigkeit sich so heiß bemüht um das Geheimnis der Zukunft und die Bestimmung der Geschicke wie damals.

Doch die Flut der Orakel, mit denen diese Götter ihre Anbeter überschütteten, die klugen Systeme, mit denen ihre Theologie ihre Verehrer blendete, verstummen vor dem wirklichen Gott des Schicksals und der Geschichte.

(23b) „Tut etwas!" – Jahwe wird dringender. Versagen die Götzen der Menschheit bei der Deutung des Dagewesenen, vor der Schau in das Zukünftige, so sollen sie wenigstens irgendwelche Wirkung beweisen. „Ja, tut etwas Gutes, tut etwas Schlimmes", Göttliches oder Dämonisches. Vermöchten sie es, so wollte Jahwe mit seinem himmlischen Hofstaat sich „ängstlich umschauen" vor ihnen, wie ein kleiner Mensch vor dem Erscheinen der Gottheit zittert. Der Herr der Schöpfung und Geschichte mit seinem himmlischen Heer vor den Nichtsen ängstlich um sich blickend – die Unsinnigkeit dieser Vorstellung wirkt wie Hohn.

Wiederum stellt Jahwe diese Forderung nicht an eine Frömmigkeit, die neben dem Leben herging, wie die Gedankengebäude der meisten modernen Philosophen. Nein, vor ihm steht eine Religion, die sich ganz auf das praktische Leben richtet, nicht nur das Rechtsleben trägt, sondern auch die Kraft der Medizin ausmacht. Es hat für uns mit Recht etwas Abstoßendes, wie das babylonische Beschwörungswesen die Gottheit in Dienst nimmt, um Kopfschmerzen, Zahnschmerzen und dgl. mehr zu heilen. Und doch liegt darin ein beeindruckender Glaube an die Wirkung der Gottheit im praktischen Leben. Wie stark diese Religion sich mit den praktischen Wirkungen der Gottheit im täglichen Leben beschäftigt hat, geht daraus hervor, daß allein eine Sammlung von Beschwörungen, die sog. Makluserie, schätzungsweise 1500 Zeilen gehabt haben soll.

Das anklagende Wort Jahwes redet aber nicht nur diesen tiefstehenden Glauben an wirkende Mächte an, sondern ebenso auch die erhabenen Gottesvorstellungen, z. B. die von Marduk, dem der babylonische Glaube die Überwindung der Finsternismächte, Schöpfung ebenso wie Schicksalsbestimmung, zuschrieb, in dessen fünfzig Namen alle Fülle der Göttlichkeit und der Wirkung beschlossen lag, ohne den – wie es in einem Gebet Nabonneds heißt – „keine Wohnung begründet, kein Gebiet hergestellt" wird, „ohne deinen Willen, wer kann etwas ausführen?" (Jastrow, D. R. B. u. A. Bd. I S. 408.)

Diese Gottesvorstellungen hatten eine jahrtausendealte Geschichte hinter sich. In ihrem Namen beherrschten Könige die Welt, ihre Tempel standen in Ehren und ihre Anbeter zählten nach Hunderttausenden, während der Tempel Jahwes in Trümmern lag, sein Volk verschleppt und sein Land geplündert war. Wer von ihnen – diese Götter oder Jahwe – hatte sich denn mächtiger bewiesen? Wer wagte wohl, diesen

Gottesvorstellungen, die Jahrtausende hindurch die Kultur Vorderasiens geformt hatten, alle Wirkungen im Guten oder Bösen abzusprechen?

(24) Jahwe wagt es. Sein Wort sieht in ihnen Bilder menschlicher Sehnsucht, hinausprojiziert in die Leere des dunklen Nachthimmels, der allem menschlichen Begreifen vom Übersinnlichen in immer gleicher Undurchdringlichkeit entgegenstarrt. („Etwas, wie das Bild eines Mannes und wie die Schönheit eines Menschen" – heißt es Jes. 44, 13). Drei verschiedene Ausdrücke für Nichtigkeit häuft Gott, indem er das Ergebnis zusammenfaßt und mit einem ersten „Siehe" von Verhör und Beweisaufnahme hinüberlenkt zur Feststellung des Urteils. „Vom Nichts" sind diese Gottheiten, „von Nichtigkeit" ihre Wirkungen, „Greuel" statt Halt und Rettung hat an ihnen, wer sie sich zu Göttern erwählt. Sie können ja niemand erwählen, wie Gott sich sein Volk erwählt hat.

**2. Der Erweis Gottes als des Herrn der Geschichte und Weissagung**

Jes. 41, 25–29:

(25) **Ich hab (ihn) erweckt von Norden, und er kam,**
**vom Aufgang der Sonne den, der meinen Namen anruft.**
**Er zerstampft Fürsten wie Lehm**
**und wie der Töpfer Kot zertritt.**

(26) **Wer hat's kundgetan von Anfang, daß wir's wußten,**
**von vorlängst, daß wir sagten: Es stimmt!?**
**Nicht war da einer, der's kundtat.**
**Nicht war da einer, der's hören ließ.**
**Nicht war da einer, der hörte eure Worte.**
(27) **Das Frühere für Zion, siehe, da ist es;**
**Jerusalem gebe ich den Freudenboten.**
(28) **Sehe ich mich um, da ist nicht einer,**
**und unter jenen ist nicht ein Ratgeber,**
**daß ich sie fragete, und sie etwas antworteten.**

(29) **Siehe, sie alle sind Trug,**
**nichts ihre Werke,**
**Wind und Chaos ihre Bilder.**

(25) Der völligen Nichtigkeit der Götzen und ihrer Wirkungen setzt Jahwe unvermittelt das pünktliche Eintreffen und die zermalmende Wucht seiner Wirkungen innerhalb der Geschichte entgegen, indem er auf Cyrus weist. Er tut es so, daß die Aufmerksamkeit nicht an der Person des genialen Persers haften bleibt; nicht einmal sein Name wird genannt. Statt dessen kommt ein Bild auf uns zu, das ganz Bewegung, Tat und Zerstörung ist. Darin sollen wir Gottes zermalmender Tat

selbst begegnen. Gottes Schöpferspruch ist es, der ihn plötzlich auf den Plan rief – und er kam; Umgang, Gebetsverkehr mit dem wahren Gott ist das Geheimnis seiner Vollmacht, Gottes Plan und Gericht ist die unwiderstehliche Kraft seines Ansturms. Fast vermeinen wir zu sehen, wie der lebendige Gott – wie ein Töpfer in seiner Werkstatt den Lehm – den Stoff der Geschichte durch Cyrus tritt; Welt und Geschichte sind Werkstoff, den er unbarmherzig aus einer Form in die andere knetet oder stampft. Ein gewaltiges Bild für den Umbruch der damaligen Welt!

(26) Mit einem „Wer", das noch einmal das Verhör aufnimmt, wendet sich der Richter jetzt halb fragend, halb herausfordernd an den ganzen im Tor versammelten Kreis der Götzen. „Wer hat's kundgetan?" Wo blieb vor diesem unerwartet hereinbrechenden Gericht die Menge ihrer Prophezeiungen? Wo ihre tiefsinnigen Berechnungen der Geschicke aus dem Sternenlauf? Wo war die große, deutende Schau, für die dieser Zusammenbruch lang vorbereitete Erfüllung ist, auf welche die Geschichte „von Anfang" angelegt war? Wo war das weckende Prophetenwort, das noch im letzten Augenblick warnte, so daß man beim Eintreffen vorbereitet gewesen, vom Recht der Gottheit überführt worden wäre und Buße getan hätte? („Von vorlängst, daß wir sagten: Es stimmt!")

Die Weltwende kommt so, daß der ganze Rat der hohen Götter, die Dogmatik der Priester und die klugen Berechnungen der Wissenschaft über den Haufen geworfen werden. Mit einem dreifachen „Nicht war da einer" faßt Jahwe eindrucksvoll das Ergebnis seiner Rundfrage zusammen: nicht ein Gott, der es durch Orakel offenbart, nicht ein Priester oder Prophet, der es weiter gesagt, nicht ein Einziger, geschweige denn eine Gemeinde, die sein Wort – wenn es dagewesen wäre – gehört und davor Buße getan hätte. Das Versagen ist völlig.

(27) Dagegen weist Jahwe bloß auf seine durch Prophetenmund verkündigte und in seiner Gemeinde überlieferte Deutung der Geschichte von Urbeginn an, die auf die Vernichtung und Wiederherstellung Zions mündet, „das Frühere für Zion". Er braucht angesichts der bestürzenden Weltwende nichts weiter hinzuzufügen als: „Siehe, da ist es." Kann man einsilbiger und schlagender Gottes Majestät malen? Die Ereignisse, vor denen die Orakel der menschlichen Götzen verstummen, öffnen dem Gott Israels den Mund zur frohen Botschaft. Wo die Anhänger der Götzen über die ganze Herrlichkeit ihrer Religion das Gericht hereinbrechen sehen, bekommt die Gemeinde Gottes das prophetische Wort geschenkt und hört die Freudenbotschaft, das Evangelium („den Freudenboten").

(28) Wie er es vorhergesagt und vorbereitet, so daß er jetzt nur daran zu erinnern braucht, und jetzt, da es kommt, es verkündet, so wirkt und vollführt Jahwe es auch ganz allein. Da ist auch nicht eine Macht, eine Gottheit, die neben ihm daran auch nur mitbeteiligt gewesen wäre oder eine Nebenursache abgegeben hätte. Er ganz allein in ungeheurer

Einsamkeit, ohne Ratgeber unter Menschen, Mächten, Götzen und Dämonen, ist von Urbeginn an am Werk, prophezeiend, weissagend, verkündigend und wirkend. Das Bild läßt uns hineinblicken in die Einsamkeit Gottes, wie er – einem Wanderer gleich – in ungeheurer Öde nach allen Seiten ausspäht, nach allen Himmelsrichtungen lauscht, aber auch die Frage erstirbt vor der Leere, die keine Antwort gibt. „Sehe ich mich um, da ist nicht einer ... daß ich sie fragete, und sie etwas antworteten."

(29) Mit einem zweiten „Siehe" faßt Gott noch einmal das vernichtende Ergebnis zusammen: sie alle „Trug", ihre Werke „nichts", „ihre Bilder" – d. h. die Vorstellungen, die die Menschen sich von ihnen machen – „Wind und Chaos", d. h. Hauch und Ungereimtheit, verschwommen, wesenlos und unbestimmt. Im Hebräischen sind vier Worte aufeinandergetürmt, um die völlige Leere auszusagen. Im Unterschied zu dem „Siehe" am Ende des vorigen Abschnitts (V. 24) redet Gott hier die Götzen nicht mehr selber an, sie sind zu nichtig dazu. In der dritten Person sprechend, geht er über sie zur Tagesordnung über, um mit einem dritten „Siehe" im folgenden Abschnitt hinzuweisen auf den, der das Gegenstück zu ihrer Nichtigkeit ist. – –

Aber hat der Prophet sich nicht getäuscht, wenn er meinte, daß Cyrus' Kommen für die Götzen Babels das Ende bringen werde? Cyrus bekannte sich nicht zu Jahwe, bereitete nicht der Verehrung der Götzen das Ende, sondern huldigte bei seinem Einzug in Babel dem Marduk. – Es sollte wohl so geschehen, damit nicht nach Jahrtausenden kleine Menschen behaupten könnten, die Weissagung vom Kommen des Cyrus und vom Sturz der Götzen sei nachträglich gedichtet und nicht in Vollmacht Gottes vorherverkündigt worden. Darum mußte die äußere Gestalt der Erfüllung anders aussehen als des Propheten Erwartung. Doch wenn auch der Tempel Marduks nach zweihundert Jahren noch stand, ist dennoch der Einzug des Cyrus in Babel der Todesstoß für die damalige Gestalt des Heidentums gewesen. Die Agonie desselben dauerte allerdings noch Jahrhunderte. Heute muß den Gräbern ihr Geheimnis entrissen werden, und nur verschüttete Steine erzählen noch von der religiösen Vorstellungswelt, die zu den eindrucksgewaltigsten Gestaltungen menschlicher Frömmigkeit gehört hat.

In tieferem Sinne brachte jene Weltwende mit der Rettung Israels die Entscheidung im Kampfe Gottes mit den Götzen nicht nur Babels, sondern der ganzen Welt. Auch in positiver Richtung hat Gott durch die Ereignisse die Weissagung des Propheten bestätigt und sich als Herrn der Geschichte erwiesen. Das Unwahrscheinliche ist Wirklichkeit geworden. Cyrus hat, obgleich er sich beim Einmarsch in Babel zu Marduk bekannte, die Gemeinde Israel nach Jerusalem zurückgeführt, weil – wie er in seinem Edikt an Esra kundgibt – „der Gott des Himmels" ihm geboten, in Jerusalem einen Tempel für ihn zu bauen (Esra 1, 2).

### 3. Der Erweis Gottes als des Erlösers von Schöpfung und Geschichte (Gottes „eigenes Werk"). (Jes. 42, 1–9)

#### a) Gott führt den Knecht ein als Werkzeug seiner Erlösung

Jes. 42, 1–4:

(1) Siehe (aber dort) mein Knecht, den ich halte,
mein Erwählter, an dem meine Seele Wohlgefallen hat.
Ich habe meinen Geist auf ihn gelegt,
die Wahrheit wird er zu den Völkern hinausbringen.
(2) Nicht schreit er, nicht erhebt er,
nicht läßt er hören auf der Gasse seine Stimme.
(3) Das geknickte Rohr zerbricht er nicht,
den glimmenden Docht löscht er nicht aus.
In Treuen bringt er die Wahrheit hinaus.
(4) Nicht erlischt er, nicht knickt er zusammen,
bis er eingesetzt hat auf Erden die Wahrheit,
und auf seine Thora harren die Inseln.

Wie der Wirbelsturm, der in den Hochwald brach, geknicktes Holz und gebrochene Stämme zurückläßt, so zeichnen „nichts", Nichtigkeit, „Wind" und „Chaos" an der Stelle, wo der stolze Wald der Götzen aufragte, die Spur des Kampfes, der im Weltgericht getobt hat; dort, wo die Völker Deckung und Halt im Gericht suchten, bleibt eine große Leere zurück. Mit einem machtvollen „Siehe" wies Jahwe am Ende jedes der vorangegangenen Abschnitte auf das Trümmerfeld, das nachblieb, wo Cyrus in den Hochwald der Götzen brach.

(1) Mit einem neuen „Siehe" zieht er den Vorhang fort von dem, was für das bloße Auge noch nicht sichtbar ist, und weist in die Zukunft auf Einen, der erst kommt. Hinter Cyrus, der wie Sturmwind vor ihm herging, und über das Trümmerfeld der zunichtegewordenen Götzen, das zurückblieb, führt er sein ureigenstes Werkzeug herein und stellt es in den Kreis der überraschten Völker. In drei kurzen Strophen tritt das Geheimnis seiner Person, die Weise seines Wirkens und der Umfang seiner Sendung vor uns hin.

Das Geheimnis seiner Person. — V. 1 läßt sich in seiner vollen Tiefe erst verstehen als Gegensatz zu den beiden mit „Siehe" eingeleiteten Urteilen über die Götzen (41, 24. 29). Über das Trümmerfeld der Götzenherrlichkeit blickt das Geheimnis des Kommenden wie aus vier Brennpunkten herüber: aus seinem Dienst, seiner Gottesnähe, seiner Vollmacht und seiner Sendung.

Sein Dienst. „Mein Knecht, den ich halte." — Den Göttern von Menschengnaden, die von ihren Anbetern gehalten werden müssen, den Götzen, die Herrschaft beanspruchten und doch ihre Gottheit nicht erweisen konnten, setzt Jahwe seinen „Knecht", wörtlich „Sklaven", entgegen, den er hält, der durch Gehorsam und Dienst Jahwes Gottheit erweisen wird.

Seine Gottesnähe. „Mein Erwählter, an dem meine Seele Wohlgefallen hat." – Den Götzen, die ihre Erwählung von Menschen haben, die denen, die sie erwählten, „Greuel", d. h. Last und Unheil waren (41, 24) und ihnen keine Gemeinschaft schenken konnten, stellt er ihn gegenüber als den, der seine Erwählung von oben hat, und an dem Gottes Seele Wohlgefallen hat. Das hebräische Wort drückt persönlichste Zuwendung aus. Es liegt darin, daß Gott ihm in einmaliger, entscheidender Wendung seine Gemeinschaft und innigstes Vertrauensverhältnis für immer geschenkt hat, so unerwartet und überwältigend, wie Jesus es bei der Taufe erfuhr, als Gott sich ihm mit den gleichen Worten, die hier gebraucht sind, zuwandte und ihn in die Sohnesgemeinschaft zog (Matth. 3, 17).

Seine Vollmacht. „Ich habe meinen Geist auf ihn gelegt." – Den Götzen, deren Bilder oder Vorstellungen „Wind" und „Chaos" sind (41, 29), tritt er vom „Winde Gottes" getrieben, d. h. vom Schöpfer Geist erfüllt, entgegen. (Im Hebräischen ist „Geist" = „Wind". Das ergibt ein Wortspiel: „Wind" und „Chaos", „Wind Gottes" und „Schöpfer Geist".) Denen, die „Trug", „Nichts", Nichtigkeit sind, begegnet der, hinter dem die Wirklichkeit Gottes steht. Der Ausdruck für seine Ausrüstung mit dem Geist ist so gewählt, daß er sowohl Prophetenausrüstung als Regentenvollmacht umfassen kann. Den Götzen, die keinen Sitz in Gottes Ratsversammlung, darum keinen Einblick in seine Weltpolitik und kein vollmächtiges, d. i. prophetisches Wort hatten, tritt er gegenüber in der Fülle des Geistes Gottes, der dauernd in ihm Wohnung machte, als der Vollmächtige, d. h. der Prophet. Das ist nach der Bibel der Mann, der an Gottes Ratsversammlung teilnehmen darf (Jer. 23, 18). Den Götzen, die sich Herrschaft über ihre Völker anmaßten, steht er gegenüber als der von Gott mit seinem Regentengeist gesalbte, rechtmäßige König, wie einst der Erste Jesaja ihn geschaut hatte als Herrscher der Zukunft, als zweiten David, auf dem ruhen wird „der Geist des Herrn, der Geist der Weisheit und des Verstandes, der Geist des Rates und der Stärke, der Geist der Erkenntnis und der Furcht des Herrn" (Jes. 11, 2).

Wenn wir hier aus Gottes Munde das Wort „mein Geist" hören, sollen wir uns erinnern an das, was wir vom Geiste Jahwes gehört haben (40, 13), an dessen Größe Menschengeist nicht hinanreicht. Wir sollen über dem Haupte des Kommenden die Fülle der Begabung, der Bevollmächtigung und der Beglaubigung schauen.

Seine Sendung. „Die Wahrheit wird er zu den Völkern hinausbringen." – Den Götzen, die „Trug" gewesen sind (41, 29) und ihren Völkern nicht das „Recht", d. h. den Weg zum Leben, die „Wahrheit" zu zeigen vermochten, tritt er gegenüber als der, der diese „Wahrheit", d. i. die Lebens- oder Rechtsordnung der Königsherrschaft Jahwes, und mit ihr diese selber zu den Völkern hinausbringen wird. Der Umfang seiner Sendung ist der Völkerkreis.

Die Weise seines Wirkens (V. 2–3b). – War schon die Wirkung des Cyrus, der vor ihm herging, niederwerfend und schrecklich, wie muß erst die Wirkung dessen sein, der hinter ihm her kommt in der Fülle aller Vollmacht und Beglaubigung, ein Gottessklave, um die verborgene Gottheit seines Herrn zu enthüllen! Auf die Fülle der Ehrentitel hin, die auf seiner Stirne thront, auf die Weite seiner Sendung hin, die den Völkern gilt, erwarten wir etwas Gewaltiges, einen Herold oder einen Feldherrn, gleich Cyrus.

Während noch das Bild des heranstürmenden Cyrus unsere Erwartungen formt, erfahren wir als Überraschung, daß er weder dem Herold gleich, mit den Zeichen der Hoheit geschmückt, Gottes Erlasse den Völkern öffentlich verkünden, noch dem Herrscher oder Feldherrn gleich Gottes Herrschaftsanspruch mit Gewalt in der Welt durchsetzen, weder als Volksredner noch als Staatsmann kommen wird. Stille wird das Element sein, in dem er wirkt, Lindigkeit und Güte seine Weise. Ein dreimal wiederholtes „nicht" („nicht schreit er, nicht erhebt er, nicht läßt er hören auf der Gasse seine Stimme") drückt in dreifacher Steigerung aus, wie weltenweit die stille Welt, in der er wirken wird, abliegt von der Welt, in der die große Politik gemacht und die öffentlichen Reden gehalten werden.

Das Bild des „geknickten Rohres", das aufgerichtet wird, des „glimmenden Dochtes", den er nicht verlöschen läßt, in seinem Gegensatz zum Bilde der Füße, die den Lehm stampfen (41,25), soll ebenso himmelweit sein Werk in dieser Welt von dem Werk des Staatsmannes und Eroberers unterscheiden. Gottes Werk in dem Genie der Geschichte und Gottes Werk in seinem Knecht sind zwei Weisen göttlichen Wirkens, die voneinander unterschieden sind so weit, wie der Himmel von der Erde.

Doch um die Weise zu fassen, in der Gott in seinem Knecht den Völkern begegnen will, müssen wir tiefer in den Sinn des Bildes eindringen. Beim Bilde vom Rohr erklärte man: Er wird nicht als Eiferer oder Bußprediger mit Gericht dreinschlagen, sondern, was da ist, anerkennen, stützen und aufrichten. Das Bild vom Docht deutete man dann: Er wird an das natürliche Gute im Menschen anknüpfen, an das unter dem Aberglauben des Heidentums verschüttete Fünkchen Gotteserkenntnis, das unter Verwahrlosung und Sünde erhalten gebliebene Restchen von Gottes Ebenbild, ob man es nun Sehnsucht, Ahnung, Gewissen oder das Gute im Menschen nannte.

Doch diese Deutung läßt uns noch nicht der neuen Weise Gottes in seinem Knecht begegnen. An dem Bilde vom Rohr und Docht ist das Wesentliche nicht, daß das Rohr noch steht und der Docht noch leuchtet. Im Gegenteil: wir sollen aus beiden Bildern den widernatürlichen Einbruch des Todes herausfühlen, das schmerzhafte Brechen, das wehe Verglimmen. Nicht die sind gemeint, die noch etwas haben, womit sie stehen, woran man anknüpfen, was man weiter entwickeln kann, sondern die, die mit ihrer Kraft an Gott und am Leben zerbrochen, mit ihrer Selbstachtung und Reinheit und mit sich selbst am Ende sind. Wir werden an die „Ermatteten" und „Ohnmächtigen" (40, 29), „Zerschlagenen" (57, 15), die „zerbrochenen Geistes" (66, 2) und die „bettelnden Geistes" (Matth. 5, 3) erinnert. – Rohr, das geknickt ist, bricht man; Docht, der abgebrannt ist, löscht man. Aber der Knecht wird ihnen nicht mit dem verdienten Gericht begegnen, sondern mit dem Wunder der Güte, die Zerbrochenes aufrichtet, Verglimmendes wieder zum Brennen bringt. Im Deutschen bringt das Wörtchen „wieder" das Wunderhafte an dieser Weise zum Ausdruck. Im Hebräischen geschieht es, indem Zerbrechen und Verglimmen, Nicht-zerbrechen und Nicht-auslöschen einander gegenübergestellt werden. Der Inhalt ist Unnatur und Überraschung.

Man hat hier vom Urbild der Seelsorge und des Seelsorgers gesprochen. Richtiger sollte man vom Urbild der Gnade reden, von verstandeswidriger Lindigkeit, die in gleicher Weise Stille und Güte ist, wie sie uns in den Seligpreisungen der Bergpredigt wieder begegnet (Matth. 5, 3-11) oder die „sich Abmühenden und Belasteten" ruft (Matth. 11, 28).

In Stille, Unscheinbarkeit und Verborgenheit gehüllt, soll der Bote der Majestät Gottes kommen und durch die Güte, die das Zerbrochene heil und das Sterbende lebendig macht, die verborgene Majestät seines Herrn offenbar machen, das Recht, die Königsherrschaft, das linde Joch Jahwes über den Nacken der Völker werfen, „Gottes eigenes Werk" hier auf Erden treiben im Gegensatz zu „Gottes fremdem Werk" in Cyrus. Nicht Gärtner ist er, der die natürliche Güte in den Menschen entdeckt und pflegt, sondern Bote, der den Zerbrochenen und Sterbenden, über die Gottes Gerichte gingen, unerwartete Begnadigung bringt. Es ist, als habe Gott sich seiner schrecklichen Majestät, mit der er durch Cyrus einherfuhr, entäußert und Knechtsgestalt angelegt, um dienend der Welt zu begegnen. In Wirklichkeit ist es umgekehrt: der schreckliche Wettersturm, vor dem Völker bebten und Throne brachen, war nur das Gewand, in das sich Gott kleidete. Es waren die Schrecken, die ihm vorangehen. In dem, der nachfolgt, schauen wir in sein eigentliches Wesen.

Elia sah auf dem Horeb Sturm, Feuer und Erdbeben vorüberziehen, und Gott war nicht drinnen; dahinter aber kam das „stille, sanfte Sausen" (wörtlich „ein leises Wehen, lindes Säuseln" = „demamá daqqá", von einem Wort, das „Stillehalten", „seine Selbsttätigkeit aufgeben" bedeutet, 1. Kön. 19, 12). So folgt der stille Sklave Gottes hinter den Wettern des Cyrus, und wir sollen dabei etwas von dem Bestürzenden und Erschütternden fühlen, das Elia auf dem Horeb trieb, sein Antlitz im Mantel zu verhüllen.

Der Umfang seiner Sendung (3c. 4). – Scheinbar im Widerspruch zu seiner stillen Art steht, daß seine Sendung ganz ins Weite geht. Sein Wirken soll ungeduldig hinausdrängende, unaufhörliche und unermüdliche Völkermission sein, die den Erdkreis unter die Königsherrschaft Gottes bringt (wörtlich „das Recht" d. i. „die Wahrheit" hinausträgt). So weist die dritte Strophe, indem sie der Stille seines Wirkens den unbegrenzten Umfang seiner Aufgabe gegenüberstellt, auf das letzte Wunder seiner Erscheinung. Mit dieser grenzenlosen Aufgabe, mit diesem die Erde umspannenden Anspruch steht er ohne Hoheit und Macht vor Machtentfaltung und Gewalt dieser Welt. Dadurch wird sein Leben unerhörte Spannung, und doch „zerbricht er nicht" und „löscht er nicht aus".

Die Worte sind hier in bewußtem Anklang an das „zerbrochene Rohr" und den „glimmenden Docht" gewählt. Er soll offenbar selbst ein Zerbrechender und Verlöschender sein. Sein Lebenskampf – ohne Macht wider die Gewalten der Geschichte, ohne Größe mit dem Anspruch auf Herrschaft – fordert im Endergebnis Niederlage, mündet aber in den Sieg. Der Sieg ist Wunder, ein „Dennoch". Die Frucht ist: Welteroberung; nicht eine, die Zwang und Furcht unter die Völker trägt wie irdische Eroberer, sondern eine, die Antwort ist auf die Sehnsucht der Menschheit. Der „Thora", d. h. der „Lehre", dem „Wort" des Knechts streckt sich das „Harren" der „Inseln" entgegen, d. i. das Sehnen der fernsten, unbekanntesten und dunkelsten Weltteile.

### b) Der Knecht ist Bund und Licht der Menschheit

Jes. 42, 5–8:

(5) **So spricht der Gott Jahwe,**
**der schuf die Himmel und sie ausspannte,**
**der feststampft die Erde und ihre Sprossen,**
**der Odem gibt dem (Menschen-)Volk auf ihr**
**und Geist denen, die auf ihr wandeln:**

(6) **Ich, Jahwe, habe dich gerufen in Heilsabsicht**
**und halte dich an deiner Hand.**
**Ich gestalte dich, ich setze dich**
**zum Bund des (Menschen-)Volks, zum Licht der Völker,**
(7) **zu öffnen die Augen der Blinden,**
**herauszuführen aus dem Verschluß Gefangene,**
**aus dem Hafthaus, die im Finstern wohnen.**

(8) **Ich, Jahwe, das ist mein Name,**
**und meine Herrlichkeit gebe ich nicht einem andern**
**und meinen Ruhm nicht den Götzen.**

Der Völkerkreis, die wartenden Inseln waren der weltweite Horizont, der in der Sendung des Knechtes sich auftat. Es ist, als sei der Bach der Heilsgeschichte aus den engen Ufern einer Volksgeschichte ausgetreten und zum Strome angeschwollen, der die Welt überflutet, so daß Weltgeschichte zur Heilsgeschichte, Heilsgeschichte zur Weltgeschichte wird.

(5) Jahwe selbst nimmt das Wort, um in Gegenwart der Völker dem Knecht über den Umfang seiner Sendung hinaus die Bedeutung seiner Person für die Welt zu offenbaren. Jahwe tritt vor seinen Knecht als Schöpfer und läßt das Licht des Schöpfungsgedankens über den weiten Völkerkreis fallen. In diesem Licht geht eine Verwandlung vor sich. Die Heidenwelt, die seit dem Turmbau als tausendfältig zersplitterte Vielheit, als Völkerchaos von draußen gegen die Deiche brandete, die die Geschichte Israels umgrenzten, rückt zusammen zur Einheit. Die Mauer, die das auserwählte Volk abzäunte, mit ihrem wehen Hüben und Drüben, verschwindet, und der Begriff einer Menschheit tritt in Sicht. Die Geschichte, die unter dem Bann des Fluches sich in Chaos aufzulösen schien, rückt ins Licht der Schöpfung und wird dadurch erst zur Geschichte. An Stelle der „gojim" = „Völker", wie sonst die Heiden verächtlich heißen, nennt Jahwe sie hier mit dem Namen „am", den sonst das auserwählte Volk trägt, und spricht von einem Volk auf der Erde, das von dem einen Schöpfer seinen Geist her hat (vgl. P. Volz, Jesaja II).

(6) Vor diese neue Sicht der Völker als einer Menschheit und der Geschichte als einer Schöpfung stellt Gott den Knecht mit seinem Beruf. Er läßt ihn zurückblicken in den „sieg"- oder „heil"vollen Gottesplan, der schon hinter seiner Berufung webte („Ich ... habe dich gerufen in Heilsabsicht"), läßt ihn aufblicken auf die Schöpferhand, die ihn hält und trägt, an ihm arbeitet und formt („Ich ... halte dich ... gestalte dich ...").

In zwei gewaltigen Bildern stellt Gott vor den Knecht das Werk hin, das seine Hand durch ihn in Schöpfung und Geschichte treibt.

Das erste Bild schaut die Weltgeschichte mit der Geschichte Israels zusammen, die Menschheit als Volk, das er unter Bundesverfassung und damit in den Raum der Heilsgeschichte, ins Kraftfeld des Segens stellt, durch Gottesoffenbarung in Gottesgemeinschaft zieht. Die Mosezeit kehrt wieder, aber nicht nur für Israel, sondern für die Menschheit. Des Bundes Inhalt ist nicht mehr Hoffnung und Verpflichtung, Verheißung und Gesetz, wie in früheren Bundesschlüssen, sondern eine lebendige Person: der Knecht. In seiner Person haben sie Gemeinschaft mit Gott und Erkenntnis Gottes. „Ich setze dich zum Bund der Menschheit."

Das zweite Bild. – Indem Gott seinem Knechte zeigt, wie er Bundesinhalt sein soll, greift er über das Bild des Bundesvolkes hinaus. Der Ausdruck „Licht der Völker" erinnert wieder an das dunkle Chaos der unerlösten Völkervielheit, über dem die Finsternis der Gottesferne lastet. Gleichzeitig stellt dieser Ausdruck den Knecht als das Licht aus Gott über das dunkle Völkerchaos. So strahlte einst am ersten Schöpfungstage auf Gottes Machtspruch Licht über dem dunklen Chaos auf und leitete die Schöpfung ein (1. Mose 1, 3).

Das, was der Erste Jesaja über Israel schaute als Licht, das aufgeht über dem „Volk, so im Finstern wandelt" (Jes. 9, 1), umgreift hier die ganze Welt. Im Lichte wandeln heißt: Gott erkennen, genauer: den Weg zu Gott haben und darum in Gemeinschaft mit Gott einkehren und seine Herrlichkeit sehen. Solches soll den Völkern im Knecht zuteil werden. So tritt seine Person als Inhalt seines Berufes in den Brennpunkt der Welt. Als Bund und Licht ist er das Ziel, auf das Schöpfung und Geschichte münden.

Der Evangelist Johannes hat das Wort aufgegriffen, um den gewaltigen Umschwung, den das Hereintreten des Knechts als Licht in die chaotische Geschichte mit sich bringt, als neue Schöpfung zu schildern (Joh. 1, 1 – 14). Jesus selbst hat das Wort auf sich angewandt und sich als „das Licht der Welt" bezeichnet (Joh. 8, 12), und Paulus hat in Anknüpfung daran von dem „hellen Schein" in den Herzen gesprochen, der auf jenes Licht zurückgeht, das Gott „aus der Finsternis hervorleuchten" ließ (2. Kor. 4, 6).

(7) War schon im Vorigen die Heilsgeschichte Israels mit der Geschichte der Menschheit in eines zusammengeflossen, so wird jetzt die äußere Not Israels Bild für die innere Not des Heidentums: Priesterknechtschaft, Aberglaube, Dämonenangst, Gewissensnot, Heilsunsicherheit, Sündenknechtschaft, Gottesferne, dargestellt unter dem Bilde der Blindheit, des Gefängnisses und der Finsternis. Selbst dauernd in der gestaltenden Schöpferhand Gottes, soll der Knecht als Bund und Licht wirken, indem er – ebenso wie Israel aus seiner politischen – die Völker aus ihrer geistigen Gefangenschaft herausholt.

(8) Darin aber will Gott sich als „Jahwe" erweisen, als der Beständige, der sein Wort wahr macht. Indem er, unbeirrt durch Fall und Fluch, die es aufhalten, in der Erlösung sein Schöpfungswerk ans Ziel bringt, will er den „Lichtglanz", die „Herrlichkeit" seiner Gottheit hervorbrechen lassen, so daß keine Götzen sie mehr verdunkeln können, will er allen Lobpreis der Welt auf sich vereinigen.

---

Zur Dreigliedrigkeit der vier Gottesknechtslieder vgl. E. Sellin, „Mose"; zur messianischen Deutung Greßmann, „Messias", 1929; O. Procksch, „Jesus der Gottesknecht", 1938; zur lit. Einheit mit Kap. 40–55 vgl. M. Schmidt, „Prophet und Tempel", 1948, S. 221 ff. und die nordischen Forscher: Bentzen, Engnell, Gyllenberg.

**c) Gott erweist sich als Schöpfer des „Neuen"**

Jes. 42, 9:

**Das Frühere, siehe, es ist gekommen,**
**und Neues bin ich dabei kund zu machen.**
**Während es noch nicht sproßt,**
**laß ich es euch hören.**

Dieses kurze Wort greift auf den Anfang zurück und faßt das Ergebnis der Gerichtsverhandlung zwischen Jahwe und den Götzen noch einmal zusammen. Scharf abgegrenzt stellt es das „Frühere" und das „Neue" einander gegenüber als zwei Welten, zwei verschiedene Schaffensweisen Gottes.

Die neue linde Weise, in der er im Knecht den Zerbrochenen begegnet, das neue Bundesverhältnis, in das er – über die Mauern zwischen Israel und den Völkern hinweg – die Menschheit zieht, vor allem die Person des Knechts, in dem er als Licht ins Dunkel hereintritt, – das alles wird in seiner Unerhörtheit kurz und scharf als das „Neue" umrissen.

Ebensosehr wie „das Alte" (Schöpfung, die zu Ende eilt) ist das „Neue" (Schöpfung, die im Werden ist) Wirklichkeit. In der Offenbarung, im Wort ist es bereits Gegenwart, aber es ist noch nicht in den Raum der sichtbaren Wirklichkeit eingetreten, darum sagt er: „ehe es sproßt". Nachdem wir in den vorangehenden Abschnitten schon ins Schauen gestellt waren, reißt dieser kurze Spruch uns jäh zurück hinter die Schwelle des „noch nicht", in die Erwartung vor dem ungeduldig Hereindrängenden.

Ausleitung: **Der Jubel der erlösten Völker über die Offenbarung der Herrlichkeit Gottes im „Neuen"**

Das neue Lied

Jes. 42, 10 – 17:

(10) **Singet Jahwe ein neues Lied,**
**seinen Ruhm vom Ende der Erde,**
**die herabsteigen zum Meer samt seiner Fülle,**
**die Inseln und ihre Bewohner.**
(11) **Ihre Stimme erhebe die Wüste samt ihren Städten,**
**die Dörfer, die Kedar bewohnt.**
**Jubeln sollen die Bewohner der Felsen,**
**vom Gipfel der Berge her aufjodeln.**
(12) **Sie mögen geben Jahwe die Herrlichkeit**
**und seinen Ruhm auf den Inseln verkünden.**
(13) **Jahwe zieht aus wie ein Held,**
**wie ein Kriegsmann erweckt er seinen Eifer.**

Er erhebt den Schlachtruf und schreit laut,
an seinen Feinden erweist er sich als Held.

(14) Geschwiegen habe ich von Urzeit her,
ich war still und hielt an mich.
Wie eine Gebärende stöhne ich (jetzt),
atme schwer und schnappe nach Luft.

(15) Ich dörre Berge und Hügel aus,
und all ihr Kraut mache ich vertrocknen.
Ich mache Ströme zu Inseln,
und Teiche mache ich vertrocknen.

(16) Ich führe Blinde auf unbekanntem Wege,
auf Pfaden, die sie nicht kennen, lasse ich sie treten.
Ich mache Finsternis vor ihnen zum Licht,
holpriges Gelände zur Ebene.

Das sind die Dinge, ich tu sie und lasse sie nicht.

(17) Es weichen zurück, werden völlig zuschanden, die auf den Götzen vertrauen,
die da sprechen zum Gußbild: Ihr seid unser Gott.

Der neuen Botschaft antwortet ein neues Lied aus dem Herzen der Völkerwelt. Das ist der Widerhall auf das Ergebnis der großen Schlacht, die zwischen Gott und den Völkern, Gott und den Götzen ausgefochten wurde. Gott hat gesiegt, der Weg ist frei für seine Herrlichkeit. Der angekündigte Knecht bringt die Thronbesteigung Jahwes. In fünf Bildern steigt das Lied auf, das ihn begrüßt, und läßt uns von fünf verschiedenen Seiten den großen Umbruch erleben: als Krönungsjubel, als Entscheidungsschlacht, als Wehen und Geburt, als Umwandlung der Schöpfung, als Licht im Dunkel oder Weg in der Wüste.

(10-12) Das neue Lied. – Nie Dagewesenes ist laut geworden, darum reichen alle alten Lieder nicht mehr hin. Die neue Botschaft verlangt als Antwort und gebiert als Echo ein neues Lied. Aber auch der alte Chor der „Lobgesänge Israels" (Ps. 22, 4) ist viel zu klein. Das neue Lied verlangt einen neuen und größeren Chor. Aller Völker Zungen müssen einstimmen, der Erde Enden widerhallen. Die neue Botschaft entbindet die Zungen der erlösten Völker zum Lob und führt damit die Menschheit ihrer Bestimmung zu. (Ebenso ist es Psalm 96 und 98 und Offb. 4 und 5 geschaut. Vorher wurde nur das Lied des Schöpfers gesungen. In dem Augenblick aber, wo das Lamm hinansteigt und aus der Hand dessen, der auf dem Throne sitzt, das Buch mit den sieben Siegeln nimmt und das Testament der Weltgeschichte vollstreckt, erklingt das neue Lied von der Erlösung.)

Ein Gebiet des Völkerlebens nach dem andern, das unter Fluch gebunden lag, schließt sich auf. Die das Meer befahren und die fernen Völker hinter den Meeren, die ganze Welt des Handels mit ihrer emsigen Betriebsamkeit, beschwert vom Fluch des Reichtums und der Jagd nach Gewinn – frei zum Lob Jahwes. Die Dörfer Kedars, die versteckten Siedlungen der Wüste und die Welt der Beduinen mit ihrer unsteten Bewegtheit, umlauert von Gefahren, Krieg, Raub und Blutrache, erheben ihre Stimme – frei zum Lob Jahwes. Die Welt der Berge mit ihrem rauhen Volk, die Felsbewohner im harten Kampf um ihr kärgliches täglich Brot, jodeln vom Gipfel der Berge wie Hirtenjungen einander zu – frei zum Lob Jahwes.

(13) Die Entscheidungsschlacht. – Das zweite Bild versetzt uns aus Thronbesteigungsjubel in die vorangegangene Schlacht. Das „Neue" ist nicht nur Freude, sondern auch Kampf, bedroht das „Alte" am Leben. Es ist Kriegserklärung, Angriff auf alles, was Gott nicht botmäßig sein will (Götzen, Weltmacht, Menschenfrömmigkeit). Der Anbruch des Neuen ist die Entscheidungsschlacht, offenbart Jahwe als Sieger. Sein Anblick ist ganz Kühnheit und Wildheit, ganz unbändige Freude am Kampf. Es ist das Bild der mit lautem Kampfgeschrei zum Angriff vorbrechenden Schlachtreihe, die den Gegner aus seinen Stellungen wirft; nur daß statt eines Heeres ein Einzelner mit wildem Schlachtruf anrückt. Das erhöht noch den Eindruck der Wildheit, den das Hebräische in schrillen Tönen wiedergibt. Aus dem Bilde spricht die lebensgefährliche Kampfkraft der anbrechenden Königsherrschaft Gottes.

(14) Wehen und Geburt des neuen Äon. – Noch gewagter als das vorige scheint uns dieses Bild: Gott als Schwangere. „Von Urzeit her" hat er geschwiegen, zugesehen und die Herrschaft den Mächtigen dieser Welt, den Götzen und den Dämonen gelassen. Er hat diesen fluchbeladenen Äon getragen. Wir werden an die Geduld erinnert, mit der Gott die Sünde der ganzen Welt trug (Röm. 3, 25), an die tragende Geduld, auf der seit der Sintflut der Bestand dieser Weltzeit ruhte (1. Mose 8, 21. 22). Er hat an sich gehalten, aber er kann jetzt nicht mehr an sich halten. Die Wehen sind da. Der neue Äon will geboren werden. Alles, was Menschen empfinden können an Leid unter diesem schuldbeschwerten Leben, an Sehnsucht nach Erlösung, an Erwartung und Ungeduld, aber auch an Angst und Spannung, alles das lebt hundertfach verstärkt als Spannung und Leid in Gott selbst, der die neue Zeit gebiert. – In demselben Bilde spricht Jesus von der schweren Spannung der Tage zwischen Karfreitag und Ostern, in denen wirklich der neue Äon geboren wurde (Joh. 16, 19 – 22). Doch die durchlittene Spannung ist dort schon ganz übergoldet von der kommenden Freude.

(15) Verwandlung im Gericht. – Wenn das Neue werden soll, muß das Alte vergehen. Es muß durch Gericht und Verwand-

lung. Da wird Gott ganz Schreck, jäher Glutwind, der die Schöpfung vernichtet, Wasserteiche zu Wüsten macht. Etwas von dieser schrecklichen Verwandlung des letzten Gerichtes lodert von Zeit zu Zeit in die Weltgeschichte hinein, wenn die Endzeit anpocht hinter den Toren der Zeit. Dieses Etwas hat genügt, um die ganze üppige Herrlichkeit der Kultur Babels mit ihren Kanälen, Teichen und hängenden Gärten in Steppe und Öde zu wandeln, wie der Prophet es vorausgeschaut hat.

(16) Licht in der Finsternis, Weg in der Wüste. – Das letzte Bild sprengt schon die Ausdrucksmöglichkeiten des sinnlich Faßbaren: Führung für die tastenden Hände der Blinden, neuer unbekannter Weg vor ihren zögernden Schritten, Licht in die Nacht ihrer Blindheit, nicht nur Weg über alle Hindernisse, sondern Hindernisse, die sich in Weg verwandeln, ist der Inhalt. Wiederum ist hier Zukunft Israels und Zukunft der Menschheit in eins geschaut.

(17) Gott stellte uns zuerst ans Ziel vor den Begrüßungsjubel und ließ uns dann den zurückgelegten Weg durchmessen. Kampf, Warten unter Wehen, schreckliche Verwandlung im Gericht und endlich Licht, das ins Dunkel scheint, Weg, der durch die Wüste bringt, – so zeichnen sich die Stationen des Advents ab als Taten Gottes, vor denen alle menschliche Frömmigkeit und Abgötterei verstummt.

## *Theologische Besinnung*

### 1.

Unser Prophetenbuch ist Schau in den großen Kampf Gottes mit der Welt um die Welt. In diesem Kampf wechseln Gesichter und Gestalten, aber die Front bleibt dieselbe, und die Weisen des Kampfes wiederholen sich. Darum leuchtet diese große Schau ebenso in die Stellungen und Probleme vor zweieinhalb Jahrtausenden wie in die Frontstellungen unserer Zeit. Lage und Aufgabe der Gemeinde Gottes in diesem Kampf ist heute in der Zeit der Erfüllung ähnlich wie damals in der Zeit der Hoffnung. Mit denselben drei Worten, die Israels Lage im Weltgericht kennzeichneten, können wir die Gefechtslage der Gemeinde in unserer Zeit angeben. Sie heißen: hungrig, verächtlich, unter Anklage.

### Hungrig

In einem doppelten Sinn gilt dieses Wort. Gemeinde Jesu tritt mit dem Anspruch auf, den Herrn des Alls in ihrer Mitte zu haben, und muß sich doch mit der Lage des Lazarus begnügen und den Platz an den Tischen dieser Welt anderen lassen. Die Fülle der Gaben und Talente ist nicht in der Gemeinde Gottes zu Hause, – und wir schreien nach Führern und Persönlichkeiten, die sich in der Zeit zurechtfinden, das Schiff der Kirche durchzusteuern wissen, die Jugend und die Massen zu packen verstehen. Die Fülle der materiellen Güter und Gaben ist nicht in der Gemeinde Gottes zu Hause. Die Äußere Mission muß Arbeiter abbauen, die Innere Mission Anstalten schließen; die Kirchenführungen wissen, daß Arbeit für das Zehnfache an Arbeitern, aber kein Geld da ist. Gemeinde Gottes kommt in Berührung mit Not am irdischen Mammon, die nicht nur an der Gesundheit des Leibes, sondern an den Seelen zehrt, innerlich zermürbt; und doch ist alles, was sie zur Linderung tun kann, oft nur wie der Dienst, den der reiche Mann vom armen Lazarus begehrte, als er ihn bat, das Äußerste seines Fingers in Wasser zu tauchen und seine Zunge damit zu netzen.

Doch dieser Mangel wäre leicht zu tragen, wenn die Gaben einer andern Welt in sichtbarer Fülle unter uns wären. Aber Gemeinde Gottes weiß von einem Reichsein, das allen Mangel stillt, darin alle Not ihr Gift, ihren Stachel und ihre Last verliert, – und muß doch ihr Leben in Armut, Anfechtung und Dürre führen. Weil sie von diesem Reichtum schmeckt und weiß, wie das Leben in der Fülle ist, muß sie sich immerfort danach sehnen. Je mehr sie aus dem Schlaf erwacht und sich auf ihr Wesen besinnt, desto heißer wird der Hunger. Gott sei Dank! In unserer Zeit ist Gemeinde Gottes erwacht; und wieder gleicht ihr Weg – wie wir es von Israel hörten – einem Pilgerzug durch die Wüste nach einer Heimat, die sie nicht hat, mit der Erinnerung und dem Wissen um eine Fülle, die ihr gehört und die sie haben müßte, aber nicht besitzt, mit dem Schrei nach einem Pfingsten. Führer, Organisation, Ordnung, korrekte Theologie füllen alle nicht den letzten Mangel aus. Das erste Pfingsten, die großen Erweckungsbewegungen und -zeiten, die Inseln erweckter Gemeinde mit ihrer Gabenfülle, die sie je und je in ihrer Mitte gehabt hat und hat, halten die Wunde offen und lassen die Sehnsucht nicht sterben. Die Kirche braucht den Wolkenbruch. Die Segel hängen schlaff, solange der Geist nicht weht.

Doch Bedürfnisse und Wünsche der Gemeinde sind nicht das Wesentliche. Die Not unseres Mangels liegt darin, daß wir Kinder heißen eines Vaters, dem alle Gaben und Talente, alle Menschen und Führer, alles Geld und Brot der Welt gehört, – und dabei ausgeschlossen sind von den Tischen dieser Welt; daß wir Boten sind eines Herrn, der der Geist ist – und dürsten müssen nach Vollmacht und Geist. Unsere Armut straft unser Zeugnis Lügen. Ist nicht auch unsere Lage gekennzeichnet durch das Wort: „Die Elenden und Armen, die nach Wasser suchen, und es gibt keines"?

## Verächtlich

Damit hängt das Zweite eng zusammen. Verächtlich – gilt dieses Wort nicht heute mehr denn je unserer Kirche? Ist Kirche nicht heute eine Anfechtung nicht nur für die Gemeinde selbst, sondern auch für die

Welt? – Ein Blick auf das äußere Bild der Kirche! „Keine Führung, keine Ordnung, keine Einheit!" ruft man uns zu. Zersplittert in unzählige Konfessionen und Sekten, die einander den Christentitel absprechen, steht die Kirche da. Und innerhalb der Konfessionen welch ein Trümmerfeld, welch ein Kampf, welch eine Zerrissenheit! Mit Verständnislosigkeit sehen die zu Macht und Ordnung drängenden Staaten, mit Abscheu die zur Achtung vor sich selbst und zur Sehnsucht nach Größe erwachten arbeitenden Menschen auf die Kirche herab. „Wo ist euer Beitrag zur Erneuerung, zur Überwindung der Weltkrise, zur Bekämpfung der wirtschaftlichen Not, zur Lösung der Arbeiterfrage, zur Ausscheidung der Krankheitsstoffe aus dem Volkskörper, zum Frieden innerhalb der Völker und zwischen den Völkern? Wo sind eure Leistungen?" fragt man die Gemeinde Gottes. „Auf keinem Gebiet halten sie auch nur den Vergleich aus mit denen der Welt. Was ist die Almosenwirtschaft der Kirche gegen die Wohlfahrtseinrichtungen der Staaten? Was ist die Erziehungsarbeit der kirchlichen Jugendorganisationen gegen die große Arbeit der parteilichen und sozialpolitischen Jugendwerke in allen Landen? Was sind die Opfer der Gemeinde gegen die Leistungen, Taten und Blutopfer der sozialen oder nationalen Bewegungen? Was sind die Gottesdienste und Feste der Kirchen gegen die internationalen Kundgebungen? Was ist kirchliche Gemeinschaft gegen das Erlebnis der Kameradschaft?"

Die Gemeinde Gottes selbst steht in dieser gewaltigen Zeit mit Beklemmung vor den großen Umwälzungen, vor dem brandenden Wogenschlag, der von draußen gegen die Wände ihres Schneckenhäusleins schlägt. Ein Massenaufmarsch, eine Riesenkundgebung der arbeitenden Menschen oder des Volkes – Hunderttausende von Herzen und *ein* Schlag, und über dem allen *ein* Wille und *ein* Ziel! Wie winzig und erbärmlich fühlt sich da mitten drinnen Gemeinde Gottes mit ihrer Zerrissenheit und Unscheinbarkeit, dem gedämpften Klang ihrer Lieder, dem stillen Wort ihrer Verkündigung. Wenn je, so muß die Gemeinde sich heute als Wurm fühlen, „Würmlein Jakob, Häuflein Israel".

Doch auch hierbei ist das Wesentliche nicht, was Gemeinde Gottes fühlt. Die Not liegt vielmehr darin: Gemeinde Gottes ist Bote dessen, der gesagt hat: „Ohne mich könnt ihr nichts tun" (Joh. 15, 5), sie erhebt den Anspruch, ihn in ihrer Mitte zu haben und durch ihn alles zu können – und ist selbst das Bild der Ohnmacht. Verdunkelt sie nicht sein Bild, statt es zu verklären? – Damit sind wir beim Dritten angelangt:

## Unter Anklage

Gemeinde Gottes erhebt den Anspruch, die Sache dessen zu führen, der aller Gaben und irdischen Güter ebenso wie alles Segens Fülle, aller Kraft und Leistung Quelle, alles Suchens Antwort ist, ohne den es keine

Erneuerung und kein Bestehen gibt — und ist dabei selbst so hungrig und verächtlich. „Da muß etwas nicht stimmen", schließt die Welt. „Entweder ist diese Kirche Hochstaplerin, die zu Unrecht ihren Titel führt; dann ist das wahre Christentum, das Christentum der Tat, des Opfers, der Hingabe und der Kameradschaft, außerhalb der Gemeinde." „Oder aber", folgern die andern, „der Gott, von dem die Gemeinde ihren Auftrag hat, ist nicht Gott; der Führer, dem sie folgt, ist Verführer; ihre Botschaft, die sie verkündet, ist Gift, zersetzt Volkskraft und Kameradschaft, lähmt Fortschritt und Tat, befördert Dekadenz und Rückschrittlichkeit. Entweder erhebt die Gemeinde Gottes zu Unrecht den Anspruch, Gott zu vertreten — dann müssen andere die Führung in der Kirche an sich nehmen und ein neues, des großen Gottes würdiges Haus bauen, statt der Minderwertigen ein neues Volk darin sammeln, das seiner würdig ist. Oder aber der Gott, den sie vertritt, erhebt zu Unrecht Anspruch, Herr der Schöpfung und Geschichte zu sein. Dann muß der Gott der Bibel vom Thron, und andere Götter müssen an seine Stelle."

Damit sind wir am Kern der Not des Volkes Gottes angekommen. Heute ist es wie zu unseres Propheten Zeit. Weltgeschichte ist Weltgericht, und im Mittelpunkt der Verhandlung steht nicht Wohlsein oder Leid, Größe oder Niedrigkeit der Gemeinde, sondern Gott, *sein Anspruch, Herr zu sein*. Die Not aber der Gemeinde in diesem großen Prozeß zwischen Gott und Widergöttern ist, daß sie Zeugnis vor Gericht und gegen die Welt ablegen muß für den Anspruch ihres Gottes. Und die Anfechtung der Gemeinde ist, daß sie hungrig, verächtlich und verlassen den Anspruch rechtfertigen muß, den Herrn aller Herren zu ihrem Herrn zu haben.

## 2.

Die leidenschaftliche Anklage der Welt erst gegen die Gemeinde, dann gegen das Christentum, ist letztlich Anklage gegen Gott selbst. Wir stehen heute in demselben großen *Prozeß zwischen Gott und den Götzen*, von dem das Jesajabuch zeugt. Ja dieser Prozeß mit seinen Verhandlungen und Beweisführungen, der uns auf den ersten Blick unverständlich oder überholt vorkam, ist das brennendste Problem unserer Zeit; die Frage, von der alle Fragen und Auseinandersetzungen leben, die Frage, von deren Entscheidung das Schicksal von Menschen, Bewegungen, Völkern, Kulturen, Erdteilen, das Schicksal der Zeit und der ganzen Welt abhängt.

Aber sind die Zeiten der Götter und Götzen nicht vorüber? Ist der Anspruch Gottes nicht allgemein anerkannt? Man deutet ihn nur verschieden, und die Bilder, die man sich vom Urgrund des Seins macht, wechseln. — Wir sahen schon, daß die Götzen nicht eine Erscheinung fernen Heidentums, sondern aller Zeiten sind. Ebenso geht der Kampf zwischen dem Gott der Bibel und den Götzen durch alle Zeiten. Verschieden ist er nur, je nachdem man Gott zwingen will, sein Herr-sein und seine Gottheit mit den Götzen zu teilen, oder ihn ganz vom Throne stürzen und die Götzen an seiner Statt einsetzen will. Verschieden ist das Maß an Herrschaft und Wirklichkeit oder Wirksamkeit, das man in den verschiedenen Jahrhunderten dem Gott der Bibel einzuräumen gewillt war.

Man räumte ihm ein, die letzte bewegende Ursache für die Entstehung von Schöpfung und Geschichte zu sein. Das Weltregiment aber, die Erhaltung der Natur und die Leitung der Geschichte wollte man in die Hände eines Natur- oder Entwicklungsgesetzes legen, das die menschliche Vernunft geboren hatte. Mit dieser Vernunft sollte Gott dann seinen Thron teilen. Das war der Lösungsversuch des Deismus. Denselben Raub an der Hoheit des allwirksamen Gottes begehen noch heute alle, die nicht an das Wunder, an persönliche Führung oder seine gegenwärtig waltende Gerechtigkeit glauben, nicht täglich aus seiner Hand leben wollen, sondern ihn zum Hintergrund ihrer Weltanschauung herabsetzen.

Nachfolgende Geschlechter gingen weiter und sprachen ihm nicht nur das Regiment in Schöpfung und Geschichte, sondern auch die Urheberrechte ab. Stoff und Kraft machte man zur letzten Ursache der Schöpfung, die Masse und die Verteilung der Produktionsmittel, das Geld und die Wirtschaft zu den Göttern der Geschichte. Dem Gott der Bibel aber ließ man noch einen kleinen Garten zum Spielen, das Gebiet des Sittlichen. Für das moralische Leben sollten die Idee des Gottes der Bibel und die Bibel selbst mit ihren Vorbildern noch Wert haben. So war es — bald schroffer, bald milder — in den Strömungen des Liberalismus, Rationalismus und Materialismus.

Doch im Prozeß zwischen Gott und Götzen herrscht das eigentümliche Gesetz des Entweder-Oder. Sie können nicht beide nebeneinander sein. Wird Gottes Anspruch gehört, so will er alles haben. Gibt man dem Götzen Raum, so will er auch alles haben. Die Geschichte, die Schöpfung, die ganze sichtbare Welt hatte man Gott genommen. So greift man auch nach dem Gebiet des Moralischen. Auch die Beziehungen der Menschen zueinander und zu ihrem Volk, das Persönlichkeits- und Sittlichkeitsideal, soll der Gott der Bibel nicht mehr formen. Alles, was dem Diesseits angehört, Kultur, Volk, Staat, Wirtschaft, Gesellschaft, Persönlichkeit sollen Götter gestalten, die von dieser Welt sind. Das Volkstum, der Staat, die Gesellschaft, die Ideen der sozialen Bewegungen sollen und wollen den ganzen Menschen verwandeln und gestalten, neue Menschen schaffen. „Unser Glaube ist von dieser Welt, und unseren Göttern gehört die Gestaltung dieser Welt", ist die Losung. „Die Diener des Bibelgottes sollen für das Jenseits sorgen, für die Beziehungen des Menschen zum Jenseits und seine Zukunft im Jenseits." Dort hat man dem Gott der Bibel noch ein Herrschaftsbereich gelassen.

Der letzte Schritt ist nur noch eine Frage der Zeit. Man bricht auch in das letzte Herrschaftsgebiet Gottes ein. „Kein Jenseits gibt's, kein Wiedersehn." Man wirft Gott selbst vom Thron. „Den Gott der Bibel gibt es überhaupt nicht. Gott, Jenseits, Pfaffen sind Opium zur Einschläferung der Massen, um sie über ihr Elend hinwegzutrösten, sind Verbrechen an der Menschheit, das uns hindert, die Aufgaben dieses Lebens mit ganzer Kraft in Angriff zu nehmen, die Produktionsmittel richtig zu verteilen und die Massen hier auf Erden selig zu machen." Mit ganzer Folgerichtigkeit ist man von hier aus daran gegangen, Gott und die Gemeinde Jesu zu vernichten mit dem Anspruch, eine neue Menschheit und eine neue glücklichere Weltordnung zu schaffen. Noch tobt der Kampf, die Gemeinde Gottes leidet, aber Gottes Thron steht.

## 3.

Der Götzen, die im Lauf der Geschichte mit Gott die Herrschaft zu teilen oder Gott die Herrschaft streitig zu machen Anspruch erhoben haben, sind so viel, daß man sie nicht aufzählen kann. Jeder große Götze einer Zeit ist umgeben von einer Wolke von kleinen. So marschiert das Heer der Götzen durch die Zeiten gegen Gottes Herrschaft an. Aber der Gott der Bibel antwortet, indem er von Zeit zu Zeit in die Zügel der Geschichte greift und die Götzen einer ganzen Jahrhundertfolge von ihren Thronen wirbelt. Der ganze Weg der Menschheit ist von diesen jähen Eingriffen Gottes besät mit gestürzten Götzen. Vor allem in Zeitenwenden, wie der Orient sie unter Cyrus erlebte und wir sie heute durchmachen, offenbart Gott, daß alle Götzen der Menschheit, mögen sie noch so groß und gewaltig sein, dem Gericht der Geschichte und des Todes unterliegen. In solchen Zeiten türmt sich förmlich der Haufe der Scherben von zertrümmerten Gottesvorstellungen und der Berg der Leichen von Götzen, vor denen die Menschheit gestern noch auf den Knien lag.

Wie war doch das Gericht über Nacht da! Man fand sich manchmal nicht mehr zurecht, wenn Ideen, gegen die man jüngst noch kämpfte, spurlos von der Bildfläche verschwanden, und die Massen den Namen, denen sie gestern noch huldigten, mit einem Mal fluchten, mit derselben Überzeugungskraft sich zu neuen Parolen bekannten, als hätten sie sich immer dazu bekannt. Auf dem Gebiete der Kunst und des Geisteslebens, der Wirtschaft und Politik, sogar auf dem Gebiete der Weltanschauung und Religion – Berge von geborstenen Götzen! „Mehrheit", „Gleichheit", „Menschheit" auf der einen Seite; „Individualismus", „Lebensgenuß", „Recht auf hundertprozentiges Leben", „Persönlichkeitskultur", „Ungebundenheit", „Erotik" usw. auf der anderen, die alle Gebiete des Lebens bis in Ehe und Familie, Staat und Autorität hinein zerstörten; der Götze „Vernunft" im Geistesleben, vor dem alles, was ist, erst seinen Anspruch auf Dasein erweisen mußte, sogar in der Wissenschaft vom Übervernünftigen, der Theologie, erst recht in den Naturwissenschaften.

Wie schlugen sich die Theologen mit wunden Gewissen und drückten sich um die Wunderfrage, um die Jungfrauengeburt, um die Auferstehung und das leere Grab! — Wo blieben all diese Götzen? Das Irrationale, Gefühl, Erlebnis, Unterordnung des Einzelnen, Führergedanke, Gefolgschaft wurden plötzlich Trumpf. Die alten Götzen dienten nur noch als Schimpfnamen, neue marschierten herauf. Auch diese haben bereits das Schicksal der alten geteilt, und, die an ihre Stelle traten, werden es teilen.

Ein Dreifaches erweist der Herr der Geschichte in solchen Zeitwenden wie in der Gerichtsverhandlung unseres Buches gegen die Götzen: 1. daß sie keine Weissagung haben, d. h. blind vor der Zukunft stehen und ihre Anhänger dem Dunkel der Zukunft in Rausch oder Angst entgegentaumeln lassen; 2. daß sie keine Deutung für Schöpfung und Geschichte in Vergangenheit und Gegenwart besitzen und darum ihre Anhänger um den Sinn des Lebens betrügen; 3. daß sie keine eigentliche Wirkung haben und darum ihre Anhänger ohne Kraft und Hilfe vor den letzten Auseinandersetzungen des Lebens im Stich lassen.

### Ohne Weissagung

Man hatte sich daran gewöhnt, Weissagung als ein unwichtiges Gebiet ohne praktischen Lebenswert zu betrachten. Weil die Kirche dieses Gebiet vernachlässigte, machten sich die Sekten darüber her und rechneten immer neue Weltuntergangstermine aus, aufgeklärte Bankhäuser legten sich im Geheimen Astrologen bei und das Volk lief den Wahrsagern nach. Die Gemeinde Gottes aber hat in der Weissagung einen Schatz anvertraut bekommen, den keine Religion und keine Gottheit der Welt besitzt. In zwiefacher Richtung ist er lebenswichtig. Einmal offenbart sich in den erfüllten Weissagungen die Gottheit Gottes als des Herrn der Geschichte: in der Sintflut (1. Mose 6, 13—17), in der Befreiung Israels aus Ägypten (1. Mose 15, 13. 14; 2. Mose 3, 7—10 u. a.), im Sturz der beiden Reiche (Amos 2, 4—16 und alle Propheten), im Exil (Jer. 7, 1—15; 26, 1—6 u. a.), in der Wiederherstellung Israels (der ganze Zweite Jesaja u. a.), in der Zerstörung Jerusalems (Mark. 13, 1-19), in der Zerstreuung des Judenvolkes, im Fluch auf diesem (5. Mose 28, 37. 64. 65) und in der Wiederholung von Fluch und Segen, Tod und Leben im Schicksal der Völker, in der Vernichtung der kleinasiatischen Kirche durch den Islam (Offb. 2, 5), im Sturm der Völkerwanderung über Rom (Offb. 17 u. 18). Ja, wenn wir auf die Prophezeiungen der Bibel gelauscht hätten, wir verständen auch heute ihre Weisungen in der Gegenwart, ebenso wie uns Schrecken packte vor der Predigt der Steine aus untergegangenen Kulturen, die von Gottes Gerichten an Edom, Moab, Ammon, Ägypten, Babel, Griechenland, Rom (vgl. Amos 1, 3 – 2, 16; Hes. Kap. 25 bis Kap. 32; Jes. 47 u. a.; Offb. Kap. 17 und Kap. 18) zeugen. Und wir erzitterten auch vor den Weissagungen der großen Gottesmänner über unseres Volkes Zukunft (wenngleich diese nicht auf einer Stufe mit der biblischen Weissagung gesehen werden dürfen).

Doch Weissagung ist nicht nur Erweis der Geschichtsmächtigkeit Gottes in seinem Wort durch Vorhersage, sondern auch Bußruf und Warnung. In der Weissagung weiht Gott seine Gemeinde in seinen Willen ein, daß sie nicht wie der Nationalismus im Rausche der Selbstsicherheit, auch nicht wie zerbrochene Völker in würdeloser Angst durch die Stürme des Weltgerichts taumelt oder schwankt. Hätten wir ein Ohr für die Weissagungen der Bibel wider die Babel aller Zeiten; für die Weissagung Martin Luthers, die dem deutschen Volk mit seiner Trennung vom Christenglauben den Untergang angekündigt hat! Hatten wir ein Ohr für die Warnungen Wicherns und Stöckers, die diese prophetischen Männer 70 Jahre vor dem Eintreffen der Katastrophen ausgesprochen haben? (Vgl. Wicherns Denkschrift und Stöckers Reden.)

Nachträglich hätte jeder das auch folgern können aus den Entwicklungen, die sich damals anbahnten. Aber Gott schenkte seiner Gemeinde den Propheten. Durch sein Wort gab er ihm die Schau und das Verstehen dafür, wohin die soziale und geistige Entwicklung steuerte. Gemeinde Gottes erlebt das Leben und sieht die Welt im Lichte der Weissagung vom Jüngsten Gericht.

## Ohne Deutung

Ebenso wie sie keine vollmächtige Weissagung geben können, besitzen die Götzen der Menschheit auch keine Deutung, weder für Natur und Geschichte, noch für Vergangenheit oder Gegenwart. Alle Lebensgebiete hat die Welt Gott entrissen. Sie hat die Gemeinde als weltfremd und lebensuntüchtig gestempelt. Und doch hat diese in ihrem Gott die einzige Deutung für die Wirklichkeit, welches Gebiet wir auch anpacken: die Deutung für Herrlichkeit und Not, Segen und Fluch im Volkstum, Autorität von Staat und Elternhaus, Unantastbarkeit und Heiligkeit des Lebensvorgangs, Notwendigkeit der Todesstrafe, Dasein von Kampf, Krieg und Wettbewerb; die Deutung dafür, warum Arbeit nie Liebhaberei, Arbeitszeit nie aufs Mindestmaß verkürzt, Brot nie vom Fluch des Daseinskampfes, den „Dornen und Disteln" gelöst werden kann; woher und wozu der Rhythmus von Arbeit und Freizeit, Werk- und Feiertag ist; warum auch in die edelsten menschlichen Bestrebungen und Bewegungen das Schlechte hineinfindet; Deutung für die Beziehung zwischen den Geschlechtern, Mensch und Mensch, Untertan und Obrigkeit, Volk und Volk. Gottes Wort gibt Deutung für die Ergebnisse der Naturwissenschaften, die ohne die Botschaft von der Schöpfung aus dem Nichts und dem Wunder eine Kette ohne Anfang bleiben; Deutung für die Gesetze der Geschichte, für Werden und Sterben der Völker; Deutung für die furchtbare Realität des Todes. Durch die Bibel weiß Gemeinde Gottes um die Wirklichkeit der Sünde und des Fluches und versteht darum die Wirklichkeit des Todes.

Damit versteht aber die „lebensfremde" und „weltferne" Gemeinde Gottes das Leben, die Welt und ihre Zeit besser, als diese sich selber verstehen. Wenn die Menschheit dem Todessturz ihrer alten Götzen zujubelt, sich neuen Götzen in die Arme wirft und ihnen entgegenjauchzt, als hätten sie es gemacht, zittert die Gemeinde und betet an vor Gottes gewaltiger Hand, die wieder einmal Götterdämmerung hereinführte und an das letzte Gericht erinnerte. Wenn eine Generation, die nicht mehr umlernen kann, sich nicht in das neue Gesicht der Welt und der Zeit findet, während ein junges Geschlecht sich in die Brust wirft: „Uns gehört die Welt, wir haben's geschafft, unsere Ideen und unsere Führung"; wenn Alter und Jugend, Überwundene und Sieger sich grollend oder triumphierend in die Augen sehen, weiß die Gemeinde: Das war Gottes Gericht, seine ordnende Hand, und das sind seine Werkzeuge, die von ihm Vollmacht haben, das Gericht an den alten Göttern zu vollstrecken. So sieht sie die mannigfachen mächtigen oder gewalttätigen Führergestalten der Zeitwenden wie Cyrus, Alexander den Großen, Napoleon usw. Gemeinde Gottes sieht darin ihren Herrn am Werk und weiß, daß die Mächtigen und die Bewegungen, vor denen sie so elend dasteht, nur von *ihrem* Herrn Gewalt und Vollmacht haben.

Sie weiß aber auch, daß Umwälzungen und Bewegungen in der Geschichte nur der Sturm sind, der vor Gott herbraust – aber Gott ist nicht darinnen, seine Werkzeuge – aber er ist ganz anders. Er kommt dahinter verborgen als stilles sanftes Sausen. Gewaltlos, ohne Pracht und Massenwirkung geht er über die Erde in seinem Christus, der das geknickte Rohr nicht zerbricht und den glimmenden Docht nicht auslöscht, besiegt die Widergötter, erobert die Welt, antwortet auf die Sehnsucht der Menschheit, enthüllt und ist selbst Ziel und Sinn alles Seins, des Lebens, des Leides und des Sterbens, der Geschichte und der Schöpfung.

Gemeinde Gottes hat in der Erscheinung Jesu die Deutung ihrer eigenen Gestalt. Sie weiß, daß sie mit ihm den Knechtsnamen teilt und darum auch Knechtsschicksal und Knechtsgestalt teilen muß. Weil sie von der zwiefachen Weise Gottes zu wirken weiß, kommt sie nicht in Versuchung, sich gegen Gewalt und Gesetz, Krieg und Strafe im Staat aufzulehnen, den Staat in eine Kirche umwandeln zu wollen; oder umgekehrt neidend nach den Tischen, verlangend nach Macht und Bundesgenossenschaft dieser Welt sich umzusehen, die Kirche zum Staat oder zur

Schule zu machen, mit Gewalt und äußerer Ordnung, Propaganda und Reklame das Reich zu bauen. Wie ihr Herr seine Stimme nicht auf den Gassen erschallen ließ und das geknickte Rohr nicht zerbrach, muß auch sie tun. Sie hat hineingesehen in Gottes Weltpolitik. Sie weiß, daß sein Werk, das „die Fürsten wie Lehm zerstampft", nur sein „fremdes", sein stilles Werk in der Knechtsgestalt dagegen sein „eigenes" ist, und betet an vor der Gnade, daß sie an seinem „eigenen" Werke teilnehmen darf in Knechtsgestalt.

### Ohne Wirkung

Während die Gemeinde staunend vor Gottes zwiefachem Wirken steht, erweist das Weltgericht, daß die Götzen der Menschheit keine eigentliche Wirkung haben. Sie können sich selbst nicht retten, sondern vergehen mit dem Vergänglichen. Sie geben ihren Anbetern keine Kraft, sondern lassen sie zuschanden werden, wenn Hilfe am meisten not tut. Wie selten eine Zeit, ist unsere erfüllt vom Klang des Zerbrechens von Menschenschicksalen und -herzen, die durch falsche Götter betrogen waren. Im Leben jedes Menschen kommt eine Stunde, in der alles, was Götze war, zerbricht und Gott allein bleibt. Auch im Leben der Völker kommt sie. Not und Fluch der Betrogenen und in dieser Stunde Verlassenen ist die furchtbarste Anklage gegen alle Vergötzung.

Die Gemeinde aber weiß in ihrem Gott die Quelle aller Wirkung und Wirklichkeit, neben dem es keinen Wirker gibt. Sie steht nicht nur beim Abschied von der Vergangenheit, in der Auseinandersetzung mit der Gegenwart und im Blick auf die anrückende Zukunft vor dem Einen, der der Herr ist. Sie allein hat durch das Grauen, das ihm vorangeht, hindurch den Blick in sein Herz, und im Gebet den Zugang zum Quellort alles Geschehens. Von seiner Kraft lebt alle Kreatur, aber es ist unbewußtes Wuchern wie bei der seelenlosen Pflanzenwelt. Nur Gemeinde Gottes erlebt bewußt seine Wunder und lobt über seinen Taten.

4.

Weil denn die Gemeinde einen Gott hat, der sie in die Zukunft einweiht, ihr die Deutung für den Sinn des Lebens gibt und sich als der Wirkende erweist in Jesus, der Krone aller Weissagung, aller Deutung und aller Gotteswirkung ist; weil die Gemeinde durch Jesus in Verbindung steht mit dem Gott, der nicht nur schafft und vernichtet, sondern auch vergibt und neumacht, ist es ihr Urrecht, daß sie sich nicht zu fürchten braucht, während es das Urwesen der Welt ist, daß sie sich fürchten muß. Besonders, wenn Gemeinde durch Wüsten wandern muß, ist es ihr ein Zeichen, daß Gott dabei ist, sie aus der Gefangenschaft der Welt, die vergeht, zu lösen, daß ihr Weg heimatwärts geht. Wenn sie nicht auf Macht, Talente oder Massen pochen kann, nicht die Bewunderung, sondern die Verachtung ihrer Zeit auf sich lenkt, darf sie wissen, daß sie ihrer Bestimmung nahe ist, zum „Würmlein Jakob", zum „Häuflein Israel" gehört, durch das Gott streitet. Gerade wenn sie sich nicht der Bundesgenossenschaft dieser Welt, ihrer Gewaltigen, ihrer Wissenschaft, ihres Geldes und ihrer Geistesfürsten erfreut, sondern unter Anklage steht, Leid, Beklemmung, Unverstandensein, Verleumdung und Verfolgung trägt, darf sie wissen, daß sie die Sache des Herrn der Welt führt. Ja, wenn sie ganz arm geworden, ist sie dem Leben aus der Fülle, dem Zuspruch von oben so nahe wie nie zuvor.

Aber auch hierin ist das Wesentliche nicht, was die Gemeinde erlebt, sondern daß die Herrlichkeit Gottes sichtbar wird. Die Knechtsgestalt der Gemeinde verdunkelt sie nicht. Nur was hier stolz und herrlich sein will, verdeckt sie und muß fallen. Gemeinde erlebt den Umbruch der Zeiten, das Gericht über Völker und Götzen, das Gericht, das sie selbst durchleidet, als Stürzen der Mauern, die das Erscheinen seiner Herrlichkeit aufhalten, Geschichte und Einzelleben als erschütternde Morgendämmerung. Sie sieht Gott selbst in Jesus der Welt begegnen. So lebt sie noch diesseits und doch schon jenseits der letzten Mauer, und ihres Lebens Inhalt ist das neue Lied, das die Welt nicht versteht und das doch einmal das Lied der ganzen Welt werden soll, das Lied der neuen Schöpfung, die die ganze Welt verwandeln soll und schon begonnen hat, als Gottes Geist mit der Taufe auf Jesus herabkam und ihn zu unserem König salbte. „Siehe, mein Knecht, ... an dem meine Seele Wohlgefallen hat ... Ich habe meinen Geist auf ihn gelegt."

Zweites Kapitel

## Zweite Gerichtsverhandlung

Die Zeugen der Weltpolitik Gottes: der Knecht und die Gemeinde. – Die Beseitigung der Schmach der Gemeinde, die Offenbarung der Herrlichkeit Gottes an der Gemeinde

### A. Erster Gang der Verhandlung:

Der Knecht als Zeuge der Weltpolitik Gottes für sein Volk

#### 1. Der Todesweg des Knechts als Zeugnis von der Weltpolitik Gottes *)

**Jes. 42, 18–21:**

(18) **Ihr Tauben, hört!**
**Ihr Blinden, blickt auf, zu sehen!**

(19) **Wer ist blind, wenn nicht mein Knecht,**
**und taub wie mein Bote, den ich senden will?**

*) Zur Deutung als Gottesknechtslied vgl. E. Sellin, Mose.

**Wer ist blind wie der Gottergebene**
**und blind wie der Knecht Jahwes?**
(20) **Vieles sehend, bemerkt er's nicht.**
**Man öffnet (ihm) die Ohren, und er hört nicht.**
(21) **Jahwe (aber) beschloß um seiner Gerechtigkeit willen,**
**er soll die Thora groß und herrlich machen.**

(18) Entscheidend ist die Frage: Wer sind die Tauben und Blinden, die hier angeredet werden? Israel in seiner Schuld, oder Israel in seiner Not, oder die Heidenvölker?

Wir haben hier nicht ein Scheltwort an Verstockte, sondern ein Trostwort an Verzagte. Aussetzen der Sinne, Schweigen und Teilnahmlosigkeit sind auch sonst im Alten Testament Kennzeichen für den Todeszustand, in dem alle menschlichen Sinne versagen (vgl. Ps. 6, 6; 88, 13 u. a.). Auch in der babylonischen Literatur ist das Versagen der Sinne, besonders des Gesichts und des Gehörs, Bild für den Tod. In einer Leichenklage (Lillu-Tammuz) heißt es z. B.:

„Ein Mensch, der sehen kann, bin ich nicht ...
Ein Mensch, der sehen kann, bin ich nicht ...
Ein Mensch, der sehen kann, bin ich nicht ...
Der Ort, wo ich ruhe, ist der Staub der Erde" (A. O. T. Z. A. T. S. 273).

Von einem Toten heißt es („Geschichte eines Leidenden", ebenda S. 276):

„Meine Augen zwinkern, aber sehen nicht.
Geöffnet sind meine Ohren, aber hören nicht."

Das Wort von den Tauben und Blinden schaut den Zustand des gefangenen Gottesvolkes nach allen Seiten seines Daseins als ein Schon-Gestorbensein: politisch, national, wirtschaftlich, aber vor allen Dingen geistig, sittlich, religiös. Gott redet die erniedrigte Gemeinde, die zugleich auch Sinnbild aller geistigen Todesnot im Heidentum ist, auf ihre äußere und innere Erstorbenheit an: „Ihr Tauben, hört! Ihr Blinden, blickt auf, zu sehen!" Indem er sie aufruft zu hören und zu sehen, fordert er sie auf, lebendig zu werden. Eine unerhörte und unmögliche Forderung an Tote! Und doch wird an dieser Forderung erst klar, um wie Unmögliches und Unerhörtes es in der Botschaft dieses Buches geht. Auf dieser unmöglichen Forderung ruht das gesamte Leben der Gemeinde Gottes, die ganze Heilshoffnung der Welt.

Weil aber diese Forderung zu allen Zeiten nicht nur dem natürlichen Menschen, sondern auch der Gemeinde Gottes irrsinnig erschienen ist, stellt Gott sein Volk Auge in Auge dem Todesweg seines Knechtes gegenüber. In drei Verse zusammengefaßt läßt er hervortreten, was dieses Leben und sein rätselhafter Ausgang für Menschenverstand, ja für Gott selbst an Ärgernis, Not, scheinbarem Versagen – und dennoch an Sieg in sich schließt. Es sind so rätselvolle Worte, daß die Auslegung sich je und je vergeblich um sie gemüht hat.

(19) Im Verhörston fährt Gott fort: „Wer ... Wer ...“ Die Gemeinde soll selbst Antwort geben, ob es völligere Niederlage, völligeren Tod gibt, als Niederlage und Todesschicksal seines Knechts. Durch die Worte Gottes zittert es wie Empörung und Schmerz über die jähe Unnatur dieses Schicksals. Wieder häuft er Worte, um sie auszudrücken: „Knecht“, „Gesandter“, „Vertrauter“, „Knecht Jahwes“ – und zusammengebrochen bis an die letzte, die Todesgrenze, ja über diese Grenze. „Blind“, „taub“, „blind“ und noch einmal „blind“ wiederholt er. – Durch die Ausdrücke „der Vertraute“ oder „Gott Hingegebene“ klingt die persönliche Verbundenheit zwischen Gott und seinem Knecht. Sein Schicksal ist Gottes Schicksal, sein Leid Gottes Leid, seine Niederlage Gottes Niederlage. In den Worten „mein Knecht“ und „mein Bote, den ich senden will,“ drängt heiße Ungeduld, Gottes Sehnsucht nach Weltmission, von der wir hörten, daß schon die Sehnsucht der Inseln ihr entgegenharrt.

(20) In jähem Widerspruch zu Gottes Plänen mit ihm steht, daß er als zählender Faktor aus dem Buch der Weltgeschichte ausgelöscht ist, während weltgeschichtliche Wandlungen und Ereignisse sich abspielen: „Vieles sehend, bemerkt er's nicht. Man öffnet ihm die Ohren, und er hört nicht.“ Vor seinen Augen und Ohren werden große Taten getan, fortreißende Botschaften verkündigt, aber sein Leben ging – wie unbeteiligt am Gang der Weltgeschichte, am Schicksal seines Volkes – in Bedeutungslosigkeit dahin und mündete in Tod und Vergeblichkeit, so daß er nicht mehr mitzählt unter den Faktoren, an die sich die Hoffnung seines Volkes klammert. Besonders bitter wird das, wenn man etwas, vielleicht alles, von ihm erwartet hat. Das menschliche Urteil lautet: erledigt.

(21) Aber Gott setzt dem menschlichen Urteil und der übermächtigen Sprache der Tatsachen seinen Ratschluß entgegen. „Jahwe aber beschloß ....“ Nicht trotz, sondern in seiner Niedrigkeit, auf seinem Gehorsamswege durch Todestiefen – „wegen seiner Gerechtigkeit“ – wird er „die Thora groß und herrlich machen“. (Die „Thora“ ist Weisung und Lehre Gottes, sie enthält die Offenbarung Gottes.) Jahwe wird ihn als seinen Gesandten beglaubigen, sich zu ihm als seinem Knecht und Lehrer seines Wortes bekennen. So ist es Jahwes über Menschenverstehen erhabener Plan; er erhöht ihn.

Man hat gezweifelt, ob solche abgründige Gedanken hier möglich sind. Als ob für Gottes Wort etwas unmöglich wäre! Auch die babylonische Erzählung, die unter dem Bilde von Taubheit und Blindheit die Todesnot ihres Helden schildert, gipfelt in der Hoffnung: „Ich aber weiß den Tag, wo meine Tränen zu Ende gehen“ (A.O.T.Z.A.T. S. 277) und schließt mit der Schilderung der erhofften Erweckung des Gestorbenen vom Tode zur Verherrlichung Marduks (ebenda S. 278).

Was in diesen und ähnlichen heidnischen Liedern starkes Bild für Rettung aus Anfechtung, unbestimmte Sehnsucht oder Gleichnis für den Wechsel der Jahreszeiten vom Frühling zum Sommer war, ist in unserem Wort nüchternes geschichtliches Ereignis, als abgeschlossen geschaut, obgleich es noch nicht in den Raum der sichtbaren Wirklichkeit eintrat. In der jener Zeit geläufigen Form eines Leichenliedes entfaltet Gott die tiefe Unnatur im Todesschicksal seines Knechts, seinen ganzen Schmerz um dasselbe und das „Dennoch" und „Gerade deshalb" seines Heilsrates, der sich dieses Leben zum Instrument seiner Weltpolitik, zur Verherrlichung seiner selbst und seiner Botschaft vor der Welt ausersah.

In dieser Widernatur im Wege seines Knechts hat die Gemeinde Gottes die Grundlage für ihren Glauben an die Möglichkeit ihrer Auferstehung und Erhöhung aus Tod und Schmach. Auch diese ist Wunder, aber dieses Wunder ruht auf jenem. Auf dem Grunde jenes Wunders wird die Forderung aufzublicken, die an die Blinden, die Forderung lebendig zu werden, die an die Toten gestellt wurde, aus Unmöglichkeit zur Möglichkeit.

### 2. Der Todesweg des Volkes Gottes im Licht dieses Zeugnisses

Jes. 42, 22 – 25:

(22) **Es aber ist ein Volk, beraubt und geplündert;**
**geknebelt hat man sie in Löchern alle,**
**und in Hafthäusern wurden sie verborgen.**
**Sie wurden zum Raub, und nicht war da ein Retter,**
**zur Beute, und nicht war da einer, der sagte: Gib zurück!**

(23) **Wer unter euch nimmt dies zu Ohren,**
**horcht auf und merkt es für künftig?**
(24) **Wer gab zur Plünderung Jakob**
**und Israel den Räubern?**
**War's nicht Jahwe, an dem wir sündigten,**
**und nicht wollten sie auf seinen Wegen gehen,**
**und nicht hörten sie auf seine Thora?**

(25) **Da goß er über ihm aus die Glut seines Zornes**
**und die Gewalt des Krieges;**
**und versengte es ringsum, doch nicht erkannte es solches,**
**verbrannte es, doch nicht nahm es solches zu Herzen.**

Mit einem betonten „Es aber" stellt Gott dem Knecht das Volk gegenüber und rückt damit Not und Hoffnung seiner Gemeinde ins Licht der Todesnot des Knechts. Durch drei Stufen folgen wir dem Zusammenbruch Israels.

Vers 22 schildert seine äußere Not in der Verbannung unter dem Bilde einer Karawane, die in der Wüste von Beduinen überfallen und ausgeplündert wurde, deren Besatzung geknebelt und in Schlupflöchern gefangengehalten wird, ohne daß jemand von den Angehörigen sich um ihr Verschwinden bekümmert, eine Befreiungsexpedition für sie ausrüstet oder Lösegeld für sie aufbringt. „Nicht war da einer, der sagte: Gib zurück!" Die in den unzugänglichen Verstecken der Wüste Vergessenen sind Bild letzter Gebundenheit und Verstricktheit. Zugleich drückt sich darin aus, wie das äußere Unglück zu innerer Anfechtung werden muß, das Abgeschnittensein von Hilfe zur Gewißheit des Aufgegebenseins durch Gott.

(23. 24) Jetzt hebt Gott die Decke des äußeren Elends und entblößt darunter Abgründe inneren Todes. In der oben geschilderten Lage entrüstet sich Gottes Volk über die Gewalttaten seiner Unterdrücker, das Versagen seiner Bundesgenossen, jammert über seine Verluste und Lasten oder verzagt an der Macht seines Gottes. Aber den ersten Schluß, den Gemeinde Gottes aus ihrer Not ziehen sollte — den Schluß auf den, der hinter dieser Not steht, — zieht sie nicht. („Wer gab zur Plünderung Jakob ...?") Die erste Frage, die Gemeinde Gottes in ihrer Not stellen sollte, die Frage nach der Absicht ihres Gottes — stellt sie nicht.

Das ist tiefste Not, die nicht mehr aus Gottes Hand genommen, bei der nicht mehr nach Gottes Absicht gefragt wird. Das ist Todeszustand, wenn ein Volk vom Zorn Gottes nichts mehr weiß; wenn Gottesglaube nur noch Anspruch bedeutet, nicht mehr ins Gericht führt; wenn ein Volk nicht mehr findet zu dem Bekenntnis: „Wir", durch das erst wirkliche Volksgemeinschaft wird auf der Grundlage gegenseitiger und gemeinsamer Verantwortung vor Gott. „Jahwe, an dem wir sündigten ..."

In schneidendem Gegensatz steht hier das Bild der Gemeinde Gottes, die nicht auf seine Thora hören wollte, zum Bilde des Knechts, durch den Gott seine Thora herrlich macht (42, 21) und auf dessen Thora die Inseln harren (42, 4). Seine Todesnot ist Gehorsam, „Gerechtigkeit", des Volkes Todesnot — Schuld.

(25) Darüber hinaus noch leuchtet Gott in letzte Tiefen der Erstorbenheit. Aus dem Nicht-hören-wollen ist ein „Nicht-mehr-hören-können" geworden. Das ist der Grund der Unempfänglichkeit für Gottes Sprache in den Ereignissen der Geschichte, in Führung und Schicksal. Diese Stumpfheit ist Fluch Gottes. Das Wort malt uns diesen Fluch des Nicht-könnens im Bilde des gefühllosen Körpers einer Leiche, den man anbrennen kann, ohne daß er reagiert. Zugleich zeigt uns das Bild, wie Gott Rettungsversuche macht, zu letzten, verzweifelten Mit-

teln greift, um den in Todesschlaf Versunkenen zum Leben zu wecken: er brennt ihn von allen Seiten an mit seinem Zorneseifer. Ein eigentümliches Licht fällt dabei auf Gottes Zorn als sein Bemühen um seine Gemeinde.

### 3. Die Herrlichkeit des Volkes Gottes im Licht dieses Zeugnisses (Jes. 43, 1-7)

Jes. 43, 1 a:

(1 a) **Aber jetzt, so spricht Jahwe,**
**dein Schöpfer, Jakob,**
**dein Bildner, Israel:**

Mit einem schroff gegenüberstellenden „Aber jetzt" setzt Gott dem Todeszustand seiner Gemeinde den Weg ins Leben entgegen, den er ihr aufgeschlossen hat. Weil es sich bei Israel nicht um Schlaf handelt, sondern um Tod, aus dem der Weg ins Leben nur über neue Erschaffung führt, darum redet er Israel hier als sein „Schöpfer" und „Former" an mit einem zweimaligen „Fürchte dich nicht." Das Wort „Schöpfer" bedeutet hier wieder „Erschaffer aus dem Nichts".

#### a) Die Unantastbarkeit des Volkes Gottes

Jes. 43, 1 b – 4:

(1 b) **Fürchte dich nicht! Denn ich habe dich losgekauft,**
**ich habe dich bei deinem Namen gerufen, mir gehörst du.**
(2) **So du durchs Wasser gehest, bin ich mit dir,**
**und durch Ströme, sollen sie dich nicht überfluten.**
**So du durchs Feuer wanderst, sollst du nicht brennen,**
**und die Flamme soll dich nicht versengen.**
(3) **Denn ich bin Jahwe, dein Gott,**
**der Heilige Israels, dein Retter.**
**Ich gab zu deinem Lösegeld Ägypten,**
**Kusch und Saba an deiner Statt.**
(4) **Weil du teuer bist in meinen Augen,**
**wert geachtet und ich dich liebe.**
**Und ich gebe Menschen an deiner Statt**
**und Nationen für deine Seele.**

(1 b) Das Wort greift auf das Bild der ausgeplünderten Karawane zurück, deren Leute geknebelt in den unauffindbaren Verstecken der Wüste lagen. Das Bild war Ausdruck des Zustandes, aus dem es keinen Loskauf gibt und von dem es heißt: „Kann doch einen Bruder niemand erlösen noch ihn Gott versöhnen (denn es kostet zu viel, ihre Seele zu erlösen, man muß es lassen anstehen ewiglich)" (Ps. 49, 8 – 10). „Sie liegen in der Hölle wie Schafe, der Tod weidet sie" (Ps. 49, 15 a).

Dieser unabänderlichen Vernichtung setzt Gott sein „Fürchte dich nicht" entgegen. Als bloßer Befehl – auch unter Berufung auf die Erwählung in Abraham – wäre das Wort sinnlos, da bereits der Tod eingetreten. Das Wort bekommt aber Sinn auf dem Hintergrunde dessen, was wir vom Knecht Gottes und seinem Todesweg hörten (42, 19–21). Mit dem Angesicht auf den Weg des Knechts gerichtet, zeigt Gott seinem Volk den Weg aus dem Tode ins Leben. Auf dem Hintergrunde des Wunders an seinem Knecht setzt er der Verzweiflung seiner Gemeinde drei kurze Aussagen entgegen, die ihr Leben auf völlig neuen Grund stellen.

Dem Gefängnis im Wüstenversteck, das ein Bild war für die Not, aus der es keinen Loskauf gibt, setzt er entgegen: Der Loskauf ist schon getätigt, Gott hat das Lösegeld beschafft und gezahlt. „Ich habe dich losgekauft." Es ist schon Tatsache, worauf der Sänger hofft: „Aber Gott wird meine Seele loskaufen aus der Hölle Gewalt, denn er hat mich angenommen" (Ps. 49, 16).

Dem Tode setzt er sein Schöpferwort entgegen, das gesprochen ist. Wie er die Welt aus dem Nichts schuf, jeden Abend die Sterne beim Namen aus dem Nichtsein in neues Dasein ruft, die Geschlechter von Anfang ruft, den Welteroberer Cyrus beim Namen gerufen hat – und er erschien urplötzlich auf dem Schauplatz der Geschichte –, so genügt sein Ruf beim Namen, um das gestorbene Volk Israel ins Leben zu rufen. Ja, daß er es jetzt durch seinen Propheten bei seinem Namen anredet, bedeutet, daß er ihm den Weg zu einem neuen Dasein aufgeschlossen hat. „Ich habe dich bei deinem Namen gerufen."

Gegen alle Mächte, die ihre Hand nach seiner Gemeinde ausstrecken, macht er sein Besitzrecht geltend, das unanfechtbar ist. Zwiefach begründetes Besitzrecht hat er an dies Völkchen: das Recht des Loskäufers und das Recht des Schöpfers, der es von neuem erschaffen hat: „Mir gehörst du." Vielleicht steht hinter diesem Bilde noch die Vorstellung des Schuldsklaven, für den die Loskaufsumme in den Tempel eines Gottes eingezahlt und der dann als Losgekaufter oder Freigelassener Eigentum dieses Gottes wurde. Das Besitzrecht Gottes macht sein Volk unantastbar.

(2) Diese Tatsachen sollen ihren Ausdruck und ihre Bestätigung finden im Endgericht. – Mehr als das Besitzrecht eines Mächtigen macht das Besitzrecht Gottes nicht nur unantastbar für Mächte dieser Erde, sondern auch unverletzlich im Gericht Gottes. Nicht alltägliche Trübsale stellen Wasser und Feuer dar, sondern Gericht. Es ist an die Zeit gedacht, die hereinbricht, wenn Gottes Geduld seit Noah am Ziel ist, und er seine Wasser nicht mehr zurückhalten wird. „So lange die Erde steht, soll nicht aufhören Same und Ernte... Und soll hinfort keine Sintflut kommen!" – hieß es zu Noah

(1. Mose 8, 22; 9, 11 b) am Anfang dieses Weltlaufs. „Wie es geschah zu den Zeiten Noahs, so wird's auch geschehen in den Tagen des Menschensohnes" – sagt Jesus vom Ende dieses Weltlaufs (Luk. 17, 26).

Auch dieses Gericht, das allem Irdischen in Wasser und Feuer ein Ende macht, soll der Gemeinde Gottes nicht schaden, weil sie erkauft und Gottes Besitz ist. Ihre Bewahrung ist in den Farben des Auszugs aus Ägypten geschaut. Wie damals die Wasser des Roten Meeres die Ägypter ersäuften, Israel aber nicht überfluten durften (2. Mose 14, 21-23), so soll es im bevorstehenden Gericht in Wasser und Feuer bewahrt werden.

Das Bild steht in eigentümlichem Gegensatz zum Bilde des toten Israel, das vom Feuer des Zornes Jahwes angebrannt und versengt wurde, aber nichts fühlte, weil es tot war. Hier ist Gemeinde Gottes, die lebt und darum offen ist für die Sprache des Gerichts, das Feuer fühlt und fürchtet, aber durch dasselbe nicht versengt noch angebrannt wird.

(3 a) Die Bürgschaft für solche Gewißheit ist dieselbe, wie für die ersten Verheißungen an die Gemeinde (Kap. 41): die ewig unbegreifliche Tatsache, daß der „Heilige Israels", der Gott der unnahbaren und verzehrenden Heiligkeit, für die Gemeinde Israel „Retter" oder Heiland geworden ist. „Denn ich bin ... der Heilige Israels, dein Retter."

(3 b. 4) *Diese Dinge, die sich im Verborgenen abgespielt haben, sollen ihren sichtbaren Ausdruck in der Geschichte finden.* – Das ist allerdings ein Ausdruck, der nur für den Glauben sichtbar ist, nur vom Worte Gottes her seine Deutung findet. Für Menschenverstand bleibt es unerklärlich, daß das mächtige Perserreich ganz Vorderasien, ja sogar Afrika (um dieses handelt es sich bei Ägypten, Kusch und Saba) schluckt, aber einzig das Judenvölkchen herausgibt und wiederherstellt. Nicht die Macht des Geldes, nicht geschickte Verhandlungen, Politik oder Ränke haben das zuwege gebracht, sondern ganz allein Gottes Ratschluß, dem dieses Volk so teuer ist. Er gibt Menschen, Völker und Königreiche hin für sein Volk. (Die Kirchengeschichte ist ein redender Beweis für die Erfüllung dieser Verheißung am neuen Israel.) Nicht daß diese Völker ihm nichts wert wären, wie ein Ausleger gemeint hat, sondern umgekehrt: „Völker" und „Menschen", Geschöpfe seiner Hand, die ihm wichtig sind, müssen zurücktreten hinter dem letzten Ziel, dem Bau seines Volkes, das ja nach der Verheißung an Abraham allen Völkern den Segen bringen soll. Also letzten Endes haben wir auch hier nicht enge jüdische, sondern Weltpolitik Gottes.

Der Gang der Geschichte hat die Erfüllung dieses Wortes in anderer Gestalt gebracht, als es der Prophet wahrscheinlich erwartete. Nicht Cyrus, sondern erst dessen Sohn Kambyses eroberte Ägypten. Aber Israel wurde durch Cyrus entlassen. So ist es doch wahr geworden: „Ich gab zu deinem Lösegeld Ägypten ..., Nationen für deine Seele."

**b) Die Ausführung des Volkes Gottes aus der Gewalt der Welt**

Jes. 43, 5–7:

(5) **Fürchte dich nicht,**
**denn mit dir bin ich!**
**Vom Aufgang bringe ich deinen Samen,**
**und vom Untergang sammle ich dich.**
(6) **Ich sage zum Norden: „Gib her!"**
**und zum Süden: „Halt nicht zurück!**
**Bring her meine Söhne aus der Ferne,**
**und meine Töchter vom Ende der Erde,**
(7) **jeden, der nach meinem Namen genannt ist,**
**und zu meiner Herrlichkeit habe ich ihn erschaffen,**
**hab ihn geformt und hab ihn gemacht!"**

(5. 6) Dieses zweite „Fürchte dich nicht!" geht in seiner Verheißung über das erste hinaus. Die Gemeinde Gottes soll nicht nur unantastbar und unverletzlich sein, nicht nur soll Cyrus sie aus Babel entlassen, sondern Gott selbst wird sein verstreutes Volk aus der ganzen Welt heimholen. Hatten die Gefangenen in den Hafthäusern niemanden, der sagte: „Gib zurück!" (42, 22), so hören wir jetzt Gottes gebieterischen Befehlsruf an alle Himmelsgegenden: „Gib her ... Halt nicht zurück! Bring her!" Es sind meine Kinder, „meine Söhne ... und meine Töchter."

Man hat davon gesprochen, daß diese Verheißung übers Ziel hinausgeht und nur in übertragenem Sinn in Erfüllung gegangen ist, indem nach der Wiederaufrichtung des Tempels die jüdische Diaspora der ganzen Welt in Jerusalem ihren ideellen Mittelpunkt fand, wohin alljährlich zum Passahfest die Pilgerscharen strebten. Andere denken, daß das Judenvolk auf Grund der Balfourdeklaration von 1917 mit Hilfe der zionistischen Bewegung mit den Mitteln des Geldes und der Politik die Erfüllung dieser Verheißung erlangt habe. Die einen übersehen aber, daß diese Verheißung wohl mit dem Kommen des Knechts im Zusammenhang steht, aber für die letzte Zeit gegeben ist, die andern, daß sie nicht einem ungläubigen, sondern einem gläubigen Israel gilt und nicht durch Geld oder Politik, sondern durch Gottes Arm ihre Erfüllung finden, nicht zu Israels Selbstruhm, sondern zu Gottes Verherrlichung gereichen soll.

(7) Damit kommen wir zum wunderbaren Abschluß, zur Begründung, die Gott seiner Verheißung gibt. Die Auferstehung, Erneuerung und Heimholung gilt nicht nur dem Volk als Ganzem, sondern auch jedem Einzelnen, der nach „seinem Namen genannt ist", d. h. durch Erwählung die Zugehörigkeit zu seinem Volke erlangt hat. Den Einzelnen

wie das Volk hat Gott erschaffen zu seiner „Herrlichkeit". Der Weg des Einzelnen wie der Gemeinde aus Gefangenschaft in die Freiheit, durch Erniedrigung zur Herrlichkeit ist Verherrlichung Gottes.

Aus den einzelnen Verstreuten ohne Heimat und ohne Volk muß dazu die Nation Gottes werden, die auch in der Geschichte in Erscheinung tritt. Denn zu seiner Verherrlichung nicht im Himmel, nach der Zeit, sondern auf Erden, in der Geschichte hat Jahwe sein Volk erschaffen. Drei Worte für „schaffen" aufeinandergehäuft drücken aus, wie sehr das Volk und jeder einzelne, seine Gestalt und sein Weg Schöpfung des Schöpfers sind und den Schöpfer verherrlichen.

## B. Zweiter Gang der Verhandlung:

### Das Volk Gottes und der Knecht als Zeugen der Weltpolitik Gottes für die Welt

#### 1. Die Unfähigkeit der Götzen, Zeugen ihrer Gottheit zu stellen

**Jes. 43, 8–9:**

(8) **Man führe vor das Volk, das blind ist und hat doch Augen,**
**und die Tauben und haben doch Ohren!**
(9) **Alle Heidenvölker sollen sich versammeln zumal,**
**und scharen sollen sich die Nationen:**

**Wer unter ihnen kündigt solches an (im voraus)**
**und läßt uns (ebenso) das Frühere hören?**
**Stellen sollen sie ihre Zeugen, daß sie recht bekommen,**
**daß man es höre und spreche: Es stimmt!**

Gott hatte die Blinden aufgefordert, zu sehen, d. h. die Toten, zu leben (42, 18). Er wies sie dazu auf seinen Knecht und dessen Schicksal (19–21), auf ihr eigenes völliges Erstorbensein (22–25) und dann auf den Weg zum Leben, den er ihnen aufschloß (43, 1–7). Abschließend zeigte er den Toten, daß das Wunder ihrer Erweckung und sie selbst zur Verherrlichung Gottes vor der Welt da sind.

(8) Mit einem Ausdruck der Gerichtssprache, der die Vorführung der Zeugen bedeutet, greift Gott wieder in den Gang der Gerichtsverhandlung ein. „Man führe vor (wörtlich ‚Herausführung') das Volk, das blind ist und hat doch Augen!" Wir sahen schon, das bedeutet: Volk, das tot ist. Fassen wir die Widersinnigkeit, die darin liegt, daß ein Toter als Zeuge hereingeführt wird! Ist dies Volk – auch sein Tod und seine Wiederbelebung – zur Verherrlichung Gottes da, so soll es jetzt Gottes Zeuge im Weltgericht sein.

(9) Darum ruft Gott jetzt alle Völker. Sie sollen sich um ihn scharen, denn es geht um Außerordentliches: um einen sichtbaren Beweis für die Gottheit Gottes in der Geschichte. Mit der uns schon vertrauten Wen-

dung „Wer?" wendet er sich verhörend an die Völker. Ist jemand unter ihnen ein Gott, der dieses nie dagewesene Wunder am gestorbenen Volk und am Knecht Gottes vorausverkündigt und sich damit als Gott der Erlösung erweist? Oder auch nur einer, der die Vergangenheit durch sein Wort als Erfüllung urewigen Planes deuten und dadurch sich als Gott der Schöpfung und Geschichte erweisen kann? Sie sollen dem Weltgericht Zeugen stellen für ihre Gottheit, für ihr Walten in der Geschichte und ihre Fähigkeit, zu erlösen.

„Stellen sollen sie ihre Zeugen!" – herrscht Jahwe sie an, und das Verhör wird Anklage. „Daß sie Recht bekommen" (wörtlich „Rechtfertigung erlangen"). Darin liegt die Drohung: haben sie keine Zeugen, so haben sie verloren, sind als schuldig erwiesen, zu Unrecht auf Herrschaft, Gottheit, ja überhaupt auf Wirklichkeit Anspruch erhoben zu haben, schuldig und damit zum Tode, zum Nichtsein verdammt.

„Daß man es höre und spreche: Es stimmt." Es geht beim Glauben nicht um Gedanken und abstrakte Wahrheiten, die nicht beweisbar, aber auch nicht angreifbar sind, sondern um etwas, was sich in dieser sichtbaren Wirklichkeit bewähren muß. Im Unterschied zu allen andern Religionen geht es beim Glauben um geschichtliche Tatsachen und Taten Gottes, die bezeugt werden können, zu denen man Stellung nehmen muß, die man hören und im Licht der Weissagung des Wortes Gottes annehmen, d. h. zu denen man „ja" sagen muß: „Es stimmt", „richtig" (wörtlich: „Wahrheit"). Die Religionen der Menschheit können auf solche Taten oder Tatsachen nicht hinweisen und darum auch keine Zeugen stellen.

### 2. Der Zeugenberuf des Volkes Gottes nach innen

**Jes. 43, 10 – 12 a:**

(10) **Ihr seid meine Zeugen, Spruch Jahwes,**
**und mein Knecht, den ich erwählt habe, (ist mein Zeuge),**
**damit ihr erkennt und an mich glaubt**
**und einseht, daß ich es bin.**
**Vor mir war kein Gott gebildet,**
**und nach mir wird keiner sein.**
(11) **Ich, ich bin Jahwe,**
**und nicht ist außer mir ein Heiland.**
(12) **Ich habe kundgetan und geholfen und hören lassen,**
**und nicht war unter euch ein Fremder.**

Mit zwei Strophen, die beide anfangen: „Ihr seid meine Zeugen" (10. 12 b), stellt Gott den Götzen und ihren Völkern sein Volk und seinen Knecht als Zeugen – zwei Zeugen. Auf zweier Zeugen Mund soll ja alle Sache vor Gericht bestehen (5. Mose 19, 15).

Die erste Strophe entfaltet den Zeugenberuf des Volkes Gottes nach innen. Zum Zeugen hat Jahwe seine Gemeinde erwählt, damit sie selbst im Zeugenberuf seine Gottheit erfahre und durch solche Erfahrung wiederum seine Zeugin vor den Völkern werde. Man hat das einen „passiven Zeugenberuf" genannt und die Rolle des Volkes dabei mit dem „corpus delicti" verglichen, das tote Volk mit dem toten Beweisstück, das Gott der Welt auf den Tisch legt zum Beweis ihres Unrechts und seiner Gottheit. Danach wäre Israel Zeuge als willenloser Gegenstand, an dem Gott seine Macht bewies.

Doch dieser Vergleich gibt die Tiefen innerer Erfahrung nicht wieder, die sich in unserem Wort auftun. Nicht als lebloses Holzstück ist Israel zum Zeugen erwählt, nicht um Stoff zu sein, an dem Gott seine Gedanken darstellt, sondern um eine Geschichte mit Gott zu erleben. Der Zweck seiner langen, schweren und reichen Geschichte, während welcher es immer wieder Augen- und Ohrenzeuge seiner Taten sein durfte, war immer tiefere Gottesbegegnung. Drei Worte stecken diese Begegnung ab: „Erkennen", „Glauben", „Einsehen". Nicht ein Verstandesvorgang, sondern Erfahrung, Empfindung, Erfassen Gottes liegt im hebräischen Wort für „Erkennen"; Vertrauenfassen zu ihm — mehr noch: Gewißheit finden in ihm — in dem Wort für „Glauben"; Verständnis, Einblick gewinnen in die ganze Fülle, in der er uns Gott ist, — in dem Wort für „Einsehen" mit seinem Nachsatz.

Alle Gottesvorstellungen sind selbst Erzeugnis vergänglichen Menschengeistes. Alle Mächte und Dinge, die je der Vergötzung verfielen, gehören selbst der Vergänglichkeit an. Darum säumt ihr Reigen in endloser Kette des Entstehens und Vergehens den Weg der Weltgeschichte. So löst auch in den Geschlechterfolgen der babylonischen Götter ein Gott den andern in der Weltherrschaft ab. Israel dagegen durfte in seinem Gott dem E i n e n begegnen, vor dem nichts war, neben dem nichts ist, nach dem nichts sein wird, der einzigen schaffenden, bleibenden und rettenden Macht. „Vor mir war kein Gott gebildet, und nach mir wird keiner sein ... nicht ist außer mir ein Heiland." Israel begegnete in ihm dem einzigen ewigen Ich, das uns Du ist. „Ich, ich" und noch einmal „Ich" — dreimal hintereinander wiederholt er, als wollte er sagen, daß in ihm überhaupt erst sich „Ich" enthüllt, das, was wir heute „Persönlichkeit", und „Du", das, was wir „Anspruch" nennen. Das ist Angesprochen-sein, das alle anderen Ansprüche ausschließt. Das ist das „Du", das uns ganz haben will und darum auch ganz frei macht. „Retter" oder „Heiland" wird von jetzt ab immer mehr zum Namen Gottes.

Der Zeugenberuf des Volkes Gottes ist eine lange Wanderschaft, ein „von Stufe zu Stufe in die Tiefen der Offenbarung eingeführt werden". Es hat ihn erfahren als einen Gott, der sich erschließt („ich habe kundgetan"), eingreift („und geholfen") und sein Wort gibt („und hören lassen"). Alle Erfahrungen verdichten sich aber in der letzten Erfahrung, die das Volk jetzt als totes macht. Sie ist Ziel, auf das hin seine Wanderschaft mündet. Was es auf dieser Wanderschaft erlebte, seine ganze Geschichte, ist eine einzige Zwiesprache zwischen der Gemeinde und ihrem Gott. Kein Dritter sprach da mit. Alles Große wie alles Schwere, der Tod ebenso wie die Rettung, kam von ihm allein. Da war nichts, was ihr von anderswo her gekommen wäre. („Nicht war unter euch ein Fremder.") So wurde sie Zeugin Gottes als des einzigen Herrn.

Nicht nur das Volk als Ganzes in seiner Geschichte, sondern die Einzelnen sind Zeugen. Nicht in der Einzahl („Du bist...") wie sonst, sondern in der Mehrzahl („Ihr seid...") ruft Gott sie als Zeugen auf.

Neben dem Zeugnis der Gemeinde läuft aber das des Knechts her. „Ihr seid meine Zeugen... und mein Knecht", heißt es bei der Einsetzung des Volkes in seinen Zeugenberuf. So ist zwischen dem Zeugnis beider eine enge Beziehung. Das eine ist ohne das andere gar nicht zu denken. Die Gemeinde als Zeuge hat erst Zeugenkraft, wenn sie neben dem Knecht als Zeugen steht. Es ist damit wie im Gericht: nach dem Grundsatz, daß alle Sache auf zweier Zeugen Mund beruhen muß, wird das Zeugnis des einen Zeugen erst neben dem und durch das des andern Zeugen zu einem Zeugnis.

Wir hörten vorher: die Hoffnung der toten Gemeinde ruht auf dem Wunder, das Gott durch den toten Knecht und an ihm tut. So steht ihr Zeugenberuf nicht nur *neben* seinem, sondern ihr Zeugnis ruht *auf* dem seinen. *Sie* ist mit Auge und Ohr Zeuge des Wunders an ihm, mit der Erfahrung Zeuge des Wunders an sich selbst; mit dem Munde und der Tat ist *er* Zeuge. Sie ist es als losgekaufter Sünder, der die Thora verachtet hat, er — als Gerechter, der die Thora groß macht; sie ist es durch das, was Gott an ihr tat, er — durch das, was Gott durch ihn tut. Darum begann die Verhandlung, die Israel seiner Erneuerung gewiß machte, mit der Anrede des toten Volkes und der Berufung auf den toten Knecht (42, 18 ff.); die Verhandlung, die die Heiden der Gottheit Jahwes überführt, beginnt mit der Vorführung des toten Volkes als Zeugen neben dem Knecht.

### 3. Der Zeugenberuf des Volkes Gottes nach außen

**Jes. 43, 12 b – 15:**

(12b) **Und ihr seid meine Zeugen, Spruch Jahwes,**
(13) **daß ich Gott bin, auch von heute an bin ich es (fortan),**
**und nicht gibt es einen, der aus meiner Hand entreißt.**
**Ich wirke, und wer macht's rückgängig?**

(14) **So spricht Jahwe,**
**euer Loskäufer, der Heilige Israels:**
**Um euretwillen schicke ich nach Babel**
**und stoße die Kerkerriegel herunter,**
**herunter die Chaldäer auf die Schiffe ihres Jammers.**
(15) **Ich bin Jahwe, euer Heiliger,**
**der Schöpfer Israels, euer König.**

(12 b – 13) Das zweite „Ihr seid meine Zeugen" wendet den Zeugenberuf nach außen. Nicht nur durch die innere Erfahrung, sondern auch durch sein äußeres Schicksal wird das Volk Gottes Zeuge sein. Es schien, als hätten die Weltmächte Assur und Babel Gott sein Volk aus der Hand gerissen, als sei die Heilsgeschichte abgebrochen, als wären die großen Staatsmänner und Weltreiche der Heilsgeschichte und des Volkes Gottes mächtig geworden, als bestimmten sie seine Statthalter und Führer, als regelten sie seine Ordnung und seine Verfassung, als lebte die Gemeinde Gottes nur noch von ihrer Gnade. Aber indem der Knecht nicht im Tode, das Volk nicht in der Gefangenschaft bleibt, wird offenbar, daß man der Hand Gottes sein Eigentum nicht entreißen, Wahl und Verheißung Gottes nicht rückgängig machen kann. Nicht nur in den großen Zeiten der Vergangenheit, sondern auch in der Gegenwart soll Gemeinde Gottes durch ihren äußeren Weg Zeugnis ablegen von der Wirklichkeit und Gegenwart Gottes in ihr. „Auch von heute an bin ich es."

(14. 15) Gottes Hand führt seinen Plan durch, zertrümmert alle geschichtlichen Mächte und Hindernisse, die im Wege stehen, auch die „Kerkerriegel" Babels. So erweist er sich nicht nur im Leben der Gemeinde, sondern auch in der Wechselbeziehung zwischen Weltgeschichte und Gemeindegeschichte, in dem Zusammenstoß zwischen Weltmacht und Volk Gottes als sein „Loskäufer", „Heiliger", „Schöpfer" und „König". In diesen vier Worten ist die Fülle seiner Gottheit entfaltet als Erlöser, Urheber und Erneuerer, Beschirmer und Herrscher. Diese ganze Fülle ist für sein Volk da. Daher das gehäufte „euer": „euer Loskäufer", „um euretwillen", „euer Heiliger", „euer König".

Ausleitung: **Der Jubel der stummen Kreatur über das Zeugnis von der Herrlichkeit Gottes im Auszug der Gemeinde**

Die neue Schöpfung

**Jes. 43, 16 – 21:**

(16) **So spricht Jahwe,**
**der da gab im Meer einen Weg**
**und in starken Wassern einen Pfad;**

(17) **der herausführte Wagen und Roß,**
**Heeresmacht und Reisige zumal;**
**sie liegen da und stehen nicht mehr auf,**
**verlöschen, verglimmen wie ein Docht:**
(18) **Gedenkt nicht des Früheren,**
**des Vorigen achtet nicht!**
(19) **Siehe, ich bin dabei, Neues zu schaffen.**
**Jetzt sproßt es. Wahrlich, ihr werdet's erfahren!**
**Ja, ich gebe durch die Wüste einen Weg,**
**in der Einöde Ströme.**
(20) **Preisen soll mich das Wild des Feldes,**
**die Schakale und die Töchter des Geheuls*);**
**denn ich gebe in der Wüste Wasser,**
**Ströme in der Einöde,**
(21) **zu tränken mein Volk, mein erwähltes,**
**das Volk, das ich mir gebildet.**
**Meinen Ruhm soll man erzählen.**

Wie die erste Verhandlung schließt auch diese mit einem Hymnus, der halb Aufforderung zum Lobe, halb Bekenntnis ist. Nach der ersten Gerichtsverhandlung antwortete der Chor der erlösten Menschheit der Offenbarung der Herrlichkeit Gottes im Erscheinen seines Knechts. Jetzt soll der Chor der ganzen Kreatur Widerhall sein auf das Wunder an seiner Gemeinde und seinem Knecht.

(16. 17) D a s A l t e. – Schon mehrfach wurde die Zukunft in den Farben der Mosezeit geschaut (als Auszug aus der Gefangenschaft, 42, 7, Durchzug durch Wasser und Feuer, 43, 2, Weg durch die Steppe, 42, 16, Wasser in der Wüste, 41, 18, paradiesische Fruchtbarkeit auf Erden, 41, 19). Hier ist mehr. Zunächst ist wiederum auf die Mosezeit als bisher gewaltigste Kundgebung seiner Wundermacht zurückgegriffen: der Durchzug durch das Rote Meer, die aufgetürmten Mauern der starken Wasser, der Weg vor Israel, die nachstürmenden Reiter und Wagen. Es wird nicht erzählt, wie der Herr plötzlich aus der Feuersäule dreinblickt und die Ägypter vernichtet. Statt dessen folgt ohne Übergang auf das stolze Bild von Roß und Reisigen das erbärmliche vom verglimmenden Docht. Der jähe Wechsel offenbart den Gott, der den glimmenden Docht nicht auslöscht, aber alle Vermessenheit, die sich an seinem Eigentum vergreift, w i e glimmenden Docht auslöscht.

Der Angriff auf die Gemeinde Gottes ist selbst schon Gericht über menschliche Vermessenheit. Gott führt selber Ägypten wider seine Ge-

*) Strauße

meinde, damit Ägyptens Vermessenheit an ihr zuschanden werde. Darum heißt es mit Betonung: „der herausführte Wagen und Roß".

So war schon in der Vergangenheit der Weg der Gemeinde Gottes Offenbarung seiner Herrlichkeit: die erschreckenden Wasser, die verlöschenden Ägypter – Offenbarung seiner richtenden, der Weg vor Israel – Offenbarung seiner rettenden Herrlichkeit. Namenlos werden Ägypter wie Israel vorübergeführt, wie stumme Schachfiguren in Gottes Hand. Nur Gottes Tat tritt hell beleuchtet hervor.

(18. 19) Das Neue. – Aber auch Gottes gewaltigste Tat der Vergangenheit ist nicht zureichend als Gleichnis für das Kommende. Es wird nur genannt, um mit der ganzen Vergangenheit vor der anrückenden Zukunft in Vergessenheit zu versinken. Das Alte ist einfach nicht ebenbürtig dem Neuen. „Gedenkt nicht des Früheren ... Ich bin dabei, Neues zu schaffen."

Das Wunder am gestorbenen Knecht und Volk ist Offenbarung, die dem gesamten Glaubensleben ein neues Gesicht gibt, dem Glauben das Antlitz ganz herumwendet von der Vergangenheit zur Zukunft, von Erinnerung zu Hoffnung. Ja auch nicht Zukunft und Hoffnung sollen dem Glauben sein Gepräge geben, sondern Gegenwart und Erfüllung: „Jetzt sproßt es", und die Gemeinde darf selbst davon Zeuge werden. Wörtlich heißt es: „Werdet ihr's etwa nicht erfahren?" In der „Wüste" soll es „Weg", „in der Einöde Ströme" geben, d. h. in Not und Hindernissen Rettung, in tiefster Armut – den Reichtum der oberen Welt, im Tode – Leben, im Verschmachteten – Fülle.

(20. 21) Der Widerhall auf das Neue. – Das Wunder an der Gemeinde wird nicht auf sie, sondern auf ihren Herrn die Blicke lenken. Es wird nicht nur in ihr oder unter den Völkern, sondern auch in der unvernünftigen Kreatur Lob wecken. Seit dem Fall des Menschen, da Gott den Kampf zwischen Mensch und Tier verhängte (1. Mose 3, 15) und die Schöpfung zur Unfruchtbarkeit verfluchte (1. Mose 3, 17), hat die Tierwelt mit unter dem Fluche geseufzt (Röm. 8, 20-22). Seitdem galt die unfruchtbare Wüste dem Hebräer als Inbegriff allen Fluches, als das unreine Land, in dem die Dämonen hausen (vgl. 1. Mose 4, 12; 3. Mose 16, 10).

Es ist nicht Zufall, wenn wir gerade die Schakale und die Strauße („die Töchter des Geheuls") preisen hören. Es sind die Tiere, die mit ihrem Geheul die Wüste erschrecken, ein Bild unsteter Wildheit und Heimatlosigkeit, das Seitenstück zum flüchtigen Nomaden. Das Bild sagt: sogar im Erblande des Fluches, im Herzen aller Finsternis, wird die Kreatur loben, erlöst von der Herrschaft der Dämonen, befreit von Unreinheit und Fluch. Lobt man hier, so wird die übrige Schöpfung erst recht ihrer ursprünglichen Bestimmung, Gott zu loben, wieder zugeführt. Durch den Auszug des Volkes Gottes wird sie mitgerissen in den großen Jubelchor, der die Ehre Gottes erzählt. „Meinen Ruhm soll man erzählen." Erlöst ist die Kreatur zunächst nur in Hoffnung. In der ausziehenden Gemeinde sieht sie den Anfang der neuen Schöpfung wie eine Insel aus dem Meer des Verderbens auftauchen und weiß, daß auch für sie der Tag der Erneuerung naht.

Das Volk Israel – der Gottesbeweis, die Gemeinde – der Zeuge der Weltpolitik Gottes vor den Völkern, war das Thema der zweiten Gerichtsverhandlung. Die erlöste Gemeinde selbst als frohe Botschaft an die ganze Kreatur ist das Thema des Epilogs.

## *Theologische Besinnung*

Die Gemeinde Gottes hat am Wege des Knechts die Deutung ihres Weges, und sie ist auf ihrem Wege Zeuge Gottes vor der Welt. Gott hat als Gott der Geschichte seine Offenbarung an geschichtliche Orte, Taten und Gestalten gebunden, an die Taten seines Knechts, an den Ort der Kirche, an die Gestalt der Gemeinde nicht nur Alten, sondern auch Neuen Bundes. In unserem Buch verschwimmen bereits die Grenzen zwischen dem alten und dem neuen Israel. Israel ist aus einem nationalen ein geistlicher Begriff, aus einem Volk eine Gemeinde geworden. Im Neuen Testament vollends tritt die Gemeinde des Neuen Bundes an die Stelle Israels als wahres Israel, als Erbe der Verheißung und Verwirklichung dessen, was im Alten Bunde Hoffnung war.

Es ist aber eine merkwürdige Beziehung nicht nur zwischen den Verheißungen, die dem alten und dem neuen Volke Gottes gelten, sondern auch zwischen den Wegen, die beide geführt werden, und ihren Aufgaben. Der Weg des Volkes im Alten Bunde ist zugleich Urbild des Weges, den jedes Kind Gottes, aber auch die neutestamentliche Gemeinde geführt wird. Ja diesen Weg wandert die Kirche nicht nur einmal durch die Jahrtausende, sondern seine Stationen wiederholen sich im Laufe der Geschichte in verschiedenen Abwandlungen. Es ist der Rhythmus, in dem die Geschichte des Reiches Gottes schwingt.

### **Knechtsgestalt oder Schuld?**

So finden wir in der zweiten Gerichtssitzung unseres Buches die Fragen der Kirche unserer Zeit beantwortet.

„Haben wir denn Kirche?" fragen heute viele. Aber müssen wir nicht die Frage mit Empörung zurückweisen? Bekennen wir nicht Sonntag für Sonntag mit der Gemeinde: „Wir glauben ... eine heilige christliche Kirche"? Ja, wir bekennen sie. Aber gerade an der Rolle, die der Artikel von der Kirche in unserem Glaubensbekenntnis spielt, wird die Not deutlich. Unser Glaubensbekenntnis enthält manche Stelle, an der im Lauf der Jahrhunderte heftiges Ringen aufbrach, vor allem den zweiten

Artikel. Wie ist in der Theologie des vergangenen und gegenwärtigen Jahrhunderts um den Sohn Gottes, seine Geburt und Auferstehung gekämpft worden! Auch um den dritten Artikel wurde hier und dort gerungen. Aber war er – aufs Ganze gesehen – bis zum Weltkrieg für die Kirche noch eine Not oder die Not? Darin lag die größte Not. Wenn etwas auch seinen Anstoß verloren hat, ist es für die Gemeinde tot.

Gottlob, in unserer Zeit hat der dritte Artikel wieder angefangen, zur Not zu werden. Darin bekundet sich, daß die Kirche, die er bezeugt, wieder anfängt, Wirklichkeit zu werden.

Wie kam es aber, daß die Wirklichkeit des dritten Artikels so vergessen werden konnte? Wurden die Worte des Neuen Testamentes über die Gemeinde nicht mehr gelesen? – Sie wurden gelesen. Aber das ist wieder ein Beispiel dafür, wie der Mensch auch das Wort Gottes unschädlich zu machen versteht, wenn dessen Zeugnis unbequem ist. Mit feiner Kunst haben wir das Wort von der Gemeinde aus einer beseligenden und beunruhigenden Wirklichkeit zu einem toten Besitz oder Begriff gemacht. Wir machten den dritten zu dem unsichtbaren Artikel. Wir erklärten die Kirche für unsichtbar, die Gemeinschaft der Heiligen für eine ideelle. Die Frage, wo denn diese unsichtbare Kirche, wo die Gemeinschaft der Heiligen, wo die Wirkungen des Geistes, wo jenes seltsame, von der Welt unbegriffene neue Leben, wo der Leib Christi mit seinem warmen Blutkreislauf von Gaben und Kräften sei, – diese natürliche Frage jedes unverdorbenen Gewissens wurde vielfach als sektenhaft, krankhaft oder gefährlich geächtet. Ist sie wirklich sektenhaft?

Wir drückten uns um diese Frage. Wir spalteten die Kirche in zwei Teile, Leib und Seele. Die ganze Welt des Leibes Christi, die das Neue Testament bezeugt, verwiesen wir als „Seele" in die Unsichtbarkeit, um uns in dem, was von der Kirche wirklich sichtbar ist, desto ungestörter auf unsere Weise einrichten zu können. Wir sagten: „Das hat ja gar nichts mit der neutestamentlichen Gemeinde zu tun, ist menschliche Einrichtung und braucht nicht aus der Welt des Neuen Testaments heraus geformt zu werden. Das gestalten wir selber." Und wenn dieses „selber" kläglich ausfiel, so entschuldigten wir das mit der Kreuzes- oder Knechtsgestalt, in der die sichtbare Kirche über diese Erde gehen muß.

Aber das war nicht Knechtsgestalt. Die Knechtsgestalt der Kirche ist etwas Heiliges, etwas, was sie mit ihrem Herrn gemeinsam hat und was nicht mißbraucht werden darf, um die Welt, die sich eindrängt, oder Kirche, die sich der Welt gleichstellt, zu decken. So fein hatten wir es angefangen. Wenn jemand nach der beseligenden Wirklichkeit der Gemeinde Gottes fragte, antworteten wir: „Unsichtbar!" Und wenn jemand mit wundem Gewissen sich an der gefälschten Gestalt, an der sichtbaren Wirklichkeit der Kirche stieß, antworteten wir: „Knechtsgestalt!" und kamen nicht auf den Gedanken, daß der Herr auch in unserer Zeit eines Tages seine Geißel schwingen und mit loderndem Zorn diese sogenannte „Knechtsgestalt“ aus seiner Gemeinde hinausgeißeln könnte, daß diese Schmach der Gemeinde Gottes Verdunklung seiner Herrlichkeit vor der Welt ist.

## Dreifache Not

Drei Dinge waren es, die wir nicht mehr bedachten: 1. daß der Zustand unserer Kirche Gefangenschaft sei, 2. daß unser Fall sich darin am tiefsten offenbarte, daß wir diese Gefangenschaft nicht mehr als solche empfanden, und 3. daß Gott mit Feuer den toten Körper seiner Kirche wieder wach brennen würde, wie der Prophet es von Israel schaute.

Gefangenschaft in der Welt – ist das nicht der Zustand aller Kirchen? Da ist kein Unterschied, ob es katholische Priesterkirche, Beamtenkirche im Protestantismus oder Theologenkirche in allen Zeitaltern der Orthodoxie ist. Das eine Mal ist es ein Kirchenstaat, das andere Mal eine Staatskirche, das dritte Mal eine Schulkirche oder Kirchenschule. Einmal herrscht menschliche Frömmigkeit darin, das andere Mal menschliche Gesellschaft, das dritte Mal menschliches Wissen – jedesmal ein Stück Welt. Und es ist bezeichnend, daß, wenn die Welt in die Kirche eingezogen ist, Herrschaft statt Dienst ihr Wesen ausmacht; gleichviel ob Priester, Beamte, Lehrer, Fromme, Mächtige oder Wissende darin herrschen; gleichviel ob Kirche in Beamte und Publikum, Lehrer und Klasse, Katheder und Hörsaal aufgespalten oder in ein Büro, eine Schule oder Akademie verwandelt wird.

Vielleicht scheint das übertrieben. Aber wer war es, der die Kirchensteuern sammelte? Opferte die Gemeinde oder trieb der Staat ein? Wer war es, der über die Zulassung zum Amt des Wortes entschied und damit die Herzader der Kirche in der Hand hatte? War es Gemeinde, die Gaben und Geister prüfte, oder der Staat, der Prüfungszeugnisse ausstellte, und die Kirche prüfte nur hinterher? Wer war es, der die Ausbildungsstätten der Diener am Wort, die theologischen Fakultäten, besetzte? War es Gemeinde, die unter Gebet die Lehrer ihrer Hirten berief, oder der Staat, der ernannte, das Ministerium, das Lehrpläne ausarbeitete? –

Oder sollten diejenigen recht haben, die sagen: „Es war gleichgültig, wer es tat. War doch der Staat christlich und die Welt kirchlich, die Gesellschaft religiös, und umgekehrt die Kirche staatlich, die Gemeinde weltlich, ihre Gemeinschaft Gesellschaft, mit einem Wort: die Kirche Welt“? So hätten beide einander gar nichts vorzuwerfen gehabt, und es wäre im Grunde gleichgültig gewesen, unter welchem Namen ein und dieselbe Welt Steuern eintrieb, Pastoren einsetzte, Hirten ausbildete? – Nein, es war Gemeinde Jesu in der Kirche, und die Kirche hat sich gesträubt. (Ein kleines Beispiel dafür ist der Kampf Bodelschwinghs um den Einfluß der Kirche bei der Besetzung der theologischen Fakultäten im vorigen Jahrhundert.) Aber die Kirche war in der Gefangenschaft der Welt, darum waren ihr die Hände gebunden.

Das war das Bezeichnende auch für die Lage des Volkes Gottes zur Zeit der babylonischen Gefangenschaft, daß Fremde dem Gelobten Lande seine Verfassung aufzwangen, Statthalter und Beamte einsetzten, seine Steuern erhoben. Das war Obrigkeit, die nicht aus dem Volke Gottes war. Es war bezeichnend für die Lage der Verbannten, daß sie zerstreut in fremdem Lande angesiedelt waren und nicht zusammenfinden konnten zur Gemeinschaft des Volkes Gottes, zur feiernden Anbetung im Tempel. Als unsichtbares Volk Gottes mußten sie sich in kleinen Kreisen hier und dort in den Häusern zusammenfinden zu einem Gottesdienst nach ihrem Herzen. Babylonische Gefangenschaft ist die vielgepriesene „unsichtbare" Kirche. Babylonische Gefangenschaft ist die Kirche in der Hand der Welt. Frucht der babylonischen Gefangenschaft ist die Aufspaltung in Staatskirchentum und Freikirchentum und die Flucht so vieler Kinder Gottes in die Sekte.

B e w u ß t l o s i g k e i t. — Aber noch bezeichnender für die Kirchen unserer Zeit war, daß man sich über diese Gefangenschaft nicht aufregte. Die Gesellschaft beanspruchte noch religiös zu sein, die Welt christlich und der Staat kirchlich. Oder aber die Welt hatte dieses Mäntelchen abgeworfen, war dann aber so restlos mit Gott fertig, daß sie es nicht für der Mühe wert hielt, die Kreise der Kirche zu stören, und die Kirche sich nicht dessen bewußt wurde, daß über die Hälfte des Volkes fortgegangen war. Sie hatte unter den Fittichen der angeblich christlichen Staaten und innerhalb der angeblich christlichen Welt ein verhältnismäßig ruhiges Leben und Arbeiten. Ja unsere protestantische Kirche war stolz darauf, daß sie es im Eingehen auf die Bedürfnisse der Zeit, in der Anpassung an die Kultur, in der Durchdringung des Geisteslebens, die in Wirklichkeit eine Durchdringung m i t dem Geistesleben der Welt war, so weit gebracht.

Merkten wir, daß nicht w i r es so weit gebracht h a t t e n, sondern so weit gebracht w o r d e n w a r e n? Daß wir uns unter einem Schicksal befanden, aus dem wir, auch wenn wir gewollt, nicht herausgekonnt hätten? Merkten wir, daß unter diesem Schicksal die Lebenskraft der Kirche versiegte, die Verkündigung vollmachtslos, die Gebete wirkungslos, der sittliche Kampf sieglos und die einzelnen Christen heimatlos geworden waren? Sie lebten und blühten in der Vereinzelung wie abgeschnittene Pflanzen im Glase, entwurzelte und abgehauene Tannen im Zimmer noch eine Weile grünen, aber ohne Saft. O über Zerbrechen und Not der Vielen, die die Gemeinschaft der Kinder Gottes gebraucht hätten! O über die ungeheure Einsamkeit, die in dieser langen Zeit die Kinder Gottes gelitten haben, die noch Sehnsucht nach Jerusalem fühlten! Merkte die Kirche von dieser Sehnsucht nichts? Das war tiefstes Gericht, daß sie den Zorn Gottes, der sie in solche Gefangenschaft verkauft hatte, nicht mehr spürte und das Leid der in den Wüstengefängnissen vergessenen Kinder Gottes nicht merkte, so tat, als ob es in der Ordnung wäre, daß sie fort und fort die Kinder, die Gott ihr gezeugt, in die Wüste, in den Hungertod gebar, dem Moloch Welt zum Fressen vorwarf (Hes. 16, 20. 36), statt in die Gemeinde in leeren Raum hinein taufte, konfirmierte, rief und bekehrte.

Gericht. – Das Dritte braucht nicht mehr ausgeführt zu werden. Weil die Kirche sich in der Gefangenschaft wohlfühlte und die Strafe Gottes nicht merkte, fing Gott an sie zu brennen, wie er es mit Israel tat, ob vielleicht auf diese Weise der Leichnam noch zum Leben erwachen würde. Die Welt hörte auf, gleichgültig gegen die Kirche zu sein. Die Verfolgung begann. Noch ist die Geschichte dieser Christenverfolgung nicht geschrieben worden. Es ist die qualvollste, die je gewesen ist. Ganze Weltteile, ganze große Gliedmaßen des Leibes Christi auf dem Erdenrund sind in der Glut dieser Verfolgung angebrannt und verkohlt. Ob der übrige Leib es spüren und davon erwachen wird?

## Der Weg der Gemeinde

Der Weg der Kirche als Ganzes weist eine überraschende Ähnlichkeit auf mit dem Wege Israels. Es fängt mit der Morgenzeit an, der Glaubensgemeinde Abrahams im Alten, der Urgemeinde im Neuen Bunde, und soll einst münden in eine große Glaubenszeit. Eingerahmt von diesem Anfang und diesem Ende geht die Geschichte Israels am Anfang durch die Knechtschaft in Ägypten, am Ende durch die babylonische Gefangenschaft. Aus der ägyptischen holt Gott sie durch einen Mose heraus, stiftet ihr einen Bund, schenkt ihr sein geschriebenes Wort im Gesetz und in den zehn Geboten und führt sie durch die Wüste heim. Dann beginnt die Zeit der Ansiedlung und des „Hurens" mit den Götzen und Kulturen Kanaans, Phöniziens, Assurs, Babels, bis Gott wieder hinausführt in die Gefangenschaft.

Das ist in großen Zügen auch der Weg der Kirche. Ihre Abrahamszeit der Erwählung, des Aufbruchs und des Glaubens, ihrer Geburt aus dem Nichts hat sie hinter sich im Urchristentum.

Dann kam eine Zeit des Hungers um Brot, der Israel nach Ägypten brachte, des Mangels an geistlichem Brot, der die Gemeinde des Neuen Bundes in die Welt führte. Wie mit Israel, ging es auch mit der christlichen Kirche nicht plötzlich. Es waren schon Fühlungen da. Abraham und die Söhne Jakobs waren schon in Ägypten gewesen. Die Gemeinde hatte sich schon mit der Kultur des Griechentums eingelassen; sie hatte in ihrem Mangel an innerem Leben dem Staat seine äußeren Formen abgesehen. Da wurde die Kirche Staatskirche im Römischen Reich. Das war der öffentliche Einzug der Gemeinde in die Welt. Er gestaltete sich für die Gemeinde ebenso ehrenvoll wie für Israel. Es waren schon ein

Joseph in Ägypten, Kinder aus der Gemeinde in der Welt zu Stellung und Ehren gekommen und hatten ihr den Weg bereitet, nicht ohne Gottes Fügung. Und von dem Tage an, da das Christentum Staatskirche wurde, hat es in seiner Ehe mit der Welt die führende Rolle gespielt. So war es unter Joseph in Ägypten, so in der Zeit der großen christlichen Kultursynthesen, von der noch gewaltige Dome, mächtige theologische Systeme, große Staatsgedanken zeugen. Aber das blieb nicht so. Der Aufenthalt in Ägypten wurde zum Knechtshause, das Leben der Gemeinde in der Welt zur Fron. Nicht nur die Kinder Israel litten unter den Fronvögten. Nicht nur dem Volk Israel tötete man die Erstgeburt. Der Gemeinde Gottes verbrannte man ihre Kinder als Ketzer, legte man die Fron des Gesetzes wieder auf, kürzte man die Rationen am Wort und Sakrament.

Da erbarmte sich Gott und schickte einen zweiten Mose, den er – wie Mose am Hofe Pharaos – im Herzen der katholischen Kirche und ihrer Weisheit, im Kloster, großgezogen hatte. Durch seinen Knecht Luther führte er die Gemeinde Gottes aus dem Knechtshause, schloß mit ihr wieder einen Bund in Wittenberg und gab ihr wieder sein Wort und Sakrament. Durch den Glaubensmann Mose gab er Israel das Gesetz und die zehn Gebote, „die Worte" („debarim"), durch Luther und die andern großen Reformatoren das Gesetz des Glaubens, die reine Lehre, den Katechismus, „das Wort" in der Muttersprache. Ein neues Pfingsten aber und die Gemeinde waren der Kirche noch nicht beschieden. Die Zeit war noch nicht reif. Mit dem köstlichen Schatz des Wortes beladen wie mit einer Bundeslade zogen die von Menschenweisheit erlösten Völker mit der Bibel in der Muttersprache durch die Wüstenzeiten der Religionskriege der Heimat zu. Durch die Übersetzung der Bibel in die Muttersprache führte Gott jede der von der reformatorischen Bewegung erfaßten Kirchen in ihr Volk ein, machte sie aus Fremdlingen zu Beheimateten, aus Volksfremden zu Wurzelständigen. Und seitdem wurzelt das Christentum in Volkstum, Heimat, Blut und Boden.

Doch was Geschenk und Freude war, wurde Fall. Die Kirche wurde begehrenswert, es begann das „Huren" mit der Welt, mit Kultur, Wissenschaft, Staat, Volkstum. So begann die Abgötterei, die Anbetung anderer Größen neben Christus im Raum der Kirche; obgleich doch Mose seinem Volk am Sinai den Gott, der keine andern Götter neben sich duldet, verkündigt, Luther der Kirche die Losung „Christus allein", „allein aus Gnaden, allein durch den Glauben" geschenkt hatte. Kulturprotestantismus, Humanismus, Rationalismus, Idealismus, Liberalismus mit christlichem Vorzeichen lösten einander ab: Dogmenchristentum, Vernunftchristentum, Gesellschaftschristentum, Persönlichkeitschristentum, völkisches, internationales, sozialistisches Christentum. Immer nahmen die Bewegungen der Zeit vom Christentum das Körnchen Wahrheit, von dem sie lebten, die Kraft, von der sie zehrten, ja ließen sich von der Kirche ihre Kinder gebären, die sie dann allmählich verzehrten, Völker, die sie zersetzten. Solange die Kirche als Erzieherin der Jugend, Lehrerin des Volkes, Stütze des Thrones und der Ordnung die Begehrte war und arbeiten durfte, fühlte sie sich dabei wohl und merkte nicht, daß sie, wie Hesekiel sagt, nicht einmal Hurenlohn bekam (Hes. 16, 33. 34), sondern mit ihrer besten Kraft und ihren Kindern zahlte.

Doch es kam der Tag, wo Völker, Bewegungen und Zeitgeister der Kirche überdrüssig wurden, sich selbständig machten und erst sie links liegen ließen, dann in fanatischem Haß gegen sie vorgingen, um sie, wie Hesekiel sagt, allen Schmuckes beraubt hinauszuwerfen und als Ehebrecherin zu steinigen (Hes. 16, 38 ff.). Alles, was die Kirche von der Welt erborgt hatte, wird ihr abgenommen. Die Kulturen sind der Vormundschaft des Christentums überdrüssig, die Eigengesetzlichkeit aller Lebensgebiete wurde als Parole ausgegeben, und aus der Staatskirche wurde die Staatsverbrecherin. Vom Idealismus bis zum dialektischen Materialismus führt eine gerade Linie. In zahlreichen Ländern und Völkern hat die Welt angefangen, mit Feuer und Schwert gegen die Kirche vorzugehen. Dahinter aber steht Gott selbst. Aber auch die religiöse Welt kann die Kirche nicht in Frieden lassen. Die Zeit der babylonischen Gefangenschaft löst die Zeit der Ansiedlung und des „Hurens" ab. Das Christentum wird aus den nationalen Kulturen ebenso wie aus den marxistischen hinausgeworfen. Das ist Gericht, aber zugleich Gnade. Kirche ist wieder umkämpft, bedrückt, ärgerlich und anstößig, ist wieder Kirche. Scheidung, neuer Aufbruch bahnt sich an. Kirche blickt wieder nach Jerusalem, wartet wieder auf das große Volk, leidet, duldet, sehnt sich, hofft wieder. Der Auszug ist nahe und wird viel herrlicher als der erste. Auf das Glaubensgesetz folgt der Geist und das Volk Gottes.

Wo aber fing und fängt der Abweg der Gemeinde immer aufs neue an? Dort, wo sie nicht mehr allein von Christus sich ausfüllen läßt, allein auf ihn vertraut, anfängt, andere Stützen, andere Hilfsmittel neben Christus zu suchen. Wenn wir uns schämen, die „törichte" Botschaft vom Gekreuzigten und Auferstandenen in ihrer Nacktheit zu sagen, borgen wir von der Welt deren Weisheit, um sie als Mäntelchen darum zu hängen. Wo wir dem schlichten Zeugnis des Lebens aus Christus nicht mehr zutrauen, daß es durchschlägt, greifen wir zu Methoden und Hilfsmitteln, die wir von der Welt leihen. Wo man der Liebe nicht mehr zutraut, daß sie freiwillig durch Opfer den Unterhalt der Gemeinde herzubringt, flüchtet man zur Steuerschraube des Staats. Wir trauten es dem heiligen Geist nicht zu, daß er, ein Geist der Zucht, auch in der Gemeinde Zucht halten könnte. Darum verboten wir ihm lieber überhaupt zu wehen, oder geboten ihm, nur durch den Pastor zu reden, und verurteilten die Gemeinde zum Schweigen. Wir trauten dem Ansehen Jesu und der Kraft seines Wortes nicht mehr zu, die Kirche zu schützen. Darum lehnten wir uns an die Autorität des Staates. Wir trauten dem Wort nicht mehr zu, daß es mit der Irrlehre fertig werden würde. Darum riefen wir die Polizei zu Hilfe. Mangel an Vertrauen auf Christus allein war der Anfang des Abwegs der Gemeinde.

## Der Beruf der Gemeinde

Doch: „Wie eng und lieblos ist dies Urteil über die Welt und diese Abwendung von ihr!" – wendet man ein. – Es ist nicht Lieblosigkeit, sondern Gottes brennende, schonungslose Liebe zur Welt, die die Scheidung der Gemeinde von der Welt verlangt. Ja, es liegt überhaupt nicht bei uns, wie wir unser Verhältnis zur Welt und den Aufbau der Kirche gestalten, ebenso wie eine Truppe nicht selbst bestimmen kann, in welcher Ordnung sie marschiert. Gemeinde ist Truppe Gottes in Gefechtsdienst. Durch sie führt er die Eroberungsfeldzüge seines Reiches. Was wäre wohl, wenn die Mannschaft einer Truppe auseinanderliefe und sich in Dörfern und Städten zerstreute, weil sie meinte, einzeln besser kämpfen zu können? Gäbe es dann noch eine Front? Gäbe es dann noch Weitergabe der Weisungen von der obersten Spitze bis zum äußersten Glied? Gäbe es noch Versorgung bis in den entlegensten Schützengraben? Gäbe es überhaupt einen gemeinsamen Willen? Genau so wäre es, wenn die Christen sich in der Welt verstreuen und einzeln jeder auf seinem Posten die Sache Gottes verfechten wollten. Kampftruppen sind Ausgehobene. In der Gemeinde hat Gott sich seinen Kampftrupp ausgehoben. Rekruten, die lieber zu Hause bleiben und dort für die Sache ihres Feldherrn wirken, sind Meuterer. Was bei andern Tugend ist, wird für sie Meuterei. Wer führte für die Welt den Krieg gegen die Großmacht des Satans, wenn die Gemeinde sich nicht ausheben ließe?

Gott hat sich die Gemeinde zur Zeugenschar berufen. Zeugen sind nicht dazu da, zuzuhören oder sich anpredigen zu lassen, sondern zu reden. Zeugen müssen nicht reden, was der Welt angenehm ist, sondern was sie gehört und gesehen haben; dürfen nicht dort reden, wo es ihnen paßt, sondern sollen dort, wo sie von oben gerufen werden, miteinander ein übereinstimmendes Zeugnis ablegen. Zeugen gehören auf die Zeugenbank und nicht ins Publikum. Auf die Zeugenbank gehören aber nur die, die gehört und gesehen haben. Was würde wohl das Gericht erfahren, wenn das Publikum, das nichts gehört und gesehen, die Zeugenbank stürmen und dem Gericht seine tausendfältig verschiedenen Meinungen und Ansichten erzählen dürfte? So hat in der Kirche nicht die Welt zu bestimmen und zu reden.

„Aber wo bleibt dann die Volkskirche?" Sobald dieses Wort gefallen, weichen viele erschrocken zurück: „Volkskirche ist doch die selbstverständliche Voraussetzung, mit der die Kirche steht und fällt." – Aber das ist eine Zwangsvorstellung. Christus allein ist die Voraussetzung, mit der die Kirche steht und fällt. Volkskirche ist sie nur, insofern Christus für das Volk gestorben ist und ihm dies durch die Taufe besiegelt hat. In diesem Sinn ist Kirche getrennt vom Volk ebenso ein Unding wie Zeugen ohne Gericht, Mission ohne Missionsgebiet. Das heißt aber doch nicht, daß alle vor Gericht Geladenen Zeugen sind oder bestimmen dürfen, was die Zeugen auszusagen haben; und das liegt vor, wenn ein Volk Anspruch erhebt, Gemeinde zu sein, und die Volksvertreter das Recht verlangen, die Ämter der Gemeinde zu besetzen.

In doppelter Richtung ist Gemeinde Missionarin Gottes um der Welt willen. Einmal durch das, was sie aus ihrem Leben mit Gott heraus zu sagen hat, dadurch, daß sie Gottes Taten, die in Christus für die Welt geschehen sind, durch das Wort bezeugt. Das Wort wird erst Zeugnis dadurch, daß es nicht Gefühle, Erlebnisse, Stimmungen, sondern Taten, Tatsachen, Geschehnisse aussagt. Aber ein Bericht von Tatsachen wird erst Zeugnis, wenn der Berichtende dabei war, selbst gesehen und gehört hat. Gemeinde ist Zeugin Gottes, wenn sie aus der Gegenwart Gottes heraus redet von dem, was Gott durch Christus an ihr und ihren Vätern getan hat. Nur wenn sie selbst vor Christus steht, kann sie von ihm sprechen, kann ihr Wort Zeugnis sein. Nur indem sie ein Ausschnitt erlöster Welt und erneuerter Schöpfung ist, wird Gemeinde für die Welt Zeuge der Erlösung und Erneuerung, Zeuge der Macht Jesu, zu vergeben, zu verwandeln und Gemeinschaft zu schaffen.

Aber nicht nur durch das, was sie zu sagen hat, ist Gemeinde Zeuge, sondern auch als Schar von solchen, zu denen Gott sich vor der Welt bekennt, deren Marsch er von Sieg zu Sieg führt, trotzdem sie in Knechtsgestalt und großer Schwachheit kämpfen. Hat nicht schon manche Weltmacht die Waffen gestreckt vor dem unscheinbaren Kampftrupp Christi, ebenso wie Babels Tore sprangen vor Gottes Faustschlägen? Es ist eine ernste und merkwürdige Seite im Zeugenberuf der Gemeinde, daß gerade in der Auseinandersetzung der Welt mit ihr Gott sich immer wieder als der Herr bezeugt, indem er alle, die sich an „seinem Augapfel" (Sach. 2, 12) vergreifen, richtet. Gemeinde Gottes ist Zeuge der frohen Tatsache durch das, was sie redet. Sie ist Zeuge des Gerichts durch das, was sie leidet, und dadurch, daß der Herr für sie eintritt.

## Die Hoffnung der Gemeinde

Welch schneidender Widerspruch zwischen dem Beruf der Gemeinde und ihrer Wirklichkeit in der „babylonischen Gefangenschaft"! Sie gleicht dem Bilde, das Jesaja entwirft: geknebelt, das ist zum Schweigen gebracht; gefesselt, das ist sittlich gebunden; in Wüstenverstecken, das ist vereinsamt und verhungert. Gibt es da einen Weg zurück? Keinen menschlichen. Absonderung von der Welt, ein Sichzurückziehen von Gesellschaft, Kameraden und Volksgenossen, von der ungläubigen verweltlichten Kirche, der Weg der Sekte, ist Empörung, ebenso wie die Ansiedlung in der Welt es war und wie es Empörung gewesen wäre, wenn die verbannten Juden eigenmächtig aus Babel ausgebrochen wären. Aber auch Aktivierung der Gemeinde durch menschliche Mittel, Verschärfung der Kirchenzucht, verfassungsmäßige und andere menschliche Zäune sind Eigenmächtigkeit. Die Verbannung des Volkes Gottes in der Welt ist aufgelegtes Schicksal. Nur der es auflegte, kann es nehmen. Darum gibt es keinen Aufbruch aus Babel, wenn Gott nicht herausführt.

Aber kann Gott eine gefallene Kirche, die ihn tausendfach verleugnete, noch herausführen und als Zeugin benützen? Unser Kapitel sagt: Das ganze Dasein der Gemeinde ruht auf der unmöglichen Tatsache, daß ein Gestorbener lebt. Der ganze Zeugenberuf der Gemeinde ruht auf dem Zeugenberuf des Knechts, die Hoffnung und Sendung der Erstorbenen und Schuldigen auf seiner Auferstehung aus dem Tode. Der Gefangenschaft der Gemeinde steht entgegen, daß der Loskaufspreis bezahlt ist durch Christus, ihrer Erstorbenheit – daß sein Schöpferspruch sie beim Namen gerufen hat und – solange sie seine Stimme im Wort hört – noch ruft. Den Mächten der Welt, die ihre Hand nach ihr ausstrecken oder sie halten wollen, steht das Besitzrecht entgegen, das Gott als ihr Schöpfer auf seine Gemeinde geltend macht: „Du bist mein." Diese drei – der Loskaufspreis, sein schöpferisches Wort und sein Besitzrecht – stehen über jedem einzelnen Kinde Gottes ebenso, wie über der Gemeinde. Darum können alle Widerstände, Mächte, Höllen und Gerichte sie nicht mehr überwältigen oder vernichten, sondern nur strafen und läutern. Ja, gerade als „blindes Volk", das ist als Tote, soll die Gemeinde Zeuge sein, aber nicht dadurch, daß sie im Tode bleibt, sondern dadurch, daß sie aufersteht.

So ist im Tiefsten die Gemeinde schon frei. Aber diese unsichtbare Freiheit soll nach Gottes Ratschluß auch sichtbar werden. Er will seine Kinder auch sichtbar sammeln und zum Volk vereinigen. Das ist nicht Wunschtraum, sondern Verheißung. Wenn heute die Kinder Gottes wieder nach der e i n e n Kirche ausschauen, die Sehnsucht nach Gemeinde, das Verlangen nach Gemeinschaft wieder erwachen, die Kinder Gottes wieder anfangen, sich an der gemeinsamen Sprache zu erkennen, wenn ein großes Leiden der Kinder Gottes anhebt, so sind das Vorboten des Tages, da Gott auftreten und zum Süden sagen wird: „Gib her!", zum Norden: „Halt nicht zurück!" und mit gewaltiger Hand sein Volk zusammenbringt. Hat er damit nicht schon begonnen?

Aber auch diese Sammlung hat nicht die Gemeinde zum letzten Zweck, sondern die Welt, daß sie an seinem Volke erkennt, wer Gott ist und wie herrlich er ist! Ja sogar die Kreatur soll an dem neuen Leben innerhalb der Gemeinde Gottes innewerden und soll ihn preisen.

Drittes Kapitel

# Dritte Gerichtsverhandlung

Die Frucht der Weltpolitik Gottes: Erlösung und Erneuerung. – Die Entlarvung von Gesetz und Leistung. – Offenbarung der Herrlichkeit Gottes an der Erlösung; der Geist

## A. Erster Gang der Verhandlung

Der Anteil der Frömmigkeit der Gemeinde an der Erlösung

### 1. Die Erlösung allein aus Gnaden

Jes. 43, 22 – 28:

**(22) Nicht hast mich du gerufen, Jakob,**
**noch daß du dich um mich gemüht hättest, Israel.**
**(23) Nicht hast du mir gebracht die Schafe deiner Brandopfer,**
**und mit deinen Schlachtopfern hast du mich nicht geehrt.**
**Nicht hab ich dich mir Knechtsdienst tun lassen mit Speisopfern,**
**und nicht ließ ich dich dich abmühen mit Weihrauch.**
**(24) Nicht hast du mir für Silber Würzrohr gekauft,**
**Und mit dem Fett deiner Schlachtopfer hast du mich nicht erquickt.**

**Ausschließlich hast du mich dir Knechtsdienst tun lassen mit deinen Sünden,**
**und hast mich mich abmühen lassen mit deinen Schulden.**
**(25) Ich, ich bin es, der austilgt deine Treubrüche um meinetwillen,**
**und deiner Sünden will ich nicht gedenken.**

**(26) Erinnere mich, laß uns zum Rechtsstreit antreten zusammen!**
**Zähle du auf, damit du Recht bekommst!**
**(27) Dein erster Vater hat gesündigt,**
**deine Wortführer handelten treulos an mir,**
**(28) und es entweihten deine Fürsten mein Heiligtum.**
**Da gab ich preis dem Banne Jakob**
**und Israel den Schmähungen.**

Unwahrscheinlich Großes wurde der Gemeinde verheißen: Erlösung und Erneuerung, unwahrscheinlich Großes ihr als Aufgabe gestellt: Zeuge Gottes zu sein. Angesichts solcher Verheißung und Aufgabe bedarf sie der Besinnung auf den Grund, auf dem sie steht. Sie bedarf dieser Besinnung, um Vermessenheit zu zerstören und Verzagen abzuwehren.

Wie kam die Gemeinde in den beleuchteten Mittelpunkt der Weltgeschichte? Daß sie nicht durch eigene Kraft dort steht, braucht nicht mehr gesagt zu werden. Wir sahen: Gott erwählte und holte heraus. Doch urmenschlich ist hinterher der Gedanke: Es war doch der Lohn unserer Treue im Streben und Rufen, es war unsere Frömmigkeit, zu der Gott sich endlich bekennt. Das ist die Siegfriedstellung, in der sich der Mensch im Kampf um seine Selbständigkeit zuletzt noch gegen Gott verschanzt. Wurden eigene Kraft, eigene Weisheit und eigener Wert zu fragwürdig, um allein darauf zu bauen, so ziehen wir Gott als Hilfskonstruktion hinzu: unser Fleiß und Gottes Segen, unser Ringen und Gottes Hilfe, unsere Arbeit und Gottes Lohn, unsere Frömmigkeit und Gottes Gnade, wir und Gott. Solange aber dieses „und" gilt, ist gleichgültig, wieviel wir auf Gottes, wie wenig wir auf unser Teil buchen. Unser Heil hängt letztlich doch von uns ab.

Es ist urmenschlich, daß in Zeiten, da nach langer Not Gott wieder segnet, der Mensch aus seiner Verschüchterung hervorkommt und seinen Anteil an der Wendung anmeldet, daß Gesetzlichkeit oder Schwärmertum, menschliche Gerechtigkeit in irgendeiner Form ihr Haupt erhebt. Besonders nahe liegt diese Gefahr dem gesetzlichen und dem heldischen, d. h. dem Leistungsmenschen, dem jüdischen wie dem germanischen Menschen.

(22–24 a) Besonders schroff ist im Leben der Gemeinde Gottes der Widerspruch zwischen Knechtsberuf und Selbstherrlichkeit, die sich hinter Frömmigkeit verschanzt. Dieser Selbstherrlichkeit will Gott auch das letzte Bollwerk zerschlagen, das sie innerhalb seiner Gemeinde bezogen hat, indem der Mensch aus Glauben Frömmigkeit, aus Gnade Verdienst, aus Wunder Leistung, aus Offenbarung Theologie, aus Gottes Wort Gesetz, aus Erwählung Anspruch machte. So wendet er sich jetzt gegen seinen eigenen Zeugen im Weltgericht. Die Rede verrät ungewöhnliche Leidenschaft. Mit achtfachem „lo" = „nicht", acht Sätzen, die in einförmigem Gleichklang mit „nicht" anfangen oder enden, treibt er ein Torpedo hinter dem andern gegen die Panzerplatten, hinter denen das fromme Ich seiner Gemeinde sich verschanzt hatte, und mit dumpfem „lo ... lo ... lo" hören wir die Torpedos einschlagen.

Drei Bollwerke sind es, auf die die Frömmigkeit der Gemeinde ihr Vertrauen setzte:

Das am weitesten vorgeschobene heißt: der Ernst ihres Gottsuchens. Ein Blick in die Psalmen bestätigt uns: wohl kein Volk hat so gebetet wie Israel.

Das zweite Bollwerk heißt: die sittliche Energie ihres Ringens um Gehorsam. Ein Blick in die Bibel bestätigt: in keinem Volk ist so der Gehorsam gegen Gottes Willen gepredigt worden wie in Israel.

Das dritte Bollwerk heißt: Eifer im Gottesdienst. Ein Blick in die Opfervorschriften des Alten Testaments zeigt uns die tiefen und großen Gedanken, den sinnvollen Aufbau des Gottesdienstes und der Opferordnung in Israel. In langer Reihe treten die Arten der Opfer vor unser Auge: Brandopfer zum Ausdruck der Anbetung, Schlachtopfer zur Herstellung der Gemeinschaft mit Gott, Speisopfer zur Huldigung und Erlangung des Segens; dazu Weihrauch und Würzrohr, Kostbarkeiten, die für teures Geld aus dem Auslande beschafft wurden, um noch ein Besonderes zu tun. Wir wissen durch die Propheten, daß in den Zeiten des Niederganges vor dem Exil das Volk sich mit besonderer Inbrunst den Opfern und gottesdienstlichen Festen zugewandt hatte. In der Verbannung, wo ihnen das genommen war (Opfer und Gottesdienste waren an den Tempel gebunden), mußte es ihnen besonders groß und wichtig erscheinen.

Gott reißt alle diese Bollwerke nieder. Das „nicht ... mich, nicht mir ..." meint nicht ein Zuwenig an Opfern und Gebeten, auch nicht Dienst und Anrufung anderer Götter statt Jahwes, noch weniger ein grundsätzliches Urteil über Wert oder Unwert der Opfer überhaupt. – Kap. 41 erfuhren wir, daß es Gott ist, der Abraham aus dem Winkel berufen hat; das war der Anfang dieses Volkes. Kap. 50 hören wir, daß Gott rief und niemand antwortete; das war die Geschichte dieses Volkes. Kapitel 43 lesen wir, daß Gott es beim Namen und damit aus dem Tode ins Leben gerufen hat; das war die Wiederherstellung dieses Volkes. Er hat berufen und gerufen und ruft wieder – das Volk hat nicht einmal geantwortet. So ist von Israels Seite nichts, von Gottes Seite alles geschehen. Israel hat nur entgegengearbeitet. Das faßt er kurz zusammen: „Nicht hast mich du gerufen, erst recht nicht gar um mich gearbeitet." Nicht Israel hat sich für Gott entschieden, sondern Gott für Israel, nicht Israel Gott gesucht, sondern Gott Israel. Wir dürfen ergänzen: was auf Israels Seite an ernstlichem Rufen war, war schon Frucht dessen, daß Gott es gerufen hatte.

Ebenso wie mit den Gebeten ist es auch mit den Opfern. Wir haben hier nicht grundsätzliche Abhandlung über die Frage, ob die Opfer von Gott eingesetzt sind, sondern zorniges Urteil über allen Gottesdienst, durch den Israel etwas leisten wollte, um vor Gott zu bestehen, Urteil über jedes Opfer als Weg über unsere Leistung zu Gott. Solcher Gottesdienst hat Gott nicht erfreut („mit dem Fett deiner Schlachtopfer hast du mich nicht erquickt"), nicht verherrlicht („mit deinen Schlachtopfern hast du mich nicht geehrt"), ist von Gott weder gewollt noch angeordnet („nicht hab ich dich mir Knechtsdienst tun lassen"). Ja, mit solchem Gottesdienst hat Gott nichts zu schaffen, er richtet sich gar nicht an Gott, erreicht ihn nicht („nicht hast du mir gebracht die Schafe deiner Brandopfer"). Die richtig verstandenen Opfer waren ebenso wie unsere Sakramente Ausdruck nicht unseres Mühens um Gott, sondern seines Mühens um uns, Ausdruck für das, was Gott für sein Volk tut und der Glaube als Geschenk von Gott nimmt.

(24 b. 25) Über allen Gottesdienst als Leistung oder Beweis der

Frömmigkeit fällt Gott das vernichtende Urteil: Sünde. Es ist nicht Ausdruck der Arbeit Israels im Dienst für Gott, auch nicht Ausdruck der Arbeit Gottes an Israel, sondern ausschließlich Druck auf Gottes Schultern.

In verwirrender Fülle hörten wir den Chor der Gebete Israels durch die Jahrtausende herüberschallen und sahen den Rauch der Opfer aufsteigen. Gebeugt unter dem Gewicht seiner Leistungen stand dieses Volk vor sich selbst und jedem menschlichen Urteil da als der wahrhaftige Sklave Gottes. Doch Gott kehrt das Bild um. Wir sehen die Wolke von Gebeten, den Druck der sittlichen Anstrengungen, den Berg der Opfer — und darunter gebeugt nicht Israel, sondern Gott als Lastträger in mühevoller Knechtsarbeit. Ein Wortspiel drückt das wundertief aus:

„Nicht hab ich d i c h mir Knechtsdienst tun lassen...
nicht ließ ich d i c h dich abmühn...
Ausschließlich hast du m i c h dir Knechtsdienst tun lassen...
und hast m i c h mich abmühn lassen."

Die Frömmigkeit des Volkes ist Sünde. Für Gott ist es harte Arbeit, zu tragen, zu strafen und zu sühnen.

Aber gerade wenn wir mit Gottes Augen das Bild sehen, verblüfft die plötzliche Wendung: „Deiner Sünden will ich nicht gedenken", die Wendung von mühsamer Arbeit zu restlosem Vergessen, vom Lastträger, auf den alle einzelnen Treubrüche drücken, zum überlegenen Gläubiger, der mit e i n e m Zuge die ganze Rechnung auslöscht, die im Lauf von Jahrtausenden ins Schuldbuch eingetragen wurde. „Ich, ich" wiederholt und unterstreicht er: in ihm einzig und allein ist der Grund für diese Wendung zu suchen, nicht in Israels Anstrengungen, Gebeten oder Leiden; überhaupt nicht im Menschen, sondern nur in Gott, d. h. allein aus Gnade. „Um meinetwillen", fährt er fort, d. h. allein zu seiner Verherrlichung.

Zwischen der gespannten Muskel des Lastträgers und der leichten Handbewegung, die die Seiten des Schuldbuchs leerwischt, scheint uns ein unlösbarer Widerspruch zu sein. Erst später erfahren wir, daß zwischen der Handbewegung königlicher Gnade und der mühsamen Arbeit unter der Schuldlast ein angstvoller, blutiger Zusammenhang ist, dem Opferdienst des Volkes, den Gott ablehnte, das „Schuldopfer" des Knechts gegenübersteht, der sein Leben darbringt.

(26—28) Aber noch aus einem letzten Bollwerk muß Gott den Anspruch des frommen Ichs hinaustreiben. Dazu ruft er noch einmal sein Volk zum Prozeß: „Erinnere mich, laß uns zum Rechtsstreit antreten zusammen!" Erst begegnete uns Gott als Anwalt seiner Gemeinde, dann die Gemeinde als Zeuge Gottes. Jetzt tritt Gott selbst als Verkläger seiner Gemeinde auf. Rechtfertigung haben von Gott, Zeuge sein für Gott, heißt für die Gemeinde immer auch: vor Gericht stehen vor Gott. Es geht dabei um den Anspruch des Zeugen, über das Zeugnis von dem, was Gott an ihm getan hat, hinaus selbst etwas zu gelten oder an seinen Zeugenberuf ein Recht zu haben.

„Zähle du auf, damit du Recht bekommst!" Es geht um Israels letzte Möglichkeiten; darum soll es alles aufzählen, was es noch für sich anführen könnte. Was vorher gesagt wurde, bezog sich vielleicht nur auf die dunklen Strecken seiner Geschichte. Ist auch die Gegenwart voll Versagen, so darf es doch auf die Vergangenheit stolz sein! Die Frömmigkeit der Väter, die großen Führer, der Stolz der Kirche und der Nation rechtfertigen vielleicht doch seinen Anspruch vor der Geschichte? – Aber Gott tritt diesen Anspruch auf der letzten Stelle tot, wo er noch sein Haupt erhebt. Darüber hinaus schneidet er dem Volk die letzte Fluchtmöglichkeit ab, indem er bis an den ersten Anfang seiner Geschichte zurückgreift. „Dein erster Vater", d. h. Abraham, der Glaubensheld und Heros der jüdischen Nation – vor Gott Sünder; nach ihm die „Wortführer", d. h. die Propheten, die religiösen Führer – vor Gott sündig; seine „Fürsten", die politischen Führer – vor Gott sündig.

Das sind die sonnenbeglänzten Gipfel seiner Vergangenheit. Wie muß es erst mit ihren Niederungen stehen? Der Ertrag seiner ganzen Geschichte – urteilt Gott weiter – ist der „Bann", d. i. das Exil, die Frucht seiner ganzen Frömmigkeit sind die „Lästerungen" der Heiden gegen die Gemeinde und ihren Gott. Das Ergebnis des ganzen Prozesses zwischen Gott und seiner Gemeinde ist, daß auch die letzte Burg ihres Anspruchs in Trümmern liegt.

Drei Sätze fassen den Inhalt unseres Abschnittes zusammen:

1) Erlösung ist nicht Verdienst, sondern Gnade.
2) Auch die Frömmigkeit der Gemeinde bedarf der Erlösung.
3) Erlösung ist Frucht der Weltpolitik Gottes,
„sola gratia, in solam Dei gloriam".

### 2. Die Erneuerung allein durch den Geist

Jes. 44, 1 – 5:

**(1) Nun aber höre, Jakob, mein Knecht,**
**und Israel, den ich erwählet habe!**
**(2) So spricht Jahwe, dein Vollender**
**und dein Bildner vom Mutterleibe an, der dir hilft:**
**Fürchte dich nicht, mein Knecht Jakob,**
**und Jeschurun, den ich erwählet habe!**
**(3) Denn ich gieße Wasser auf das Durstige,**
**Rieselfluten auf das trockene Land.**

**Ich gieße meinen Geist auf deinen Samen**
**und meinen Segen auf deine Sprößlinge,**
(4) **daß sie sprossen wie zwischen Wassern das Gras,**
**wie Weiden an fließenden Wassern.**
(5) **Der sagt: Jahwe gehöre ich,**
**und der nennt sich mit dem Namen Jakob,**
**und der schreibt in seine Hand „Jahwe gehörig"**
**und legt sich „Israel" als Ehrennamen zu.**

(1.2) Die Voraussetzungen der Erneuerung. – Dem vernichtenden Ergebnis des Prozesses setzt Gott ein schroff gegenüberstellendes „Nun aber" entgegen. Nachdem er alle Stimmen, die Israel aus dem Blick auf sich selbst Mut zusprechen wollten, zum Schweigen gebracht, öffnet er ihm mit einem „Höre!" das Ohr für den einzigen Zuspruch, der angesichts der hoffnungslosen Wirklichkeit Mut gibt, für das Wort des Schöpfers, der allein die Wirklichkeit ändern kann. Unter drei verschiedenen Namen – als „Vollender", „Bildner" und Helfer – redet er die Gemeinde als ihr Schöpfer an.

Zweimal hintereinander bezeichnet er sie als seinen Knecht. Er erinnert sie an seine Erwählung. Damit sagt er: Dennoch bist du mein Werkzeug, nicht weil du etwas für dich anzuführen hättest, sondern auf Grund meines Vorsatzes. Den Tatsachen, die verklagen, meinem Urteil selbst, das verdammt, setze ich das Wunder entgegen, das ich an dir tun will: „Ich gieße meinen Geist aus." Der Glaube darf und soll von sich selbst, von den Tatsachen und von Gottes Urteil fortblicken und sich an das Wunder klammern. „Fürchte dich nicht!" – lautet darum auch diesmal die Entscheidung, die die Erneuerung vom Glauben verlangt. Weil auch der Schein, als lägen bei uns irgendwelche Voraussetzungen, zerstoben ist, weil offenbar wurde, daß in Gott allein alle Voraussetzungen für die Erneuerung liegen, darum braucht die Gemeinde sich wirklich nicht mehr zu fürchten. Sie hat für ein brüchiges ein granitenes Fundament bekommen. Sie kann keine Enttäuschungen mehr erleben, sondern darf auch angesichts völliger Hoffnungslosigkeit, die sich vor ihr auftut, an Erneuerung glauben.

(3.4) Die Erneuerung. – Das Letzte läßt sich nur im Gleichnis sagen. Darum tritt auch hier ein Bild ein. Für uns Nordländer ist es nicht gleich verständlich, weil der Natur des Orients entnommen: das Land vor der Regenzeit. Der Pflanzenwuchs ist verbrannt, der Boden geplatzt – ein Bild des Durstes und des Todes, hier Bild für alles menschliche Bemühen um Erneuerung. Das dürre Land ist im Gleichnis Entsprechung für „Samen" und „Sprößlinge" Israels. Es veranschaulicht nicht die Lebensunfähigkeit eines im großen Zusammenbruch zerbrochenen Geschlechts, sondern Jugend und Zukunft des Volks, die zeugende Kraft seines Bluts ebenso wie seinen sittlichen Willen zum Leben. Erneuerungswille und Kraft der jungen Generation selbst sind Bild der Ohnmacht und des Sterbens wie der geborstene Erdboden vor der Regenzeit.

Dieses Bild der Dürre bildet aber nur den Hintergrund zu dem Bilde der einsetzenden Regenzeit. Aus dem Himmel „gießt" es „Wasser", ganze „Rieselfluten", und aus der toten Erde bricht unaufhaltsam Pflanzenwuchs — Wunder! Das zweimal wiederholte „Ich gieße ... ich gieße" drückt Unaufhörlichkeit und Unerschöpflichkeit aus; das Bild des Wolkenbruchs (für den Geist), der Sturzbäche (für den Segen) malt die überströmende Fülle des Lebens von oben. Das ganze Bild aber sagt: Erneuerung ist Tat Gottes („Ich gieße"), ist ein Eingriff „senkrecht von oben", im eigentlichen Sinn des Wortes Wolkenbruch. Erneuerung ist Wunder und darum immer etwas Fremdes wie alle Wirkung des Geistes.

Dies Wunder wirkt sich aber in dieser sichtbaren Welt aus. Seine Wirkung schildert ein weiteres Bild aus der Natur Palästinas: das Bachtal im heißen Sommer. Während schon zehn Schritt vom Ufer entfernt der Pflanzenwuchs von der Sonnenglut verbrannt ist, wuchern am Wasser verzweigte Arabbäume und hohes Gras in üppiger Kraft. So soll, wo Gott von oben Erneuerung wirkt, das Leben wuchern mitten in Hochsommer und Sonnenglut, als wäre es Regenzeit, mitten in Not, Druck und Gericht, als wäre es Gnadenzeit. Das soll ein Leben sein, das das ganze Dasein des Einzelnen und der Gemeinde, das innere wie das äußere erfaßt und verwandelt (religiös, sittlich und physisch). Die von diesem Leben durchströmt werden, sollen für die Welt ein ebenso unverständliches Wunder sein, wie Gras und Pflanzenwuchs in der Dürre des Hochsommers. Die Rieselfluten des Geistes sind unsichtbar, aber ihre Frucht ist sichtbar. Wer sie sieht, schließt: Da muß ein Bachtal nahe sein.

(5) Die Frucht der Erneuerung. — Der Schluß läßt uns tiefer in das Wunder der Erneuerung und seine Wirkung blicken. Erneuerung ist nicht nur Wachsen nach außen, auch nicht nur stilles, verborgenes Leben im Innern. Erneuerung aus dem Geiste Gottes ist Leben, das von innen nach außen drängt und Bekenntnis wirkt, das ansteckt oder zündet. Wunderbar ist das hier ausgedrückt durch das sprunghafte, unvermittelte „Der sagt ... der nennt sich ... der schreibt ..." Hier und dort sprudelt es auf, bricht es hervor, wo die Wirkung des Geistes eingeschlagen hat.

Und wo der Geist gezeugt hat, zeugt es weiter, da wird Bekenntnis, da wächst Gemeinde. Das ist Bekenntnis der verzagten Gemeinde zu ihrem unsichtbaren Herrn, noch wunderbarer: Bekenntnis der Heiden zur Gemeinde, die sie gelästert haben, Bekenntnis zum Gott dieser Gemeinde; Bekenntnis nicht nur mit den Lippen, sondern Übergabe in den Besitz

Gottes mit Leben und Eigentum. Das liegt in dem „Jahwe gehöre ich" und noch mehr in dem Bild des Tempelsklaven, der den Namen des Tempels oder Gottes, dem er gehört, in seine Hand ritzt: „Der schreibt in seine Hand: Jahwe gehörig".

Nicht ein schwer abgerungenes, sondern ein freudiges Bekenntnis wirkt die Erneuerung durch den Geist: „... legt sich Israel als Ehrennamen zu", d. i. freudiges Bekenntnis nicht nur zum Gott Israels, sondern auch zur Gemeinde. Wo der Geist gezeugt hat, schämt man sich nicht mehr der Unansehnlichkeit des Volkes Gottes.

Von einem Gottessklaventum, das Menschenmachwerk war und das der Herr schroff ablehnte, hörten wir im vorigen Abschnitt. Von einem frohen Gottessklaventum, das Wirkung des Geistes Gottes ist, hören wir hier. Erneuerung kommt von Gott und wirkt letzte Bindung an Gott.

Drei Sätze fassen den Inhalt dieses Abschnitts zusammen:

1. Erneuerung ist nicht Menschenwerk, sondern Wunder Gottes.
2. Alle menschliche Lebendigkeit bedarf der Erneuerung.
3. Erneuerung ist Frucht der Weltpolitik Gottes, „solo spiritu sancto, in solam Dei gloriam".

## B. Zweiter Gang der Verhandlung:

Der Anteil der menschlichen Frömmigkeit überhaupt an der Erlösung

### 1. Gott als alleiniger Erlöser

Jes. 44, 6–8:

(6) So spricht Jahwe, der König Israels,
und sein Loskäufer, Jahwe der Himmelsheere:

Ich bin der Erste, und ich bin der Letzte,
und außer mir ist nicht ein Gott.

(7) Wer ist wie ich? Er trete auf und rufe
und tue es kund und lege es mir dar!
Wer ließ hören von Urzeit das Kommende?
Und was naht, sollen sie uns kundtun.

(8) Nicht erbebt! Nicht verzagt!
Hab ich's etwa nicht längst euch hören lassen
und tat es kund?
Ihr aber seid meine Zeugen,
ob es einen Gott gibt außer mir.
Nicht gibt es einen Fels,
nicht weiß ich einen.

(6 a) „Jahwe" – d. i. Gott von Ewigkeit zu Ewigkeit; „König Israels" – d. i. Herr der Gemeinde; „Loskäufer" – d. i. Erlöser und Erneuerer; „Jahwe der Himmelsheere" – d. i. Gott des Alls, der überirdischen Mächte und Gebiete. Die Fülle der Namen seiner Gottheit thront auf seiner Stirn und umkleidet ihn mit überweltlicher Majestät. Ein überweltlicher Rahmen spannt sich auch um die Verhandlung, die er einleitet, und hebt sie ins Überweltliche. Der Herr der Himmelsheere eröffnet sie (V. 6), die Himmelsheere selbst (V. 23) geben den Ehrensalut bei ihrem Abschluß, und Israel – vom Himmelsheer umjubelt und mit dem Himmelsheere den König teilend – rückt selbst in überweltliches Licht als Kampftrupp des überweltlichen Gottes auf Erden neben seinen Kriegsheeren im Himmel.

Innerhalb dieses überweltlichen spannt sich ein zweiter Rahmen, der die Verhandlung ganz in Licht einfaßt: der Gedanke des Loskaufs. Als Loskäufer eröffnet, den Loskauf bekräftigend beschließt Jahwe die Verhandlung, und den Loskauf Israels besingt der Schlußchor der Himmlischen, Irdischen und Unterirdischen. Der Loskauf der Gemeinde ist eine Angelegenheit geworden, die die Himmelsheere, das All angeht (V. 6, V. 22, V. 23).

(6 b. 7) Durch den Loskauf hat Jahwe sich in unerhörter Weise als Gott erwiesen, vor dem, nach dem und neben dem es keine wirkende Macht gibt: „Der Erste ... der Letzte ..." und außer ihm keiner. So tritt er vor das Weltgericht in der Fülle seiner Gottheit, die nicht mehr erfaßt, nur noch angebetet werden kann. Im Bewußtsein der Unerhörtheit der vorgebrachten Erweise seiner Gottheit fordert er alles, was angebetet, alle Macht, von der Hilfe erwartet wird, in die Schranken.

Mit einem zweifachen „Wer" eröffnet Gott das Verhör. Aber das ist nicht mehr Frage, sondern Herausforderung. „Wer" – d. h.: gibt es noch einen wie ihn? Vor der bloßen Frage schon erschrickt Menschengeist und all sein Gebilde. Die Verhandlung ist auf dem Gipfel angekommen, darum auch die Erregung auf den Gipfel gestiegen. Findet sich doch noch einer, so soll er auftreten, „laut rufen", es kund machen und ihm vorlegen.

Mit einem zweiten „Wer" breitet Gott noch einmal vor der Welt den ganzen Umfang des Früheren und Kommenden aus, als dessen Bringer, Künder oder Mitwisser sich ausweisen müßte, wer den Anspruch erheben wollte, Gott zu sein in jenem unerhörten Sinn wie der Gott Israels. Bis in die Urzeit reichen Jahwes Prophezeiungen vom Kommenden zurück, über Israels Anfänge hinaus, über Abraham bis zu Noah und Adam, Flut und Sündenfall. Ebenso wie dort, als er sich dem Abraham als „El olam" („Gott von Urzeit") offenbarte (1. Mose 21, 33), stellt er hier durch die Erinnerung an die Prophezeiungen der Urzeit die Offenbarungsreligion Israels, des völkischen Rahmens entschränkt, in den breiten Strom der Geschichte der ganzen Menschheit hinein.

Nach einer anderen Lesart des heute schwer zu entziffernden Textes spricht Gott hier als Schöpfer des Urzeitvolkes, d. h. der Toten, die unter der Erde schlafen oder die Unterwelt bevölkern (vgl. Hes. 26, 20). Dann läge hier eine ebensolche Beziehung zur Ausleitung vor, wie zwischen dem Herrn der Himmelsheere (V. 6) am Anfang und den preisenden Himmeln am Ende (V. 23): hier der Gott des Volkes der Toten in der Unterwelt und dort die preisende Unterwelt. Darin wäre der Gedanke ausgesprochen, daß das Erlösungswerk an Israel eine Angelegenheit ist, die nicht nur die Erde, nicht nur die Himmel, sondern auch die Unterwelt, die von Urzeit an Gestorbenen, die Toten angeht.

(8) Wagt sich noch irgend eine menschliche Gottesvorstellung, ein Götze neben Gott in der Fülle seiner Offenbarung von Urzeit und seiner Wirkung in der Endzeit? Menschengeist vermag gar nicht, sich bis an ihn hinan zu entschränken. Für alles Vergängliche ist er unheimlich und schrecklich; selbst seine Gemeinde zagt vor ihm. Aber gerade ihr allein ruft er zu: „Nicht erbebt! Nicht verzagt! Hab ich's etwa nicht längst euch hören lassen?" Sie ist eingeweiht in seinen Plan von Urzeit her. So weihte auch Jesus seine Jünger in das Kommende ein: „Ich sage hinfort nicht, daß ihr Knechte seid. Denn ein Knecht weiß nicht, was sein Herr tut. Euch aber habe ich gesagt, daß ihr Freunde seid; denn alles, was ich habe von meinem Vater gehört, habe ich euch kundgetan" (Joh. 15, 15). Als Eingeweihte dürfen die Glieder seiner Gemeinde Zeugen sein dafür, daß er „Fels", einziger Fels ist: „Ihr aber seid meine Zeugen, ob es einen Gott gibt außer mir. Nicht gibt es einen Fels, nicht weiß ich einen."

Durch ihr Wissen um die Tilgung der Vergangenheit aus dem Schuldbuch, durch ihr Wissen um die Erneuerung durch den Geist, durch ihr Wissen um den Loskauf kennen sie ihn als Fels, einzigen Gott, der rettet.

### 2. Die Unfähigkeit der Götzen zu erlösen (Jes. 44, 9–20)

**Jes. 44, 9–11:**

(9) **Die einen Götzen bilden, sind allesamt Chaos,**
**und ihre Lieblinge nützen nichts,**
**und ihre Zeugen, sie sehen nicht,**
**und erkennen nicht, damit sie zuschanden werden.**

(10) **Wer formt einen Gott und gießt ein Götzenbild,**
**um nichts zu nützen?**

(11) **Siehe, alle seine Genossen werden zuschanden,**
**und die Handwerksmeister, sie sind vom Menschen.**
**Sie mögen sich versammeln alle, mögen herantreten,**
**sie werden erbeben, zuschanden werden zumal.**

(9) Die Einleitung gibt das Thema in zwei Aussagen, von denen die erste von den Götzen, daß sie „nichts nützen", zweimal, die zweite von ihren Anbetern und Herstellern, daß sie „zuschanden werden", dreimal wiederholt wird. Diese Aussagen bilden den Kehrreim der drei Verse.

Der Abschnitt ist auf dem Hintergrunde des Vorangegangenen zu verstehen. 1. Im Gegensatz zu Gott, der durch seinen Geist die Erneuerung wirkt, können diese Götzen nichts wirken: sie „nützen nichts". 2. Im Gegensatz zu Israel, das die Erneuerung erlangt, losgekauft wird, an seinem Gott einen Fels hat, werden die Anbeter dieser Gottheiten „zuschanden". 3. Ebenso wie die Gemeinde Israels Gottes Zeuge, werden die Götzenanbeter Zeugen ihrer Götter genannt. Doch während Jahwes Zeugen Mitwisser Gottes waren, sind die Zeugen der Götzen blind, „sie sehen nicht und erkennen nicht". 4. Wenn Israel bei seiner Erneuerung wie ein Bild in der Hand des Handwerkers in der Hand Gottes war, der sein Bildner, Former und Vollender hieß, sind die Götzen Bilder in der Hand von Handwerkern. 5. Ja, im Gegensatz zu Gott, der aus dem Chaos Welt und Menschen schuf, werden diese Gottheiten von Menschen geschaffen, die selbst „Chaos" sind. Ein eindrucksvoller Anklang ist es, wenn im babylonischen Schöpfungsepos die Götter aus dem Leib des Chaos geboren, die Menschen aus dem Leibe des Anführers des Chaosheeres gemacht werden.

(10) Statt „Wer formt ein B i l d" heißt es in eigentümlicher Zuspitzung „Wer formt einen G o t t". Nicht nur das Bild, sondern auch die Vorstellung, die dahinter steht, ist Menschenwerk. Statt: „o b g l e i c h es nichts nützt" heißt es in derselben Zuspitzung weiter: „u m nichts zu nützen". Zweck der Götzenherstellung ist, nichts zu nützen, Zweck der Blindheit ihrer Zeugen, zuschanden zu werden. Durch diese Ausdrucksweise soll die Zweckwidrigkeit der Frömmigkeit, die Menschenwerk ist, scharf herausgestellt werden. Ein Gott, der geformt wird, ist an sich schon ein Widerspruch in sich selbst. Ein Gott, der nichts nützt, ist eine noch widersinnigere Vorstellung. Vollends bei seiner Verehrung zu bleiben, wenn man dahinterkam, daß er nichts nützt, ja schon mit der Absicht, „nichts zu nützen", sich einen Gott zu formen, ist das Widersinnigste vom Widersinnigen.

(11) 1. Daß die Götzenreligion aus dem Chaos geboren, vergänglicher Menschen Werk ist, 2. daß die Gegenstände ihrer Anbetung nicht wirkungsmächtig sind, 3. daß ihre Anbeter durch sie zuschanden werden, das sind die drei Anklagen, die Gott den heidnischen Religionen und ihren Vertretern entgegenwirft. Entsprechend diesen drei Anklagen führt er in drei Teilen den Beweis, zu dem er die Götzenanbeter heranruft. Und der, der sich an Religion als Menschenwerk schuldig gemacht hat (V. 10), erkennt bebend, daß er nicht nur selbst zuschanden wird, sondern auch die Gemeinde („seine Genossen" d. h. die Kultgemeinde) zuschanden machte.

**a) Religion als Menschenwerk macht dem Menschen Arbeit**

Jes. 44, 12 – 14:

(12) **Es schneidet einer das Eisen der Axt**
**und arbeitet mit der Kohlenglut,**
**und mit Hämmern bildet er es,**
**und bearbeitet es mit der Kraft seines Armes.**
**Auch hungert er, und ist keine Kraft da,**
**trinkt nicht Wasser und ermattet.**

(13) **Es schneidet einer Holzstücke,**
**spannt die Schnur,**
**umreißt es mit dem Stift,**
**bearbeitet es mit Hobeln,**
**umschreibt es mit dem Zirkel**
**und macht draus etwas wie das Bild eines Mannes**
**und wie die Schönheit eines Menschen,**
**daß es ein Haus bewohne.**

(14) **Es fällt sich einer Cedern,**
**und nimmt Steineiche und Eiche,**
**und läßt sie erstarken unter den Bäumen des Waldes.**
**Er pflanzt eine Fichte,**
**und der Regen macht sie groß.**

Wir müssen von vornherein mit der Einstellung lesen, daß alles, was wir von den Bildern hören, von den Gottesvorstellungen, die sie abbilden, selber gilt. Um an Werden und Art der Bilder Entstehung und Wirkung der Götzen zu veranschaulichen, wird hier Gottesbild und Gottesvorstellung in eins gesetzt. Die Frömmigkeit der Götzenanbeter wird in drei Bildern nach der Seite der Mühseligkeit, Künstlichkeit und Langwierigkeit dieses Menschenwerks geschildert.

(12) Das erste Bild ist ein Blick in die Schmiede. Wir hören den Blasebalg stöhnen, seine letzte Lungenkraft hergeben. Die Lohe braust aus der sich rötenden Kohle; das weißglühende Erz biegt sich unter den schweren Hämmern auf dem Amboß, und mühsam arbeitet der Klöppel die Feinheiten an dem geformten Goldblech nach. Die Muskeln der Schmiede schwellen vor Anstrengung; der Körper verlangt sein Recht; der Hunger stellt sich ein; die Kraft geht aus; der Durst brennt, und der Arbeiter ermattet über seiner Arbeit am Gott.

Unverkennbar ist die Verwandtschaft dieser Schilderung der Mühsal der Götzenherstellung mit der Schilderung des Gottesdienstes der Gemeinde Israel (43, 23. 24). Dort sahen wir Israel unter der langen Reihe seiner Opfer und Leistungen wie einen Sklaven in schwerer Arbeit sich abmühen, und hörten, daß das alles Menschenwerk war, das Gott weder erreichte noch anging. (Auch Israel ehrte im Grunde durch dieses Menschenwerk einen Götzen, den es sich gemacht und unter dem Namen Jahwes anbetete.) Hier haben wir dasselbe Bild langwieriger, mühsamer Arbeit, getan im Glauben, ein frommes Werk, einen Dienst am Gott zu leisten. Dort sahen wir: Israel machte durch sein Menschenwerk dem wirklichen G o t t Arbeit. Hier sehen wir: der Gott, der Menschenwerk ist, macht dem M e n s c h e n Arbeit. Im Grunde ist es derselbe Gedanke, nur vom umgekehrten Ende angefaßt. Die Beleuchtung des Opferdienstes Israels und der Arbeit in den Götzenschmieden stellt das Götzenwesen des Heidentums und die Werkreligion Israels auf e i n e Stufe, mit allen anderen Religionen zusammen auf die Stufe des Menschenwerks.

(13) D a s z w e i t e B i l d ist ein Blick in die Werkstatt des Schnitzers. Wir sehen, wie die Messer den Holzklotz kappen und die Meßschnur gespannt wird, um die Maße des werdenden Gottes zu bestimmen. Wir sehen den Rotstift auf dem gehauenen Block die Umrisse seiner Glieder zeichnen. Wir hören die Hobel arbeiten und glätten. Wir sehen sogar den Zirkel in Tätigkeit. Ein fein und sorgfältig durchgeführtes Werk! Und das Ergebnis ist „wie die Schönheit eines Menschen", ein Kunstwerk in der Darstellung und in der Idee.

Mehr noch als im vorigen Bild blickt hier die Gottesvorstellung selbst durch das Gottesbild hindurch. Der Prophet hat offenbar nicht nur den dunklen Dämonenglauben, sondern auch die erhabenen Gottesvorstellungen der Babylonier gekannt. Pracht und Schönheit ihrer Tempel, Prozessionen und Bilder sind ihm Ausdruck der Schönheit und Erhabenheit ihrer Vorstellungen gewesen. Und doch sind auch diese, ebenso wie ihre Darstellungen, zwar Kunstwerke, aber Menschenwerke, nicht nur von Menschen gemacht, sondern auch selbst in all ihrer Schönheit Abbilder der Pracht und Schönheit vergänglicher Menschen, Bilder unzulänglicher Menschenphantasie. Je kunstvoller und feinsinniger sie erschaffen, desto schnöder ist der Widerspruch ihrer Entstehungsweise und Idee zum gewaltigen Gott Himmels und der Erde, der sich den Menschen zu s e i n e m Gleichnis und Bilde erschaffen (1. Mose 1, 27). Welch grausige Umkehr, wenn nun der Mensch sich Gott nach seinem Gleichnis und Bilde erschafft! Der Gott, dem der Himmel Thron und die Erde Schemel seiner Füße ist, und der Gott, der von Menschen in „ein Haus" oder Kästchen gesetzt wird, um darin zu wohnen, — welch ein Gegensatz!

(14) D a s d r i t t e B i l d läßt uns in die Vorbereitungen hineinblicken, die dem Werden der Götzen vorangehen: die Anpflanzung der Baumschule, die Auswahl der verschiedenen Hölzer, Zedern, Eichen, Steineichen, Fichten, die lange Kette der Jahre, die im Wechsel der Jahreszeiten mit Sonnenschein und Regen über die kleinen Bäumchen

dahinziehen, bis Stämme werden, deren Jahresringe nach Menschenaltern zählen. Das muß alles vorangehen, ehe solch ein unglücklicher Gott das Licht der Welt erblickt! Die Anpflanzung der Baumschulen, die Züchtung des Edelholzes, die Anfuhr der großen Balken aus dem Auslande zur Herstellung von Bildern und Tempeln, deren Bau Menschenalter forderte, – sollte das alles in seiner Langwierigkeit dem Propheten ein Bild dafür geworden sein, wie es der Jahrtausende der Sehnsucht, des Suchens und des Irrtums bedurft hat, bis die Götzen der Heiden wurden, die doch von gestern sind gegen Jahwe, der von Urzeit her ist?

**b) Religion als Menschenwerk ist nicht wirkungsmächtig**

Jes. 44, 15–17:

(15) **Und es dient dem Menschen zum Brennen,**
**und er nimmt davon und wärmt sich;**
**auch zündet er (davon) an und backt Brot;**
**auch macht er (davon) einen Gott**
**und wirft sich nieder,**
**verarbeitet es zu einem Schnitzbild**
**und betet es an.**

(16) **Die Hälfte davon verbrennt er in Feuer,**
**über der Hälfte davon ißt er Fleisch,**
**brät Braten und sättigt sich,**
**wärmt sich auch und spricht:**
**Ah, ich bin warm geworden,**
**ich habe Feuer gesehen.**

(17) **Und den Rest davon macht er zu einem Gott,**
**zu seinem Götzen,**
**und kniet davor,**
**und wirft sich nieder,**
**und betet ihn an**
**und spricht: Rette mich,**
**denn mein Gott bist du!**

(15) Auf den ersten Blick hat der Abschnitt etwas Verwirrendes. Breit ausgemalt, scheinbar ohne Fortschritt, mit trockenem Humor schildert er, was man alles mit demselben Holz anfängt, aus dem der Götze wird. Bei näherem Zusehen erweist sich: die breite Ausmalung ist Absicht, sie erhöht den Eindruck des Hausbackenen. Die Schilderung ist ein Bild der verschiedenen Arten von Nutzen, den das Holz im Dienst des Menschen stiftet: Wärme vom Brennholz, Brot aus dem Backofen und zuletzt die Verwendung zum Gott, zur Anbetung.

(16. 17) Die beiden folgenden Verse bringen über das Bild des hausbackenen Nutzens hinaus den Gedanken des Restes. Das Holz hat schon all seinen Nutzen hergegeben. Die eine Hälfte ist im Ofen verbrannt, über der anderen Hälfte ist Fleisch gebraten, der Mensch hat warm bekommen und ist satt geworden. Wenn also keine Hälfte mehr da, macht man den Rest, der genau genommen nicht vorhanden ist, zum Gott. Die Inbrunst, mit der der Beter dann vor diesem Rest fleht, ist ebenso eindringlich geschildert, wie vorher die Fröhlichkeit gemalt wurde, mit der er sich an den Nutzwirkungen dieses Stückleins Schöpfung gefreut hatte.

Das Bild sagt: wenn das Holz all seinen Nutzen abgegeben, verwendet man den Rest, der nicht mehr vorhanden, das, was man zu nichts mehr brauchen, was keinen Nutzen mehr stiften kann, zum Gott und erwartet von ihm Nutzen. Ja mehr noch als allen Nutzen, den das Holz zu geben vermochte, solange es unverbraucht war, – Rettung des Lebens erwartet man von diesem Rest. – Für uns liegt im Bilde des Restes die Erkenntnis: alle menschliche Frömmigkeit ist Vergötterung des Geschöpflichen. Alle Gottesvorstellungen sind Vergegenständlichungen von Ideen, die – an sich keine Wirklichkeit – vom Geschöpf ihr Dasein haben, sei es, daß der Mensch, sei es, daß irgend eine Naturkraft ihnen Modell stand. Zum Beispiel: das, was von der Sonne nachbleibt, nachdem man von ihr das Licht bezogen, sich an ihr gewärmt, sich von ihr die Einteilung des Jahres geben ließ, ist die Idee des Sonnengottes.

Wir Heutigen nennen das eine Idee und leiten die Wirklichkeit von dieser Idee ab, oder meinen, die Idee sei durch Abstraktion von der Wirklichkeit entstanden. Der Prophet redet greifbarer. Er spricht den großen Gottesideen der babylonischen Religion ihre Wirklichkeit ab. Er sagt: Sie sind bloß Reste von der Schöpfung, die nachbleiben, wenn man alles – beide Hälften und den Nutzen, der von ihnen ausgeht – weggenommen, also ein Nichts, das auch nichts mehr nützen kann. Von diesem Nichts erwartet und erfleht man nicht nur Nutzen, sondern auch Rettung der Seele, des Lebens.

Das, was den Gottesideen menschlicher Frömmigkeit noch Beeindruckendes, Großes und Wirkungskräftiges anzuhaften scheint, ist bloß das Restchen der Wirklichkeit, das ihnen noch anklebt von den Gestaltungen der Schöpfung, deren Abdrücke sie sind, ein Restchen von dem, was der Schöpfer seinen Geschöpfen mitgegeben hat.

### c) Religion als Menschenwerk ist Blindheit und macht zuschanden

Jes. 44, 18–20:

(18) **Nicht erkennen sie's, nicht sehen sie's ein;**
**denn verklebt hat er ihre Augen, daß sie nicht sehen,**
**ihre Herzen, daß sie nicht klug werden.**

**(19) Und nicht nimmt er es sich zu Herzen,
und nicht ist da Erkenntnis, nicht Einsicht, zu sagen:
Die Hälfte davon habe ich mit Feuer verbrannt,
auch habe ich auf seinen Kohlen Brot gebacken,
briet Fleisch und aß.
Und den Rest davon machte ich zu einem Greuel,
vor einem Holzklotz knie ich.**

**(20) Wer Asche weidet, ein betrogenes Herz hat ihn verleitet.
Nicht rettet er seine Seele, nicht sagt er sich:
Ist es nicht Trug in meiner Rechten?**

(18. 19) In einem achtfach aufeinandergehäuften „Nicht" bricht aus unserem Abschnitt in immer neuer Steigerung das Verdammungs- oder Vernichtungsurteil Gottes herein über alle Frömmigkeit, die Menschenwerk ist. Darin drückt sich aus, wie weit, wie ganz weit, wie weltenweit das alles entfernt ist von Erkenntnis, Wahrheit, Wirklichkeit oder Rettung. „Nicht erkennen sie's, nicht sehen sie's ein ... nicht nimmt er es sich zu Herzen ... nicht ist da Erkenntnis, nicht Einsicht ... nicht rettet er seine Seele, nicht sagt er sich: Ist es nicht Trug ..." Darüber hinaus wird die Nichtigkeit aller Gegenstände der Anbetung außer Jahwe mit vier verschiedenen Ausdrücken der Leerheit gebrandmarkt: als „Greuel", „Holzklotz", „Asche" und „Trug".

Dieses Urteil über die Götzenreligion erinnert uns wieder an Gottes Urteil über Israels Werkreligion. Dort wurde, hier wird in acht Nicht-Sätzen das Vernichtungsurteil gefällt. Dort wurde festgestellt, daß dies Tun sich gar nicht an den wahren Gott wendet, hier – daß all dies Tun blind ist und nicht rettet. Die acht Nicht-Sätze ebenso wie die vier Namen der Nichtigkeit für die Götzen sind aber nicht nur Ausdruck für die völlige Leere, sondern mehr noch Ausdruck für den verzehrenden Zorn Gottes über die Eitelkeit dieses Tuns.

(20) Das Bild vom Weiden der Asche läßt zwei Deutungen zu, die beide in ähnlicher Richtung weisen. Nach der einen haben wir ein Bild der Mühe um nichts – ein Fangenwollen des Windes, der nicht zu halten ist, kindisches Haschen hinter verfliegender Asche – oder der Mühe um das, was nichts mehr nützen, um Asche, die nicht mehr wärmen kann. Nach der andern Deutung haben wir ein Bild aus dem Hirtenleben. Statt auf grüner Weide treiben die Toren ihre Herden über Brandplätze, wo Asche statt Gras zu finden ist. Das bedeutet: statt sich zum wahren Glauben zu wenden, der ein Nehmen ist, treiben sie Narrheit, bei der nichts zu holen ist.

In beiden Fällen bekommt das Närrische dieses Tuns einen tiefernsten Hintergrund. Es geht dabei nicht um Zeitvertreib, Sport oder freies Spiel der Einfälle, sondern um Rettung des Lebens. „Rette mich, denn mein Gott bist du!" – lasen wir V. 17. „Nicht rettet er seine Seele", heißt es hier. In aller Religion geht es letzten Endes um Erlösung, aber Erlösung gibt nur der eine Gott. Die Lage jedes Menschen gleicht der eines Ertrinkenden, der keine Zeit zu verlieren hat. Der nur religiöse Mensch gleicht dem Ertrinkenden, der statt eines Rettungsseiles einen Strohhalm in die Hand bekommt („ist es nicht Trug in meiner Rechten?"), statt nach dem Ufer nach einer Wolke späht („wer Asche weidet, ein betrogenes Herz hat ihn verleitet").

Noch ernster wird die Lage dadurch, daß diese völlige Blindheit Fluch ist, der um der Sünde willen von Gott verhängt wurde, nicht Unglück, sondern Strafe, nicht Mangel, sondern Gebundenheit. „Verklebt hat er ihre Augen, daß sie nicht sehen." Der Götzenanbeter gleicht einem Menschen, der – in der Meinung, seiner Rettung zuzueilen – mit verschlossenen Augen von unsichtbarer Hand dem Abgrund zugestoßen wird.

### 3. Erlösung als Werk Gottes

**Jes. 44, 21 – 22:**

(21) **Gedenke dessen, Jakob,**
**und Israel, denn mein Knecht bist du!**
**Ich habe dich gebildet, Knecht bist mir du.**
**Israel, nicht wirst du von mir vergessen.**
(22) **Fortgewischt habe ich wie eine Wolke deine Treubrüche**
**und wie den Nebel deine Sünden.**
**Kehre um zu mir, denn ich habe dich losgekauft!**

(21) „Gedenke dessen!" – faßt Gott noch einmal das Ergebnis der ganzen Verhandlung zusammen. Ihr Thema war eine großzügige Gegenüberstellung: Religion als menschliche Leistung (die Werkreligion Israels und die Götzenreligion der Heiden) und Glaube als Gottes Werk (Erlösung aus Gnaden und Erneuerung durch den Geist). Noch einmal zieht er vor seiner Gemeinde die Summe ihres Daseins als Gottessklave, durch dessen Gehorsam er vor der Welt herrlich werden will. Zweimal wiederholt er: „Mein Knecht bist du ... Knecht bist du mir." Glaube ist Gottessklaventum, Gottesknechtschaft im Gegensatz zur Menschenreligion, die Gott zum Knecht macht. Scheinbar ist das ein Widerspruch, in Wirklichkeit nicht. Die Sklavenhaltung des Glaubens, die uns an Gott bindet, erschließt uns der Arbeit Gottes an uns.

Das ganze Leben der Gemeinde beruht auf dem, was Gott getan hat: darauf, daß er sie geformt hat zu seinem Knecht; darauf, daß er sie nicht vergißt, obgleich sie ihn vergaß; darauf, daß er ihre Schuld aus dem Schuldbuch getilgt hat, und darauf, daß er sie losgekauft hat. Von diesen vier inhaltschweren Aussagen greifen die letzten beiden auf den Anfang der Verhandlung zurück, das Bild des Schuldbuchs auf den ersten, das Bild des Loskaufs auf den zweiten Teil derselben (43, 25 und 44, 22; 44, 6 und 44, 22). Als Tilger aus dem Schuldbuch eröffnete Jahwe den ersten, als Loskäufer den zweiten Gang, als beides in einer Person schließt er die ganze Verhandlung.

Loskauf und Tilgung aus dem Schuldbuch treten dadurch in einen tiefen Zusammenhang als zwei verschiedene Seiten einer Tat. Es wird deutlich, daß Loskauf nicht Befreiung aus äußerer Gefangenschaft oder Not, sondern Enthaftung aus Zwang und Fluch der Schuld ist, Tat Gottes, die von letzten Tiefen in unserem Verhältnis zu ihm ihren Ausgang nimmt und von da aus weit in die sichtbare Wirklichkeit hinausgreift, bis ins nationale und politische Leben hinein sich auswirkt. Auf der andern Seite wird deutlich, daß Tilgung der Sünde aus dem Schuldbuch nicht bloß Stimmungswechsel, nicht leichte Handbewegung ist, sondern eine schwere Tat, Kauf, bei dem gezahlt wurde. Welches dabei das Lösegeld war, bleibt dem dritten Teil des Buches zu sagen vorbehalten.

Eindrucksvoll ist der Gegensatz zwischen dem Bilde des Kaufes, das den schweren Einsatz in sich schließt, und dem Bilde des leichten Wölkleins, das vor dem Windhauch verfliegt. Und doch ist der Gegensatz nur äußerlich. Beide Bilder veranschaulichen die Völligkeit der Tat Gottes. Das erste veranschaulicht sie nach der Seite der Endgültigkeit und Abgeschlossenheit. Ist die Loskaufsumme bezahlt, so ist der Kauf abgeschlossen. Es kann nichts mehr dazu oder davon weggetan werden. Das zweite Bild ist mehr Ausdruck der Restlosigkeit an Gottes Werk. Die Schuld, die keine Hand aus dem Buch tilgen konnte, verschwindet wie ein Wölkchen. Die Seiten des Buches sind wieder so rein wie der blaue Himmel, auf dem das Wölkchen keine Spur hinterließ.

Beides drückt eine einmalige und abgeschlossene Tat Gottes aus, gleichviel ob sie der Gegenwart, Vergangenheit oder Zukunft angehört. Für die Dinge, die der Ewigkeit angehören, gibt es keine Vergangenheit, Gegenwart oder Zukunft, ebenso auch nicht für das hebräische Zeitwort. Dagegen unterscheidet es die einmalige, abgeschlossene, endgültige Handlung von der dauernden und wiederkehrenden. Das Leben der Gemeinde ruht auf solch einer endgültigen Tat Gottes.

So steht der Glaube in einem zwiefachen Gegensatz zu allen Religionen, die Menschenwerk sind, ob sie Gesetzesreligion oder Götzendienst heißen. 1. Alle Vergötzung und alle Werkgerechtigkeit müssen auf sich selber sehen, bei sich selber Werte und Leistungen suchen. Der Glaube weiß auf seiner Seite nur Treubrüche, aber er darf auf Gott sehen, der vergibt und erneuert aus Gnade. 2. Alle Vergötzung und Werkreligion müssen es immer erst schaffen. Darum sind sie Mühsal, Verkrampftheit,

Ringen und Angst und führen nie zu Heilsgewißheit. Der Glaube weiß, daß es schon vollbracht ist, das Schuldbuch leer, das Lösegeld bezahlt ist. Das ist ein Abstand so weit wie der des Himmels von der Erde.

Weil dieser grundsätzliche Unterschied klafft zwischen aller Religion, die Menschenwerk, und dem Glauben, der Gottes Werk ist, verlangt der Glaube Umkehr um 180 Grad – „kehre um ... denn ich habe dich losgekauft!" –, Umkehr von Menschenwerk zu Gottes Werk, von Frömmigkeit zum Glauben, von Leistung zu Heilsgewißheit. Der Glaube steht nicht mehr durch den Berg der Leistung, die nie erfüllt ist, und durch den Abgrund der Schuld, die nie getilgt wird, von seinem Gott getrennt, sondern auf derselben Seite mit seinem Gott vor Leistung und Schuld. Ein eigentümlicher Gegensatz ergibt sich: während menschliche Frömmigkeit mit der Wirklichkeit ihrer Sünde vor ihrem Götzen steht, der Wind, Asche und Wolke ist, steht der Glaube mit seinem Gott, der Wirklichkeit ist, vor der Sünde, die sich in Wind, Wolke und Nichts verwandelt. Damit hat das Leben einen völlig neuen Ausgangspunkt bekommen.

Loskauf und Tilgung, Erlösung und Vergebung sind aber nicht zu trennen von der Person des Loskäufers und der Hand, die tilgt, sind überhaupt nichts Selbständiges neben Gott. Darum ist Umkehr nicht bloß Umdenken, Wechsel der Grundsätze und Überzeugungen, sondern Hinkehr zu seiner lebendigen Person. „Kehre um zu mir!", heißt es darum. Nur in ihm und verbunden mit ihm hat seine Gemeinde Tilgung und Loskauf.

Aber Tilgung und Loskauf machen Umkehr nicht nur nötig, sondern auch erst möglich. Weil das Lösegeld bezahlt ist, sind wir frei von Fluch und Zwang des menschlichen Dienstes. Weil er gearbeitet und den Berg der Leistung niedergerissen hat, ist der Weg frei zu ihm. Darum begründet er seinen Ruf: „Kehre um", „denn ich habe dich losgekauft." So reißt er hier die Tür ganz weit auf und weist zugleich erschütternd in die Buße.

Ausleitung: **Der Jubel von Himmel, Erde und Unterwelt über die Verherrlichung Gottes in der vollbrachten Erlösung**

Es ist vollbracht

Jes. 44, 23:

(23) **Jauchzet ihr Himmel,**
**denn vollbracht hat's Jahwe!**
**Frohlocket, ihr Tiefen der Erde!**
**Brecht aus in Jubel, ihr Berge,**
**du Wald und alle Bäume darin!**
**Denn losgekauft hat Jahwe Jakob,**
**und an Israel verherrlicht er sich.**

Diese Ausleitung beschließt die dritte Gerichtsverhandlung und gleichzeitig den ganzen ersten Teil des Buches. Darum ist dieser Hymnus Steigerung und gleichzeitig krönender Abschluß der Hymnen, die die ersten beiden Gerichtsverhandlungen beschlossen. Das Buch ist so angelegt, daß wir von Gerichtsverhandlung zu Gerichtsverhandlung zu immer tieferer Schau in die weltweite Heilspolitik Gottes geführt werden. Auf jeden neuen Einblick antwortet ein neuer Jubelchor, und je tiefer die Einblicke werden, desto voller das Echo, desto weiter der Chor.

Es ist, als ginge die Sonne über Bergen auf. Je höher sie steigt, je mehr von ihr sichtbar wird, desto weitere Gipfel und Täler erglühen, bis die ganze Erde widerstrahlt. In der ersten Gerichtsverhandlung enthüllte Gott hinter dem Sturmwetter Cyrus das Werkzeug seiner Lindigkeit, den Knecht, und aus den Völkern, bis zu den fernsten Inseln, hallte Lob wider. In der zweiten Gerichtsverhandlung zeigte Gott den Weg seines Knechts durch Tod zum Leben, auf dem er seine Gemeinde mitführt aus Nacht zum Licht, und über die Völker hinweg ergriff der Jubel die stumme Kreatur. In der dritten Verhandlung ließ Gott uns in die Tiefen der Erlösung selbst schauen, in das Wunder ihrer Grundlosigkeit und Endgültigkeit und in das Wunder des neuen Lebens, Gnade und Geist. Und über Völker und Tierwelt hinweg hallt der Jubel von den Himmeln wider, und die Tiefen der Erde antworten; die Himmelsheere jauchzen, und die stumme Schar der Schatten und Toten frohlockt, die Unterwelt (wörtlich: „die unteren Örter der Erde"). Was zwischen diesen beiden äußersten Marken des Alls liegt, die ganze sichtbare Schöpfung, jubelt mit. Die schweigenden Steinmassen des Gebirges und die seelenlose Pflanzenwelt, die Bäume, brechen aus in Jubel. Himmel, Erde und Unterwelt sind eine einzige preisende Gemeinde. Es ist wirklich kein Bezirk mehr, wo man Gott nicht lobt.

Und das Lob dieses Riesenchores klingt zusammen in einen einzigen schlichten Satz. Wie der Osterjubel der russischen Christen das ganze Evangelium in den e i n e n Satz faßt „Christus ist auferstanden!", so ist hier der Inhalt des Jubels das eine Wort, dasselbe, das am Kreuz erklungen ist: „Vollbracht!" „Vollbracht hat's Jahwe." „Abgeschlossen", „vollendet" – so liegt es in dem Wort – ist die Erlösung Israels, die Verherrlichung Gottes.

Die letzte Mauer ist gefallen, die das Erscheinen seiner Herrlichkeit vor allem Fleisch aufhielt. Die erste Mauer stürzte mit der Entthronung der Götzen; die zweite wich mit der Beseitigung der Schmach der Gemeinde; die dritte sinkt mit dem Berg der Leistung als Weg zu Gott, den kein noch so kühner Bergsteiger je erklommen. Mit dem Kommen des Knechts, der Sammlung und Heimkehr des Volkes Gottes, mit dem Offenbarwerden der Erlösung an ihm als grundloser Gnade und der Erneuerung als Einbruch des Geistes ist an e i n e r Stelle das

Gefängnis des Fluches, unter dem die Schöpfung gefangen lag, zerbrochen, und hat an einer Stelle in dem Chaos, in das sich die Welt aufgelöst hatte, die neue Schöpfung begonnen. Und wie die erste Schöpfung unterm Jubel der Morgensterne des Himmelsheeres vor sich ging (Hiob 38, 7), so jauchzen bei der neuen nicht nur die Heere des Himmels, sondern auch die Scharen der Unterwelt.

## *Theologische Besinnung*

### I.

„Erlösung" und „Erneuerung" heißen die beiden Kernworte, um die es in der dritten Gerichtsverhandlung geht. Das erste ist in den Augen vieler ein überlebtes Wort, das zweite steht heute im Mittelpunkt des Fragens. Erneuerung für die alten und sterbenden Völker Europas und die faule Gesellschaftsordnung, Erneuerung des ganzen Menschen, seiner Weltanschauung, Lebensauffassung und Willensbildung ist die Losung unserer Zeit. Erneuerung ist auch der Notschrei unserer Kirche. Von wo erwarten wir Erneuerung? An diesem Punkt scheiden sich die Geister.

Wieder verlaufen die Fronten wie zu des Propheten Zeiten. Auf der einen Seite steht das kleine Häuflein derer, die von Gott, auf den Wegen, die er gewiesen hat, in Wort, Sakrament und der Gemeinschaft seiner Kinder die Erneuerung erwarten. Auf der andern Seite steht die große Schar, die bei ihren Göttern allein oder neben dem Gott der Bibel Erneuerung sucht. Gottes Wort beleuchtet blitzartig den gewaltigen Kampf um Erneuerung, der unsere Zeit durchtobt, und in seinem Schein tritt das innerste Wesen dieses Kampfes in drei klaren Linien hervor, so wie die wesentlichen Züge und Umrisse einer Landschaft erst von der Höhe aus gesehen sich abzeichnen.

### 1.

Die erste Linie heißt: Alle Erneuerung neben dem Gott der Bibel ist Menschenwerk. Eindrücklich beleuchtet Gottes Wort die Widersinnigkeit dieses Menschenwerkes. Es zeigt auch uns, daß Erneuerung als Menschenwerk Sklavenarbeit des Menschen ist. Verschieden heißen die Götter, bei denen unsere Zeit Erneuerung sucht, und an verschiedenen Stellen sucht sie diese.

In der Seele des Menschen suchen sie die einen, und ihr Götze heißt „Persönlichkeit". Was für ein Ringen gehört doch dazu, um Persönlichkeit zu werden! Wer die Arbeit an seiner Persönlichkeit ernst genommen hat, weiß, daß über dieser Arbeit uns die Kraft ausgeht, daß sie uns nichts zu essen gibt und wir über ihr verdursten wie jener Schmied über der Arbeit an seinem Götzen. Solche Arbeit macht uns der Götze Persönlichkeit! Müdigkeit und Hunger sind das letzte Ergebnis. Ist das Erneuerung oder sittliches Versagen?

Aber vielleicht ist das Ziel bloß zu niedrig gesteckt? Vielleicht ist die Gottheit und die Quelle der Erneuerung über dem Menschen, in der Welt der Ideen zu suchen? In der Anbetung alles Guten, Schönen und Wahren suchen auch heute wieder Hunderttausende die Religion des modernen Menschen. Im Gegensatz zur angeblichen Anbetung des Minderwertigen im Christentum erwarten sie von der Fürstung alles Edlen und Vollwertigen die Entstehung eines neuen, edlen, schönen und guten Geschlechts. — Was ist die Idee des Guten, Schönen und Wahren? Ein Kunstprodukt, nach den Maßen des Menschen, nach menschlichen Vorstellungen von Schönheit und Güte gestaltet. Wir werden dabei an den Gott erinnert, der mit Zirkel und Meßschnur nach der Schönheit eines Menschen geformt wurde. Das ist so kalt, unwirklich und verschwommen, daß wir mit solcher Ware nicht an das Bett eines Sterbenden zu treten wagen. Ja, wagen wir es, mit ihr vor die Lebenden zu treten? Nur im Augenblick des Rausches und der Stimmung, aber nicht im Angesicht des nackten Lebens können wir es. Was nützt dem Ringenden, der in Schande fiel und nicht von Schande loskommt, die Idee des Guten, Schönen und Wahren? Es ist Holz statt Brot, Kunstprodukt statt Leben. Der schlichte Mensch, das Volk, dessen Hirn noch unverdorben, lehnt von selber solches Kunstprodukt ab.

Aber vielleicht ist das zu gedanklich und blutleer? „Wir müssen ins wirkliche Leben. In der geheimnisvollen Kraft des Blutes", sagten die einen, „in den verborgenen Wirkungen des Bodens liegen die Quellen der Erneuerung, birgt sich die Macht, die Geschichte gestaltet, d. h. Gott." In der von konfessionellen, nationalen und klassenmäßigen Schranken befreiten Gesellschaft, also letztlich im Kollektivum „Mensch", suchen die andern den bestimmenden Faktor der Geschichte, die Krönung der Schöpfung. Die Regierungen aber von heute — wie auch immer ihr Gesicht weltanschaulich gewendet sein mag — bieten einen Anschauungsunterricht dafür, wie an diesem Blut und Volk, dieser Gesellschaft und Menschheit gearbeitet werden muß mit Furcht und Zwang, Hebung des äußeren Lebensstandards, Propaganda, weltanschaulicher Schulung und Aufklärung, von außen und innen, bis die Herrenrasse oder der bürgerliche Menschentyp oder die klassenlose Gesellschaft herauskommt. Wenn der Mensch in irgendeiner Gestalt der letzte Faktor ist, dann müssen wir bekennen: wir haben einen Gott, der uns Riesenarbeit macht, bis er groß und anbetungswürdig geworden ist. Wir müssen ihn erneuern, nicht er uns.

„Aber vielleicht macht uns die Erneuerung des Volkes so viel Arbeit, weil sein Blut so vermischt ist?" meint man. „Denn nicht aus den Zielen und Gedanken kommt die Gestalt des Volkes, sondern aus seinem

Blut kommen seine Ziele und Gedanken." – So ist das Blut selbst die Gottheit, von der wir alles erwarten dürften. Jahrhunderte, ganze Geschlechterfolgen nimmt die Aufartung des Blutes in Anspruch. Die anderen sagen: „Durch bürgerliche und konfessionelle Vorurteile ist der Mensch so verbildet, daß es Jahrhunderte braucht, bis die klassenlose Gesellschaft geschaffen ist." Wir werden daran erinnert, wie der Heide seine Baumschulen pflanzt, edle Holzarten wählt und Menschenalter wartet, bis der Stoff, aus dem seine Götter werden, fertig ist.

Ob wir in unserer Seele Tiefen, in blutleeren Ideen oder in dem Geheimnis des Blutes oder in den Kräften der Gesellschaft die Erneuerung suchen, – diese Götzen erneuern uns nicht, sondern wir müssen sie erneuern. Sie machen uns nur Fronarbeit.

2.

Die zweite Linie heißt: *Alle Erneuerung neben dem Gott der Bibel ist ohnmächtig.* Alle Götter außer dem Gott der Bibel sind nicht wirkungsmächtig. – Aber hat denn Persönlichkeit, Volkstum und Gesellschaft keine Wirkung in der Geschichte? „Von sich aus keine", antwortet Gottes Wort. Alle diese geheimnisvollen Größen sind Kräfte in Gottes Hand. Er wirkt durch sie. Vollends jene Ideen, die wir hinter unserem Leben suchen, ob es die Idee des Menschen, oder des Schönen und Vollkommenen, die Gottesvorstellungen der Philosophen oder sonst etwas wäre, haben keine Wirklichkeit, sind „der Rest, der nicht vorhanden ist". Was sie wirken, ist Wirkung des Geschöpflichen, dessen Abdrücke sie sind und dessen Wirkung wiederum nur Wirkung des Schöpfers ist. Der Abglanz seiner Wirkung ruht auf dem Geschöpflichen, und ein Abglanz dieses Abglanzes begleitet die Ideen. Statt aber sich am Geschöpflichen zu ergötzen: „Ich bin satt geworden, ich hab warm bekommen" (körperlich von der seelenlosen Schöpfung, in einem tieferen Sinne innerhalb von Familie und Volksgemeinschaft), statt sich zu freuen an der Art und den Kräften des Geschöpflichen, verherrlicht es der Mensch und erwartet Erlösung und Erneuerung von dem, was selbst der Erlösung und Erneuerung bedarf.

3.

Die dritte Linie heißt: *Alle Erneuerung ohne den Gott der Bibel wird zuletzt zuschanden.* Aber ist es nicht Vermessenheit, wenn die Kirchen, die „versagt", kein Volk erneuert haben, den Erneuerungsbewegungen ihrer Zeit zurufen: „Ohne unsern Gott wird euer Werk zuschanden", es denen zurufen, die in übermenschlicher Arbeit verrottete Gesellschaftssysteme angegriffen haben? Ein Zweifaches ist da zu sagen. 1. Die Voranschläge unseres menschlichen Erneuerungsstrebens stimmen nicht. Scheinbar sind alle Voraussetzungen da, um einen guten und starken Menschen zu erziehen, die Einflüsse richtig abgestimmt bei der Erziehung des Einzelnen wie bei der Formung ganzer Volksschichten. Aber die Rechnung geht nicht auf. Ein junger Mensch irrt, fällt, entartet wider alle Voraussetzungen der Erblehre. Ein Volk hat keinen Segen wider alle Willensanstrengungen. Eine ideale Gesellschaftsordnung wird zum Zuchthaus.

2. Nicht nur, daß unsere Voranschläge nicht stimmen, und — obgleich das Ziel erreicht sein müßte — die Bilanz immer einen Fehlbetrag aufweist. Es finden sich auch in der Bilanz Posten, die wir nicht eingetragen haben, Posten rätselhaften Ursprungs, die uns mit gespenstischen Augen ansehen. Es ist mit unserem Erneuerungsstreben wie mit einem Bau, an dem wir arbeiten. Wenn der Bau fertig ist, erweist sich plötzlich, daß er nicht nach unseren Plänen gearbeitet ist. Wo wir lichte Festsäle bauen wollten, stehen dunkle Verließe. Wer hat unseren Plan verdorben? Fremde Hände haben mitgebaut. Wir aber konnten es nicht sehen, weil wir im Dunklen arbeiteten. Als der Morgen anbrach und das Werk fertig war, zeigte sich der Einschlag der Finsternis. Denn nur im Schein des Wortes Gottes arbeiten wir im Licht. Ohne den Lichtschein seines Wortes wissen wir gar nicht, mit wem wir arbeiten. Daher die rätselhafte Überraschung. Wir hatten die edelsten Absichten, die reinsten Losungen, und in unser mit Herzblut umkämpftes Werk hat sich wieder das Böse eingeschlichen, das Innere verfinstert und die Fassade verdorben. All unser Wirken steht unter dem Fluch der Finsternismächte und bedarf der Erlösung; denn wir leben in einer gefallenen Welt.

4.

Damit sind wir am Anfang angekommen. Das moderne Wort „Erneuerung" ist hohl ohne das veraltete Wort „Erlösung". Auf die übermenschlichsten Anstrengungen, Neues zu bauen, entdecken wir immer wieder, daß der Mensch nicht neu geworden ist, wirkliche Erneuerung nur aus dem Neuen kommen kann. Neues gibt es aber nur, wo Erlösung ist. Darum wird alles menschliche Ringen um Erneuerung zuletzt doch zuschanden. Es ist nur eine Frage der Zeit. Die Ziele unseres Erneuerungsstrebens sind gut als Aufgaben, aber nicht als Quellen der Erneuerung. Als solche sind sie „Trug", „Greuel", „Holzklotz", „Asche". Das Rätselhafte ist aber, daß Greuel, Trug, Holzklotz und Asche uns so sehr blenden können, daß sie Menschenalter hindurch uns mit Augen ansehen, als wären sie allen Lebens, allen Wunders und aller Mächtigkeit voll, so daß Tausende, Millionen gebannt und hingerissen von ihrem Glanz hintaumeln wie Nachtfalter in das Licht.

Man nennt das Massenpsychose, Ansteckung, Suggestion. Gottes Wort sagt: Es ist Gericht, Verdunkelung, die von ihm kommt. „Verklebt hat er ihre Augen, daß sie nicht sehen." Es ist der Fluch, den

Gott an alle Überschätzung des Erschaffenen, an alle Verehrung des Geschöpflichen am Schöpfer vorbei knüpft, daß er Wolken von Verdunkelung ausbreitet. Alle Erneuerung ohne den Gott der Bibel wird letztlich zuschanden, weil alles Erneuerungsstreben der Erlösung bedarf. Es ist ein tiefernstes Bild, wenn eine Menschheit, von Gott geblendet, von Dämonen besessen hinter Irrlichtern her dem Abgrunde zujagt, oder aber im Ertrinken nach Wolken blickt und nach Strohhalmen greift statt nach dem zugeworfenen Rettungsseil. Wer Asche weidet..., nicht rettet er seine Seele, nicht sagt er sich: Ist es nicht Trug in meiner Rechten?" Alle menschlichen Religionsformen, alle menschlichen Erneuerungsbestrebungen sind letztlich wie die emporgereckten Arme einer Schar von Ertrinkenden, die sich aus den Wellen gen Himmel recken. Kann solch ein winziger Menschenarm den Himmel erreichen und ihm das Geheimnis der Erneuerung entreißen? Erlösung und Erneuerung könnte es nur geben, wenn ein übermenschlicher Arm sich von oben herabstreckte.

## II.

So ist denn alles Erneuerungsstreben ohne den Gott der Bibel leeres Haschen hinter Götzen, und Erneuerung wäre nur bei jener kleinen Schar, die – schwer gepanzert und bewaffnet mit dem Worte Gottes – die Reihen schließt, mit klaren, unanfechtbaren Losungen sich um Kirche, Gottesdienste und Sakramente schart? Hat sie nicht, was die Welt nicht hat, besonders in unserer Zeit, da sich Kirche wieder auf das Wort Gottes besonnen hat, da um Kirche wieder gerungen wird und ihre Losungen wieder geläutert werden? –

Aber wie, wenn Gott auch zu dieser kleinen Schar eines Tages sagte: Ich habe nichts mit euch zu schaffen? All eure Gottesdienste gelten gar nicht mir, erreichen mich nicht? Eure ganze Kirchengeschichte ist ein einziger Abfall, und ihre Frucht ist, daß mein Name unter den Heiden gelästert wird? –

Die dritte Gerichtsverhandlung sagt: Man kann Gottes Wort haben, kann die Vorschriften der Bibel für unsere Gottesdienste befolgen und doch ebenso wie die Welt einem Götzen dienen, Menschenwerk treiben. Auch der Kampf um die reine Lehre, erst recht die Neuorganisierung der Kirche nach äußeren oder inneren Maßstäben, auch im brennenden Eifer betriebene Verkündigung, selbst Gebete und Kampf um sittlichen Gehorsam, Zucht und Reinigung innerhalb der Gemeinde und der Amtsträger kann Menschenwerk sein. Darauf läßt sich keine Kirche bauen, davon keine Erneuerung unseres Volkes erhoffen. Das kann ebenso zum Himmel gereckter Menschenarm sein, der den Himmel nie erreichen wird, ebenso unter dem Bann und Fluch der Sünde stehen. Voller Ehrgeiz, Habsucht und sittlicher Entgleisungen bedarf es der Erlösung.

Alles menschliche Erneuerungsstreben, ob draußen oder innerhalb der Kirche, steht unter dem schrecklichen Gesetz der Leistung. Leistung ist ein Berg, der zwischen Gott und uns steht, und das Gesetz – das geschriebene vom Sinai und das ungeschriebene der Gewissen – hetzt uns im Namen Gottes diesen Berg hinan. Doch der Berg ist so steil, daß wir nie auch nur seine Vorgebirge zu erklimmen, unser Zurückbleiben und Versagen so tief, daß wir nie hinüberzukommen hoffen dürften. Uns wäre nur geholfen, wenn Gott von drüben über diese Mauer herüberkäme, so daß wir mit Gott gegen sie anrennen könnten. Denn „mit meinem Gott (kann ich) über die Mauer springen", heißt es Ps. 18,30. Von Gott zur Erneuerung, nicht: über die Erneuerung zu Gott, heißt der einzige Weg. Wenn Gottes Gegenwart und lichte Güte täglich und stündlich Ausgangspunkt statt Ziel unseres Weges wäre, wären wir auf dem einzigen Wege zur Erneuerung.

## III.

Aber in Jesus hat Gott seinen Fuß über die Mauer gesetzt, die uns auf ewig von ihm trennte. Durch Jesus hat Gott abschließend unsere Erlösung vollbracht. In Jesus hört der Fluch auf. In ihm ist die Tür zum Herzen Gottes offen, so daß jeder – ohne erst Verfehlungen zu beseitigen, ohne erst Leistungen zu vollbringen, ohne erst Berge zu erklimmen – so wie er ist vor Gott treten und mit Gott seinen Weg beginnen kann. Statt der tausend Hände, die sich ohnmächtig zum Himmel reckten, streckt in Jesus sich des einen Gottes Hand nach uns aus, schneidet die Stricke durch, mit denen wir an das gebunden sind, was war, vertreibt die Finsternis, in der wir arbeiteten, und stellt uns in ein völlig neues Dasein hinein – aber nur in Jesus persönlich. Mit ihm verbunden, sind wir dem Fluch entnommen.

Solange wir für ihn eifern, über ihn reden, nach dem Gesetz seines Wortes uns zu erneuern streben, sind wir dürres Land, vielleicht voll guten Willens, aber unfruchtbar. Aber wenn wir unsere Unfruchtbarkeit vor ihm eingestehen und nicht mehr von irgendwo anders her Erneuerung und Erlösung erhoffen, sondern unser Herz wie dürres Land vor ihn tragen, öffnet er die Gitter seines Wortes, daß es sich aus einem Zaun in eine Pforte für seinen Geist verwandelt und wird in der Gemeinde und seinen Kindern gegenwärtig. Seiner Sprache, seiner Gegenwart, seinen Kräften stillehalten, unter der Führung seines Geistes bleiben, – das ist Erneuerung.

Erneuerung ist Aufgeben der Selbsttätigkeit und Selbständigkeit, darum aber nicht Untätigkeit, ebenso wie der Wagen der elektrischen Bahn, wenn er an den Strom angeschlossen wird, darum nicht stillesteht. Seinem Geiste stillehalten, seiner Führung sich übergeben, kann rastlose

Arbeit, unaufhörlicher Kampf werden, kann hart ankommen, ein Sichverzehren sein, kann aber auch wie stilles Brachliegen und Untätigkeit aussehen, je nach seines Geistes Zug und Kommando. Seinem Geiste stillehalten, heißt: mit dem Tätigsten, Wirksamsten und Rastlosesten – dem Schöpfer Geist selbst – Tuchfühlung behalten. Menschen, die seinem Geiste stillehalten – und wären sie noch so unbedeutend –, sind auch innerhalb der Gemeinschaft und des Volkes die stillen Kanäle, in denen Gottes Kraft strömt und auch durch den Leib der Volksgemeinschaft kreist. Ob ein ganzes Volk lebt und sich erneuert, hängt davon ab, ob es darin diese verborgenen Blutadern gibt, durch die der Kreislauf des Blutes Jesu warm und lebendig pulst. Wo es solche Menschen gibt, da ist Leben, das selbst wieder Leben zeugt. Wenn auch von dem Regen, der dieses Leben zeugte, nichts zu sehen ist, – an den Wirkungen um solche stille Menschen her soll man, wie am Pflanzenwuchs in der Wüste, spüren, daß Wasser nahe ist.

Zwei Gesetze aber stehen über dieser Erneuerung. Das erste lautet: Ihr Ursprung liegt nicht in unserer Hand. Wir können nicht erzwingen, daß es regnet. Wir können nur auf seinen Ruf: „Kehre um zu mir, denn ich habe dich losgekauft! ... Ich gieße Wasser auf das Durstige" – unsere Wege der Erneuerung verlassen und zu ihm kommen wie ein dürres Land. – Und das zweite Gesetz lautet: Wenn er dann regnen läßt und es seines Geistes Regen ist, macht er uns nicht selbständig, groß und reich, füllt uns nicht mit Gefühl und Stimmung, sondern macht uns zu Knechten, macht uns ihm hörig. Aber Höriger Jesu sein, ist nicht Last, sondern Seligkeit. Von solchen Hörigen geht eine stille Segenskraft auf alle Welt aus. In einem einzigen Hörigen Jesu ist das neue Leben, die neue Schöpfung, das ganze Himmelreich anwesend. Darum ist ein einziger, erst recht ein Kreis von Hörigen Jesu, Anlaß zum Jubel für die ganze Schöpfung.

Das Schicksal der Kirche und der Welt hängt daran, daß die kleine gepanzerte Schar still und arm wird, wieder nach dem Regen ausschaut, wenn es regnet, dem Geist stillehält und sich von ihm formen und erneuern läßt. Es liegt alles daran, daß wir der Welt nicht mehr nur *über* Jesus predigen, sondern *ihn selbst* bekennen und bezeugen, nicht nur in Worten, sondern in Kraft.

# Zweiter Teil

## Das geschichtliche Werkzeug der Weltpolitik Gottes: Cyrus

**Das Gericht über die Herrlichkeit alles Fleisches. – Gottes Werk in der Geschichte und das Wort. – Das Ziel seines Werkes in der Geschichte**

Leitwort: „Es vertrocknet das Gras, es verwelkt die Blüte,
denn der Odem Jahwes bläst darein ...
das Wort aber unsres Gottes besteht in Ewigkeit."

### Einleitung

Weltgeschichte ist Schöpfungsgeschichte. – Gottes Werk in der Geschichte macht menschliches Erkennen zuschanden. – Gottes Werk in der Geschichte ist Bestätigung seines Worts

Jes. 44, 24 – 28:

(24) **So spricht Jahwe, dein Loskäufer**
**und dein Bildner von Mutterleibe:**
**Ich bin Jahwe, der alles macht,**

**der ausspannt die Himmel allein,**
**der festigt die Erde aus eigener Kraft;**
(25) **der zerbricht die Zeichen der Opferbeschauer,**
**und die Wahrsager macht er zu Narren;**
**der umwendet rückwärts die Weisen,**
**und ihr Wissen macht er zu Torheit;**
(26) **der aufrichtet das Wort seines Knechts,**
**und den Rat seiner Boten vollführt er;**

**der spricht zu Jerusalem: Es sei bewohnt!**
**und zu den Städten Judas: Sie werden gebaut!**
**und ihre Trümmer richte ich auf;**
(27) **der spricht zur Tiefe: Versiege,**
**und deine Ströme trockne ich aus!**
(28) **der spricht zu Cyrus: Mein Hirte,**
**und all mein Wohlgefallen soll er vollführen;**
**der spricht zu Jerusalem: Es werde gebaut!**
**und zum Tempel: Er werde gegründet!**

(24) „Ich bin Jahwe, der alles macht" ist die Überschrift dieses Abschnitts. In einer Zeit gewaltiger Erschütterungen und Umwälzungen, die an den Grundfesten der Staaten und Völker rütteln, offenbart

Gott sich als der einzige Urheber alles Gewordenen und Werdenden, alles Bestehens und Vergehens, alles Werdens und aller Wandlung. Schöpfung und Geschichte sind nicht mehr zwei getrennte Begriffe. Die Schöpfung, die diese Welt ins Dasein rief, die Kraft, die sie im Dasein hält, und die Geschichte, die sich auf dieser Welt abspielt, sind eine einzige große Einheit. Jahwe stellt seine Gemeinde, die ratlos vor den Bewegungen der Geschichte steht, und das Heidentum, das Anspruch erhebt, diese Geschichte zu deuten, vor die Schöpfung. Ganz allein, ohne daß unsere Augen ihn dabei begleiten, ohne daß unsere Hände ihm dabei helfen, als der verborgene Herr schuf und erhält er die Schöpfung. Ebenso wirkt er auch die Geschichte. Geschichte – ebenso wie Schöpfung – ist Geheimnis und Wunder.

(25–26 a) Darum macht die Geschichte – ebenso wie die Schöpfung – alles menschliche Bemühen, sie zu deuten und vorherzusagen, zuschanden. In zwei eindrucksvollen Gestalten verkörpert, erhob in jener Zeit menschliches Erkennen den Anspruch, Welt und Geschichte zu verstehen und zu meistern. Auf der einen Seite als frommes Wissen, als religiöse Spekulation der Pseudokirche Babels. Die oberste Stufe im mächtigen Stufenturm ihrer Priesterhierarchie bildete die Klasse der Wahrsagepriester. Im Bunde mit der Religion hatte der menschliche Verstand hier in Jahrtausenden Gesetze erforscht, Systeme erarbeitet, tiefe Zusammenhänge zwischen dem Gang der Gestirne, den Schicksalen der Menschen und dem Gang der Geschichte gefunden. Aus jahrtausendealtem Wissen heraus verkündigte diese Priesterschaft Einzelnen und Völkern, Privatleuten und Staatsmännern Orakel und Zukunft. Sie erhob den Anspruch, in die Werkstatt der Schöpfung und der Geschichte hineingesehen zu haben.

Auf der andern Seite erhob – vom Westen angeregt – ein von der Vormundschaft der Religion befreites Denken sein Haupt. Als erste Vorboten des Rationalismus regten sich Weisheit als theoretische Philosophie, die die Schöpfung in ihrer Entstehung aus dem Stoff und der Kraft begreifen wollte, und Weisheit als praktische Lebensklugheit, die die Gesetze des Handelns und des Nutzens mit dem Griffel der Vernunft statt im Auftrage der Götter zu schreiben unternahm. Das waren die Naturphilosophie des kleinasiatischen Griechentums und die Spruchweisheit des Orients.

Der Einbruch des Cyrus, der den Karren der Weltgeschichte aus den alten Gleisen warf, soll in gleicher Weise das fromme Wissen wie die Weltweisheit über den Haufen werfen. Ebenso wie die delphischen Orakel den Krösus und sein Reich nicht gerettet haben, werden die Orakel der Götter Babels ihre Staatsmänner täuschen. Der Gang der Geschichte wird die Methoden („Zeichen") des frommen Wissens „zerbrechen" und seine Träger, die Wahrsagepriester, als „Narren" bloßstellen.

Die Welterklärungen der Philosophen, die Lebensklugheit und Politik der Vernunft werden zur „Torheit", ihre Verkünder („die Weisen") müssen umlernen (werden „umgewendet rückwärts"), müssen kehrtmachen, wenn Gott sich offenbart als Gott des Winkelvölkchens Israel und das Wort seiner ungelehrten „Boten", der Propheten, bestätigt, das Wort des letzten großen Boten, „seines Knechtes", der zuschanden wurde, „aufrichtet".

(26 b – 28) Geschichte ist Schöpfung. Wie die Schöpfung durch das Wort wurde, durch ein machtvolles „Es werde" nach dem andern Tagewerk sich an Tagewerk reihte, ebenso wird Geschichte, reiht sich Jahrhundert an Jahrhundert, Weltperiode an Weltperiode. In dem viermal hintereinander sich folgenden „Der spricht ... Der spricht ..." entfaltet sich die Weltgeschichte als fortgesetztes Sprechen Gottes wie bei der Schöpfung, als machtvolle Kette von Tagewerken, die durch dasselbe Wort, das durch die Propheten spricht, aus dem Nichts ins Dasein gerufen werden.

Auch inhaltlich gewinnt die Weltgeschichte die Gestalt der Schöpfung. Mit dem ersten „der spricht" tritt die Heilsgeschichte mit Jerusalem machtvoll an die Spitze als Thema und Richtung des Geschichtslaufs. Unter diesem Blickpunkt entfaltet sich der Gang der Weltgeschichte. Am Anfang der Geschichte steht – ebenso wie am Beginn der Schöpfung – das Chaos, die große „Tiefe". Das ist die Macht der Auflösung, des Trotzigen, Finsteren, Gestaltlosen, die als Revolution die Ordnungen der Staaten auflöst, als Imperialismus die gottgesetzten Grenzen der Völker niederreißt und das Gesetz ihres organischen Werdens zerbricht. Das ist der Drang zur Macht und Einheit in sich selbst, der ins Chaos führt, ein Drang, der nicht das Vorhandene regieren, sondern nach eigenmächtigem Plan die Welt umgestalten will. Im Turmbau zu Babel am Anfang der Völkergeschichte erhebt er zum ersten-, in der Weltmacht Babel der Endzeit zum letztenmal sein Haupt. Geschichte ist Gottes Kampf mit diesem Drang, Gottes Sieg über die Weltmacht: „Der spricht zur Tiefe: Versiege!" Ja, durch die ganze Weltgeschichte verfolgt Gott die aus immer neuen Quellen aufbrechende, in immer neuen Strömen sich bahnbrechende Macht des Chaos: „Deine Ströme trockne ich aus". Das unangreifbare Babel inmitten seiner vielen Wasserarme ist dem Propheten auch äußerlich Sinnbild der Urtiefe mit ihren Strömen.

In der Mitte der Geschichte steht Gottes Walten durch die ordnende Macht der Staaten und Obrigkeiten. So greift er durch Cyrus ein und richtet ein starkes Regiment der Billigkeit und Ordnung über den seufzenden Völkern der alten Welt auf. Der Chaostiefe, die die Völker verschlingt (Babel), setzt Gott seinen „Hirten", der die Völker weidet, entgegen, Cyrus, der Gottes Geschichtsplan vollstreckt. „Mein Wohlgefallen soll er vollführen."

Am Ende der Geschichte aber steht als Zweck der Vernichtung

der Chaostiefe und als Ziel der Hirtenarbeit des Weltherrschers an den Völkern das neue Jerusalem und der neue Tempel, die Herrschaft Gottes auf Erden und die Wohnung Gottes bei den Menschen, das Reich Gottes. Das ist der Inhalt des letzten „der spricht ...".

## Erstes Kapitel

## Der verborgene und der offenbare Gott

Geschichte als Schöpfung durch das Wort. – Die Verborgenheit des Werkes Gottes in der Geschichte. – Das verborgene Werk Gottes in der Geschichte im Dienst seiner Offenbarung vor allem Fleisch

### A. Das Werkzeug Gottes in der Geschichte

#### 1. Gottes Verborgenheit in der Geschichte für sein Werkzeug

Gott wirkt die ganze Geschichte: Heil, Unheil und das geschichtliche Genie. – Gott gibt seinem Werkzeug Berufsvollmacht. – Gott treibt auch durch das geschichtliche Genie die Politik seines Reiches.

Jes. 45, 1–8:

**(1) So spricht Jahwe zu seinem Gesalbten,
zu Cyrus, den ich ergriffen habe an seiner Rechten,
niederzutreten vor ihm Völker,
und die Hüften der Könige entgürte ich,
zu öffnen vor ihm Türen,
und Tore sollen nicht geschlossen bleiben:
(2) Ich gehe vor dir her,
und die gewundenen Bergstraßen mache ich gerade.
Ich zerbreche eherne Türen
und zerschlage eiserne Riegel.
(3) Und ich gebe dir die Vorräte des Dunkels
und die versteckten Schätze,
um deswillen, daß du erkennst, daß ich Jahwe bin,
der dich ruft bei deinem Namen, der Gott Israels,
(4) um meines Knechtes Jakob
und Israels, meines Erwählten, willen.
Und ich rufe dich bei deinem Namen,
geb' dir Ehrennamen, obgleich du mich nicht kanntest.
(5) Ich bin Jahwe, und nicht ist einer sonst,
außer mir ist nicht ein Gott.
Ich gürte dich, obgleich du mich nicht kanntest,**

(6) **um deswillen, daß sie erkennen vom Aufgang der Sonne**
**und von ihrem Untergang, daß nichts ist außer mir.**
**Ich Jahwe, und sonst ist nicht einer,**
(7) **der da bildet das Licht und erschafft die Finsternis,**
**der da macht das Heil und erschafft das Böse.**
**Ich bin Jahwe, der macht dieses alles.**

(8) **Laßt träufeln, ihr Himmel, von droben,**
**und die Wolken mögen rieseln Heil!**
**Es tue sich auf die Erde**
**und bringe hervor Rettung**
**und lasse sprießen Rechtfertigung zumal!**
**Ich Jahwe erschaffe es.**

(1–3a) Unser Abschnitt beleuchtet, wie und in welchem Umfang Gott durch den Welteroberer wirkt. Auch der heidnische Weltherrscher ist nicht eine tote Schachfigur in seiner Hand, sondern steht in Umgang mit ihm (41, 25), handelt in Berufung und Vollmacht. Cyrus heißt hier „Gesalbter", „Messias". Der Ausdruck bezeichnet das bevollmächtigte Werkzeug, den Statthalter Gottes. So heißen sonst nur Könige des auserwählten Volkes und vor allem der erwartete König der Zukunft. Das Amt, für das dem Cyrus Vollmacht wurde, ist das Gericht an den Völkern: Könige ihrer Waffen und ihrer Macht zu entkleiden, Festungen zu sprengen – auch die hundert ehernen Tore Babels –, Paläste aufzuschließen, Obrigkeit zu stürzen, Macht zu zerbrechen. Das Wort deckt das Geheimnis der geschichtlichen Genies auf, die Luther „die Wundermänner" nennt, das Rätsel ihres Auftretens und Erfolges, die Wurzel ihres Sendungsbewußtseins, das wir bei einem Cromwell, Napoleon u. a. so machtvoll hervortreten sehen und das im „Gottesgnadentum" der Hohenzollern seine demütige Formulierung gefunden hatte. Das Geheimnis der großen Führer ist, daß sie Sieg und Erfolg, Gehör und Gefolgschaft, Autorität und Anerkennung finden, weil sie „Gesalbte" Gottes sind und seine Sendung vollstrecken. Obgleich sie längst da waren, treten sie urplötzlich hervor, weil Gott sie rief. Das liegt in den Worten: „Den ich ergriffen habe an seiner Rechten" und „der dich ruft", „ich gürte dich ... geb' dir Ehrennamen."

Doch dieses Handeln in Vollmacht bedeutet noch nicht, daß das geschichtliche Genie seinen Auftraggeber persönlich kennt. Beruflicher Umgang ist noch nicht persönlicher Verkehr. Knecht und Angestellter sein heißt noch nicht, zu seinen Kindern gehören, mit ihm Gemeinschaft haben. Dem Cyrus muß es erst durch den Propheten verkündigt werden, wessen Werkzeug er ist. Ohne die Botschaft des Propheten war es selbst diesem frommen und gerechten Führer verborgen, wer unwiderstehlich den Weg durch die Geschichte vor ihm ebnete, die Zickzackstraßen des Gebirges „gerade" machte, außen- und innenpolitische Verwicklungen entknotete, Koalitionen, militärische Kräfte und Befestigungsgürtel sprengte, wer ihm die Geldmittel der Welt in die Hand spielte, die aufgehäuften Schätze des reichen Krösus in Sardes ebenso wie der großen Babel, die Reichtümer alter Dynastien ebenso wie das Geld der großen Handelsstädte („die Vorräte des Dunkels und die versteckten Schätze"). Ohne das Wort Gottes war es Cyrus verborgen, daß dieser Herr des Erfolges und der Politik, der Schlachten und der Geldmittel der Welt, das „Ich" hinter seiner Sendung, der Gott Israels war. Darum muß Jahwe es ihm durch den Propheten mit immer neuem „Ich..." sagen.

Aber auch der Sinn seiner Sendung, das letzte Ziel seiner Politik ist dem Cyrus verborgen. Er meint Weltpolitik zu treiben und weiß nicht, daß er Gottespolitik treibt. Mit einem dreifachen „um deswillen" verkündigt ihm Gott den Zweck seiner Lebensarbeit. Sie hat eine Sendung 1. an ihn selbst, 2. an das Volk Gottes und 3. an die Welt.

1. (3 b) Dieses Führer-, Politiker- und Staatenlenkergenie soll das ihm selber unerklärliche Wunder der ihm zufallenden Erfolge im Licht des Wortes Gottes sehen und vor seinem eigenen Werk klein werden, indem er einen Größeren darin erkennt. Für Cyrus ist das einer, der noch viel größer ist als Ormudz, der geistige und sittliche Gott seines Volkes, der Wirker des Guten, der wider die Finsternis streitet. Es ist einer, der sowohl alles Lichtes als aller Finsternis, sowohl alles Guten als des Übels und Bösen, sowohl der Ordnung und der Obrigkeit als des Chaos und der Weltmacht, sowohl des Perserreiches als Babels Urheber ist. Das ist der Gott des vaterlandslosen und heimatlosen Häufleins Israel. Die Botschaft an ihn selbst, die sein Werk in der Beleuchtung durch das Wort Gottes gewonnen hat, ruft Cyrus aus dem beruflichen Umgang in die persönliche Gemeinschaft, aus dem Dienst des Gerichtsvollziehers in die Kultgemeinde, d.i. zur Anbetung und Gemeinschaft des Gottes Israels, den Weltregenten in die Gemeinde des „Wurmes Jakob". Ist das Zumutung oder Begnadigung?

Ob Cyrus dieses Wort hören und zu Demütigung und Begnadigung, die darin liegen, Ja sagen wird, dafür trägt er die Verantwortung. Die Geschichte läßt ahnen, daß es – mit den Augen der Ewigkeit gesehen – die Tragik seines Lebens geworden ist, daß er dieses Ja nicht gefunden. Seinen Auftrag aber mußte er vollstrecken, unabhängig davon, ob er die persönlichen Schlußfolgerungen für sein eigenes Heil daraus zu ziehen entschlossen war.

2. (4–5) Wie unabhängig davon seine geschichtliche Sendung ist, bringt das zweimal wiederholte „obgleich du mich nicht kanntest" zum Ausdruck, das die andern beiden großen Zielsetzungen seines Lebenswerkes begleitet. Wir können schwer ermessen, welche Zumutung es für den

Welteroberer bedeutet, während er um seines Reiches Größe ringt und Herrschaftsbereich um Herrschaftsbereich mit sehniger Hand dem Schicksal entwindet, zu glauben, daß Erfolg und Größe, die ihn umglänzen, nur Abglanz von dem Segen der kleinen Gemeinde Gottes sind, der über ihn fällt. Während er seiner Sendung nachgeht und seinem Volke dient, arbeitet er für ein fremdes Volk, um Gottes in der Ewigkeit gefaßten Plan an diesem zu verwirklichen: „Um meines Knechtes Jakob und Israels, meines Erwählten, willen... geb' ich dir Ehrennamen." Menschliche Vernunft fragt staunend: Welch ein Riesenaufwand für ein so kleines Ziel!

3. (6) Doch das dritte Ziel seiner Sendung zeigt uns, wie riesengroß und weit dies winzig kleine Ziel ist. Der Erkenntnis des Gottes Israels „vom Aufgang der Sonne" bis zu „ihrem Untergang" soll das Lebenswerk des Cyrus dienen. In doppelter Hinsicht ist das wahr geworden. Indem er die Gemeinde entließ und die Wiederaufrichtung Jerusalems freigab, vollstreckte Cyrus an diesem Volk Gottes Verheißungen von Urzeit her und bestätigte vor den Augen der ganzen Welt die Wahrheit des Wortes Gottes. Weiter aber noch baute er ein Riesenreich, das einst mit dem griechischen Kulturkreis des Westens zusammenfließen und in den Jahrhunderten danach im römischen Weltreich aufgehen sollte. So schuf er über die Grenzen der Staaten und Völker hinweg an *einem* großen geistigen Schicksalsraum, in dem sich einst die Weltmission Israels abspielen sollte, baute die Anmarschstraße für die Erkenntnis des *einen* Herrn der Welt und für die Boten seiner Königsherrschaft.

(7) Bisher hatten Volksgötter regiert, ebenso viele an der Zahl als es Völker gab, und im Felde ihres Machtkampfes hatte die Menschheit gelebt. Außer dem Gegensatz zwischen den Volksgöttern hatte sie in der Kampfzone zwischen den lichten und finsteren, guten und bösen, göttlichen und dämonischen Gewalten in ewiger Heilsunsicherheit gebangt. Beschwörungswesen und Aberglaube zeugen von dieser Not. *Ein* Kulturraum, *ein* Herrschaftsbereich über die Grenzen der Volksgötter hinweg und *ein* Herrscher als Vollstrecker des Wortes der Propheten des *einen* Gottes in Rettung und Vernichtung mußte mithelfen, die Grenzpfähle zwischen den Wirkungsgebieten der Götter und Dämonen niederzureißen, die Grenzen, die Menschenenge dem Wirken Gottes gesetzt, aufzuheben, die Erkenntnis Gottes als des Herrn über Glück und Unglück, Entstehen und Vergehen, Gute und Böse, Engel und Dämonen vorzubereiten. „Ich Jahwe, und sonst ist nicht einer, der da bildet das Licht und erschafft die Finsternis, der da macht das Heil und erschafft das Böse." Wir erzittern beim Gedanken, daß Gott auch das Böse erschafft und in den Plan seiner Weltpolitik einfügt. Menschengeist steht hier vor Rätseln und Tiefen, die er nicht mehr ergründen, vor denen er nur noch sich beugen kann. Aber gebeugter Menschengeist steht hier vor Verheißungen, die ihm letzte Zuversicht und Gewißheit im Angesicht der Finster-

nis geben. Selbst das Böse, selbst die Dämonen dienen, ob auch wider Willen, der Weltpolitik Gottes und helfen, sein Reich bereiten.

(8) Vor solcher Größe bricht die Rede ab, und Gott ruft Himmel und Erde zuhauf. Die „Himmel von droben" aus der Welt Gottes ebenso wie der Erde Tiefen aus den Bezirken der Finsternis sollen „Heil" ausströmen. Sind es die Chaostiefen der finsteren Urmacht, die Todestiefen der Unterwelt oder die verborgenen Orte der Erde – dieselbe Erde, die sich auftat, um das aufrührerische Volk zu verschlingen (4. Mose 16, 31–34), soll sich auftun und „Rettung hervorbringen". Wenn Gottes Wort gebeut, muß es von droben herunterfluten und von drunten hervorbrechen, muß die Finsternis Licht gebären, muß „Heil", „Rettung" und „Rechtfertigung", das Wesen, die Substanz des Reiches Gottes, in den dunklen Raum der Geschichte hereinfluten, der verschlossene Himmel sich öffnen und die verfluchte Erde, die dem Menschen seit Kain ihren Segen verwehrte, üppig Heil wuchern lassen.

### 2. Gottes Verborgenheit in der Geschichte für seine Gemeinde

Der Vater und Erzeuger der Gemeinde ist Herr der Weltgeschichte. – Gott ist frei in der Wahl seines Werkzeugs. – Sein verborgenes Werk in der Geschichte steht im Dienst der Zukunft der Gemeinde

Jes. 45, 9–13:

**(9) Wehe dem, der hadert mit seinem Bildner,**
**eine Scherbe bei Scherben von Erde!**
**Spricht auch der Ton zu seinem Bildner: Was tust du?**
**und sein Werk: Du hast keine Hände!?**
**(10) Wehe dem, der sagt zu seinem Vater: Was zeugst du?**
**oder zum Weibe: Was kreißest du?**
**(11) So spricht Jahwe, der Heilige Israels, dein Bildner:**
**Um das Kommende befragt mich, betreffend meine Kinder,**
**betreffend das Werk meiner Hände gebietet mir!**

**(12) Ich habe gemacht die Erde,**
**und die Menschen auf ihr habe ich geschaffen.**
**Ich, meine Hände haben die Himmel ausgespannt,**
**und all ihrem Heer gebiete ich.**
**(13) Ich habe ihn erweckt in Heilsabsicht,**
**und all seine Wege ebne ich.**
**Er wird bauen meine Stadt**
**und meine Gefangnen entlassen,**
**nicht um Kaufpreis und nicht um Geschenk,**
**spricht Jahwe der Heerscharen.**

Daß ein Retter aus Israels Reihen erstehen und von Gott bevollmächtigt werden würde, Israel aus der Gefangenschaft zu erlösen und seine Feinde zu strafen, war Hoffnung, sehnsüchtiges Verlangen, ja Dogma des frommen Judentums. Wann auch hätte Gemeinde Gottes nicht gehofft, daß ihr ein mächtiger Führer erstehen und sie von der geschundenen Magd zur Herrin, aus Unscheinbarkeit zur Größe erheben werde? Und doch ist es Schicksal der Gemeinde Gottes, daß fremde Hände ihre Schmach auf dieser Erde beseitigen, ein Führer aus der Heidenwelt Jerusalem wieder aufbauen soll, so wie Abraham es erfahren mußte, daß Gott über den Heiden Abimelech die Stammutter des verheißenen Samens bewahrte und rettete (1. Mose 20, 1 ff.). Den Sinn der Weltenwende in seinem Schicksal tragen, Zeuge Gottes sein und doch Wurm bleiben, innerlich von Gottes, äußerlich von der Welt Gnaden bestehen, sogar in dieser heiligen Wandlung seiner Geschichte selbst nichts schaffen, passiver Knecht sein, ist unverständliches Schicksal. Fassen wir Bitterkeit und Auflehnung der Gemeinde gegen dieses Schicksal? Damit aber der Mensch nicht auch noch aus seinem Besitz der Offenbarung und des Wortes einen Anspruch machen, aus Gotteserkenntnis und -gemeinschaft Größe, Wissen und Überlegenheit für sich ableiten könne, schickt Gott die Erfüllung seines Wortes so, daß sie alle messianische Vorstellung und alle Theologie in Trümmer schlägt, die Gemeinde wieder bettelarm, horchend und umlernend vor sein Wort und seinen prophetischen Zuspruch stellt.

(9. 10) In zwei Bildern zertrümmert Gott den Anspruch der Gemeinde, ihr Schicksal zu wissen und zu bestimmen, ja auch nur mitzubereden. Das Bild vom Töpfer und der Scherbe unter anderen Scherben zeigt uns das Volk Gottes ebenso hilflos und abhängig von dem Belieben des Herrn der Geschichte, wie alle Völker. Sein Belieben gibt ihm die Gestalt, die ihm paßt, die Rolle, die er ihm aussucht. – Das Bild vom Kinde, das mit den Eltern um seinen Ursprung hadert, sagt: Gemeinde ist nicht nur mit ihrer Gestalt und ihrem Schicksal, sondern auch mit ihrem Leben und Dasein auf Gott geworfen. Hader wider seine Wege ist Hader wider die eigene Zeugung, ist Selbstmord. Ein doppeltes „Wehe dem" beschuldigt die vermessenen Gedanken der Gemeinde des Selbstmordes und der Auflehnung gegen das vierte Gebot.

(11) Aber in einem noch tieferen Sinne ist Volk Gottes schuldiger als andere Geschöpfe, wenn es mit seinem Schöpfer über sein Schicksal hadert. Nicht nur über das Werk seiner Hände wagen sie ihm Vorschriften zu machen, sondern auch über seine Kinder, in deren Erziehung doch kein Fremder dem Vater dreinreden darf, die im orientalischen Hause mehr noch als bei uns Eigentum des Vaters sind.

(12. 13) Daß Gemeinde Gottes überhaupt dem Weltenlenker Vorschriften macht, ist widernatürlich. Er hat die Erde und alle Menschen

geschaffen, auch die Himmel, und dem Heer der himmlischen Heerscharen gebietet er. Er hat auch Recht, Cyrus, den Führer irdischer Heerscharen, zu entbieten. Sollte Menschenwitz dem Gebieter der himmlischen Heerscharen etwas gebieten können? Aber hundertmal mehr noch hat er Recht, durch welches Werkzeug er will, in das Schicksal seiner Gemeinde einzugreifen. Jerusalem ist seine Stadt, die Gemeinde seine Gefangene. Er hat Macht, zu tun mit dem Seinen, was er will.

Gemeinde Gottes sein heißt auf der einen Seite: im Mittelpunkt der Welt stehen, Sinn der Weltgeschichte sein, – auf der anderen Seite: weniger als sonst jemand vor Gott einen Anspruch haben, mehr als sonst etwas in das Belieben seiner Hände gegeben sein, nichts selber haben oder wissen, alles von Gott empfangen, immer unter seinem Wort umlernen.

Cyrus soll die Gemeinde aus der Gefangenschaft befreien. Sie selbst darf nicht einmal soviel mitwirken, daß sie ein Lösegeld zahlen oder durch Geschenk den Welteroberer beeinflussen könnte („nicht um Kaufpreis und nicht um Geschenk"). Als Gnadengeschenk von Gott soll sie es aus der Hand des Heiden empfangen. Wahrlich, Gott baut auch durch die Mächtigen dieser Welt am Wege seiner Gemeinde, aber auch für sie ist sein Bauplan verborgen. Sobald sie ihn begreifen und meistern, nicht mehr lernend unter seinem Wort stehen will, von seinen Wegen sich ein Bild zurechtmacht, wie sie es haben will, wird sein Wirken in der Geschichte ihr Fall und Ärgernis.

## B. Wirkung und Ziel des Werkes Gottes in der Geschichte

### 1. Die Verborgenheit Gottes als Not der Völker

Jahwe wirkt in der Geschichte als der verborgene Gott. – Die Wirkung seines verborgenen Werkes ist der Zusammenbruch des Heidentums. – Die Frucht der Erkenntnis seiner Verborgenheit ist die Sehnsucht nach der Gemeinde

Jes. 45, 14–17:

(14) **So spricht Jahwe der Heerscharen:**

**Der Fellache Ägyptens und die Kaufleute Äthiopiens**
**und die Sabäer, Männer von hohem Wuchs,**
**zu dir werden sie übergehen,**
**dir werden sie gehören,**
**nach dir werden sie wandern,**
**in Ketten werden sie pilgern,**
**und vor dir werden sie niederfallen,**
**zu dir hin werden sie beten:**

**Ausschließlich in dir ist Gott,**
**und nicht gibt's einen sonst, keinerlei Gottheit.**
(15) **Fürwahr, du bist ein verborgener Gott,**
**Gott Israels, Heiland (Retter).**
(16) **Sie sind beschämt und zuschanden geworden allesamt,**
**sie sind in Schande gegangen, die Bildermacher.**
(17) **Israel findet Heil (Rettung) in Jahwe,**
**Hilfe für ewige Zeiten.**
**Nicht werdet ihr beschämt, nicht werdet ihr zuschanden**
**in die Ewigkeiten der Ewigkeiten.**

Standen wir im vorigen Abschnitt noch v o r der Weltenwende, mit der hadernden Gemeinde zusammen den Blick auf das undurchdringliche Dunkel der Zukunft gerichtet, so trägt uns die Schau dieses Abschnitts über die Mauer der bevorstehenden Gerichte hinweg in die Zukunft. Das Gericht ist über die Welt gegangen, Trümmer zeichnen seine Spuren, die Gemeinde Gottes aber ist hindurchgerettet.

(14 a – d) Auf diesem Hintergrunde sehen wir einen eigentümlichen Zug sich auf Jerusalem zu bewegen. Ist es ein Gefangenentransport? So haben manche Ausleger gedeutet. Die Ketten, die sie tragen, die gedrückte Stimmung, die auf ihnen liegt, und die Leibeigenschaft, die ihrer wartet, scheinen dafür zu sprechen. Dann wären es die freien Völker Afrikas, die der Welteroberer in Ketten an Jerusalem vorbei ins Perserreich schleppt, so wie einst die Juden nach Babel geführt wurden. Auf dem Vorbeimarsch an Jerusalem werfen sie sehnsüchtige Blicke auf die Gemeinde Gottes, die im Weltgericht nicht Knechtschaft für Freiheit, sondern Freiheit für Knechtschaft eingetauscht hat. „An dir werden sie vorübergehen", übersetzte man dann. – Die andern lasen: „An dich werden sie fallen, in deinen Besitz übergehen" und deuteten: zu den Füßen Israels läßt Jahwe die gefangenen Völker Afrikas bringen und übergibt sie der Gemeinde Gottes zu Sklaven.

Obgleich diese Erklärungen vorbeigehen, ist es gut, daß so gedeutet wurde. Dadurch wurde man sich des sehnsüchtigen Verlangens und des schweren Druckes, der auf diesem Zuge lastet, voll bewußt. Damit sind wir hart an die Deutung herangekommen. Der Wortlaut des Textes zeigt: das ist kein Gefangenentransport von solchen, die wider Willen geschleppt werden, sondern ein Zug von Pilgern, die sehnsüchtig einem fernen Ziele zustreben. „Nach dir werden sie wandern ... pilgern ..." In dem sechsfachen „Dir" drückt sich die Gewalt und das Ziel dieser Sehnsucht aus. Es ist auch keine Schar von Unterworfenen, die mit Zwang zu Sklaven gemacht werden, sondern ein Zug von Freiwilligen, die sich nach Aufnahme in die Gemeinde Gottes sehnen. Ähnlich wie die

Araber heute mit dem Gesicht nach Mekka gewandt beten, soll Jerusalem Gebetsrichtung für die fernen Heiden werden. Ähnlich wie die Juden und mit ihnen mancher Heide zur Zeit Jesu in Scharen zum Passahfest nach Jerusalem pilgerten, um das Fest der Befreiung zu feiern, so soll ein großes Pilgern der Heiden anheben. Ja, nicht nur Gebetsrichtung und Ziel ihrer Pilgerfahrten soll die Gemeinde den Heidenvölkern werden, sondern Heimat. Sie werden darinnen bleiben wollen, um Aufnahme in die Kult- und Sakralgemeinschaft bitten, „zu dir werden sie übergehen, dir werden sie gehören", während noch „Ketten", die Spuren des Weltgerichts, sie zeichnen, die Zeichen des Drucks und der Knechtschaft auf ihnen lasten.

(14e–17) Die zweite Strophe läßt uns noch tiefer hineinblicken in das, was diesen Pilgerzug innerlich bewegt. „Ausschließlich in dir ist Gott" ist das Bekenntnis ihres Gebets und die Triebfeder ihres sehnsüchtigen Hinüberschauens. Die Erkenntnis: Wir stehen draußen, wir sind ohne Gott, geht im Herzen des Heidentums auf und entfesselt ein großes Pilgern. Wir müssen Enttäuschung und Leid des vergeblichen Suchens heraushören, die noch nachzittern in dem Bekenntnis: „Fürwahr, du bist ein verborgener Gott, Gott Israels, Heiland." Es ist die Erfahrung, daß alle menschliche Erkenntnis und Frömmigkeit vor dem Leben versagte, alles, worauf Menschen bauten, in Trümmer ging, die Gottesvorstellungen der Völker und ihre Gedanken über die letzten Dinge vor dem Weltgericht zerstoben, alles Suchen ins Leere, alle Wege in Sinnlosigkeit mündeten, alles Fragen ohne Antwort blieb. Der Mensch ohne Gott vor dem Chaos war das Ergebnis. Die Ketten als Zeichen äußerer Knechtschaft sind Ausdruck jener inneren Last, unter der das erwachende Heidentum seufzt, von der es keinen Retter weiß.

Selbst vor solchem Zusammenbruch stehend, schaut das Heidentum die Gemeinde Gottes vor der Erfüllung ihrer Sehnsucht; selbst verzagend, sieht es die Gemeinde ihr Haupt erheben; selbst götterlos geworden, hört es den Jubel der Gemeinde, der von der Anwesenheit Gottes in ihrer Mitte zeugt; selbst vor Dunkel und Sinnlosigkeit gestellt, sieht es die Gemeinde anbeten vor Gottes ewigen Plänen, die ans Ziel kamen. Da steigt die Sehnsucht auf, nicht mehr draußen zu stehen, sondern mit der Gemeinde zusammen Gott in der Mitte zu haben. Dieses Doppelte – der Druck der Not, die Erkenntnis der völligen Verborgenheit Gottes und der Blick auf den Reichtum der Gemeinde – ist es, was das Suchen der Heidenwelt weckt.

Eindrucksvoll stellt darum unser Text die Götzenmacher an den Schluß, wie sie in Beschämung abziehen, und Israel, wie es in ewiges Heil einzieht. Das ist das Ergebnis des Weltgerichts und zugleich Botschaft an das erwachende Sehnen des Heidentums: Der verborgene Gott ist ein „Heiland" und bei Israel zu finden.

**2. Der offenbare Gott als Antwort auf die Not der Völker**

Der verborgne Gott ist in der Gemeinde offenbar durch sein Wort. – Die treibende Kraft seiner Weltpolitik ist das Wort. – Das Ziel seines verborgnen Werks ist die offenbare Weltherrschaft Gottes Jes. 45, 18–25:

**(18) Denn so spricht Jahwe, der Schöpfer der Himmel –**
**er ist Gott,**
**der Former der Erde und ihr Vollender,**
**er stellt sie hin,**
**nicht zum Chaos hat er sie erschaffen,**
**zum Wohnen hat er sie gebildet:**
**Ich (bin) Jahwe, und nicht gibt es einen sonst.**
**(19) Nicht im Verborgenen habe ich geredet,**
**am Ort des finsteren Landes.**
**Nicht habe ich gesagt zum Samen Jakobs**
**für Chaos: Sucht mich.**
**Ich (bin) Jahwe, der Heil redet,**
**Wahrheit verkündigt.**

**(20) Versammelt euch und kommt, naht euch miteinander,**
**Entronnene der Völker!**
**Nicht haben erkannt, die herumtragen**
**das Holz ihrer Götzen**
**und die da beten zu einem Gott,**
**der nicht hilft (rettet).**
**(21) Tut's kund und bringt's herbei,**
**ja sie mögen sich beraten miteinander!**
**Wer hat hören lassen solches vordem,**
**von längst her es kundgetan?**
**Etwa nicht ich, Jahwe?**
**Und nicht ist ferner ein Gott außer mir;**
**ein gerechter Gott und ein rettender (Heiland)**
**ist nicht außer mir.**

**(22) Wendet euch zu mir und laßt euch retten,**
**alle Enden der Erde!**
**Denn ich bin Gott und keiner sonst.**
**(23) Bei mir selbst habe ich geschworen,**
**ausgegangen ist aus meinem Munde Gerechtigkeit,**
**ein Wort, das nicht umkehrt:**

**Mir wird sich beugen jedes Knie,**
**schwören jede Zunge:**
(24) **Ausschließlich in Jahwe habe ich – wird man sagen –**
**Rechtfertigung und Stärke.**
**Es kommen zu ihm und schämen sich**
**alle wider ihn Entbrannten.**
(25) **In Jahwe hat Rechtfertigung und rühmt sich**
**aller Samen Israels.**

Inhalt des vorigen Abschnitts war nicht Jubel derer, die fanden, sondern Sehnsucht derer, die erkannten, daß Gott für sie verborgen ist. Diese Sehnsucht wagte nicht, sich zum Gott Israels zu erheben, sondern richtete sich auf seine Gemeinde. Dieser Sehnsucht gibt Gott in seinem Wort dreifache Antwort: 1. Er enthüllt ihr *seine* Gedanken in Schöpfung und Heilsgeschichte. 2. Er enthüllt die letzte Nichtigkeit aller menschlichen Religionen. 3. Er ruft die Fernen heran und schließt ihnen die Tür auf zum Heil, für das er Schöpfung und Geschichte schuf.

(18. 19) Gericht – die letzte Absicht des Schicksals; Zerstörung und Chaos – das Ziel der Geschichte und Schöpfung; völlige Verborgenheit Gottes – die Frucht alles Erkennens; himmelweite Ferne von ihm – das Ergebnis alles Suchens: das war das Dunkel, in das die Wege des Heidentums mündeten, die Botschaft von Gott, die die Geschichte dem Menschen zu sagen hatte. Mit einem zweifachen „Nicht zum Chaos... nicht für Chaos" setzt Gott dieser Botschaft seinen Plan mit Schöpfung und Geschichte entgegen. Als Former und Vollender der Schöpfung sagt er: Ihr Ziel ist nicht das Chaos. Ebenso ist das Ziel der Geschichte nicht Zerstörung, sondern Leben, Heimat, Wirkungsfeld für die Menschen („zum Wohnen hat er sie gebildet"). Ja darin, daß er Schöpfung und Geschichte aus dem Chaos der Urzeit durch das Chaos des Gerichts hindurch zu diesem Ziel führt, erweist er sich als Gott. „Ich (bin) Jahwe und nicht gibt es einen sonst."

Mit einem zweiten „Nicht" weist er über das äußere Wirrsal der Geschichte hinweg auf den inneren Zusammenbruch der Menschheit. Verborgenheit Gottes war und ist Wesen und Urnot aller Religiosität. Gott – das Geheimnis, das man nie erkennen, dessen man nie ganz gewiß und ganz froh werden kann; Geheimnis, um das nur Priester, Theologen oder Eingeweihte wissen, so daß der Mensch auf Vermittler zwischen sich und Gott angewiesen ist; Geheimnis, das hinter Mysterien und Orakeln wohnt, von ungewissem Grauen und Angst umhüllt ist, am Mark des Menschen, seiner Freude und Tatkraft zehrt, als Unsicherheit über seiner Zukunft lastet. Das Weltgericht aber hat alle Versuche des Menschen zerschlagen, durch Priester oder Eingeweihte, durch Wissen oder Methoden dieses Geheimnisses mächtig zu werden und einen Weg aus der Heilsunsicherheit zu finden, so daß das totale Geheimnis das Endergebnis war.

Dieser völligen Verborgenheit setzt Gott sein klares, schlichtes Reden im Wort entgegen. Nicht in Mysterien, Orakeln, nicht durch Priester, sondern jedem – auch dem Nichteingeweihten – verständlich, jeden zur Verantwortung ziehend, jedem das ganze Heil erschließend, hat er unter seiner Gemeinde sich bezeugt im Wort. „Nicht im Verborgenen (‚in der Hülle') habe ich geredet." Aber seine Sprache im Wort ist nicht nur allen verständlich, sondern auch „wahr", leitet das sittliche Streben nicht in Auflösung und Versagen („Chaos"), sondern in die Richtung auf Weg und Leben. „Ich rede richtigen Spruch", meint der Urtext. Er ist seiner Gemeinde darin als Schöpfer und Lenker offenbar und als Helfer und Erlöser gegenwärtig. Die sich an das Wort halten, suchen nicht ins Leere („für Chaos"), sondern stehen vor dem lebendigen Gott.

(20 – 21) Aus dem dunklen Chaos der Weltgeschichte staunen die Völker in den hellen Raum der Heilsgeschichte Israels, in das Licht des unter seiner Gemeinde offenbaren Gottes, der in seinem Wort einen Lichtschein durch die endlose Nacht des Weltlaufes wirft, einen Weg durchs Chaos zeichnet. Rings um diesen Lichtkegel ballt sich Finsternis, die auf der Flucht ist, zittert in ungewissen Umrissen der Riesenschatten eines Unwetters, das niedergegangen ist, dem Untergang eines Schiffes oder den Schrecken einer verlorenen Schlacht vergleichbar, aus der Flüchtlinge kommen. Die Anrede „Entronnene" beschwört den dunklen Schatten dieses Gerichts, vor dem die Völker hilfesuchend flüchten, noch einmal herauf. An dieser letzten Not offenbart sich mit letztem Ernst die Nichtigkeit des Götzentums. Die menschlichen Religionen ließen ihre Kinder blind in diesen Abgrund taumeln, ohne vorher warnen oder nachher retten zu können. „Wer hat hören lassen solches vordem?" „Nicht haben erkannt, die herumtragen das Holz ihrer Götzen und die da beten zu einem Gott, der nicht hilft."

In Jahwes Verkündigung dagegen zeichnete sich von Urzeit her der Umriß dieses Abgrundes schroff und warnend ab. „Wer hat . . . von längst her es kundgetan? Etwa nicht ich, Jahwe?" Jahwe ist der einzige, der auch jetzt aus diesem Abgrund einen Weg weist: „Ein rettender . . . ist nicht außer mir". Ehrliches Suchen kann daran einfach nicht vorbei. Ehrliches Suchen muß in seinem Wort den Schlüssel zum Leben finden und zu der Schau, in der sich die Weltgeschichte aus einem „Buche wüster Greuel" in einen Lobpreis auf den „gerechten Gott" wandelt, den Schlüssel zur Tür aus dem Dunkel ins Licht.

(22 – 25) Auf diesem tiefernsten Hintergrunde ruft Gott über die Flüchtenden („Entronnenen") hinweg die „Enden der Erde" an, die

noch ihren Götzen zugewandt sind: „Wendet euch zu mir!" Das Wort ist erschütternde Aufforderung zur Umkehr, gleich dem Bußruf, mit dem Jesus auftrat: „Erfüllt ist die Zeit, herbeigekommen ist die Königsherrschaft Gottes, kehrt um!" (Mark. 1, 15.) Durch den Ruf zittert unruhig drängende Angst vor dem nahen Untergang: es ist zwölfte Stunde. Aus dem Wort klingt unbändig heißer Rettungswille: „Laßt euch retten!" In diesem Ruf zerreißt das Wolkendunkel, in dem Gott als der Verborgene aus der Geschichte spricht, und wir dürfen wie durch einen tiefen Schacht hineinschauen in Gottes eigenes Werk, sein Retteramt. Der Ruf ist wie das Aufspringen einer Tür. Menschensehnsucht, die erst in zwölfter Stunde unter den Schlägen des verborgenen Gottes erwachte, hat bangend auf diese verschlossene Tür hinübergeblickt. Jetzt wird sie aufgerissen, und dahinter wartet Sehnsucht Gottes nicht erst seit gestern, sondern von Urzeit an auf die Völker.

Das im engen Raum der Heilsgeschichte zusammengedrängte Licht meint die „Enden der Erde"; das dort gesprochene Wort verbürgt der Welt die Rettung. Als feierlicher Schwur an Abraham steht es am Anfang der Geschichte des auserwählten Volkes, und in einem neuen feierlichen Schwur bei sich selbst enthüllt Gott auf dem Gipfel der Heilsgeschichte das Völkerevangelium als Sinn der Aussonderung Israels aus den Völkern, das Wort als Grundlage der ganzen Heilsgeschichte. Für Menschenbegriffe widerspruchsvoll, enthüllt er uns dieses sein Wort als das Festeste und Unveränderlichste, das ewig Ruhende, – und zugleich als das Bewegteste und Unwiderstehlichste, das rastlos Wirkende. Diamantener Felsengrund, der alle Heilshoffnung durch die Jahrtausende trägt, das ist Schwur Gottes bei sich selbst, des Ewigen bei dem, der ist, der er war und sein wird. „Bei mir selbst habe ich geschworen." Zugleich wie ein hereinschießender Lavastrom, der durch alle Widerstände sich Bahn bricht, ist das Wort, das aus seinem Munde „ausgegangen" (wörtlich „ausgezogen" oder „ausgerückt") ist und „nicht umkehrt".

Sein Schwur legt unverrückbar fest, daß er nicht mit einem Teil sich begnügt, sondern die ganze Welt haben will, „jedes Knie" sich ihm beugen, „jede Zunge" sich zu ihm bekennen soll. Das ist „Gerechtigkeit" Gottes. Das ist nichts anderes als seine Weltpolitik, die, was er sich vorgenommen, ans Ziel bringen, was er verheißen, einlösen, was er geschaffen, aus der Herrschaft fremder Gewalten auslösen, alles unter sein Regiment stellen und zur Anerkennung seiner Königsherrschaft bringen muß. Er muß Recht behalten als Schöpfer und als Erlöser und als König. Er behält nur Recht, wenn die ganze Welt als e i n e anbetende Gemeinde zu seinen Füßen liegt, nirgend ein Ort mehr bleibt, der nicht von seiner Erkenntnis voll wäre, nirgend eine Zunge, die nicht zum Lob entbunden, nirgend ein Knie, das sich nicht beugt.

Sein Wort aber wirkt es unwiderstehlich. Es ist unablässig dabei, ihm die Welt zu Füßen zu legen, und es ist wirkungsmächtig. Darum ist es schon Rettung, wenn dieses Wort den Enden der Erde von Rettung spricht.

Aber gerade jetzt als Wort des unumschränkten Weltenkönigs befiehlt es nicht, sondern bittet: „Laßt euch retten!" Der letzte Weltsieg Gottes, der seine Gerechtigkeit offenbart, soll nicht darin bestehen, daß sein Fuß alle Widersacher in den Staub tritt und die Menschen zitternd ihn als den Herrn bekennen, wie die Teufel es schon jetzt tun (vgl. Jak. 2, 19). Sein letzter Weltsieg soll freiwilliges Bekenntnis sein. Dieselben, die aus der Not ihres Draußenstehens heraus der Gemeinde bezeugten: „Ausschließlich in dir ist Gott", bekennen jetzt: „Ausschließlich in Jahwe (dem Gott der Gemeinde) habe ich ... Rechtfertigung und Stärke", d. h.: Wir stehen nicht mehr draußen; wir sind in ihm und seine Kraft und sein Friede in uns. Das ist nicht Bekenntnis der Furcht, sondern des Jubels der Gerechtfertigten. Im Weltgericht gerecht gesprochen, in Gott geborgen, stimmt jetzt nicht mehr nur Israel (Kapitel 41), sondern der Erdkreis ein in dasselbe Lob, das der Apostel Paulus singt: „Gott ist's, der rechtfertigt. Wer will verdammen?" (Röm. 8, 33. 34) „Wenn Gott für uns ist, wer mag wider uns sein?" (Röm. 8, 31).

Welch ein gewaltiger Umschwung vom Pilgerzug des vorigen Abschnitts zum anbetenden Erdkreis! In diese *eine* große Gemeinde gehen alle ein: dieselben, die wider ihn entbrannt waren, „kommen und schämen sich", und „aller Same Israels" (sowohl die, die es dem Blut nach sind, als die, die durch den Geist hinzugetan werden,) rühmt sich der Rechtfertigung. Über Menschenverstehen und -begreifen erhaben ist Gottes Weltpolitik. Ihr letzter Schluß ist „Rettung". „Retten", „Retter", „Rettung" ist das immer wiederkehrende Stichwort unseres Kapitels. „Von ihm und durch ihn und zu ihm sind alle Dinge" (Röm. 11, 36), und er ist „alles in allen" (1. Kor. 15, 28).

## *Theologische Besinnung*

### I.

Wir leben in einer Zeit, da das Problem *Offenbarung und Geschichte* besonders heiß umstritten ist. Von der einen Seite lehnt man sich dagegen auf, daß die Offenbarung Gottes so klein sein soll, daß zwei Deckel eines Buches sie begrenzen können. Ist nicht die Welt Gottes? Spricht nicht Gott auch aus der Geschichte durch die großen Männer der Vergangenheit und Gegenwart? Offenbart er sich nicht in den Schicksalsstunden der Völker? Ist das nicht Offenbarung, was Tausende während des nationalen Aufstiegs ihres Volkes erlebten, was Millionen neue Hoffnung, neuen Lebensmut, neue Kraft, neue Einstellung zueinander, neue Gemeinschaft gab? „Das ist Offenbarung", verkündigten viele nicht nur außerhalb, sondern auch innerhalb der Kirche. Kirchliche Führer bekannten, daß sie nicht unter dem Kreuz, nicht in der Gemeinde, sondern in völkischen Erneuerungsbewegungen ihre Berufung erfuhren. Und was in den nationalen Bewegungen geschah, wiederholte sich in den sozialen. „Gott redet zu uns in der Stimme unseres Blutes", sagten die einen. „Er ist uns nahe in der Kameradschaft der arbeitenden Menschen", sagen die andern, „wir gehen in ihm auf, wenn wir uns an die Gesellschaft hingeben." Auch auf der Gegenseite spürt man: Seltsames geht durch die Zeiten. Das ist wieder Leben und Kraft, schöpft aus Quellen, die jahrzehntelang verschüttet waren, weckt Widerhall in den Tiefen unserer Seele. Die Sprache der Geschichte und das verborgene Gehör unseres Herzens sind irgendwie aufeinander angelegt. Gleichzeitig erkennt man aber: unser Herz und die starken Stimmen der Zeit verstehen sich vielleicht allzugut. Die stille Welt, die wir im Herzen tragen, seit wir Gottes Stimme hörten, und die laute Welt, die uns in der geschichtlichen Stunde umbrandet, sind zwei verschiedene Welten. Die Stimme meines Blutes und die große Sprache der Geschichte sind einander verwandter als der stillen Sprache, die der Geist in meinem Gewissen spricht. „Wenn es aber zwei Welten sind, dann ist die laute Welt draußen vom Teufel", schließen die anderen, „in der Stille unseres Herzens, wenn wir uns unter das Wort der Bibel beugen, im Bruderkreis, wo Christus unter uns ist, in der anbetenden Gemeinde wirkt Gott. Aber draußen im Volk, in den Massen ist lauter Nacht, ist der Tummelplatz der Dämonen."

„Nur durch das Wort spricht Gott", rufen die Einen. „In der Gegenwart offenbart Gott sich in der Geschichte, wie den Juden in der ihren, so einem jeden Volk in der seinen und der Menschheit im Heute", sagen die andern.

## II.

Beide Parteien berufen sich mitunter auf die Bibel. Besonders unseren Propheten hat man den „Propheten der Geschichte" genannt. Von der andern Seite hat man ihm den Vorwurf gemacht, er stehe noch auf alttestamentlicher Glaubensstufe, denn er verkünde den Sieg des Reiches Gottes durch Waffen und Politik. Was antwortet unser Prophetenbuch in Wirklichkeit auf die brennende Frage „Geschichte und Offenbarung"?

Zunächst ist Gottes Antwort ein Hammerschlag, der die enge Kapsel zertrümmert, in der manche Gottes Wirken einfangen wollen. Es ist wahrhaftig nicht möglich, Gottes Sprache zwischen zwei Buchdeckel einzuschließen. Sie ist tatsächlich nicht auf den Buchstaben der Bibel oder den kleinen Bruderkreis beschränkt. Gottes Wirken ist allumfassend. In der Gemeinde wie draußen in der Welt, in den Erweckten wie im großen weiten Volk und allen Völkern der Erde, in der Kirchengeschichte ebenso wie in der Weltgeschichte wirkt und spricht Gott. Sogar in der Finsternis, Übel, Krankheit, Krieg, Wirtschaftskrise, Hunger und Sterben, ja im Bösen begegnet er uns ebenso wie im Licht. Er spricht zu uns durch alles, was uns begegnet. Also auch die Geschichte mit ihren großen Stunden stellt uns vor den lebendigen Gott.

„Doch zugegeben, daß es so ist", erwidern die andern, „so spricht doch Gott aus der Geschichte nur so wie aus Übel und Krankheit. Alles, was außerhalb der Gemeinde Gottes steht, benutzt er, und es dient ihm, aber er benutzt es so wie das Böse, und es dient ihm, wie die Dämonen ihm dienen." – Doch auch diese Antwort weist sein Wort zurück. Es ist nicht so, daß die Welt außerhalb der Gemeinde nur ein Heer von Dämonen und finsteren Mächten wäre. *Gott hat unter den großen geschichtlichen Führern seine Vertrauten und Bevollmächtigten, mit denen er in engem Verkehr steht.* Von dem Heidenkönig Cyrus hören wir, daß er Gottes Gesalbter war, im Gebetsverkehr mit Gott stand und Gott ihn liebte. Gott ist nicht so klein, daß er sich seine Werkzeuge und Boten nur aus seiner Gemeinde wählen müßte. Mitten im Heidentum wählt er sie sich. Wir hörten aber, wie die Gemeinde Gottes so klein war und ihm das nicht gestatten wollte, wie es aber auch schicksalhafter Ernst für die Gemeinde ist, daß sie nicht nur Gott Handlungsfreiheit gibt, sich seine Werkzeuge in der Welt zu wählen, sondern auch sich dem Werkzeug Gottes aus der Welt unterwirft und dem Wirken Gottes in der Geschichte gehorcht.

Wir blicken in Gottes über Menschenverstehen gehenden Plan, wie er sich seine Führer beruft, wie rätselhaft er sie salbt, wie geheimnisvoll er sie mit Vollmacht ausrüstet, wie unerklärlich er ihnen seine Sendung ins Herz legt, wie unwiderstehlich er durch sie wirkt und wie eng er das Herüber und Hinüber im Verkehr mit ihnen gestaltet. Es wirkt jedesmal wieder Überraschung und Staunen, wenn Gott einen Führer schafft wie Cyrus, einen Mann, in dessen Herzen das Schicksal einer Welt sich entscheidet, durch dessen Adern der Pulsschlag einer neuen Zeit schlägt. Es bleibt ein Wunder, wenn Gott durch einen Menschen eine ganze Zeit mitreißt, ein ganzes Volk bannt. Geschichte ist nicht nur ein Gespann von Dämonen, die Gott zäumt. Weltgeschichte ist auch wunderbare Werkstatt Gottes, und geschichtliche Führer sind auch Wunder Gottes. In ihrem Werk wirkt er gewaltiger als zu anderen Zeiten, zum Guten wie zum Bösen.

Doch zugegeben, daß Gott in der Geschichte außerhalb der Gemeinde wirkt und spricht und besondere Werkzeuge hat. „Aber", sagt man, „dieses Wirken hat mit der Gemeinde und dem Reich Gottes nichts zu tun, ist bloß Sicherheitsdienst Gottes, auch ein notwendiger und heilsamer Dienst. Diese böse Welt bedarf gehorsamer und genialer, gerechter und gütiger Polizisten, die das Böse strafen und die Ordnung aufrechterhalten. Aber mehr kommt ihnen nicht zu. Vollends ist abzulehnen, daß ihr Tun irgendwie der Erkenntnis Gottes dienen sollte." – Doch auch dieser Einwand trifft es nicht. Wir sahen in der Auslegung, daß Cyrus die Gemeinde freigeben, den Tempel gründen, die Götzen stürzen, und daß darüber hinaus sein geschichtliches Werk der Erkenntnis des *einen* Gottes dienen sollte. *Es ist Tatsache, daß Gott durch geschichtliche Führer und Bewegungen Voraussetzungen für die Ausbreitung seines Reiches schafft*, Straßen baut, Mauern einreißt, Götzen stürzt wie damals durch Cyrus, Gefängnisse zertrümmert wie damals das Gefängnis der Gemeinde, so in späteren Umwälzungen das geistige Gefängnis des Rationalismus. Gott wirkt und hat auch außerhalb der Gemeinde in der Geschichte seine Boten, und was er durch sie tut, hat auch für den Bau seines Reiches Bedeutung, ist auch für die Gemeinde Botschaft von Gott, und Mißachtung dieser Botschaft wäre Empörung, unabhängig davon, ob diese Botschaft und ihre Verkünder der Gemeinde zusagen oder nicht. Gottes Wort zertrümmert zunächst einmal die engen Zäune, die wir seinem Wirken ziehen wollen.

## III.

Zunächst scheint es, als gäbe die Bibel jenen recht, die – statt auf das Wort – in die Geschichte lauschen. Jedoch bei näherem Hinhören bereitet unser Prophetenbuch denen, die in der Geschichte Offenbarung suchen, eine Enttäuschung. Es zieht klare Grenzen. Besonders unser Kapitel sagt: *Gott spricht durch die Geschichte nur als der Verborgene*. Es macht einen scharfen Unterschied zwischen den zwei verschiedenen Weisen Gottes zu wirken und zu sprechen, zwischen dem verborgenen und dem offenbaren Gott, zwischen Geschichte und Wort, seinem Sprechen in der Geschichte und seiner Offenbarung. Gottes Wirken und Sprechen in der Geschichte ist ein dreifach verborgenes.

1. *Der natürliche Mensch vernimmt nichts von Gottes Plänen und Gedanken, wenn er in die Geschichte lauscht.* Was er zu vernehmen glaubt, sind Seifenblasen und Trugbilder, Träume und Wunschgestalten, die aus dem eigenen Herzen aufsteigen und von den granitenen Wänden der Wirklichkeit widerhallen, als wären es fremde Stimmen. „Fürwahr, du bist ein verborgener Gott!" Wenn der natürliche Mensch in der Geschichte etwas von Gott vernimmt, ist es seine Verborgenheit und Rätselhaftigkeit, seine Undurchdringlichkeit und Unerreichbarkeit. Wenn wir nicht an der Oberfläche stehen bleiben, ist sein Wirken ein dunkles Fragezeichen für

unseren Verstand. Blicken wir doch bloß — um ein einziges Beispiel herauszugreifen — in das Todesgrauen, in dem heute das Schicksal Unzähliger zu landen scheint, und in die Frivolität, mit der alle Völker ohne Ausnahme aus dem Elend der Versklavten oder mit ihren Peinigern ihr Geschäft machen. Was für Absichten hatte Gott, als er das zuließ, ja noch mehr, als er es wirkte, — wenn es wahr ist, daß er alles schafft, das Licht und die Finsternis, die Gemeinde und alle Gewaltherrschaft?

2. Doch das gilt vielleicht nur für den natürlichen Menschen. „Der Christ vernimmt die Stimme seines Vaters nicht nur im Bibelbuch, sondern überall, im Raunen seines Blutes, im Rauschen des Waldes, im Erleben seines Volkes. Er braucht kein geschriebenes Wort, das zwischen ihn und die Sprache des Schöpfers tritt", sagt man. — Doch unser Kapitel zeigt: auch für die Kinder Gottes ist das Wirken des Vaters in der Geschichte zunächst verborgen. Nicht nur die Gemeinde von damals hat sich hadernd gegen Gottes Werk in Cyrus aufgelehnt. Gemeinde Gottes hat wieder und wieder die Stunde nicht verstanden.

3. „Aber weil seine Sprache in der Geschichte verborgen ist", sagt man, „schenkt Gott große Männer, und die Welt ebenso wie die Gemeinde braucht nur zu lauschen auf seine Werkzeuge, die seine Pläne wirken. Dazu ist das Erlebnis der Führung da, an die die Massen sich lauschend hingeben können, um Gottes Sprache zu haben, Gott zu hören und zu finden." — Doch Jesaja erzählt von einem „bevollmächtigten", „geliebten", „gesalbten" Führer, durch den Gott wirkt, mit dem Gott in engster Beziehung steht, und für den Gott doch nur als der Verborgene offenbar ist. Prophetenwort muß den Bevollmächtigten Gottes, der seine Weisungen von oben bekommt, aufklären über Sinn und Ziel seines Werkes, ja sogar darüber, wer sein Auftraggeber ist, dessen Werk er mit beispielloser Hingabe getrieben hat. Durch den Mund des nicht nur der Welt unbekannten, sondern auch dem Gedächtnis des eigenen Volkes namenlos gewordenen Propheten muß Gott sich dem über alle Völker und Zeiten bekannten Weltherrscher, dessen Name in der Geschichte eingegraben ist, offenbaren. Ein merkwürdiger Gedanke: im Umgang mit jemand, in seinem Dienst zu stehen — und ihn nicht zu kennen! Und doch gibt es auch in menschlichen Verhältnissen solch ein Nebeneinander im täglichen beruflichen Verkehr, aus dem nie Gemeinschaft wird. Beruflicher Umgang ist noch nicht persönliche Gemeinschaft.

Aber auch der tiefste Sinn und das letzte Ziel des beruflichen Werkes ist dem geschichtlichen Genie verborgen ohne das Wort Gottes. Vom Worte her fällt dagegen ein helles Licht auf Gottes Werk in der Geschichte. Nur vom Wort aus können wir die Vergangenheit verstehen, nur in seinem Spiegel Gottes Gedanken in unserer Zeit lesen, nur mit dem Hörrohr des Wortes durch alle Nebengeräusche, durch die Stimme des eigenen und des fremden Blutes und der Dämonen hindurch Gottes Stimme in der Geschichte und in den Führern hören. Sie wird vielleicht ganz anders klingen als die Stimme des Volkes, des Führers und des Blutes. Gottes Stimme durch Cyrus und sein Werk klang ganz anders als des Cyrus eigene Stimme. Cyrus verkündigte durch seine Taten Gottes Botschaft, ohne sie zu kennen, ja manchmal im Widerspruch zu seiner eigenen Botschaft.

## IV.

Es ist zwar so, daß Wirken und Sprechen Gottes in der Geschichte auch an der Ausbreitung seines Reiches einen Dienst hat. Aber was ist das für ein Dienst? Zunächst ist es der Dienst des Gerichts über sittliche Faulheit, morsche Zeiten und vermessene Völker, falsche Ideen und Götter. Das ist das Amt des Todes, das Gott als der Verborgene verwaltet und in die Hand seiner geschichtlichen Werkzeuge legt, das Amt, das „die Gewaltigen wie Lehm zerstampft".

Aber das Werk des Cyrus diente dem Reiche Gottes nicht nur, indem es Mauern stürzte, sondern auch indem es die Halle baute, in der das Evangelium verkündet werden sollte, die Halle eines großen geistigen Kulturraumes, und indem es in den Herzen der Fernen, denen Gott ihre Träume und Wunschbilder durch Cyrus zerschlug, die Sehnsucht weckte. Aber auch hier bleibt das geschichtliche Werk nur ein Werk des Hinwegräumens oder des Straßenbaues. Es ist das väterliche und obrigkeitliche Werk der Ordnung und Strafe, das richterliche der Zerstörung, das zuchtmeisterliche der Vorbereitung, das handwerkerliche Werk des Wegbauens. Auch dieses Werk bedarf der Beleuchtung durch das Wort, um Gott darin zu begegnen.

Es ist richtig, daß Gott im Laufe der Geschichte durch neue Bewegungen und ihre Führer Mauern niedergerissen, Schicksalsräume gesprengt hat, so daß neue Offenheit, neue Voraussetzungen für den Einbruch des unsichtbaren Reiches da waren. Das sollte von der Gemeinde Gottes in Demut anerkannt werden. Aber dieses geschichtliche Werk ist ein Pflügen des Bodens. Der Boden — ob er zehnmal gepflügt würde — bleibt dürr, wenn es nicht regnet, tot, wenn nicht Saat darauf fällt. So bleibt alles, was in der Geschichte geredet und getan wird außerhalb der Gemeinde Gottes, tot und dürr, wenn nicht der Same des Wortes hineingeworfen wird, der Regen des Geistes darauf fällt. Ja noch mehr: das Werk jeder Erneuerungsbewegung wird aus Wegbereitung zur Mauer, sobald es für das Reich Gottes mehr sein will als Vorbereitung, Bau an den irdischen Straßen für das

Evangelium, sobald es selbst Reich Gottes sein oder bauen will. Ob es auch widerspruchsvoll klingt: wir können Gottes Stimme in der Geschichte nur dann vernehmen, wenn wir Gott nicht in der Geschichte und unserem Volke, sondern in der Gemeinde und im Wort suchen. Dann erst hören wir ihn auch im Volk und in der Geschichte. Dann wird uns Ursprung, Sinn und Ziel der Geschichte offenbar: ihr Ursprung als Schöpfung Gottes, ihr Sinn als Erlösung, nicht Zerstörung, ihr Ziel als das Reich Gottes.

Das Wort Gottes allein erschließt nicht nur den Sinn der Geschichte, sondern gibt auch die richtige Haltung zur Geschichte, wenn sie uns begeistert ebenso wie wenn sie uns demütigt und Opfer auferlegt. Nur vom Worte Gottes her gibt es über persönliche Neigungen und Abneigungen hinweg nicht nur ein Sichbeugen unter das Unabänderliche, sondern auch ein bejahendes und dauerhaftes Verhältnis zu Obrigkeiten und Regierungen jeder Zeit; ein Verhältnis, das nicht auf Stimmung, Begeisterung und Blindheit, auch nicht auf persönlichen Interessen, Groll und Bitterkeit beruht, sondern auf Gottes Gebot; ein Verhältnis, das Gottes väterliche Gedanken und Reichspläne in der geschichtlichen Gegenwart freudig glaubt und dankbar ehrt, auch wenn es sie nicht versteht.

Aber das geschriebene Wort macht es noch nicht. Israel hatte zu Cyrus' Zeiten reichlich geschriebenes Wort und verstand doch nicht Gottes Sprache in den Ereignissen. Auch das geschriebene Wort muß immer wieder neu von Gott genommen werden.

Zusammenfassend muß gesagt werden: das geschichtliche Werk Gottes selbst hat keinen Eigenzweck. Es hat eine Bedeutung, aber nur eine zeitweilige. Es ist darauf angelegt, zu vergehen und einem Neuen Platz zu machen, ist mit unter jenes Gericht verkauft, aus dem die Entronnenen flüchten. Es ist Kulisse. Hinter den Kulissen verborgen vollzieht sich das große Werk, das alle Gewalt in die Knie wirft, allen Zungen Lob abringt. Durch das Wort nur wissen wir von diesem unsichtbaren Werk, und das Wort allein schafft es. In dem Wort begegnen wir dem offenbaren Gott. Im Spiegel des Wortes sehen wir sein Reich; durch den Kanal des Wortes empfangen wir seine ewigen Kräfte; durch das Kommando des Wortes werden wir ausgerichtet nach seinem Willen und bekommen Berufung, Ernennung, Marschrichtung, Dienstordnung und Kampfbefehl von Jesus.

Zweites Kapitel

# Das Gericht

Geschichte als Bestätigung des Wortes. – Die Schrecklichkeit des Werkes Gottes in der Geschichte für die Herrlichkeit des Menschen. – Das schreckliche Werk Gottes in der Geschichte als Vorbote seines Nahens zur Gemeinde in Herrlichkeit

## A. Das Gericht über die Götzenherrlichkeit

### 1. Die Entlarvung der Götzen und die Bewährung Gottes

Jes. 46, 1–4:

**(1) Zusammengeknickt ist Bel, gekrümmt ist Nebo.**
**Verfallen sind ihre Bilder dem Saumtier und Zugtier,**
**ihre Tragbilder sind aufgeladen, eine Tragbürde für das Müde.**
**(2) Gekrümmt sind sie, zusammengeknickt sind sie zumal,**
**nicht vermögen sie zu erretten die Tragbürde,**
**und sie selber wandern in die Gefangenschaft.**
**(3) Höret auf mich, Haus Jakob**
**und aller Rest des Hauses Israel,**
**die ihr aufgeladen seid vom Mutterschoß her,**
**die ihr getragen werdet vom Mutterleibe an!**
**(4) Auch bis zum Greisenalter bin ich derselbe,**
**und bis zum grauen Haar trage ich selber.**
**Ich selber habe es getan, ich selber hebe auf,**
**ich selber trage und errette.**

(1–2) Als sänken auf einmal der Mont Blanc und der Mount Everest ein und gäben das Zeichen für den Ausbruch eines Riesenerdbebens, das alle Berge mitreißt, so knicken plötzlich die glänzenden Gipfel des babylonischen Götterstaates zusammen, Bel Marduk, der Träger von Schöpfermacht und Weltherrschaft, und Nebo, der Ursprung der Weisheit und Prophetie, und ihr Sturz ist das Zeichen für den Zusammenbruch einer Welt. Wir erfahren noch nicht, was die Ursache ist, sondern sehen nur die Wirkungen.

Die herrlichen Tragbilder, die zum größten Fest des Staates und des Kultus am Neujahrstage durch die Stadt getragen wurden, werden wieder hervorgeholt und durch die Straßen geschleppt; aber diesmal nicht von heiliger Priesterhand, sondern vom Vieh, nicht aus Anlaß ihrer Thronbesteigung, sondern ihres Sturzes, nicht zur Freudenfeier, sondern zu hastiger Flucht. In der Schau wird nicht deutlich, was dieser Zug des

Lastviehs mit den Götterbildern auf dem Rücken bedeutet. Ist es ein Gefangenentransport? Dann schleppt der Sieger mit der Beute auch die Sinnbilder der einstigen Weltherrschaft Babels, ihre großen Götter, fort. Oder ist es ein Flüchtlingszug? Dann machen die Götzen den letzten verzweifelten Versuch, diesem Schicksal zu entrinnen. So wurden im Weltkriege beim Nahen des Feindes Bibliotheken, Banken, Kirchenglocken in Sicherheit gebracht. – In beiden Fällen ist das Ergebnis dasselbe. Die Götzen, die hier deutlich von ihren Bildern unterschieden werden, können diese ebensowenig retten wie sich selbst und „wandern in die Gefangenschaft".

Eine Welt des Übersinnlichen, die ein ganzes Zeitalter beherrscht hat, ist entblößt des Heiligenscheines, entlarvt als Fleisch, ihre Götter als Gestaltungen vergänglichen Menschengeistes. Bel Marduk, die Verkörperung des Machttraumes, Nebo, der Ausdruck der Erkenntnissehnsucht des babylonischen Volkes, sie selbst wie ihre Anbetung sind Menschenwerk; Arbeit und Last, Müdigkeit und keine Rettung ist die Frucht, der Zusammenbruch das Ergebnis ihrer jahrtausendelangen Herrschaft. „Zusammengeknickt", „gekrümmt", „gekrümmt", „zusammengeknickt" wiederholt der Prophet, um zu sagen, wie diese strahlende Pracht in nichts zusammengesunken ist. Der Zornesodem Jahwes hat darein geblasen und sie entlarvt als Herrlichkeit des Fleisches, Blüte des Feldes, die vor dem Zorn verwelkt.

(3.4) Feuersbrunst, die alles Holzwerk, das noch so gut hinter Bewurf verkleidet ist, unbarmherzig zerstört, macht nur die Unversehrbarkeit und Dauerhaftigkeit des Stahlbaues offenbar. Im Zusammenbruch, in dem kein Götze entrinnt, bleibt Gott nicht nur, sondern enthüllt und erprobt sich als Gott. Die Erfahrung des Falls wird für die Gemeinde Gottes zur Erfahrung des Aufgerichtetwerdens, die Erfahrung der Schwachheit zur Erfahrung des Getragenwerdens, Todesnot zur Erfahrung der Rettung. Erfahrung des Aufgerichtet-, Getragen- und Gerettetwerdens aber wird zur Erfahrung Gottes als d e s Retters.

Ein unwirklicher Gott in unsichtbarer Ferne, der seine Anbeter in Not versinken läßt, und eine mächtige Kirche voll sichtbarer Pracht, die ihren Anbetern Heimatrecht in dieser Welt und Macht über diese Welt verlieh, – so sah das Verhältnis „Gott und Götzenreligion" mit Menschenaugen gesehen aus. Der Tag des Gerichts kehrt das Verhältnis um, enthüllt die Götzen dieser Welt als Last auf den Schultern des „Müden", von der Kraft ihrer Anbeter zehrend und doch dem Schicksal nicht entrinnend, Gott aber als großen Wanderer, der – unbeirrt durch den Wandel der Zeiten, die Gedanken der Welt und die Untreue der Seinen – die Gemeinde von Jahrtausend zu Jahrtausend als Fracht auf seiner Schulter trägt.

Der Anfang ihres Lebens, der weit zurückliegt, ja über die Anfänge ihres Lebens hinaus schon die werdende Frucht im Mutterschoß, die noch nicht ans Licht geborene Gemeinde, eingebettet in der Geschichte, lag schon aufgeladen auf ihm; und die ferne Zukunft, Greisenalter und graues Haar, Not und Sterben ebenso wie Schwachheit und Sünde liegt auf seinen Schultern. „Bis zum Greisenalter bin ich ... bis zum grauen Haare trage ich ... Ich ... habe es getan, ich ... hebe auf, ich ... trage." Fünfmal hintereinander wiederholend „Ich, ich", enthüllt Gott sein Ich, seine Persönlichkeit als den einzigen festen Punkt im großen Schwanken und Vergehen alles Fleisches durchs Gericht; die einzige Treue, die mitgeht, wenn alle Götzen im Stiche lassen; der Einzige, der selbst bleibt im Gericht und uns trägt durch das Gericht. Vor einer dunklen Zukunft zagend, bekommt sein Volk in seinem Wort die Zusage, daß er es in Ewigkeit tragen wird.

### 2. Das Versagen der Götzenreligion und die Bewährung des Wortes Gottes

Jes. 46, 5 – 13:

(5) Wem wollt ihr mich vergleichen oder ähnlich machen
und mich als Gleichnis setzen, daß wir einander glichen?
(6) Die darschütten Gold aus dem Beutel,
und Silber auf dem Waagbalken wägen sie dar,
sie dingen einen Schmelzer, daß er's mache zum Gott,
sie fallen hin und werfen sich nieder (davor).
(7) Sie heben ihn auf die Schulter, sie tragen ihn,
und setzen ihn nieder auf seine Unterlage, und er steht,
und von seiner Stelle rührt er sich nicht.
Auch schreit man zu ihm, und er antwortet nicht,
aus seiner Bedrängnis errettet er keinen.
(8) Gedenket dieses und stellt euch auf festen Grund!
Nehmet es, ihr Abtrünnigen, zu Herzen!
(9) Gedenket des Anfänglichen von Urzeit her,
daß ich Gott bin und keiner sonst,
Gottheit, und nichts ist mir gleich!
(10) Der kundmacht von Anfang den Ausgang
und von Vorzeit her, was noch nicht geschehen.
Der spricht: Mein Ratschluß soll bestehen,
und all meinen Plan führe ich aus.
(11) Der ruft vom Aufgang einen Stoßvogel,
vom fernen Lande den Mann meines Rates.
Auch habe ich es geredet, auch bringe ich es herbei.
Ich habe es gestaltet, auch führe ich es aus.

(12) **Höret auf mich, ihr starren Herzens,**
**die fern sind von dem Heil!**
(13) **Nahegebracht habe ich mein Heil,**
**nicht ist es fern,**
**und meine Rettung zögert nicht.**
**Ich gebe in Zion Rettung**
**und für Israel meine Herrlichkeit.**

(5–7) Vor allen anderen Zeiten und Stunden enthüllen die Zeiten des Zusammenbruchs und des Gerichts Gott in seiner Nähe und Größe, die ohne allen Vergleich im Vergänglichen ist, seine Größe nicht so sehr im Richten als im Helfen. In vierfacher Abwandlung desselben Gedankens: „Wem wollt ihr mich vergleichen", ja auch nur „ähnlich machen", „als Gleichnis setzen, daß wir einander glichen" dringt Gottes Frage ein auf alle menschliche Vermessenheit, die noch von irgendwo anders Hilfe erwartet, irgend etwas anderes außer ihm mit göttlicher Ehre umkleidet oder mit gotteswürdiger Liebe umhegt, und bringt sie zum Verstummen.

Der verstummenden Vermessenheit enthüllt er noch einmal am Gleichnis der Herstellung der Gottesbilder die Ohnmacht der menschlichen Gottesvorstellungen, zu reden und zu handeln. Nacheinander zieht es an unserem Auge vorüber, wie das Gold aus dem Beutel geschüttet, das Silber gewogen, der Handwerker gedungen, der Götze gemacht, gehoben, getragen, niedergesetzt und angebetet wird. Sie „wägen ... sie dingen ... sie fallen ... werfen sich nieder ... sie heben ... sie tragen ... setzen ihn nieder" usw. In neun verschiedenen Zeitworten hintereinander drückt sich die Rastlosigkeit der Mühe und Arbeit aus, die solche Religion ihren Menschen bringt. In dem eintönigen „er steht ... von seiner Stelle rührt er sich nicht ... er antwortet nicht ... errettet ... keinen" malt sich die völlige Ohnmacht des Götzen zu reden oder zu handeln. Hinter dem scheinbar abgeschmackten Bilde steht eine ganze Welt von Not. Alle Religionen der Menschheit sind Notschrei, der ohne Antwort von den undurchdringlichen Mauern ihres Gefängnisses zurückprallt, so aussichtslos und sinnlos wie das Spiel mit dem stummen Götzen.

(8–11) Ist es aber so um alle Gottesvorstellungen und Götzen bestellt, dann ist alle Vergötzung Bau auf Sumpf, der Baumaterial über Baumaterial nutzlos verschlingt, oder Bau auf unterspültem Grunde, der über Nacht einstürzt, wenn die Zeit der Anfechtung und des Zusammenbruchs kommt. Ja, nicht nur die Heiden, sondern auch die Gemeinde, die zu den Götzen der Welt hinüberschielt (die „Abtrünnigen"), hat sich von den Schultern, die ewig tragen, fortbegeben und steht auf Grund, der schon im Stürzen ist, wie auf abgerissenem Felsvorsprung, der sich schon von der Felswand gelöst hat. Darum kommt aus dem Weltgericht, das alle menschliche Herrlichkeit als Gras enthüllt, die Mahnung an die Gemeinde: „Stellt euch auf festen Grund!"

Aber Gott mahnt nicht nur, sondern deckt auch diesen Grund vor seiner Gemeinde noch deutlicher auf. Gottes Offenbarung von Urzeit an, die sich je und je in der Geschichte der Menschheit und seines Volkes bestätigt und erfüllt hat, ist eine einzige große Predigt von Gott, dem alleinen und einzigen Grunde. Auf dem Hintergrunde der rastlosen Vielgeschäftigkeit der Götzenanbeter und des Schweigens ihrer Götter sehen wir Gott als den rastlos Wirkenden. Er wirkt durch sein Wort, darum ist die Geschichte ein einziges ununterbrochenes Reden Gottes. Drei Worte für „reden" stehen hintereinander, um das auszudrücken. Er „macht kund", d. h. verkündigt im voraus; er „spricht", d. h. wirkt als Schöpfer im Verborgenen seinen Plan; er „ruft", d. h. führt die Erfüllung in den Raum der sichtbaren Geschichte ein. Wirklich reißen die Schleier der Unsichtbarkeit, und in Gestalt eines „Stoßvogels", der auf seine Beute niederfährt, schießt gleichsam die Erfüllung herein in Cyrus. Er wird wieder nicht namentlich genannt. Auf ihn kommt es auch nicht an, sondern darauf, daß das große Weltgeschehen mit seinen Zusammenbrüchen Erfüllung der verborgenen Weltpolitik Gottes ist.

Auch der Sturm, der unaufhaltsam hereinbricht und niederreißt, ist Erfüllung des unaufhaltsam wirkenden Wortes. „Kaum sind sie gepflanzt, kaum sind sie gesät, kaum wurzelt in der Erde ihr Schoß, und schon bläst er sie an ... und der Sturmwind trägt sie wie Stoppeln davon"; so wurde mit dreimal hintereinander hastig hervorgestoßenem „kaum" (im Hebräischen „auch") die jähe Gewalt des Zornesodems gemalt (40, 24). In bewußtem Anklang daran wird hier das Schlag auf Schlag in Cyrus hereinbrechende Gericht mit dreimaligem „Auch, auch" als unaufhaltsames Werk seines Zornes und zugleich Erfüllung seines Wortes enthüllt. „Auch habe ich es geredet, auch bringe ich es herbei ... auch führe ich es aus." Die Botschaft des Prologs: „Alles Fleisch ist Gras ... Es vertrocknet das Gras ... denn der Odem Jahwes bläst darein ... Das Wort aber unsres Gottes besteht in Ewigkeit" ist auch hier der Ausklang. „Mein Ratschluß soll bestehen, und all meinen Plan führe ich aus." Der Weltplan Gottes überdauert.

(12. 13) Angesichts dieser gewaltigen Predigt der zerbrechenden Herrlichkeit einer Welt und des in Verkündigung und Erfüllung sich bezeugenden Wortes wehrt sich das Herz des Menschen in Trotz und Verzagen. Man hat sich daran gestoßen, daß die, die „starren Herzens" sind, neben denen genannt werden, die „fern vom Heil" sind. Israel ist nicht nur „fern vom Heil", sondern fühlt sich auch fern von Rettung. Weil es den Weg mit fleischlichen Augen noch nicht sieht, wehrt es sich gegen Gottes gewaltige Sprache im Wort und seine Bestätigung in den Gerichten

der Geschichte. Es gibt einen Starrsinn des Verzagens, der sich in seiner Not einschließt, sich gegen Gottes Sprache verschließt.

Dabei ist die Rettung zwar noch nicht sichtbar, aber sie steht schon hinter der Tür, und der Glaube könnte ihren nahenden Schritt vernehmen, wenn er auf Gott und sein Wort statt auf die Hilfe der Umwelt und ihrer Götzen lauschen wollte. Nicht auf ferne Zukunft, nicht auf ein Licht am fernen Himmel verweist Gott, sondern auf etwas Nahes, in dem Raum der Geschichte, ja faßbar in der Mitte seiner Gemeinde selber sich Abspielendes. Heil und Rettung sollen innerhalb der Gemeinde für diese und für die Welt erscheinen. „Nahegebracht habe ich mein Heil ... Ich gebe in Zion Rettung." Ja, die Anfechtungen der Gegenwart, die für die Welt Gericht sind, an dem sie verbrennt, sind für die Gemeinde Boten und Anzeichen seines Nahens.

## B. Das Gericht über die Herrlichkeit der Weltmacht

### 1. Die Vermessenheit der Weltmacht und ihr Sturz

Jes. 47, 1 – 10 a:

(1) Steig herab und setze dich in den Staub,
Jungfrau, Tochter Babel!
Setze dich auf die Erde ohne Thronsessel,
Tochter der Chaldäer!
Denn nicht wird man ferner mehr dich nennen
„Feine" und „Zarte".
(2) Nimm die Handmühle und mahle Mehl!
Deck auf deinen Schleier,
heb auf die Schleppe, deck auf den Schenkel,
durchwate Ströme!
(3) Aufgedeckt wird deine Blöße, auch gesehen
deine Schande.
Rache nehme ich, und nicht verschone ich,
(4) spricht unser Loskäufer.
Jahwe der Heerscharen ist sein Name,
der Heilige Israels.
(5) Setze dich schweigend und geh ins Dunkel,
Tochter der Chaldäer!
Denn nicht wird man ferner mehr dich nennen
„Herrin der Königreiche".
(6) Ich zürnte meinem Volk und entweihte mein Erbe
und gab sie in deine Hand.

Nicht gewährtest du Erbarmen ihnen,
überm Greise machtest schwer dein Joch du sehr.
(7) Und du sprachst: Auf ewig werde ich bestehen,
Herrin für immer.
Nicht nahmst du dieses dir zu Herzen,
nicht bedachtest du seinen Ausgang.
(8) Und nun höre dieses, du in Wonne Lebende,
die in Sicherheit wohnt,
die spricht in ihrem Herzen: Ich und nichts außer mir;
nicht werde ich sitzen als Witwe
und nicht kennen Kinderlosigkeit.
(9) Doch kommen werden dir diese beiden plötzlich,
an einem Tage:
Kinderlosigkeit und Witwenschaft – in vollem Maße
kommen sie über dich
trotz der Menge deiner Beschwörungen,
trotz der außerordentlichen Kraft deiner Zaubersprüche.
(10a) Und du vertrautest auf deine Bosheit, sprachst:
Nicht ist einer, der mich sieht.

(1 – 4) Der Sturz aus der Vermessenheit. – „Von der Herrin zur Sklavin" könnte man diesen Abschnitt überschreiben. Als ob der Mont Blanc und der Mount Everest mit einem Mal einsänken, knickten erst die Häupter des babylonischen Götterkreises zusammen. Als ob die Alpen und das Bergmassiv des Himalaja nachstürzten, bricht die Herrlichkeit der Weltmacht Babel hinter ihren Götzen und ihrer Religion her zusammen. Eine zweite Erfüllung des Wortes: „Alles Fleisch ist Gras und all seine Pracht wie die Blüte des Feldes." Der Umbruch wird zunächst mit dem Umschwung vom Schicksal einer verwöhnten Haremsdame zu dem einer Sklavin verglichen. Darin drückt sich der jähe Absturz eines Volkes, einer ganzen Menschenschicht aus feinem Kulturgenuß in die Schwerarbeit aus.

Anschaulich ist das Bild, wie die feine Haremsdame sich vom Thronsessel in den Staub setzt, an der Handmühle die mühseligste Sklavenarbeit leistet, ohne Schleier und Schleppe mit bloßem Schenkel Ströme durchwatet, d. h. als Schwerarbeiterin an den großen Deich- und Kanalbauten arbeitet, ja sogar ihre Frauenehre verliert. Das Entscheidende aber ist: solch ein Absturz einer Menschenschicht oder eines Volkes in Unfreiheit und Fron, solch ein Verlust seiner Kultur ist nicht Unglück, nicht Übermacht der Gegner, sondern ist sittlich begründet in der Rache Gottes. In diesem Fall ist das Schicksal der Weltmacht begründet in dem unsichtbaren Gott der kleinen Gemeinde. Die sichtbare Weltmacht erliegt der unsichtbaren, die Militärmacht Babels dem Herrn der unsichtbaren Heere im Himmel, die Hoheit des Weltstaates und seiner Obrigkeit der Hoheit der unnahbaren heiligen Majestät des Gottes Israels.

(5–7) Vermessenheit als Grenzüberschreitung gegen den Menschen. – Man könnte diesen Abschnitt überschreiben „vom Weltenthron ins Gefängnis". „Herrin der Königreiche", Beherrscherin zahlloser Völker, darüber hinaus Inbegriff aller Herrschaft, Verkörperung des Imperialismus ist Babel. Der Gewohnheit des Befehlens setzt Gott das Gebot des Schweigens, dem Platz an der Sonne im Mittelpunkt der Weltgeschichte die Wohnung im Dunkeln entgegen, d. h. dem Thron das Gefängnis. Der Weltherrscherin, die die Völker unterwarf, eröffnet er, daß er es war, der ihr die Völker hingab, auch sein Volk. Ihre Schuld aber war die Grenzüberschreitung, die zugleich die Schuld aller Weltmacht zu allen Zeiten ist, die Schuld aller Obrigkeit, die Weltmacht im biblischen Sinne wird.

Politische Macht, geschichtliche Sendung sind von oben gegeben, wie wir es in dem Wort an Cyrus sahen, und wollen von oben genommen sein. Staaten und Regierungen haben ihren geschichtlichen Auftrag, ihre gottgesetzten Grenzen und Zeiten, sind Vollstrecker göttlichen Planes, Statthalter Gottes. Die Weltmacht hat sich statt als Statthalterin als Herrin gefühlt. Sie hat ihre Sendung nicht für begrenzt von Gott, sondern für ewig gehalten („auf ewig werde ich bestehen, Herrin für immer"), und hat den Rahmen ihrer Sendung überschritten. Wo sie an Gottes Volk seine Gerichte vollstrecken sollte, hat sie in persönlichem Haß statt in Mitleid gehandelt. Die schweren Lasten, die sie in Gottes Auftrag aufzulegen hatte, hat sie durch selbsterdachte Last vermehrt oder durch Härte bei der Ausführung verschärft, die Alten nicht geschont. „Über'm Greise machtest schwer dein Joch du sehr." Sonderbar! In einem Weltgewitter, in dem ein Volk unter die Räder kam, gibt Gott darauf acht, wie der Sieger mit den Alten umgeht! Nicht blutige Greueltaten, sondern Rücksichtslosigkeiten und allzu schwere Lasten sind es, die Gott erzürnen. Wir meinen: wo gehobelt wird, müssen Späne fliegen. Gott aber wacht bei der Ausführung seiner Gerichte auch über das Wie bis ins Kleinste. Auch Weltgewitter sind keine Entschuldigung für Nichteinhaltung seines ewigen Sittengesetzes, das auch durch außerordentliche Vollmachten nicht aufgehoben wird.

(8–10a) Vermessenheit als Grenzüberschreitung gegenüber Gott. – Erst wurde die Grenzüberschreitung der Weltmacht gegenüber Menschen und Völkern, jetzt wird ihre Grenzüberschreitung gegenüber Gott beleuchtet. Wir erwarten Außerordentliches zu hören: Schändung der Heiligtümer, Ehrfurchtslosigkeit gegen göttliche Gebote. Statt dessen hören wir davon nichts. Die Schuld der Weltmacht ist, daß sie sich im Mittelpunkt der Welt und der Geschichte empfand: „Ich, und nichts außer mir"; das war Raub an Gott. Diese Haltung ist in der Bibel Urbild für die Einstellung der Weltmacht geworden (vgl. Offb. 18, 7 u. a.). Das Wort ist in bewußtem Anklang an Gottes immer wiederkehrendes Selbstzeugnis gestaltet: „Ich Jahwe, und sonst ist nicht einer" (45, 6; vgl. 45, 5; 44, 6. 8; 46, 9; 43, 11 usw.).

Aus diesem Wort spricht eine Gesinnung, die das eigene Heil, das, was dem eigenen Staate oder Volke nützt, die eigenen politischen oder Handelsinteressen zum obersten Gesetz ihres Handelns macht, über dem es keine ewigen Gottesgesetze gibt; eine Gesinnung, die von sich und der eigenen Kraft alles erwartet, die über sich und alles, was Schöpfung und Geschichte dem eigenen Volke an Glück und Reichtum zumaßen, wie über Eigentum verfügt und es genießt („du in Wonne Lebende"). Das ist endlich eine Gesinnung, die in dem, was sie tut oder läßt, für gut oder böse erklärt, sich niemandem verantwortlich weiß: „Nicht ist einer, der mich sieht."

Aus dieser Gesinnung kommt jene selbstbewußte Sicherheit, die vor nichts mehr zittert und überzeugt ist, ihre Kultur und ihr Aufstieg müßten ewig dauern. „Nicht werde ich sitzen als Witwe und nicht kennen Kinderlosigkeit." Witwenschaft und Kinderlosigkeit sind Bilder für Kriegsnot und Niederlage. Nichts weiter als diese Sicherheit ist Babels Grenzüberschreitung gegenüber Gott. Aber gerade wegen dieser Sicherheit kommt über die Weltmacht unerwartet, „plötzlich", und „in vollem Maße" ausgeschüttet, Not und Krieg. Auch daß ihre Priesterschaft mit Gebeten, Bannsprüchen und überirdischen Mitteln, an denen sie so reich war, sich in den Dienst des Staates stellt, um das Fundament seiner Sicherheit im Ewigen zu untermauern, kann sie nicht retten vor Gottes Zorn darüber, daß Gras und Blume des Feldes sich zum Gott machte.

### 2. Ursache und Stützen der Vermessenheit und ihr Versagen

Jes. 47, 10 b – 15:

(10 b) **Deine Weisheit und dein Wissen,**
**das war es, das dich abwendete,**
**und du sprachst in deinem Herzen:**
**Ich, und nichts außer mir.**
(11) **Da kommt über dich das Unheil,**
**nicht weißt du es zu bannen;**
**und es fällt über dich Verderben,**
**nicht vermagst du es fortzusühnen;**
**und es kommt über dich plötzlich**
**Untergang, davon du nicht weißt.**

(12) **So tritt doch auf mit deinen Zaubersprüchen**
**und mit der Menge deiner Beschwörungen,**
**mit denen du dich abgemüht von deiner Jugend auf!**
**Vielleicht vermagst du Hilfe zu schaffen,**
**vielleicht verscheuchst du es?**
(13) **Du hast dich erschöpft mit der Menge deiner Rat(geber).**
**Sie sollen doch auftreten**
**und sollen dich retten, die den Himmel eingeteilt haben,**
**die schauen in die Sterne,**
**die nach den Monaten kundtun,**
**von wannen es kommt über dich!**

(14) **Siehe, sie sind wie Stoppeln,**
**Feuer verbrennt sie.**
**Nicht retten sie ihr Leben**
**aus der Gewalt der Flamme.**
**Nicht ist's eine Kohlenglut zum Wärmen,**
**ein Feuer, davor zu sitzen.**
(15) **So sind dir geworden, um die du dich mühtest,**
**deine Händler von deiner Jugend auf.**
**Jeder geradeaus taumeln sie davon,**
**nicht ist ein Retter für dich.**

(10b–11) Reichtum an Wissen und Kultur als Grund der Vermessenheit. – Die Wurzel der Vermessenheit der ganzen Kultur der Weltmacht liegt in einer gewaltigen Gabe, die gerade dem babylonischen Volke geschenkt war. Vor der ganzen Welt war es berühmt durch sein Wissen um die Geheimnisse des Himmels und Schicksals. Das Wort „Chaldäer" war in den Ohren der Welt aus einem Volksnamen zu einer Berufsbezeichnung für den Weisen geworden. Eine ganze Wissenschaft hatten die babylonischen Priester geschaffen, und diese war auf einem der Zeit weit vorauseilenden wirklichen Wissen um die Gesetze des Himmels und der Sterne gegründet. Nicht nur durch die Macht seiner Heere, sondern noch mehr durch seine in der Religion begründete machtvolle Kultur war Babel vor der Welt und vor sich selbst etwas Außerordentliches. Wir wissen durch die Ausgrabungen, daß über das Wissen in der Astronomie und seine Deutung in der Astrologie hinaus im Beschwörungswesen sich ein verheerendes Streben, die überirdischen Mächte zu beeinflussen, herausgebildet hatte. Der in der Politik des Weltstaates beeindruckende Zug zur Macht wiederholt sich im täglichen Leben im Kleinen, indem der Mensch nicht nur über die feindlichen Mächte, die Dämonen, sondern auch über die Götter verfügen will. Der Mensch will durch seine Gabe des Gebers, durch seine Weisheit Gottes mächtig werden.

Das Gericht aber, das Gott über solche Selbstherrlichkeit verhängt, die aus dem Reichtum seiner Gaben entsprang, ist Zusammenbruch, vor dem aller Reichtum, alle Menschenweisheit elendiglich versagen. „Unheil", „Verderben", „Untergang" wiederholt das Wort in drei verschiedenen Ausdrücken, um es zu unterstreichen. „Plötzlich", „nicht weißt du", „nicht vermagst du", „Untergang, davon du nicht weißt": Plötzlich erweist sich in den Machtmitteln und Berechnungen der hochentwickelten Menschenweisheit ein Loch, ein Unbekanntes, das hereinbricht und den ganzen selbstsicheren Bau der Menschenweisheit zertrümmert.

(12–13) Herausforderung und Bloßstellung der Kultur der Weltmacht. – Die ganze religiöse und weltliche Kultur der Weltmacht, all ihre Künste, in Gottes Rat Einblick zu haben und den Gang des Schicksals zu beeinflussen, fordert Gott heraus. Das Wort erinnert an die feinsinnige Einteilung des Himmels und die Berechnungen der Stellung von Sonne, Mond und Planeten, aus denen der Gang des Schicksals errechnet wurde; astronomische Beobachtungen, die anfangs vielleicht zu metereologischen Zwecken, später zu Orakeln für alle Lebensgebiete verwandt wurden. Nicht nur das Erscheinen der Gefahren, sondern auch die Richtung ihres Anrückens beanspruchte diese Wissenschaft vorherzusagen („die nach den Monaten kundtun, von wannen es kommt über dich"). Um so schmählicher ihr völliges Versagen.

Das Wort enthüllt diese Künste als ein Sich-Abmühen und Müdewerden, darunter das Volk im Tiefsten nicht satt geworden. Das ist das schwerste Gericht über diese gewaltige Kultur: das Volk ist unter ihr nicht stark, sondern schwach und müde geworden, und in dem Augenblick der Entscheidung versagt diese Kultur und rettet nicht.

(14–15) Das Gericht über die Kultur der Weltmacht. – Als Stoppeln vor dem Sturm schauten frühere Worte die Völker vor dem Zorn Gottes, die Mächtigen vor seinem Werkzeug Cyrus. Als Stoppeln vor dem Feuer schaut dies Wort die ganze Kultur ebenso wie die geistigen Führer der Weltmacht. Sie sind Gras, das verbrennt. Das Bild ist dem des Sturmes verwandt, denn auch der Sturm ist Glutwind, der verbrennt. Aber darüber hinaus erinnert es an jenes Feuer, durch das die Gemeinde am Ende der Tage unversehrt hindurchgehen soll, an das letzte Gericht. Ebenso wie nach den Prophezeiungen Jesu die Zerstörung Jerusalems im Jahre 70, ist auch der Zusammenbruch der Weltmacht vor Cyrus ein Ausschnitt aus dem letzten Gericht.

In die Stoppeln faßt die Flamme, und es gibt eine Glut, die nicht fesselndes Schauspiel ist wie Kaminfeuer, an dem man sich wärmt, das man aus sicherer Zuschauerhaltung betrachtet („nicht ist's eine Kohlenglut zum Wärmen"), sondern versengendes Gericht.

Über dem Versagen der Weisheit und der Religion, der geistigen und religiösen Führer, über dem hereinbrechenden Verhängnis flüchtet als Erstes das Geld, auf dessen Macht Babel wie auf ein letztes Bollwerk vertraute. „Jeder geradeaus", nur an sich denkend, kopfüber retten die Handelsleute sich und ihr Vermögen im großen Zusammenbruch. Auch die wirtschaftliche Macht – Babel war Handelszentrum, in dem die Reichtümer der Welt zusammenströmten – ist Gras vor Gottes Weltgericht.

## *Theologische Besinnung*

Das vorige Kapitel enthüllte, welche Botschaft von Gott die Geschichte an die Kirche hat. Dieses Kapitel zeigt, welche Botschaft die Kirche an die Mächte der Geschichte vom Worte Gottes her hat.

„Ist die Geschichte als solche nicht Offenbarung Gottes, so gehört die Botschaft der Geschichte nicht in die Kirche, Politik und Verwaltung nicht auf die Kanzel", ist die Schlußfolgerung bei vielen auf seiten der Kirche. Sie begegnen sich darin mit der Forderung des Staates: „Die Kirche und ihre Botschaft sollen sich darauf beschränken, die Beziehungen des Einzelnen zum Jenseits in Ordnung zu bringen, die Ordnung des Diesseits aber dem Staat und den Bewegungen überlassen, die ihre Berufung im Diesseits und für das Diesseits haben. Kirche soll mit ihrer Botschaft dem Einzelnen die Sünde, den Zorn und die Erlösung in Christus verkündigen, aber nicht die Schuld in den gesellschaftlichen Zuständen, nicht die Fehler der Verwaltung und der Obrigkeit bekritteln, nicht sich in die Politik mischen. Das ergäbe ein feines, reibungsloses Nebeneinanderarbeiten zwischen Kirche und Staat, Gemeinde und Volksbewegung."

So haben es bisher alle großen geschichtlichen Bewegungen gefordert, wenn sie Kritik fürchteten. Solange sie dagegen vom Worte Gottes Bestätigung hofften, haben sie von jeher von der Kirche und ihren Boten verlangt, daß diese im nationalen und politischen Ringen die Bannerträger seien im Kampf wider die Gifte, die den Volkskörper zersetzen, gegen die Geistesmächte, die den Tod bringen; daß die Kirche auch wider falsche Obrigkeit auftrete, neben den Blutzeugen der nationalen und sozialen Bewegungen die Märtyrer der Kirche nicht fehlen, daß ihre Verkündigung die Schäden der Zeit und die Fehler der falschen Obrigkeit aufdecke und strafe. So verlangte es von der Kirche jedesmal die Geistesströmung, die nicht an der Herrschaft war.

Auf der einen Seite heißt es: „Die Botschaft der Kirche muß heraus aus der Politik", auf der andern fordert man: „Die Botschaft der Kirche muß hinein in die Politik und das öffentliche Leben."

## I.

Was sagt Gottes Wort dazu?

1. Zunächst müssen wir feststellen: die prophetische Predigt des Alten Testaments richtet sich immer wieder nicht nur an den Einzelnen, sondern an Volk und Staat. „Aber das ist auch die Schranke der alttestamentlichen Botschaft", antwortet man von der einen; „das erklärt sich aus den Verhältnissen des auserwählten Volkes", von der andern Seite, „wir Heutigen müssen in der Botschaft an das auserwählte Volk nur die Botschaft an die Gemeinde hören." — Daran ist etwas Richtiges, aber es stimmt nicht ganz. Das Wort an das alttestamentliche Bundesvolk hat eine Gemeindebotschaft, aber auch eine völkische Botschaft.

Darüber hinaus enthält das Alte Testament auch noch Botschaft an heidnische Obrigkeit, heidnische Völker und Staaten. Das muß ganz stark unterstrichen werden. Das ist ein Teil im Schatz des Wortes Gottes, den wir nicht unterschlagen dürfen, ein Pfund, das uns auch gegeben ist, um damit zu wuchern. In unserem Kapitel redet das Wort Gottes durch den jüdischen Propheten, den Mann der Gemeinde, hochpolitisch. Es redet die heidnische Obrigkeit an. Während an anderen Stellen der Götze als solcher ohne Namensnennung gebrandmarkt wird, ohne daß gesagt wird, ob privater oder öffentlicher Gottesdienst gemeint ist, nennt das 46. Kapitel mit Namensnennung die obersten Staatsgötter und das 47. die Obrigkeit des Staates, unter dem die Gemeinde lebte. (Marduk war der Gott des Staates Babel, Nebo der Schutzgott des neubabylonischen Herrscherhauses.) Das Wort des Propheten brandmarkt Staatsreligion, Kultur und Politik.

2. Es handelt sich dabei um das immer wieder im Alten wie im Neuen Testament wiederkehrende richtende Wort Gottes an die Weltmacht. Aus einem doppelten Grunde sind wir als Kirche schuldig, dieses Wort weiterzusagen: erstens, weil auch die Weltmacht unter die Obrigkeit Gottes gehört und sein Wort zu hören hat; Gemeinde Gottes soll aber Priesterin und Prophetin, Empfängerin und Künderin dieses Wortes sein, gleichviel ob man sie hören will oder nicht; zweitens aber, weil Volk und Staat für die Gemeinde nicht etwas Fremdes, Tummelplatz der Dämonen, bloß verlorene Welt, sondern göttliches Amt und Gabe sind, die Obrigkeit — Amt, das Volk — Gabe.

Weil Gemeinde Gottes in heißer Liebe, die von Gott kommt, mit ihrem Volk und ihrem Staat verbunden sein und in heiliger, von Gott aufgelegter Verantwortung für Staat und Volk eintreten muß, vor allem, weil sie durch das Wort in der Nacht dieser Welt mit Scheinwerfer und Fernrohr ausgerüstet ist und allein Gefahren sehen kann, die die Welt nicht sieht, — darum ist sie genötigt, für Volk und Obrigkeit auf der Wacht zu stehen, ihnen durch Signale anzukündigen, wann der Feind in Gestalt der Finsternis sich einschleichen, die Weltmacht in unser Volk und unsern Staat einziehen will. Denn Einzug der Weltmacht, ihrer Gedanken und ihrer Gesinnung ist allemal der Tod.

Weltmacht ist von Gott zum Tode verurteilt. Sie ist die Tiefe, zu der er spricht: „Versiege!" In der Empörung wider Gott und auf der Flucht vor ihm sucht sie sich diesem Tode zu entziehen, ersieht sie sich immer neue Völker und Reiche, um sich darein zu verschanzen, immer neue Betten, um als Strom darin auszubrechen und Völker und Reiche, die ihr Strombett wurden, mit sich ins Verderben zu ziehen. Denn Gott „trocknet ihre Ströme aus", wo sie auch aufbrechen.

## II.

1. So ist die Frage ganz brennend: W a s  i s t  W e l t m a c h t? Weltmacht ist nicht an eine bestimmte Zeit, Rasse, Staatsform oder Größe eines Reiches gebunden. In der Bibel erscheint sie in Gestalt der Massenbewegung (1. Mose 11, 1 — 9) wie in der Gestalt eines Führers (Dan. 4, 26 — 30; Jes. 14, 4 — 20); in der Person eines Königs (Hes. 28, 1 ff.) wie in der Verkörperung einer Stadt (Hes. 27, 1 ff.); in Gestalt der Kleinstaaten (Tyrus und Sidon) wie der Weltreiche Ägypten (Hes. 29, 1 ff.; 30, 1 ff.), Babel (Jes. 47, 1 ff.) und Rom (Offb. 17, 1 ff. und 18, 1 ff.); verkörpert in einem Kleinfürsten (Apg. 12, 21 — 23) ebenso wie im Weltherrscher (Dan. 4, 26 — 30). Die Weltmacht ist nicht an bestimmte geschichtliche Formen gebunden, sondern entspringt einer urmenschlichen Gesinnung. Die heißt: V e r m e s s e n h e i t. Ralf Luther*) hat gezeigt, daß dies nicht Schlechtigkeit, sittliche Minderwertigkeit, etwas Dunkles ist, sondern zunächst in einem falschen Messen, einem Sich-v e r messen besteht. Die Bibel faßt das in kurzen Schlagworten zusammen: „Auf ewig werde ich bestehen, Herrin für immer." In all den Weltmachtorakeln gegen Tyrus und Sidon, Ägypten, Babel, Rom bei Hesekiel, Jesaja, Johannes kehren immer dieselben Ausdrücke wieder.

Der Mensch vermißt sich, sobald der Blick auf Gott ihm nicht mehr die Maße für sich selbst liefert. Wer vor dem lebendigen Gott steht, von dem es heißt: „Wer mißt (greift) den Geist Jahwes? ... Die Völker sind vor ihm wie ein Sandkorn", der läuft nicht Gefahr, von sich und seinem Volk zu groß zu denken, sich und sein Volk im Mittelpunkt zu sehen. Wer aber diesen Blick auf den heiligen Gott nicht hat, der ist schon der Gefahr erlegen, Weltmachtgedanken zu haben.

2. Die Gefahr ist darum besonders groß, weil sie gerade dem edlen Menschen droht, der bereit ist zu opfern, sich hinzugeben und sich zu begeistern. Sein Volk, seinen Staat im Mittelpunkt alles Seins zu emp-

*) Neutestamentl. Wörterbuch, S. 194/195.

finden, ist gerade demjenigen Gefahr, der sein Ich, seine persönlichen Vorteile vergessen möchte. Dazu ist es noch Gottes Gebot, daß das Ich hinter Volk und Staat hintangesetzt, für Volk und Staat geopfert werde; Volk und Staat sind wirklich von Gott geordnet. So gleicht sich äußerlich Gottes Gebot und Weltmachtgebot, und Weltmacht kann sich in den Schein göttlicher Ordnung und Setzung kleiden. Und doch ist Weltmacht der Gegner Gottes von Urbeginn an.

Die Vermessenheit wirkt sich darin aus, daß wir – sobald Gott nicht mehr im Mittelpunkt steht – anfangen, Volk, Staat, Gesellschaft für ewig zu halten, ihre Belange zum obersten Gesetz unseres Handelns, zum letzten Maß für Ehre, Sittlichkeit, Recht, Gut und Böse zu machen. Wir fangen an, über das, was uns von Gott gegeben ist, als über unseres Volkes und Staates Eigentum zu verfügen, die Lebensordnungen der Ehe und des Geschlechtes, der Gottesverehrung und der Staatsmacht nach den Interessen des Staates und Volkes zu meistern und zu formen, statt sie nach Gottes Wort zu überwachen und zu schützen. Wir fangen an, in die Lebensordnungen anderer Völker einzugreifen und sie zu zerbrechen, statt sie im Gehorsam gegen Gottes Wort zu pflegen und zu regieren, in die Lebensordnungen des Volkes Gottes einzugreifen und sie nach unseren Gedanken zu gestalten, Gottes Wort zum Vorspann unserer eigenen Ansprüche zu machen. Das Herz der Weltmacht ist Vermessenheit. Sie äußert sich Gott gegenüber in Selbstüberschätzung, Menschen gegenüber in der Politik gegen andere Völker und die Gemeinde Gottes, im Rechtsleben, in Wissenschaft, Kultur, in Reden und Handlungen einer Staatsregierung.

3. Die Gefahr des Einmarsches der Weltmachtgedanken ist aber besonders groß bei begabten, reichen oder großen Völkern, denen von Gott in irgend einer Richtung Schätze anvertraut sind. Die Bibel macht keinen Unterschied des Wertes zwischen den Völkern. Sie weiß aber auch von verschiedener Verteilung der Gaben. Den Völkern, die die Bibel als Weltmacht straft, war Besonderes geschenkt: Tyrus in seinem Handelsgeschick, Ägypten in seiner wunderbaren Fruchtbarkeit durch den Nil, Babel durch seine Macht und Wissenschaft, Rom durch die Fülle von Macht und Kultur, die vom Erdkreis in seinen Mauern zusammenströmte. Je reicher ein Volk, je größer ein Staat, ein Staatsgedanke, desto näher die Gefahr zum Absturz in die Weltmacht, desto nötiger eine Wächterschar, die warnt.

## III.

Die Bibel zeigt den Fluch der Weltmacht auf. Ihre Größe – sei es Macht, Reichtum oder Kultur – verschlingt zwar einen gewaltigen Aufwand, macht aber letzten Endes nicht stark, erhält nicht jung, sondern unter ihr altern die Völker, werden müde und schließlich schwach. Die Seele des Einzelnen und des Volkes bleibt hungrig, wird darum unzufrieden oder schwach, und es kommt in den großen Schicksalszeiten zu Zusammenbruch oder Auflehnung. Wenn es darauf ankommt, wenn die Völker gewogen werden, versagen Macht, Reichtum, Wissen, Kultur und Blut. Den Ausschlag gibt allein der unsichtbare Reichtum aus Gott. Davon, ob er da ist oder fehlt, hängt Bestehen und Vergehen, Vorhalten oder Versiegen der Nervenkraft, Freiheit oder Sturz der Völker ab.

Scharf beleuchtet der Prophet das Versagen der Wissenschaft und Kultur, vor allem das Versagen einer Kirche, die – statt Ohr für Gott und Stimme Gottes zu sein – seiner mächtig zu werden, ihn zum Fundament des Staates zu machen suchte. Eindrucksvoll malt unser Kapitel das Versagen der Geldmacht, die Flucht der Kaufleute. Wir sehen, wie das Geld aus den Staaten flüchtet, an deren Fundamenten Gottes Gericht rüttelt, denselben Staaten, die einst andere mit Tributen und Zahlungen bedrückten. Es gibt keine Erdengröße, die Bestand hat, wenn sie nicht in Gott begründet ist.

Es ist Fluch der Weltmacht, daß ihre Politik, weil sie aus einem Sich-vermessen geboren ist, trotz ungeheurer Machtentfaltung schließlich mit Schiffbruch endet. Mit dem richtigen Maß zusammen geht ihr der Blick für die geschichtlichen Gegebenheiten verloren. Das war ja das Geheimnis der Politik eines Bismarck und eines Wilhelms I., daß sie aus ihrer Demut vor Gott und seinem Wirken in der Wirklichkeit wirklichkeitsnahe Politik trieben. Ihnen verdunkelten nicht Überschätzung der eigenen Person und des eigenen Volkes den Blick für die Wirklichkeit. Es ist Fluch der Weltmacht, daß ihre Vermessenheit, die sie zwangsläufig in den Zusammenstoß mit der Gemeinde Gottes treibt, ihr seinen Zorn zuzieht.

## IV.

Die verschiedene Haltung der Staaten zu ihrer geschichtlichen Sendung tritt in der Gegenüberstellung von Cyrus und Babel eindrucksvoll hervor. Erschütternd ist der Gegensatz. Auf der einen Seite der Weltherrscher, der Jahwes „Ratschluß" (Wohlgefallen) vollstreckt, sein „Hirte" ist, dem Jahwe „Ehrennamen" gibt, den er „liebt", der sogar Gottes „Gesalbter" ist, – und auf der andern Seite die Weltmacht, die Gott Tiefe nennt, die versiegen muß, die er vom Thron in den Staub, aus dem Mittelpunkt der Welt in Schweigen und Dunkel stürzt. Besonders erschütternd ist, daß nur etwa dreißig Jahre früher dieselbe Babel ebenso wie Cyrus Gottes Bevollmächtigte war und ihr König Jahwes „Knecht" hieß (Jer. 27, 1 ff.; 27, 6; Hes. 29, 19. 20; 30, 24), der Gottes Plan an den Völkern und der Gemeinde Gottes vollstreckte. An Babels Stellung zu ihrer geschichtlichen Sendung, die von Gott kam, entschied sich ihr Abgleiten von der Bevollmächtigten zur Weltmacht, vom Werkzeug zum Widersacher Gottes. In Überheblichkeit hatte sie sich selbst zum Zweck ihrer Sendung gemacht, ihre Sendung überschritten und bei ihrer Vollstreckung Gottes ewiges Gebot mißachtet.

Unser Prophetenbuch aber zeigt, daß Geschichte Schirokkosturm ist, Glutwind aus der Wüste, der rastlos tötet. In diesem unausgesetzten Einbruch des Todes verbrennt unaufhörlich alles Vermessene, alle Ausgeburt der Weltmachtgedanken. Vor seinem Zorne bleibt nur, was auf Gott harrt. Entäußert sich eine geschichtliche Macht ihrer Selbständigkeit und gibt sich als Werkzeug in Gottes Hand, so bleibt sie. Macht sie sich selbständig, so verbrennt sie.

## Drittes Kapitel

## Das Wort

Geschichte als werbende Stimme des Wortes. – Die Wunderhaftigkeit der Sprache Gottes in Wort und Geschichte. – Das Ziel seines Redens: der Eintritt des Wortes in die Geschichte (in die „Hülle")

### Einleitung

Die Anrede

Jes. 48, 1–2:

(1) **Höret dieses, Haus Jakob,**
**die genannt sind nach dem Namen Israels**
**und aus den Wassern Judas hervorgingen,**
**die schwören beim Namen Jahwes,**
**und den Gott Israels bekennen**
**nicht lauter und nicht recht!**
(2) **Denn von der heiligen Stadt nennen sie sich,**
**und auf den Gott Israels stützen sie sich;**
**Jahwe der Heerscharen ist sein Name.**

Schon im ersten Teil trat immer deutlicher die Spaltung innerhalb der Erscheinung des Knechtes Gottes hervor: auf der einen Seite der Knecht, durch dessen Gehorsam, auf der anderen Seite der ungehorsame Knecht, durch dessen Begnadigung Gott sich vor den Völkern verherrlicht. Noch deutlicher wird hier dieser Gegensatz. Dort der Knecht, an dem Gott Wohlgefallen hat, der „in Wahrheit" (Treuen) („le-emeth") die Religion hinausbringt (42, 3c), der „der Gerechte" heißt (53, 11c) und um dessen „Gerechtigkeit" willen (42, 21) Jahwe ihn zum Missionar braucht; hier Jakob-Israel, der „nicht in Wahrheit", „nicht lauter" („lo be-emeth") und „nicht in Gerechtigkeit", „nicht recht" („lo bisedaqa") den Gott Israels bekennt; der eine, der im

Vollsinn Knecht, Erfüllung alles dessen ist, was in dem Namen „Jakob", „Israel", „Same Abrahams" beschlossen liegt, — der andere, der in schmerzhaftem Zwiespalt mit seiner Sendung, in Empörung gegen Beruf und Erwählung steht.

Aber nicht nur zwischen Volk und Knecht wird der Gegensatz immer deutlicher, sondern auch innerhalb des Volkes vollzieht sich eine Entwicklung oder bahnt sich eine Scheidung an. Dem Volke, dessen Glieder nach seinem Namen genannt und zu seiner Verherrlichung geschaffen sind (43,7), das Gottes Zeuge vor den Völkern ist (43,10.12b; 44,8), tritt das Volk gegenüber, das sich zwar „von der heiligen Stadt nennt" (48,2) und „auf den Gott Israels stützt", aber zu Unrecht. Ja, dem Volk von solchen, die zwar dem Blute nach nicht zu Israel gehören, aber vom Geiste Gottes berufen, sich zum Gott Israels bekennen und mit dem Namen „Jakob" nennen (44,5), tritt ein Volk gegenüber, das leiblich aus dem auserwählten Volk („aus den Wassern Judas") hervorgegangen, sich zwar zum Gott Israels bekennt und nach der heiligen Stadt nennt, aber zu Unrecht.

Im 45. Kapitel hörten wir von Auflehnung dieses Volkes gegen Gottes Wege, im 46. Kapitel von seinem Starrsinn, der sich in Trotz und Verzagen gegen das Heil verschloß. Hier hören wir, daß dies Volk überhaupt nicht mehr Anspruch hat, Gottes Volk zu heißen. So bahnt sich durch die drei Kapitel des zweiten Teiles eine Verschärfung in der ablehnenden Haltung des Volkes an. Wir erfahren nicht, wo die Grenze zwischen diesen zwei Völkern Gottes hindurchgeht, ob diese zwei Völker Israel vielleicht in ein und demselben Herzen zusammenwohnen oder ob sie sich auf zwei getrennte Gruppen verteilen, ob wir vor einer Entwicklung oder einer Scheidung stehen. Aber wir erfahren, warum es zum Zusammenstoß zwischen dem einen und dem andern Knecht Gottes — dem Knecht im eigentlichen Sinne und dem Volke — kommen muß.

Im dritten Teil spielt sich das Drama im Leben des Knechts vor uns ab. Unser Kapitel schürzt den Knoten. Der Unglaube des Volkes ballt sich zusammen wie dunkles Gewittergewölk, das gegen den hereintretenden Knecht aufsteigt. Licht und Finsternis treten einander zum Kampf auf Leben und Tod gegenüber. Wir erfahren, warum ein unversöhnlicher Gegensatz ist zwischen beiden, obgleich auch das Volk sich zu Gott bekennt. Es gibt ein „leiblich dem Volke Gottes Angehören", ein „mit Bekenntnis und Lob der Gemeinde Gottes Angehören" und doch nicht Angehören, eine Frömmigkeit in der Gestalt des wahren Glaubens, die sich nicht in Wahrheit und Gerechtigkeit der Verheißungen der Heilsgeschichte tröstet und auf den Gott Israels stützt. Diesen Scheinglauben trifft die Anrede unseres Kapitels mit einem gewaltigen „Höret". „Hören" wird das Hauptwort unseres Kapitels. Im Hören tut sich die einzige Möglichkeit zur Umkehr für den Fehlglauben auf, denn hinter dem Hören steht das Reden Gottes, und sein Reden ist Werben. Im Hören oder Nichthören fällt die Entscheidung über Sein und Nichtsein. Wird es zu einem Hören kommen? – das ist die Frage, die über diesem Kapitel und über dem ganzen letzten Teil unseres Buches steht.

## A. Gottes Werben durch Wort und Geschichte

### 1. Weissagung und Erfüllung des „Alten" als Werben Gottes

**Jes. 48, 3–6 a:**

**(3) Das Frühere habe ich von längst her kund gemacht,**
**und aus meinem Munde ist es gegangen,**
**und ich ließ es hören.**
**Plötzlich habe ich es ausgeführt,**
**und es traf ein.**
**(4) Weil ich wußte, daß du hart(en Sinnes) bist,**
**und ein Band von Eisen dein Nacken,**
**und deine Stirne von Erz.**

**(5) Ich verkündigte es dir von vorlängst,**
**als es noch nicht eintraf, ließ ich's dich hören,**
**damit du nicht sagest: Mein Götze hat's gemacht,**
**und mein Schnitzbild und mein Gußbild hat's befohlen.**
**(6 a) Du hast's gehört; schau es (nun) alles!**
**Und ihr, wollt ihr's etwa nicht bekennen?**

(3–4) Wir haben schon gesehen: das „Frühere" umfaßt die Kette von Deutungen und Weissagungen Gottes von der Urzeit an bis zur Befreiung der Gemeinde Israel durch Cyrus in der Gegenwart des Propheten. Unser Wort zeigt die Vergangenheit als ein Werben Gottes, das sich auf doppelte Weise vollzog. Auf der einen Seite war es unermüdliches Hereinsprechen Gottes. „Das Frühere habe ich von längst her kund gemacht... aus meinem Munde ist es gegangen... ich ließ es hören... Ich verkündigte es . . . ließ es dich hören . . . Du hast's gehört." Eine Sturzflut von Ausdrücken für Verkündigung drückt die Unaufhörlichkeit seines Redens und Werbens um sein Volk aus. Auf der andern Seite steht sein Tun, das auch Werbung ist, gerade in der Wechselwirkung mit seinem Wort. Die Geschichte in der Zwiesprache mit der Offenbarung ist Werben Gottes.

Die Auslegung hat sich daran gestoßen, daß Gott erst lange vorher verkündigt und dann unerwartet handelt. Ist das nicht ein Widerspruch? Doch in diesem scheinbaren Widerspruch drückt sich gerade die eigentümliche Wunderart des Handelns Gottes aus, die der Erfahrung des Glaubens vertraut ist: die dem Reich Gottes eigentümliche Spannung zwischen Weissagung und Erfüllung. Gott läßt seine Gemeinde nicht im Dunkeln der Ungewißheit entgegentaumeln, sondern weiht sie ein in den Sinn des Geschehens und in sein zukünftiges Handeln. Er bereitet sie durch unermüdliches Reden darauf vor. Aber — ob es sich um persönliche Gebetserhörungen oder um die großen Verheißungen seines Reiches handelt — wenn es dann kommt, ist es allemal Wunder, stellt es alle Berechnungen und Erwartungen auf den Kopf. Denn Gott ist ein Gott der Offenbarung, der vorhersagt. Er ist aber auch ein Gott der Schöpfung, d. h. des Wunders. Er kennt unsere Verschlossenheit und Unempfänglichkeit, unser hartes Herz, das die Sprache Gottes sich nicht einzeichnen lassen will, unseren steifen Nacken, der sich nicht unter Gottes Wunder beugen, sondern Herr bleiben, alles von sich selbst oder von den Verhältnissen irgendwie auf natürliche Weise ableiten will, unsere „eherne" Stirn, die wir dem Liebeswerben Gottes in seinem Wort und seinen Taten entgegensetzen.

Gottes Taten und Erfüllungen sind unterstrichenes Wort Gottes an uns. Und weil Gott unseren harten Sinn kennt, der seine Worte und ihre Bestätigungen achtlos vorübergleiten läßt, schickt er dies letzte, nachdrücklichste Wort der Erfüllung über Nacht — ob's eine Freude oder ein Gericht ist — als bestürzendes, erschütterndes Wunder, das uns aus Schlaf und Stumpfheit rüttelt. Weil er unsere Art kennt, es uns selber zuzuschreiben, schickt er's so ganz anders, daß wir es nicht erklären können. Und weil er unsere eherne Stirn kennt, die wir seinem Werben entgegensetzen, schickt er es so überwältigend in seiner Güte, so niederreißend in seinem Gericht, daß wir es wirklich hören und ihn darin hören müssen.

(5. 6a) Gleichzeitig aber schickt er es so, daß wir, zurückblickend, uns bewußt werden: Es war Erfüllung. Es führt ein gerader Weg aus der Vergangenheit durch Tiefen, Täler und scheinbare Sinnlosigkeit dieser Erfüllung entgegen. Diese rückblickende Bestätigung und klare Beleuchtung durch das Wort, diese Verankerung der großen Erfahrungen des Glaubens in dem Wort sind aber wiederum ein Riegel gegen alle Ansprüche, die an der Erfahrung des Glaubens rütteln und die Taten Gottes wegerklären wollen, gegen Zweifel und Versuche, das Wunder zu erklären mit Hilfe der Verhältnisse, der Vernunft, der sichtbaren Mächte oder irgend welcher anderer Götzen, etwa der Götter, die die Umgebung verehrte. „Damit du nicht sagest: Mein Götze hat's gemacht."

Israel war in Gefahr, das Gericht, das Babel traf, stumpf und selbstgerecht zu erleben statt als bestürzende Begnadigung, durch die Gott es an sein Herz ziehen wollte. Darum schickte Gott es unerwartet und seltsam durch den Heiden Cyrus. Israel war andererseits in Gefahr, dieses Gericht an Babel anderen Mächten, etwa dem Volksgott der Perser, zuzuschreiben, so wie es sein eigenes Unglück dem Siege Babels und seines Volksgottes zugeschrieben hatte statt Jahwe. Darum schickte Gott dieses

Gericht als Erfüllung lange vorher verkündigter Verheißung. Weissagung und Überraschung gehören ebenso zusammen wie Offenbarung und Wunder, Wort und Glaube; Weissagung, wenn nichts zu sehen ist, was Erwartungen nährt – Erfüllung, die alle Erwartungen über den Haufen wirft.

Wir durften in die wunderbare Wechselbeziehung zwischen Gottes Walten in Wort und Tat hineinschauen. Solches Wunder dient dazu, sein Reden hörbarer zu machen, seiner Gemeinde die Panzerplatten der Stumpfheit, Selbstgerechtigkeit und Abgötterei zu zerschlagen. Es ist wie Schnellfeuer, unter das Gott seine Gemeinde stellt. Die Festung ist der Unglaube, den er zertrümmern will, um aus Stumpfheit ins Aufhorchen, durchs Hören zum Schauen, durchs Schauen tiefer ins Hören, ins Eingestehen und Bekennen zu führen. „Und ihr, wollt ihr's etwa nicht bekennen?"

### 2. Ankündigung des „Neuen" als bestürzende Begnadigung

**Jes. 48, 6 b – 11:**

(6 b) **Ich lasse dich hören Neues von jetzt ab**
**und Verborgenes, und nicht wußtest du es.**
(7) **Jetzt ist es geschaffen und nicht vorlängst,**
**und vor diesem Tage, und nicht hast du es gehört,**
**damit du nicht sagest: Siehe ich wußte es (schon).**
(8) **Auch nicht hast du es gehört,**
**auch nicht hast du es gewußt,**
**auch nicht ist vorlängst aufgetan gewesen dein Ohr.**
**Denn ich wußte: treulos, treulos bist du**
**und abtrünnig vom Mutterschoß an geheißen.**

(9) **Um meines Namens willen halte ich meinen Zorn an,**
**und um meines Ruhmes willen bezähme ich ihn dir,**
**daß ich dich nicht vernichte.**
(10) **Siehe, ich habe dich geschmolzen und nicht wie Silber,**
**ich prüfte dich im Ofen des Elends.**
(11) **Um meinetwillen, um meinetwillen tu ich's,**
**denn wie wird doch entweiht mein Name,**
**und meine Herrlichkeit gebe ich keinem andern.**

(6 b – 8 a) Wieder setzt Gott seinen früheren Weissagungen, dem „Alten", das „Neue" entgegen, den Knecht mit seinem linden Werk, der hinter Cyrus herfolgt. Und wirklich ist das Bild dieses linden, demütigen Knechts auch in der Reihe der messianischen Weissagungen des Alten Testaments völlig neu. Den mächtigen, gütigen König, das Herrscheramt des Messias hatten die Propheten schon früher geschaut. Den

Sanftmütigen, Niedrigen und sein Werk hatte noch niemand in Israel verkündigt. Jetzt, unmittelbar vor seinem Kommen, redet Gott von ihm. War schon das Kommen des Cyrus, das die Kette der früheren Erfüllungen innerhalb der Geschichte abschloß, Überraschung, so ist das Kommen dieses „Neuen" und seine Ansage in zwölfter Stunde Überrumpelung, Einbruch dessen, was nicht mehr zu dieser Geschichte gehört, und darum bestürzend, neuartig, verborgen: „Neues", „Verborgenes". Mit immer neuen Worten ringt der Prophet darum, zu sagen, wie neuartig, wie unerhört dieses Neue hereinbricht.

Mit einem betonten „von jetzt ab" setzt er einen scharfen Einschnitt in die Geschichte. Alles, was vorher war, steht nicht in Vergleich zu dem, was jetzt kommt. Mit einem siebenfachen „Nicht" schreit er den Wundercharakter der Botschaft hinaus. „Nicht wußtest du es... nicht hast du es gehört... jetzt ist es geschaffen und nicht vorlängst... nicht hast du es gehört, auch nicht hast du es gewußt, auch nicht ist... aufgetan gewesen dein Ohr." Es ist wie ein Dammbruch. Alle menschlichen Erwartungen und Hoffnungen, die als Kanäle der Flut entgegengebaut waren, Berechnungen und Vorstellungen, Selbstgerechtigkeit und Schuld, die als Mauern das Kommende aufhielten, sind über den Haufen geworfen. Die Flut schießt herein und reißt alles nieder: „Nicht... nicht... nicht!" Das ist Flut, die nicht durch Vernichtung, sondern durch Begnadigung zunichte macht.

Wozu dieser dammbruchartige Einbruch der Welt Gottes? – Zu ähnlichem Zweck wie vorher die unerwartete Erfüllung der Weissagungen: Gott will – jetzt bis auf die Wurzel – Selbstbewußtsein und Selbstmächtigkeit des Volkes Gottes vernichten, daß es wirklich zu einem Hören der bestürzenden Begnadigung komme, damit auch niemand mehr sagen könnte: „Ich wußte es; wir durften es erwarten; das ist die Erhörung unserer Gebete, der Lohn unserer Treue; das haben wir uns zuzuschreiben." Damit auch niemand mehr irgendwelche Erklärung oder Begründung oder Voraussetzung für dieses Geschehen finden könnte. „Damit du nicht sagest: Siehe, ich wußte es (schon)."

(8b–9) Ja, ganz grundlos ist diese Begnadigung, denn auf Israels Seite ist nur Treulosigkeit, Treulosigkeit, Abtrünnigkeit, d. h. bis in die Wurzeln gehende Verderbnis, und das „vom Mutterschoß an", d. h. von Urbeginn, nicht nur von den Zeiten des Verfalls, sondern von den Zeiten seiner nationalen Größe an. Unbegreiflicherweise dämmte Gott die Flut seines Zornes zurück und „bezähmte" ihn. Wir blicken wiederum in ungeheure Leidenschaft auf Gottes Seite: Zorn, der einherstürmt wie ein wildes Roß, plötzliches Eingreifen wie von den gestrafften Sehnen einer Faust, die dem Roß in die Zügel fällt. Ein noch unbändigerer Wille als der hereinstürmende Zorn ist über diesen gefallen und hat ihn gebändigt, über ihn hinweg von einem gewaltigen Ziel gebannt. Dieses

Ziel ist der „Name" Gottes, sein Lob oder „Ruhm". „Um meines Namens willen halte ich meinen Zorn an, und um meines Ruhmes willen bezähme ich ihn dir."

(10) Noch ein zweites Bild veranschaulicht uns den Ernst und die Leidenschaft, mit der Gott sein Ziel verfolgt. Wir sehen Bergwerksbetrieb, die Glut des Hochofens, dahinter Gott, das Feuer schürend, und im Inneren der Glut die Gemeinde Gottes. Unbändiger Wille schürt die Glut, nicht um Silber zu schmelzen, das man glüht, bis die Schlacken verbrennen und ein Rest nachbleibt, der Wert hat. Hier ist nichts von Wert; alles muß verbrennen, damit ein Neues werde. Ja, hier brennt ein unheimlicher Wille so lange, bis er sogar die Schlacken zu Edelmetall gebrannt hat – ein unsinniger Gedanke!

(11) Und warum muß er Edelmetall herausbekommen? Warum dürfen sie nicht verbrennen? – Wiederum, weil das eine große Ziel ihm vor Augen steht: sein Name, sein Ruhm. „Um meinetwillen, um meinetwillen tu ich's, denn wie wird doch entweiht mein Name!" Ein doppelter Gedanke liegt darin. Er muß sich vor der Welt erweisen als der, dessen Verheißung nicht lügt, der mächtig ist zu erlösen und sein Volk nicht im Tode läßt. – Und das Zweite: sein Volk darf nicht Schlacke bleiben; es muß Edelmetall werden, wenn sein Name nicht durch dasselbe entweiht werden soll. Darum muß an diesem Volk sein Ernst im Gericht ebenso wie seine Treue in der Erlösung offenbar werden. Zugleich muß alles Vertrauen auf eigenen Wert, eigene Kraft oder irgend welche andere Nothelfer in den Gluten des Gerichts und im Wunder der Erlösung zuschanden werden und nur das Vertrauen auf Gott nachbleiben. Noch gewaltiger kommt das in dem zusammenfassenden Schluß zum Ausdruck.

### 3. Das Ziel seines Werbens: Gott will uns Gott werden

Jes. 48, 12 – 13:

(12) **Höre mir zu, Jakob,**
**und Israel, mein Gerufener:**
**Ich bin das,**
**ich bin der Erste,**
**ich auch der Letzte!**
(13) **Auch hat meine Hand gegründet die Erde**
**und meine Rechte ausgespannt die Himmel.**
**Ich bin's, der ihnen ruft,**
**und schon stehen sie da allesamt.**

Wie die drei vorangehenden Abschnitte fängt auch dieser mit einem „Höre!" an. Vom Rufen und Hören handelten die vorangehenden Abschnitte; hier heißt Israel ein „Gerufener". Das Hören aufs Rufen ist der endgültige Gegensatz zu dem „harten Sinn", dem Nacken aus Eisenband und der Stirne von Erz. Letzteres ist Bild der Selbstbehauptung und Unabhängigkeit, das Hören — Bild der Selbstaufgabe und Abhängigkeit, des Lernens und Umlernens, Horchens und Gehorchens. Wo es zum Hören kommt, da stirbt das Ich und alle Götzen, und Gott bleibt allein nach. Da wird Gott riesengroß und wächst über die ganze Welt, dringt aus der Gegenwart auf uns ein, ruft uns aus der Vergangenheit und wartet auf uns in der Zukunft. In seinen gewaltigen Händen ruht unsere Hoffnung und unsere Sicherheit, unser Trost und unser Halt — unser Heil. Es hängt nicht mehr an unserer Reue, Begeisterung oder Kraft. Es wird nicht mehr berührt von menschlichem Murren, Kleinglauben und Abtrünnigkeit. Es ist nicht mehr dem Wandel und den Erschütterungen des Vergänglichen ausgesetzt. Es ruht allein in Gottes unbändigem Willen zu retten und sein Reich aufzurichten, wie er gewaltig in dem dreifachen „Ich, ich, ich" sich als der dreieinige Schöpfer, Erlöser und Erneuerer offenbart.

Aber noch eine andere Kraft liegt im Rufen. „Israel, mein Gerufener", lesen wir am Anfang, „ich bin's, der ihnen ruft, und schon stehen sie (Himmel und Erde) da" am Ende unseres Abschnitts. Gottes Reden ist nicht nur Offenbarung, sondern auch Schöpfung. Indem es Offenbarung ist, ist es Schöpfung. Wo es zum Hören kommt, da kommt es zum Leben und zu neuer Schöpfung. Das ist letzter Sinn dieses unausgesetzten „Höre!", das in unzählbaren Wiederholungen diese Abschnitte durchzieht, letztes Ziel des Werbens Gottes.

## B. Gottes Gegenwart in der Geschichte als Entscheidung

### 1. Gottes Gegenwärtigwerden in der Erfüllung des „Früheren"

Der Abschluß der geschichtlichen Weissagungen in Cyrus

Jes. 48, 14—15:

(14) **Versammelt euch allesamt und hört:**
**Wer unter ihnen hat kundgetan dieses?**
**Der, den Jahwe liebt, vollbringt seinen Ratschluß**
**an Babel und am Samen der Chaldäer.**
(15) **Ich, ich habe geredet, habe ihn auch gerufen,**
**habe ihn herbeigebracht und ließ gelingen seinen Weg.**

Die Anrede: „Versammelt euch allesamt!" und die Frage, wer unter ihnen solches vorausverkündigt habe, erinnert daran, daß wir uns noch auf dem Schauplatz des Weltgerichts befinden und Israel nicht allein vor seinem Schöpfer steht. Die Völker stehen herum, und doch redet er zu seiner Gemeinde. Die Lage ist ähnlich derjenigen während der Bergpredigt, wo Jesus in Gegenwart der Volksmassen seine Jünger lehrte (Matth. 5, 1.2). Jetzt werden auch die Völker mit ihren Priestern, Magiern und Götzen herangerufen, und Gott weist auf die Erfüllung seiner geschichtlichen Weissagungen in Cyrus, die alle ihre Prophezeiungen und Erwartungen über den Haufen geworfen hat. In ihrer überraschenden Erfüllung hat Gott die Unabänderlichkeit seines Ratschlusses, die Macht seines Wortes, die Wirkung seines Rufens erwiesen. Des Cyrus' Kommen und sein unwiderstehlicher Erfolg als Erfüllung ist gewaltiger Weckruf zum Hören, ist mehr: stellt die Welt vor Gott in die Entscheidung.

Wenn im vorigen Kapitel, das Gottes Wirken in der Geschichte als Gericht behandelte, Cyrus als herabstoßender Raubvogel erschien, so wird jetzt, wo Gott sein Werk in der Geschichte als Werben offenbart, Cyrus als der Mann, den Jahwe liebt, eingeführt. Sein Einbruch – sahen wir – stellt die Welt in die Entscheidung vor Gott. Er stellt sie aber vor Gottes Liebe.

### 2. Gottes Gegenwärtigwerden in der Erfüllung des „Neuen"

Der Eintritt des Wortes in die „Hülle".

Jes. 48, 16–19:

(16) **Nahet euch zu mir, höret dies:**
**Nicht von Anfang habe ich im Verborgenen geredet.**
**Seit der Zeit, da es geschieht, bin ich da;**
**und jetzt hat der Allherr Jahwe mich geschickt mit seinem Geist*.**
(17) **So spricht Jahwe, dein Loskäufer, der Heilige Israels:**
**Ich Jahwe, dein Gott, bin's, der dich lehrt, was frommt,**
**der dich leitet auf dem Wege, den du gehen sollst.**
(18) **O daß du lauschtest meinen Weisungen,**
**so wäre wie der Strom dein Friede (Heil)**
**und deine Gerechtigkeit wie die Wogen des Meeres;**
(19) **so wäre wie der Sand dein Same**
**und die Sprosse deines Leibes wie seine Körnlein.**
**Nicht vertilgt, nicht vernichtet würde dein Name vor mir weg!**

Wir stehen vor einem rätselvollen Abschnitt, der die verschiedensten Deutungen gefunden hat. Darum muß die Auslegung hier weiter ausholen.

1. Der Aufbau des 48. Kapitels gliedert sich in kristallinischer Regelmäßigkeit in fünf Abschnitte, die alle mit einem „Höre!" oder „Höret!" anfangen, und einen Hymnus, der sie beschließt. Wir haben: eine Anrede; zwei Abschnitte, die den Wundercharakter der Weissagung des Früheren und des Neuen zeichnen; eine Zusammenfassung; dann zwei Abschnitte, von denen der erste vor die Erfüllung des Früheren in Cyrus

---

*) Zur Deutung auf den Gottesknecht vgl. E. Sellin, Mose.

stellt, mit einer Anrede an einen weiteren Kreis eingeleitet. Der zweite, mit einer ebensolchen Anrede versehen, läßt von vornherein die Erfüllung des Neuen erwarten. Wirklich greift er mit einem „jetzt" auf das „von jetzt an" (48,6b), das die Prophezeiung des Neuen einleitete, zurück. „Jetzt hat der Allherr Jahwe mich geschickt." Der eigentümliche Ausdruck „im Verborgenen" („bassether") — „nicht von Anfang habe ich im Verborgenen geredet" — knüpft an den geheimen oder verborgenen („nesuroth") Charakter des Neuen an, von dem in der Ankündigung die Rede war (48, 6 b). Wir dürfen also schon aus dem Aufbau erwarten, daß — wie im 42. Kapitel — auch hier hinter Cyrus der Knecht als Erfüllung des Neuen uns begegnen wird.

2. Doch der Abschnitt gibt uns hier solche Rätsel auf, daß Auslegung, die mit dem Menschlich-Möglichen rechnet, einfach mattgesetzt wird. Es spricht nicht mehr wie im Bisherigen Gott über das Alte und Neue, sondern einer, der sich als Gottes Gesandter bezeichnet, nimmt das Wort (16 d). So in der ersten Person und über sich selbst sprechen in unserem Buch außer Gott nur noch zwei: am Anfang einmal der Prophet und von unserem Kapitel an wiederholt der Knecht (49, 1 ff.; 50, 4 ff.; 51, 9—10). Das läßt uns auch hier auf ihn schließen. Auch wird in unserem Buch sonst nur noch von der Sendung des Knechts so wie hier in Verbindung mit der Beglaubigung durch den Geist gesprochen: „Siehe ... mein Knecht ... ich habe meinen Geist auf ihn gelegt" (42, 1); „jetzt hat der Allherr Jahwe mich geschickt mit seinem Geist" (48, 16 d). Das bestätigt: wir haben hier nicht ein Wort *über* das Neue, sondern das Neue *selbst* tritt herein, nicht ein Wort *über* den Knecht, sondern der Knecht *selbst* nimmt das Wort.

3. Im Gegensatz zu Gott, der von sich sagt, daß er *nicht* „im Verborgenen" oder „in der Hülle" geredet (45, 19 a), sagt der Knecht von sich, daß er jetzt „im Verborgenen" oder „in der Hülle" rede. Was bedeutet der rätselhafte Ausdruck? Wir hören sonst vom Knecht, daß Gott ihn wie einen Pfeil in seinem Köcher „versteckt" oder „verborgen" hat (49, 2), daß er nicht an der Öffentlichkeit, sondern in der Stille wirkt (42, 2), sein Leben einem Reis aus dürrem Erdreich gleicht (53, 2), seine Erscheinung weder Ansehen noch Pracht aufweist (53, 2), daß er für den Allerverachtetsten gehalten (53, 3), abgelehnt (49, 4. 7), verklagt (50, 6 ff.) und als Verbrecher abgeurteilt wird (53, 9) und daß über seinem Leiden die Überschrift steht: „Der Arm Jahwes, über wem war er enthüllt?" (53, 1). Das bedeutet: in diesem Leben war der Arm des Herrn *ver*hüllt. Dagegen leitet die Botschaft, daß Gott seinen Arm vor den Völkern aufgestreift (d. h. *ent*hüllt) hat, zum Abschnitt von seiner Erhöhung über (52, 10). Wir dürfen also schließen: der Knecht ist die Enthüllung der Herrlichkeit Gottes; aber in seinem Erdenleben ist der Arm Gottes unter Niedrigkeit verhüllt; erst seine Erhöhung enthüllt

ihn. Mission, Reden, Verkündigung war der Inhalt dieses Menschenlebens, aber Verkündigung in der Hülle von Schmach und Niedrigkeit.

4. Aber was bedeutet es, daß dieser Unbekannte nicht von Anfang an in der Hülle geredet hat? Es hat eine Zeit gegeben, da er nicht verhüllt, sondern klar, jedem verständlich, gesprochen hat. – Ein Teil der Ausleger riet auf die Wiederkehr eines Propheten, der schon früher über diese Erde gegangen und damals öffentlich gewirkt habe, etwa des Mose. Oder man dachte an den unglücklichen König Jojachin, der so lange in babylonischer Kerkerhaft litt. Das Einst wäre dann die Zeit vor seiner Einkerkerung, das Jetzt – seine Befreiung, die tatsächlich unerwartet während des Exils erfolgte. Dazwischen läge die Kerkerzeit als das Dasein im Verborgenen. Es ist aber nicht bekannt, daß der König aus dem Kerker zu seinem Volk geredet habe, noch weniger, daß Mose und Elia zwischen ihrer Entrückung und ihrer Wiederkunft solches getan. Das Reden des Unbekannten hier geschieht aber gerade aus dem Verborgenen, aus der Hülle.

5. So sehr das menschlichem Verstande ins Gesicht schlägt: uns bleibt einfach nichts anderes übrig, als anzuerkennen: der Knecht hat schon früher, vor seinem Eintritt in die Knechtsgestalt, geredet. Bei Paulus finden wir die Aussage, daß der Messias der geistliche Felsen gewesen ist, aus dem Israel in der Wüste zur Zeit Moses getrunken hat (1. Kor. 10, 4). Unser Reformator ist der Ansicht, daß – seitdem die Religion Israels Hoffnungsreligion war (also seit Abraham) – Israel auch schon im Wort vor dem Christus gestanden hat. Der Evangelist Johannes nennt den Messias „das Wort", das „im Anfang" bei Gott war und durch das alles geschaffen ist, durch das also Gott geredet hat, und das das Licht der Menschen war, ehe es Fleisch wurde (Joh. 1, 4. 9). Sollte nicht unserem Propheten ein ähnliches Wissen über den Knecht, den er als Mund Gottes schildert (49, 2; 51, 16; 50, 4), offenbart worden sein? Dann müssen wir annehmen, daß der Knecht noch vor seinem Eintritt in den sichtbaren Raum der Geschichte durch die ganze Heilsgeschichte hindurch, überall, wo öffentlich und klar das Wort von der Erlösung verkündigt wurde, zu Israel geredet hat. – Das ist menschlich gesprochen Wahnsinn. Aber wenn wir uns hier an unsere menschliche Logik binden lassen, erklären wir damit, daß wir anthropologische statt theologische Theologie treiben. Dafür aber ist die Zeit vorbei.

(16) Nachdem der vorige Abschnitt auf die Erfüllung der geschichtlichen Weissagungen in Cyrus zurückblickte, tritt in unserem Abschnitt im großen Unbekannten die Erfüllung der übergeschichtlichen Prophezeiungen Gottes herein bis hart an den Saum der Zeit oder vielleicht schon über die Schwelle derselben in den Raum der Geschichte. In unheimlicher Größe, als einer, der war, ehe er kam, geredet hat, bevor

er lebte, tritt der Knecht in der Vollmacht des Geistes herein als Gesandter – und doch wieder so, daß seine Größe und Vollmacht nur durch geheimnisvolle Hülle schimmern.

Wir wissen heute, daß fast ein halbes Jahrtausend zwischen dieser Schau und dem wirklichen Kommen des Knechts lag; für Gott nur ein halber Tag (Ps. 90,4), für uns Unendlichkeit und undurchdringlicher Nebel. Doch die Schau in die Geheimnisse der Weltpolitik Gottes, die dem Propheten geschenkt wurde, rechnet nicht nach unseren, sondern nach Gottes Maßen und Zeiträumen. Die Weltwende, die die Befreiung des Volkes aus der Gefangenschaft und die erstmalige Verkündigung der frohen Botschaft brachte, war eine jener großen Stunden, in denen die Zeit wie nie früher brüchig und durchsichtig wurde. Hinter den zerreißenden Nebeln leuchtete schon ganz nahe die Sonne herein, die erst fünfhundert Jahre später für die Völker aufgehen sollte. Darum liegt über dieser Zeit und diesem Schriftabschnitt in besonderer Weise das Geheimnis des „Noch nicht und doch schon" gebreitet.

(17 – 19) Der Bringer des Neuen nimmt das Wort in Namen und Vollmacht Jahwes, des „Heiligen Israels", des Unnahbaren, „ganz Anderen", und des „Loskäufers", des Nahen, Helfenden. Im Gegensatz zu den Götzen und Gottesvorstellungen der Menschen, hinter denen nichts stand, die darum nicht nützen, nicht Weg zeigen konnten, tritt in seinem Wort das „Frommen", d. h. was nützt, was Leben gibt, und der „Weg", d. i. Lehre und Führung vor sein Volk, und mit Leben und Weg der Zwang zur Entscheidung. „Der dich lehrt, was frommt, der dich leitet auf dem Wege, den du gehen sollst."

Er kommt nicht als Herrscher und Diktator, der zwingt und straft, sondern als bevollmächtigter Gesandter, der die Menschen durch die Botschaft seines Absenders in die Gegenwart Gottes und damit in die Entscheidung stellt zu Annahme oder Ablehnung, Leben oder Tod. Darum umschattet seine Botschaft etwas wie ahnungsvoller Schmerz: „O daß du lauschtest ... so wäre wie der Strom dein Friede ..." Dunkel zeichnet sich die Möglichkeit – oder ist es schon Ahnung? – der Entscheidung zum Tode ab. Indem er als Botschafter in die Gegenwart Gottes stellt, ist er selbst der Dammbruch. Seine Botschaft gleicht der jahrtausendelang zurückgestauten Flut des Heils, die – wo es zum Hören, d. h. zur Entscheidung für Gott kommt – wie ein Strom hereinbricht. Das ist Dammbruch zwischen Ewigkeit und Zeit, Einbruch der Ewigkeit in die Zeit wie Strom in die Dürre. Darum wird unter diesem Einbruch das enge Leben des Einzelnen und der Gemeinde, das Tröpflein Frieden, die Ahnung vom Heil so grenzenlos und gewaltig wie die unaufhörliche Folge der Wogen des Meeres. „Friede" (im Umfang von „Heil") und „Gerechtigkeit" (im Sinn von „Rechtfertigung", „Hilfe"), die nur als schmales Bächlein der Hoffnung und Sehnsucht durch das Leben der Frommen rannen, treten in Erfüllung aus den Ufern und werden zur Wirklichkeit, die alles ausfüllt und überflutet.

Darunter geht auch ein Genesen des Geschöpflichen vor sich. Wo es zum Hören, zur Entscheidung für Gott kommt, soll der Same der Kinder Israel „wie der Sand", sollen ihre Sprosse „wie seine Körnlein", soll Lebenskraft und Schöpfung wieder ungetrübter Segen aus Gott, Fülle und Leben werden. Innerhalb der Gemeinde soll erlöste Schöpfung sein. Darüber hinaus kündigt sich in diesem Wort noch jenes Wachstum der Gemeinde an, das durch übernatürliche Zeugung über die Grenzen der Volkstümer hinweg durch den Geist gewirkt wird (44, 5). Die Abrahamsverheißung vom Anfang der Heilsgeschichte (1. Mose 13) ist damit am Ziel.

Man hat geschwankt, ob diese erste Predigt des Knechts sich auf die Vergangenheit Israels bezieht (dann hieße es: „Wenn du gelauscht hättest ... wäre dein Same nicht vertilgt ... worden"), oder auf Gegenwart und Zukunft. Sie bezieht sich weder nur auf die Vergangenheit noch nur auf die Zukunft, sondern sie stellt zeitlos zwischen Tod und Leben, Flut des Heils und der Vertilgung. Gottes Gegenwart in der Predigt des Knechts macht beide Haltungen möglich, Lauschen und Hören ebenso wie die Stirne von Erz und den Nacken von Eisen. Das ganze Lebensdrama des Knechts steht unter dem Ernst dieser doppelten Möglichkeit.

### 3. Gottes Gegenwärtigwerden in der Geschichte als Ruf zu Aufbruch und Scheidung

Jes. 48, 20–22:

(20) **Ziehet aus aus Babel,**
**flieht von den Chaldäern!**
**Mit Jubelklang macht kund,**
**laßt hören dieses!**
**Tragt es hinaus**
**bis ans Ende der Erde!**
**Sprecht: Losgekauft hat**
**Jahwe seinen Knecht Jakob.**

(21) **Und nicht dürsteten sie**
**in den Öden, durch die er sie führte;**
**Wasser vom Felsen**
**ließ er ihnen sprudeln;**
**und er spaltete den Felsen,**
**da flossen über die Wasser.**

(22) **Nicht gibt es Heil, sagt Jahwe,**
**für die Gottlosen.**

Der Einbruch des Neuen legt doppelte Verantwortung auf.

1. Das Wissen um den Weg, noch mehr: die Möglichkeit zur Entscheidung, der neue Weg unter den Füßen und das Wissen um den Untergang verlangt den sofortigen Aufbruch aus dem Raum des Gerichts, fluchtartig schnelle Scheidung von dem Volk, das untergeht. Wie Lot, von den Engeln angetrieben, aus Sodom flüchten mußte, so treibt die Botschaft vom Hereintreten des Knechts die Gemeinde zur Flucht aus Babel. Dieser Flucht wird nichts von der Verantwortung für Leben und Tod genommen; aber sie ist nicht Angst, Not und schwere Pflicht, sondern Jubel und höchste Freude. Das ganze kleine Lied unseres Abschnitts ist umglänzt von Freude, umbraust von Jubel.

2. Das Wissen um Untergang und Weg legt aber noch eine zweite Verantwortung auf: die Verantwortung dafür, daß bis an die Enden der Erde kein Fleck sei, wo nicht Gottes Tat an seiner Gemeinde bekannt wäre. Denn diese Tat ist Werben Gottes um die Enden der Erde. Doch auch diese zweite Verantwortung ist nicht notvolle Pflicht, sondern innerer Drang in zum Zerspringen angefüllten Herzen, die nicht schweigen können von dem, was sie gehört haben.

3. Noch ein Drittes malt unser Abschnitt. Der Aufbruch, der vor der Gemeinde Gottes liegt, führt durch Wüsten, aber durch Wunder. Gerade auf den Wüstenstrecken dieses Auszuges will Gott seinem Volk die Herrlichkeit der oberen Welt, des Paradieses aufschließen. Ja, die Meerflut des Heils, die der Knecht mit sich bringt, soll durch Gottes Wundertat aus Felsen und Öden für sein Volk aufbrechen, sprudeln und überfließen.

Aber es bleibt Entscheidung, hinter der die Möglichkeit zum Tode steht. Darum steht es im letzten Verse auf wie der dunkle Schatten, den das hereinflutende Licht dieses Abschnitts wirft: „Nicht gibt es Heil, sagt Jahwe, für die Gottlosen."

## *Theologische Besinnung*

### I.

Die beiden vorangehenden Kapitel haben uns gezeigt, welch gewaltige Botschaft die Geschichte hat. Redet doch aus ihr der Zorn Gottes, ist sie doch ununterbrochene Predigt vom Tode und Gericht. Die Geschichte wie das Leben des Einzelnen ist durchzittert von dieser Botschaft und mündet in sie. Gleichzeitig redet Gott väterlich in Schöpfung und Geschichte als der Erhalter. Unser Kapitel offenbart darüber hinaus in Zorn und Gericht die Sprache des Schmelzers, der nicht um zu töten, sondern um zu läutern die Glut der Hochöfen schürt. Es zeigt uns in der

Geschichte die Sprache der ungeheuren Leidenschaft Gottes, uns aus der Schlacke zu lösen und in seine Hand zu bekommen, zeigt uns in Zorn und Güte, Gericht und Gnade Gottes unaufhörliches Werben.

Wie einen Menschen, der zum erstenmal der Aufführung der Matthäuspassion beiwohnt, stellt uns unser Kapitel mitten hinein in Leben und Geschichte, als in einen brausenden Stimmenchor, der auf uns eindringt, und enthüllt uns zu unserem Staunen hinter der scheinbaren Stimmenvielheit, die uns umbrandet, nur eine einzige Stimme, die Stimme Gottes. Für Menschenverstand ist es nicht zu fassen, wie durch all diese Stimmen der Eine uns anredet. Durch diese gewaltige Musik der Sprache Gottes in Geschichte und Leben wandern Völker und Einzelne, ohne etwas zu vernehmen. Das ist das Erschütternde: taub oder eingehüllt in die Wolke der eigenen Wünsche, eingeschlossen zwischen den Mauern der eigenen Gedanken, erlebt der Mensch das Riesenkonzert der Geschichte und des Schicksals. Diese Mauern sind so dicht, daß von der erschütternden Botschaft Gottes nichts hindurchdringt. Wohl meint er vieles zu hören, aber es ist wie mit einem, der Donner zu vernehmen glaubt und nicht merkt, daß es das Sausen in seinen eigenen Ohren ist, über dem er die wirklichen Donnerschläge von draußen nicht hören kann. In solcher Wolke eingeschlossen, erleben Menschen und Völker die Geschichte. Was durch den Nebel zu ihnen hereindringt, deuten sie nach ihren eigenen Wünschen und Gedanken, das schreiben sie, wenn es sie beschenkt, sich selbst oder ihren Götzen zu, dawider murren sie, wenn es ihre Wünsche und Gedanken durchkreuzt; denn nur das Wort erschließt die Sprache der Geschichte.

## II.

Es ist wie mit einem Blinden, der vor der herrlichsten Alpenlandschaft steht, die eine einzige Predigt von Gottes Größe ist. Er kann von dieser Predigt, die ihn umgibt, nichts vernehmen. Oder es ist wie mit einem Blinden, der auf schmalem Grat gefährlichen Weg dem Abgrunde zuwandert. An allen Wegecken sind Warnungstafeln angebracht, die ihm den nahen Absturz melden; aber er kann ihre Botschaft nicht lesen. Ist es für diesen Blinden nicht über allen Vergleich freundliche Wendung des Schicksals, wenn mit einem Male ein gesprochenes Wort durch die Nacht, die ihn umgibt, an sein Ohr dringt, ein Zuruf, der die herrliche Botschaft der Alpenlandschaft um ihn her von der Größe Gottes, die schreckliche Botschaft der Warnungstafeln an seinem Wege in Worte faßt, die er vernehmen kann? Das ist für ihn Offenbarung.

Nichts anderes als diese gewaltige Wendung ist im Geschick der ganzen Menschheit eingetreten. Sie war für die Botschaft von Gottes Größe in Schöpfung und Geschichte ebenso wie für die Botschaft auf den Warnungstafeln, die Gott in Gestalt schwerer Krisen an ihren Weg stellte, blind und taub geworden. Die Wendung ist eingetreten, als Gott durch das Todesdunkel ihrer Blindheit hindurch in das Ohr eines Menschen (Abrahams), in die Geschichte eines Volkes hineinsprach, Offenbarung schenkte in seinem Wort. In diesem Wort schloß sich die bis dahin stumme Botschaft der Geschichte und des Lebens auf. Leben, Geschichte, Schöpfung wurden durchlässig für die Sprache Gottes. Es entstand Heilsgeschichte.

Wir können nicht sagen, warum nur e i n Menschenleben und gerade das Abrahams, warum nur e i n e s Volkes Geschichte und gerade die Israels von ihm zur Heilsgeschichte ausersehen und durch sein Wort zum Reden gebracht wurde. War es, daß unter den vielen Blinden, die dem Abgrunde zurannten, nur e i n e r sich fand, der bereit war, dem erlösenden Wort, das in seine Nacht drang, zu gehorchen und nachzugehen? Oder war es, daß er unter den vielen Völkern sich das kleinste und unbedeutendste aussuchte, um durch seine Geschichte zu sprechen, damit s e i n e Stimme nicht durch des Volkes eigene Stimme übertönt oder mit dieses Volkes Stimme verwechselt und die Offenbarung für a l l e Völker nicht zur Selbstbespiegelung e i n e s Volkes mißbraucht werde? Uns steht die Frage des Warum nicht zu. Uns steht nur zu, immer aufs neue dafür zu danken, daß im dunklen Strom der Jahrtausende an e i n e r Stelle der Geschichte und dem Leben der stumme Mund aufgeschlossen ist durch Gottes schlichte, klare Sprache im Wort, dafür zu danken, daß in der Geschichte eines Volkes Gott seine Taten durch die Jahrtausende mit seinem Wort begleitet und selbst gedeutet hat, und umgekehrt durch die Jahrtausende mit seinen Taten sein Wort bestätigt und unterstrichen hat. Aus dieser wunderbaren Wechselbeziehung zwischen Wort und Tat, Offenbarung und Geschichte ließ er Heilsgeschichte erstehen, in deren Schein auch die Geschichte der andern Völker, auch die Lebensschicksale der Einzelnen anfangen zu reden, so daß wir Gottes Sprache darin verstehen.

Staunend hören wir dann in unserem eigenen Schicksal in Leid und Freud, in unseres Volkes Schicksal in Gerichten und Aufstiegen über die schreckliche Botschaft des Todes, über das väterliche Walten der Ordnung und Erhaltung hinweg, durch sie hindurch die Stimme der Brautwerbung Gottes um sein Volk. Schicksal und Geschichte sind Brautwerbung — diese eine Erkenntnis ist schon zum Anbeten.

Damit wir es nicht überhören, hat Gott in der Heilsgeschichte dieses Volkes es so wunderbar eingerichtet und richtet es auch mit unserem Leben so ein, daß er erst vorausverkündigt, dann unerwartet schickt und hinterher darin Erfüllung und Bestätigung seines Wortes enthüllt. Das ist der Rhythmus der Seelsorge Gottes an uns in Geschichte und Leben, der Pulsschlag seines Werbens, durch den er unseren Widerstand brechen will, indem er über das Wort hinaus, dessen wir uns mit unserem Verstande mächtig zu werden uns bemühen, durch Wunder in Güte und

Gericht unsere Weisheit und Selbstherrlichkeit zertrümmert, uns hilflos vor sein Gericht, ratlos und bestürzt vor seine Güte stellt. Leben heißt: von allen Seiten von der Seelsorge Gottes umgeben sein. In diesem Leben wirklich leben heißt: im Leben die werbende Stimme Gottes hören.

## III.

Doch auch die Heilsgeschichte Israels mit dem Licht, das sie über unsere Geschichte wirft, vermag den Zwiespalt nicht aufzuheben zwischen dem Reden Gottes durch sein Wort und unserer Welt, durch die Gott auch spricht, zu der er spricht, und die doch seiner Sprache widersteht, die seinem Werben – obgleich es uns Heimatton ist – urfremd und feindlich gegenübersteht. Darum ist die Geschichte Israels in anderer Weise als die Geschichten anderer Völker – von Spannung erfüllt – Kampf zwischen Gott und Mensch. Es ist das Leben des Einzelnen darin furchtbarer zerrissen als das Leben anderer Menschen durch den Zwiespalt zwischen Gottes fordernder Sprache und dem Empörer, der sie hört. In Gottes Wort ragt in unsere Herzen eine Welt herein, der unsere Herzen widerstehen.

Eine Missionarin erzählt, wie vor einer Chinesin, die im Christentum eine feindliche Welt aus einem fremden Kulturraum sah, plötzlich die Mauer zerbrach, als sie zu ihrem Staunen einen Chinesen von Christus zeugen hörte. So hat Gott den letzten Zwiespalt zwischen unserer Welt und seinem Wort überbrückt, indem sein Wort in die Hülle eintrat, eines Tages aus der Hülle unseres Fleisches sprach. „Nicht von Anfang habe ich in der Hülle geredet. Seit der Zeit, da es geschieht, bin ich da. Und jetzt hat der Allherr Jahwe mich geschickt mit seinem Geist." Der Augenblick, da das Wort Fleisch wurde und in Jesus aus unserm Fleisch und Blut zu uns redet, ist der erschütternde Höhepunkt der Werbung Gottes um uns.

Seitdem stehen sich nicht mehr unsere Welt und Gottes Welt, Geschichte und Wort durch einen Abgrund getrennt gegenüber, sondern Gottes Welt, der ganze durch Jahrtausende zurückgedämmte Strom seines Heils, bricht wie ein Ozean des Friedens in unsere Welt, in unser Fleisch. In Jesus wird Gott Gegenwart in unserem Fleisch und unserer Geschichte. Das ist mehr als Heilsgeschichte, mehr als Zwiesprache zwischen Geschichte und Wort, mehr als Geschichte, der durch das Wort die Zunge gelöst ist. Das Wort wurde selbst Geschichte. In Jesus und durch Jesus wird Geschichte und Leben selbst Gottes und seiner Güte und Herrlichkeit voll. Darum legt sein Werben in Jesus uns eine andere und neue Verantwortung auf. In Jesus stellt Gott uns vor den Kreuzweg, vor Leben und Tod. Aber durch ihn wirbt das Leben um uns.

# Dritter Teil

## Das heilsgeschichtliche Werkzeug der Weltpolitik Gottes: Der Knecht

Die frohe Botschaft vom Kommen der Königsherrschaft Gottes. – Das neue Jerusalem als Ziel der Weltpolitik Gottes

Leitwort: „Auf hohen Berg steige du, Freudenbotin Zion!
Sprich zu den Städten Judas: Siehe da, euer Gott! ...
Wie lieblich sind auf den Bergen die Füße des Freudenboten,
der ... Gutes als frohe Botschaft ausruft, ... sagt:
Dein Gott hat die Königsherrschaft angetreten!"

## Erstes Kapitel
## Der Kampf

Der Angriff der Königsherrschaft Gottes. – Ihre unwiderstehliche Kampfkraft. – Der Umfang ihres Feldzugsplans. – Die streitende Hand Jahwes

### A. Der Knecht als Schwert des Worts und Licht der Weltmission

#### 1. Umfang und Durchschlagskraft seiner Sendung

Ein Wort des Knechts

Jes. 49, 1–6:

(1) **Höret, ihr Inseln, mir zu!
Horcht auf, Nationen, von ferne!
Jahwe hat vom Mutterleib an mich berufen,
Vom Schoß meiner Mutter her meinen Namen genannt.**
(2) **Er machte meinen Mund wie ein scharf Schwert,
im Schatten seiner Hand hat er mich versteckt.
Er machte mich zum glatten Pfeil,
in seinem Köcher hat er mich verborgen.**
(3) **Er sprach zu mir: Mein Knecht bist du,
an dem ich mich verherrliche.**
(4) **Ich aber sprach: Vergeblich habe ich mich abgemüht,
für Chaos und Wind meine Kraft verzehrt.
Doch fürwahr, mein Recht war bei Jahwe
und mein Lohn bei meinem Gott.**
(5) **Jetzt aber spricht Jahwe,
der mich gebildet vom Mutterleibe ihm zum Knecht,
zu bekehren Jakob zu ihm**

**und daß Israel nicht hingerafft werde;**
**und ich werde wert geachtet in den Augen Jahwes,**
**und mein Gott ist meine Stärke; –**
(6) **er sagt: Zu gering ist's für deinen Knechtsberuf (bei mir),**
**die Stämme Jakobs wieder aufzurichten**
**und die Bewahrten Israels zurückzubringen.**
**Ich mache dich auch zum Licht der (Heiden-)Völker,**
**daß du meine Rettung seiest bis an die Enden der Erde.**

(1) Der Knecht selbst nimmt wieder das Wort. Über die Gemeinde Gottes hinweg ruft er die Völker bis zu den fernsten Inseln auf; denn, was er zu sagen hat, stellt den Erdkreis in die Entscheidung. War es schon Überraschung, daß Jahwe, der Gott des Winkelvolkes Israel, die Aufmerksamkeit der ganzen Welt beanspruchte, – noch überraschender ist, daß der Knecht, der in Stille und Unscheinbarkeit wirkt, in den Mittelpunkt der Welt tritt und die gespannte Aufmerksamkeit der lauschenden Völker beansprucht.

Sein erstes Wort ist „Jahwe", „der Herr". Er sagt den Völkern, in wessen Namen er kommt, lenkt ihre Blicke auf seinen Auftraggeber. Wie ein Gesandter, der seine Vollmacht übergibt, läßt er den Erdkreis in das Geheimnis seiner Berufung und Ausrüstung hineinblicken. Über die Anfänge seines bewußten Erdenlebens reicht seine Berufung zurück. Sie stand schon als Gottesspruch über der werdenden Frucht im Mutterleibe. Wenn Gott den Namen eines Menschen nennt, so bedeutet es, daß er ihm einen Beruf in seinem Reiche bestimmt zur Offenbarung seines Namens. So haben die großen Propheten sich zu ihrem Werk berufen gewußt (vgl. Jer. 1, 4 ff.). Prophetisches Geheimnis, Sendung aus der andern Welt liegt auch über dem Knecht. Aber zu Größerem als zum Propheten hat Gott ihn bestimmt, als er seinen Namen nannte, weiter den Kreis seiner Sendung gezogen. Das zeigt gleich das nächste Wort.

(2) Der Knecht enthüllt der Welt die unwiderstehliche Gewalt, die sein Absender in ihn legte und die in seltsamem Widerspruch steht zu seinem Auftreten in der Hülle der Verborgenheit. Es gibt nichts Gewaltigeres und Schöpferischeres, Vernichtenderes, Unwiderstehlicheres und Unentrinnbareres als das Wort Gottes, von dem es heißt, daß es wie „ein Hammer" ist, „der Felsen zerschmeißt", oder wie „ein Feuer", das Stroh verzehrt (Jer. 23, 29), oder „schärfer, denn kein zweischneidig Schwert", „ein Richter der Gedanken und Sinne des Herzens" (Hebr. 4, 12). Schwache Menschen wie die Propheten haben mit diesem furchtbaren Werkzeug Königreiche gebaut und eingerissen (vgl. Jer. 1, 10).

Den Propheten legte Gott dieses Wort in den Mund, um es ihnen wieder zu entziehen, wenn sie es mit ihrem eigenen Wort vermischten, Lauteres mit Unechtem vermengt vorbrachten. Dem Knecht hat Gott nicht nur diese furchtbare Waffe in den Mund gelegt, sondern den Mund selbst zu dieser Waffe geschmiedet („er machte meinen Mund wie ein scharf Schwert"). Nicht nur sein Mund, seine Person selbst ist Wort Gottes, Waffe Gottes („er machte mich zum glatten Pfeil"). Der Knecht ist als Gottes Wort unwiderstehlich in seiner Wirkung wie das scharfe Schwert, unentrinnbar in seiner Reichweite wie der glatte Pfeil. Unwiderstehlichkeit und Unentrinnbarkeit Gottes sind in dieses Menschenleben hineingelegt. Darum ist es umspielt vom Wetterleuchten ferner Schlachten. Es trägt den angriffssicheren, siegesgewissen Willen Gottes als Bestimmung in sich, aber auch alles Leid des Kampfes. Es ist darin etwas von dem unheimlichen Kraftbewußtsein, das Jesus nach der Taufe in die Wüste trieb, um sich fastend unter Gottes Hand zu beugen und an Gottes Hand zu binden. Der Knecht bezeugt über seine eigene Bestimmung etwas von dem, was ein Prophet über der Wiege Jesu geschaut hat, als er ihn ein „Zeichen" nannte, „dem widersprochen wird", „gesetzt zu einem Fall und Auferstehen vieler", und zugleich ein Schwert, das durch die Seele seiner Nächsten bohren werde (Luk. 2, 34. 35).

Doch dieses Vollmachtsbewußtsein steht in schwerer Spannung zu der Verborgenheit dieses Lebens. Der Stahl gehört hinaus in die Schlacht, der Pfeil auf die Sehne. Dieser Unbekannte, Große weiß sich als Schwert in der Hand versteckt, als Pfeil im Köcher verborgen, Schwert, das nicht hinaus, Pfeil, der nicht ins Weite darf. Manche haben dieses Bild auf ein Warten in geheimnisvollem Dunkel eines früheren Daseins gedeutet. Andere haben an das Warten des kommenden Führers und werdenden Propheten gedacht, z. B. Mosis und Johannes' Warten in der Wüste, Jesu stilles Warten als Zimmermann, bis das dreißigste Lebensjahr ihn aus der Stille in den Kampf rief. Aber in dem Wort liegt noch mehr. Mit einem Ausdruck desselben Wortstammes bezeichnete der Knecht im vorigen Kapitel die Hülle der Verborgenheit und Niedrigkeit, in die er eingetreten, aus der er spricht. „Nicht von Anfang habe ich im Verborgenen geredet", hieß es dort („in der Hülle"). „In seinem Köcher hat er mich verborgen (verhüllt)", heißt es hier. Und wir sahen es dort: die verschiedensten Ausdrücke für „Verhüllung" und „Verborgenheit" umgeben auch sonst dieses Menschenleben wie mit einem Geheimnis. Gottes unwiderstehliche und unentrinnbare Kraft ist in diesem Menschenleben unter Unscheinbarkeit und Unselbständigkeit verhüllt. Darin schlummert dieselbe Anfechtung, mit welcher der Satan Jesus in der Wüste packte, ihn aus der Hand Gottes zu entwinden und in die Sichtbarkeit auf den Thron der Macht zu ziehen suchte. Schwert sein, das hinausdrängt — und nicht hinaus dürfen, um den Sieg wissen — und ohne Sieg sein, ist Anfechtung. Und doch liegt Kraft und Beruf des Schwertes gerade darin und nur darin, daß es in der Hand bleibt, die es führt, auch wenn sie es verhüllt.

(3) Das führt uns schon auf das dritte Zeugnis des Knechts über seinen Beruf, worin die Lösung dieses scheinbaren Widerspruchs in seinem Leben liegt. Gott hat ihm durch sein Wort zum Beruf gemacht, ihn vor der Welt herrlich zu machen – eine gewaltige Aufgabe! Aber Gott hat ihm die Erfüllung dieser Aufgabe in Knechtsgestalt (wörtlich „als Sklave") zum Beruf gemacht. Ja, in dem Wort, mit dem Gott ihn in seinen Beruf einführte, lag, daß nicht er seinen Gott, sondern Gott sich an ihm verherrlichen will. So erfüllt er seinen Beruf gerade und nur dann, wenn er in der Hülle, in der Knechtshaltung, im Sklavengehorsam bleibt. Wenn der Knecht das Bild des Tempelsklaven, der seines Gottes Eigentum ist und durch dessen Gehorsam Gott sein Herrsein erweist, auf sich anwendet, sagt er: Nicht glänzende Taten für Gott, sondern seine Bindung an Gottes Weg, sein Gehorsam selbst ist Verherrlichung Gottes. Solcher Beruf bedeutet Bindung und Beugung, aber gerade darum tiefe Gewißheit des Sieges.

(4) Solcher Gewißheit tritt die Erfahrung entgegen: „Ich aber sprach: Vergeblich habe ich mich abgemüht, für Chaos und Wind meine Kraft verzehrt." Gottes Sache – und völlige Niederlage, Gottes Werkzeug – und völliges Versagen: wie verträgt sich das? Drei verschiedene Ausdrücke reiht der Knecht aneinander, um zu sagen, wie restlos er an den Widerständen des Lebens zunichte geworden, dieselben Worte, die vorher das Zuschandenwerden der irrtümlichen Gottesvorstellungen vor der Geschichte zeichneten (41, 29). Das erste Wort gibt das Ärgerliche, Schwere der Erfahrung wieder: „Vergeblich", „um Eitles"; das zweite – Dunkel, Leere, Erfolglosigkeit: „Chaos"; das dritte – Nichtigkeit und Flüchtigkeit: „Wind". Nicht nur, daß er trotz Vollmacht die Widerstände nicht bricht, sondern die Kraft aus Gott, die in ihm wohnt, zerreibt sich an den Widerständen, wird – wie es im Urtext heißt – „völlig aufgebraucht", „verzehrt".

Sein Beruf und sein Mißerfolg stehen in unversöhnlichem Widerspruch zueinander. Die Lösung ruht allein in dem „Dennoch", das der Knecht zurückblickend erschaut. Ob auch das Ergebnis seiner Arbeit ihm das Recht absprach, sich Gottes Bevollmächtigten zu nennen, dennoch standen Rechtfertigung und Beglaubigung seines Anspruchs, Erfolg und Sieg seines Kampfes bei Gott. „Mein Recht war bei Jahwe und mein Lohn bei meinem Gott."

(5–6) In seine Niederlage hinein bekennt Gott sich zu ihm als seine „Stärke". Gott bestätigt nicht nur: Das Ziel, ein ganzes Volk mit eherner Stirn und eisernem Nacken im Innersten umzubrechen, ist nicht zu hoch gesteckt. Gott legt dem Zusammengebrochenen eine noch viel schwerere und größere Sendung auf. „Zu gering ist's für deinen Knechtsberuf, die Stämme Jakobs wieder aufzurichten... Ich mache dich... zum Licht der Völker." Ist das Unbarmherzigkeit? Offenbar soll der

Zusammenbruch seiner Mission an Israel in einem inneren Zusammenhang stehen mit seiner Sendung für die Völker, sein Zuschandenwerden an seinem Volk dem Sieg Gottes über die Völker dienen, aus seiner Sendung an die Völker Licht auf seine Niederlage fallen. Wie das geschieht, wird nicht gesagt.

Widerspruchsvoll und kühn, eine Zumutung für den Glauben bleibt der Gedanke: der Kampf um sein Volk, vor dem seine Kraft zu Hauch wurde, soll bloß ein Wölklein sein vor der Größe seines eigentlichen Werkes, das als unabänderliche Bestimmung mit seinem Leben verbunden vor seiner Geburt in Gottes Ratschluß festlag. Mit seiner zerbrechenden Kraft soll er den Enden der Erde die Hand zur Rettung reichen. Sein verlöschendes Leben soll dem Völkerkreis Licht geben. Ja, er soll nicht nur retten und Licht *geben*, sondern in seiner Person Rettung und Licht *sein*.

Unwiderstehliches Schwert und unentrinnbarer Pfeil, und zugleich Licht und Rettung ist der Knecht als das Wort in Person. Schwert und Licht, Pfeil und Rettung – ist das nicht ein schwerer Widerspruch? In diesem Widerspruch liegt das Urwesen des Retters. Weil er für alles Ungöttliche kompromißlos Kampfansage, Angriff und Vernichtung ist, ist er für alles, was sich aus der Umklammerung des Widergöttlichen heraussehnt, ungetrübtes Licht und unverlierbar, unanfechtbar, unangreifbar die Rettung.

### 2. Der wunderbare Umschwung zum Sieg und die Völker

Ein Wort Gottes über den Knecht

Jes. 49, 7:

(7) **So spricht Jahwe,**
**der Loskäufer Israels, sein Heiliger,**
**zu dem von (ganzer) Seele Verachteten,**
**zu dem Abscheu des Volkes,**
**zu dem Sklaven der Tyrannen:**
**Könige werden es schauen und aufstehen,**
**Fürsten werden sich niederwerfen**
**um Jahwes willen, welcher treu ist,**
**des Heiligen Israels, welcher dich erwählt hat.**

Der seltsame Widerspruch im Wesen des Knechts, mit dem der vorige Abschnitt schloß, ist nur Ausdruck des Widerspruchs im Wesen seines Herrn, der jetzt das Wort ergreift. Schwert und Licht war der Knecht. Als Heiliger, Unnahbarer, Verzehrender, und als Loskäufer, Naher, Rettender spricht Gott jetzt in die Tiefen der Anfechtung des Knechts hinein. Es ist eigentümlich, wie einsilbig die Bibel ist. Entsetzliches muß vorgefallen sein. Wir erwarten eine Schilderung, hören aber nichts davon. Nur durch die drei Worte, mit denen der Knecht gekennzeichnet wird, blickt wie vom Hintergrunde hindurch, was vorgefallen sein muß.

„So spricht Jahwe ... zu dem von (ganzer) Seele Verachteten, zu dem Abscheu des Volkes, zu dem Sklaven der Tyrannen." Die Arbeit des Knechts hat diesen nicht nur in Mißerfolg, sondern auch in Zusammenstöße hineingestürzt. Nicht nur der Sieg, sondern auch der Schein des Rechts ist dabei auf die andere Seite getreten. Er ist entlarvt worden als einer, der sich zu Unrecht auf Gott berief. Nicht nur verächtlich wurde er, sondern Gegenstand einer völligen, das ganze Wesen erfassenden Ablehnung von seiten nicht nur Einzelner, sondern der ganzen Öffentlichkeit, nicht nur seines Volkes, sondern auch des Heidentums. Das Wort für „Volk", das hier gebraucht ist, umfaßt den breiten Umfang des Heidenpöbels. Sein Versagen hat ihn bis in diesen weiten Kreis hinaus hassenswürdig gemacht, und die Vertreter der Behörden (das sind die „Tyrannen" oder „Gewaltigen") haben ihre Willkür an ihm ausgelassen wie an einem Sklaven. Der Konflikt seines Lebens muß nicht nur ein innerer gewesen sein, sondern ihn in Zusammenstoß mit Gesetz und Behörden und auf die Anklagebank gebracht haben. Seine Volksgenossen müssen weit von ihm abgerückt sein, und er muß in völliger Vereinsamung als Verbrecher geendet haben. Doch das alles wird nicht erzählt. Nur das Ergebnis ist der Bibel wichtig: der Knecht als Gegenstand letzter Verachtung und Ablehnung in den Augen der ganzen Menschheit.

Mit diesem Gegenstand der Verachtung soll etwas geschehen. Es wird nicht gesagt, was. Noch liegt Geheimnis darum gebreitet. Nur die Wirkung wird geschildert: die Mächtigen der Erde fahren von ihren Sitzen empor, Fürsten werfen sich in den Staub und geben Gott die Ehre; weil über alle Grenzen gewaltig, alle Größe niederwerfend, alle Widerstände niederwalzend Gottes Majestät sich am Knecht offenbart. Sie beten Gott an, der ihm in der Niederlage das Wort gehalten, sich als der Beständige und Heilige erwiesen hat, dessen Majestät unverletzlich ist und an dessen ewigen Plänen nicht gerüttelt werden kann, wenn auch die ganze Welt sich dagegen stemmt und alles Volk auf sein Werkzeug speit.

Der Inhalt des Abschnitts ist bestürzendes Wunder, unvermittelt hervorbrechender Sieg nicht nur über die Enden und Säume, sondern auch über die Wipfel und Höhen der Menschheit. Warum wird von der Wendung selbst im Leben des Knechts hier noch nichts erzählt? Sollte vielleicht schon sein Leiden selbst erschütternder Sieg gewesen sein, den die Wendung nachträglich sichtbar machte? –

**3. Der wunderbare Umschwung zum Sieg und die Gemeinde**

Ein Wort Gottes an den Knecht

Jes. 49, 8–13:

(8) **So spricht Jahwe:**
**Zur Zeit des Wohlgefallens erhöre ich dich,**
**und am Tage der Rettung helfe ich dir,**
**und gestalte dich und mache dich**
**zum Bund für das Volk,**
**um aufzurichten das Land,**
**um auszuteilen verwüstete Erbteile,**
(9) **um zu sagen zu den Gefangenen: Geht aus!**
**zu denen in der Finsternis: Kommt ans Licht!**

**Auf allen Wegen werden sie weiden,**
**auf allen Kahlhöhen wird Weide für sie sein.**
(10) **Nicht werden sie hungern,**
**nicht werden sie dürsten,**
**nicht wird sie treffen Glutwind oder Sonne;**
**denn ihr Erbarmer wird sie leiten,**
**und an Wassersprudeln wird er sie geleiten.**
(11) **Ich mache alle meine Berge zum Weg,**
**und meine Straßen werden hoch (aufgeschüttet) sein.**
(12) **Siehe, diese kommen von ferne,**
**und siehe, diese von Nord und von West,**
**und diese vom Lande der Siniter!**

(13) **Jubelt, Himmel!**
**Frohlocke, Erde!**
**Brecht aus in Jubel, Berge!**
**Denn getröstet hat Jahwe sein Volk,**
**und seiner Elenden erbarmt er sich.**

Gott beleuchtet jetzt die Hintergründe des wunderbaren Umschwungs, und in zweifacher Richtung tun sich tiefe Zusammenhänge auf.

(8) Der Grund für Erniedrigung zuvor und Erhöhung danach liegt zunächst in Gottes geheimnisvollem Plan. Es gibt eine „Zeit des Wohlgefallens" und eine Zeit des Zornes, eine Zeit der Zuwendung, da Gott sein Angesicht herabneigt („zur Zeit des Wohlgefallens erhöre ich dich"), und eine Zeit der Abwendung, da Gott sein Angesicht verbirgt und die Welt den Dämonen überläßt. („Ich habe mein Angesicht im Augenblick des Zornes ... vor dir verborgen" [54, 8]. „Ich war zornig ... verbarg mich ... da gingen sie hin und her im Wege ihres Herzens" [57, 17].)

Das Wort, das Jesus angesichts seiner Verhaftung sprach: „Dies ist ... die Vollmacht der Finsternis" (Luk. 22, 53 b), beleuchtet das Geheimnis der Zorneszeit. Der Grund für die Niederlage des Knechts und den Sieg seiner Gegner ist nicht, wie diese meinen, seine Schwäche und ihr Recht, sondern daß Gott im Zorn sein Angesicht verbarg und der Finsternis und Bosheit in dieser Stunde Vollmacht gab, sich auszutoben.

Ja, für den Knecht selber ist der Sieg seiner Gegner Anfechtung. Ihn selber richtet Gott auf, indem er das Geheimnis der Finsternis um ihn lüftet und den Abgrund noch größerer Finsternis in seinem Zorn aufdeckt. Es ist Trost, nicht in der Hand von Menschen, aber schrecklich, in der Hand Gottes zu sein, der sein Wohlgefallen, mit dem er den Knecht einst ins Amt rief (42, 1), zurückgezogen hat. Vom Wohlgefallen Gottes verlassen, in der Hand des Zornes und der Bosheit sein, das ist die letzte schrecklichste Anfechtung, aus der der Ruf Jesu kam: „Mein Gott, mein Gott, warum hast du mich verlassen?" (Matth. 27, 46).

Ohne ein Warum zeigt Gott dem Knecht hinter diesem Dunkel die Zeit des Wohlgefallens, der Zuwendung, so wie er Jesus in Gethsemane durch den Engel Stärkung empfangen (Luk. 22, 43), vor dem Hohen Rat seine Erhebung zur Rechten der Kraft bekennen und im voraus die Zeit des Wohlgefallens schauen ließ (Matth. 26, 64). Nach seiner Erhöhung, schon aus der Zeit des Wohlgefallens heraus, schreibt Paulus und mahnt, diese nicht ungenützt vorübergehen zu lassen: „Denn er spricht: Zur angenehmen Zeit habe ich dich erhört, und am Tage der Rettung habe ich dir geholfen. Siehe, jetzt ist die Zeit des Wohlgefallens, jetzt ist der Tag der Rettung" (2. Kor. 6, 2). Unmittelbar vorher hat der Apostel das Geheimnis des Umschwungs vom Zorn zum Wohlgefallen genannt: „Denn Gott war in Christo, die Welt mit sich selber versöhnend ... Den, der Sünde nicht kannte, machte er für uns zur Sünde" (2. Kor. 5, 19. 21).

Bei unserem Propheten ist das Geheimnis des Umschwungs nicht aufgedeckt. Erst das Ende unseres Buches soll die Lösung bringen. Hier steht nur der Knecht, „der Sünde nicht kannte", „zur Sünde" geworden unter der Wolke des Fluches vor uns, und dahinter sehen wir ohne Erklärung die Zeit des Wohlgefallens anrücken. Die „Zeit des Wohlgefallens" ist seitdem feststehender Ausdruck für den letzten Umschwung zwischen den Weltzeiten geworden. Aber dieser Umschwung weltgeschichtlichen Ausmaßes wiederholt sich im kleinen Menschenleben, kommt im Leben des Knechts für die Welt zur Entscheidung.

So liegen nach der einen Seite die Wurzeln des Umschwungs in Gott, nach der andern Seite aber im Knecht. Gott offenbart, daß der Umschwung in ihm späte Erhörung von Gebeten des Knechts ist („zur Zeit des Wohlgefallens erhöre ich dich"). Die Bibel läßt uns wiederum ohne Schilderung ins innerste Heiligtum der Kämpfe des Knechts hineinblicken. Wir sehen Gottes abgewandtes Angesicht und den verschlossenen Himmel, und dagegen die Gebete des Knechts aufsteigen. Der Inhalt der Gebete ist nicht persönliche Not, erlittenes Unrecht oder Rache am Feinde, sondern dasselbe Volk, das ihn ablehnte, sein verwüstetes Land, die zerrissene Gemeinschaft mit Gott.

Die Antwort Gottes zeigt seinem angefochtenen Knecht in der Zukunft das Heil als Eingriff von oben, aber eben darin als Frucht und Antwort seines Schreiens von unten. Sie zeigt Leben und Leiden des Knechtes als Arbeit Gottes. Wir sehen Jahwe wie einen Handwerker an der Arbeit. „Ich... gestalte (forme dich wie ein Töpfer sein Gefäß)... mache dich zum Bund für das Volk.“ Die Frucht seiner Arbeit ist ein „Bund“, neue Offenbarung, ein neues Gottesverhältnis zwischen ihm und seiner Gemeinde. Der Inhalt dieser Offenbarung und dieses Bundesverhältnisses ist der Knecht selbst. Seine Person ist das Licht, in dessen Schein das Leben des Volkes seine neue Gestalt gewinnt. Fassen wir das: Gott zeigt dem Knecht in seiner Erniedrigung sein abgelehntes und vernichtetes Leben als Inhalt und Licht zukünftiger Gottesgemeinschaft seines Volkes.

(9 – 12) Im Schein dieses Lichtes breitet sich wie sonnenüberglänztes Land die Zukunft der Gottesgemeinde aus: Aufbauarbeit im verwüsteten Lande, aus dem die Spuren des Krieges und des Zornes fortgeräumt werden; Rückgabe enteigneten Erbes, das die Nachbarvölker Israel geraubt haben; Öffnung der Gefängnisse, Heimkehr aus der Verbannung, ja, darüber hinaus, Sammlung der zerstreuten Glieder der Gemeinde aus der ganzen Welt. Und der Weg des Volkes Gottes wird ein Wandern der Heimat zu, von Wunder zu Wunder, durch Wüsten und Unbilden, Hindernisse und Anfechtungen, und dennoch in der Fülle, umhüllt von Sicherheit, unter der persönlichen Führung Gottes. Die Zukunft der Gemeinde gleicht dem Zuge einer großen Herde durch die Wüste: auf kahlen Höhen sprießt vor ihnen Gras und brechen Quellen auf; die Sonne, die niederbrennt, und der Glutwind, der hereinweht, stechen und brennen nicht; die Berge, die vor dem Wege lagern, senken sich; versumpfte Wege heben sich. Denn vor der Herde her schreitet der Hirt, dem Kahlhöhen und Wüsten, Glutwind, Sonne und alle Quellen gehören, der von allen Bergen „meine Berge“ und von allen Wegen „meine Wege“ sagen, Hindernisse, Anfechtungen und allen Segen sein nennen darf. So liegt die Zukunft der Gemeinde umschlossen und eingehüllt in das Erbarmen Gottes da.

(13) Diese Wanderung unter Führung und in Gemeinschaft Gottes ist Frucht, ja Werk der Gebete des Knechts, der Arbeit Gottes durch den Knecht. Der Umschwung im Leben des Knechts ist Umschwung in den Weltzeiten. Die Frucht davon ist der Umschwung im Leben der Gemeinde, und der Widerhall darauf ist Jubel in allen Weltsphären, bei Himmeln, Erde und Bergen. Denn an der Flut von Trost und Erbarmen, die sich

über der zerschundenen Gemeinde ergießt, offenbart sich Gottes der Welt in Wohlgefallen zugewandtes Angesicht, die Herrlichkeit der neuen Weltzeit.

Denselben Zug mit seinem wunderbaren Frieden sieht der Seher Johannes durch die Ewigkeit pilgern (Offb. 7, 16. 17).

## B. Die Gemeinde, das neue Jerusalem, als Kampfziel Gottes

### 1. Ihre scheinbare Verlassenheit und tatsächliche Geborgenheit

**Jes. 49, 14–17:**

(14) **Zion aber spricht: Verlassen hat mich Jahwe,**
**und der Herr hat mich vergessen.**
(15) **Vergißt auch ein Weib ihres Säuglings,**
**(vergißt) sich zu erbarmen über den Sohn ihres Leibes?**
**Mögen auch diese gleich vergessen,**
**so will doch ich dich nicht vergessen.**
(16) **Siehe, auf die Handflächen habe ich dich geritzt,**
**deine Mauern sind beständig vor mir.**
(17) **Deine Erbauer eilen, deine Zerstörer aber**
**und deine Verwüster ziehen von dir aus.**

(14–15) Derselbe Widerspruch zwischen der unbegrenzten Verheißung und der armseligen Gegenwart, der über dem Leben des Knechts stand, lastet auch auf der Gemeinde Gottes. Der Abrahamsverheißung, daß ihr Same den Sternen des Himmels und dem Sande der Wüste gleichen, das Land besitzen und zum Segen der Völker werden soll, stehen Vernichtung des Volkes bis auf spärlichen Rest, Entvölkerung des Landes, Verbannung und Gefangenschaft gegenüber. Aus diesem Widerspruch wächst die Klage: „Zion aber spricht: Verlassen hat mich Jahwe." Einstweilen noch mit undeutlichem Umriß hebt sich in dieser Klage von der Schar mit eherner Stirn und eisernem Nacken, an der der Knecht seine Kraft aufgerieben hatte, die sehnsüchtige Stimme einer kleinen Schar ab, die „Zion" im eigentlichen Sinne des Wortes ist. Vielleicht geht die Grenze zwischen jenen, die sich mit Unrecht nach der heiligen Stadt nannten (48, 2), und diesem eigentlichen Zion auch nicht zwischen der großen und kleinen Schar, sondern mitten durch die Herzen. Dieses Verzagen ist nicht verdammlich. Die Gemeinde trägt darin Schicksalsgemeinschaft mit dem gerechten Knecht. Das drückt sich wunderbar aus in der Ähnlichkeit seiner und ihrer Klage: „Ich aber sprach" – „Zion aber spricht". Das ist Gemeinschaft in den Anfechtungen.

Mit zwei flüchtig angedeuteten Bildern antwortet Gott diesem Verzagen. Das erste Bild stellt die Gemeinde vor das Innigste und Unzerreißbarste, was es an Liebe innerhalb der menschlichen Verhältnisse gibt: Mutterliebe. Eine Mutter, die ihren Säugling vergißt und sich über das Kind, das sie mit Sorgen getragen und mit Schmerzen geboren, „den Sohn ihres Leibes", nicht erbarmt, wenn er im Verschmachten ist, ist angesichts des Dranges der Mutterliebe unvorstellbar. Und doch soll solches Versagen der Mutterliebe, wie es nicht vorkommt, eher vorkommen, als daß Gott sein hilfloses Volk vergißt. Auf dem Hintergrunde des von seinem Erbarmer geleiteten Volkes (V. 10) und des Lobes über Gottes Erbarmen an seinen Elenden, das vom Himmel widerhallt (V. 13), wird die Vorstellung Gottes, der vergißt, sich über sein Volk zu erbarmen, besonders widersinnig. Ja, auf dem Hintergrunde der Arbeit, die Gott durch seinen Knecht an seiner Gemeinde geleistet hat, erscheint sein Erbarmen über sie so groß, daß sogar die größte menschliche Liebe, Mutterliebe, demgegenüber geringfügig wird.

(16–17) Das zweite Bild zeigt Gott noch menschlicher. Wie ein orientalischer Liebhaber sich die Namenszüge seiner Geliebten in die Hände eintätowiert oder wie wir die Bilder lieber Menschen auf unsern Tisch stellen, hat Gott den Grundriß oder das Bild seiner Stadt sich auf die Handflächen gezeichnet, ja in die Handflächen geschnitten, so daß er sie dauernd vor Augen hat. Ob die Gemeinde Gottes noch so sehr angefeindet, verlassen, erniedrigt und vernichtet werden sollte, ob auch auf Erden nichts bliebe, was an sie erinnerte, in Gottes Hände gezeichnet steht ihr Bild dort droben, wo keine Gewalt der Erde es auslöschen kann. Ob keine Beter mehr da sind, um sich vor die Not der Gemeinde zu stellen und Gott an seine Verheißungen zu erinnern, Gott hat das Bild, das ihn an sie erinnert, auf seinen Handflächen dauernd vor sich.

Die Mauern, deren Bild in Gottes Hände geschnitten brennt, müssen bald gebaut werden. Darum „eilen" die Erbauer. Die Gemeinde, die in Gottes Handflächen steht, muß bald von der Last fremder Zwingherren, die das Bild in seinen Handflächen entstellen, befreit werden: „Deine Verwüster ziehen von dir aus."

### 2. Der Umschwung vom gegenwärtigen Elend zur zukünftigen Herrlichkeit

**Jes. 49, 18–19:**

(18) **Erhebe ringsum deine Augen und schau:**
**allesamt versammeln sie sich und kommen zu dir!**
**So wahr ich lebe, ist der Spruch Jahwes,**
**ja, sie alle legst du dir um wie einen Schmuck**
**und gürtest dich mit ihnen wie eine Braut.**
(19) **Ja, deine Trümmer und deine Ruinen**
**und das Land deiner Zerstörung, –**
**ja, jetzt wirst du zu eng vor Bewohnern,**
**und weit weg sind deine Verderber.**

Jetzt läßt Gott seine Gemeinde über die Not der Gegenwart hinweg in einem eigentümlichen Bilde einen Blick in das grenzenlose Glück der Zukunft tun. Zion steht nicht mehr als von der Mutter verlassenes Kind, sondern als junges Weib und dann wieder als Braut vor uns. Wie eine Erwachende, die aus dumpfem Brüten der Verzweiflung aufgeschreckt wird, blickt sie auf. Gott hebt ihr das Angesicht, sie sieht sich staunend im Umkreis um und kennt sich nicht aus. Von allen Seiten strömen ihre Kinder zusammen. Wie eine reiche orientalische Frau über und über mit Schmucksachen behangen prangt (achtzehn verschiedene Arten von Schmuckgegenständen zählt Jesaja Kap. 3, 18 – 23 auf), soll Zion als Braut Gottes im Kinderschmuck prangen. Das öde Land soll von Bewohnern überfüllt, die Herrlichkeit der Gemeinde wie Brautglück fern von allen Störern sein.

### 3. Der wunderbare Hintergrund des Umschwungs

Jes. 49, 20 – 21:

(20) **Es werden noch sagen vor deinen Ohren**
**die Söhne deiner Kinderlosigkeit:**
**Zu eng ist mir der Raum,**
**rück mir weiter, daß ich wohnen kann!**
(21) **Und du wirst in deinem Herzen sprechen:**
**Wer hat mir diese geboren?**
**Ich war doch kinderlos und unfruchtbar, verbannt und vertrieben.**
**Wer hat mir diese großgezogen?**
**Siehe, ich war (doch) allein übriggeblieben!**
**Was ist's mit diesen?**

Diese Strophe läßt uns ein kurzes Gespräch belauschen: „Zu eng ist mir der Raum, rück mir weiter!" Das klingt so scherzhaft kindlich wie aus einem großen Kinderhaufen, in dem eins das andere schubst. Durch diesen Kinderruf sollen wir in die grenzenlose Fülle des Kinderreichtums und Kinderglückes hineinsehen. Aus diesem Kinderglück bricht die fassungslos staunende Mutterfrage der kinderlosen, verstoßenen Frau und macht sich in immer neuer Steigerung Luft in dem dreifachen Ausruf: „Wer hat mir diese geboren?... Wer hat mir diese großgezogen?... Was ist's mit diesen?" Zwischen dem wimmelnden Kinderreichtum und der staunenden Mutterfrage steht als schweres Rätsel der geheimnisvolle Ursprung solchen Kindersegens. „Söhne der Kinderlosigkeit" sind es. Der Name ist Widerspruch in sich selbst, wie Menschen der Unmenschlichkeit, Sein aus dem Nichtsein, Leben aus dem Tod.

Die Frage der Mutter: „Was ist's mit diesen?" ist auch unsere Frage. Man hat geantwortet: Trotz Vernichtung der Mehrheit des

Volkes, trotz Verschleppung des Restes in die Fremde, wo er der Mutter Zion aus den Augen gekommen, hat sich der Rest in der Diaspora so erstaunlich rasch vermehrt, daß wieder ein großes Volk aus der Zerstreuung sich um den Mittelpunkt des Tempels auf dem Zion schart. Doch diese Auslegung schwächt das Wunder ab, das in der Frage: „Wer hat mir diese geboren?" (oder „gezeugt" – im Hebräischen ist es dasselbe Wort) ganz stark durchklingt.

Im ersten Teil hörten wir von einer wunderbaren Vermehrung der Gemeinde Gottes, die nicht auf natürlicher Zeugung und volklicher Vitalität, sondern auf Zeugung von oben durch den Geist beruht (44, 2 – 5). Wir sahen ein Volk herzukommen, das – obgleich nicht leiblich von Juda stammend – sich zu Recht „Israel" als Ehrennamen zulegte im Gegensatz zu jenen, die – leiblich von Juda stammend – sich zu Unrecht Israel nannten (48, 1 – 2). Ein Vergleich der Stimmung und Ausdrucksweise an unserer Stelle und jener (44, 5) läßt überraschende Ähnlichkeit ins Auge springen. Dort das dreifache, plötzlich aufspringende „der sagt", „der nennt sich", „der schreibt in seine Hand", und hier das dreifache überraschte „Diese", „diese", „Was ist's mit diesen?", wobei noch eine heimliche Zwiesprache besteht zwischen dem Bilde des Gottes, der sich Zions Bild in die Hand schreibt, und dem durch Zeugung von oben zur Gemeinde gekommenen Heiden, der sich „Jahwe gehörig" in die Hände schreibt.

Diese Anklänge bestätigen die Deutung: Hier sind nicht nur die zurückgekehrten Verbannten gemeint, nicht nur die Weltdiaspora des Judentums, sondern bekehrtes Israel im eigentlichen Sinn des Wortes; nicht nur Israel dem Blute nach, sondern auch Gemeinde Gottes, die durch den Geist gezeugt, aus dem Heidentum herausgeholt ist. Zion hatte die Aufgabe, für Gott Kinder zu gebären. Sie hat diese Aufgabe nicht erfüllt; sie war wegen ihrer Sünde unfruchtbar und kinderlos und wurde deswegen vertrieben und verbannt. Jetzt schaut sie, wieder angenommen, einen Kinderreichtum, der über Nacht durch Wunder geboren, durch den Geist von oben gezeugt ist. Das ist eine Schar, über der das Geheimnis der Frage: „Was ist's mit diesen?" liegt, eine Schar, deren geheimnisvollen Ursprung der Herr im Neuen Testament mit dem Winde vergleicht, von dem man nicht weiß, von wannen er kommt: „Also ist ein jeglicher, der aus dem Geist geboren ist" (Joh. 3, 8). Als ihre und damit als Gottes Kinder darf Zion diese Schar erkennen und begrüßen. Dieselbe Beziehung mag auch in dem dreifachen „Diese ... diese... diese..." von 49, 12 anklingen. Die Sendung des Knechts an die Völker und an die Gemeinde Gottes fließen hier zusammen in eines. (Vgl. zum Ganzen Psalm 87; 110, 3; 22, 28 – 32.)

## C. Drei Kampfworte

Die Eroberung der Gemeinde aus der Gewalt der Welt.

### 1. Gottes Zeichen an die Völker, seine Kinder herauszugeben

Das Flaggensignal

Jes. 49, 22 – 23:

(22) **So spricht der Herr Jahwe:**
**Siehe, ich erhebe zu den Völkern meine Hand,**
**und für die Nationen hisse ich mein Panier hoch.**
**So werden sie deine Söhne zurückbringen am Busen,**
**und deine Töchter werden auf den Schultern getragen werden.**
(23) **Und Könige werden deine Wärter**
**und Fürstinnen deine Ammen sein.**
**Das Antlitz zur Erde werden sie vor dir niederfallen,**
**und den Staub deiner Füße werden sie küssen.**
**Und du wirst erkennen, daß ich Jahwe bin,**
**daß nicht zuschanden werden, die auf mich harren.**

Das ist das erste von drei Kampfworten an die Welt, die Gottes Unwiderstehlichkeit, und gleichzeitig das erste von drei Trostworten an die Gemeinde, die die Unaufhaltsamkeit seines Erlösungswerkes ausdrücken. Man kann es überschreiben: Gott gibt der Welt das Zeichen, seine Gemeinde herauszugeben. Eine dreifache Botschaft verkündet es.

Zuerst stellt uns das Wort vor den gewaltigen Gott, der sich seiner Kinder, auch der entferntesten, vereinsamtesten, annimmt. Im Mittelpunkt der Welt steht er wie ein Offizier, der seiner Truppe mit erhobener Hand ein Kommandozeichen gibt. Vor den Völkern geht sein Flaggensignal hoch, sie setzen sich von allen Himmelsrichtungen in Bewegung wie Truppen auf das verabredete Zeichen des Feldherrn, und liefern die Gemeinde Gottes aus. Machtvoller als durch das stumme Signal und seine Wirkung läßt sich kaum Gottes Erlöserwille darstellen.

Doch wir dürfen noch tiefer in die verwandelnde Wirkung seines Wortes hineinblicken. Ein geradezu unheimliches Bild drückt den Wandel aus, der im Verhältnis zwischen Israel und den Völkern vor sich gegangen. Dieses abwechselnd geschundene und wegen seines Hochmuts gehaßte Volk wird zum Gegenstand innigster Liebe und Fürsorge. Die Völker liefern die Gemeinde nicht nur aus, sondern bringen sie selbst „am Busen" und „auf den Schultern" zurück. Ja, sie wird darüber hinaus Gegenstand der Anbetung und Verehrung: „Das Antlitz zur Erde werden sie vor dir niederfallen." Das heißt: die Gemeinde Gottes, Ziel des Judenhasses im Alten, der Christenverfolgung im Neuen Bunde, wird für die Welt zur Verkörperung der Gegenwart Gottes. Ja, der

Lichtglanz seiner Majestät umspielt sie so sehr, daß die Gewaltigen der Welt zu den Geringsten der Gemeinde aufblicken werden. Das liegt in dem Bilde der Könige und Fürsten, die „den Staub" ihrer „Füße küssen". Und blickt nicht tatsächlich heute mancher Große der Welt verlangend zu dem Reichtum des ärmsten Christen auf, wie ein Bettler zu einem König?

Die Gemeinde Gottes teilt auch hierin das Schicksal des Knechts. Es ist etwas von dem, was Johannes der Täufer empfand, als er sich nicht genugsam fühlte, die Riemen der Sandalen Jesu aufzulösen (Mark. 1, 7), etwas von dem, was Jesus meinte, wenn er sagte, der Kleinste im Reiche Gottes sei größer als der Größte unter den Weibgeborenen, dieser selbe Johannes (Matth. 11, 11).

Diese innere Umwandlung in der Stellung der Völker zum Volke Gottes ist ein noch größeres Wunder als jenes, daß sie die Gemeinde herausgeben. Ja, jene Auslieferung der Gemeinde, von der unser Text spricht, ist das Gegenstück zur antisemitischen Bewegung, die die Juden loszuwerden, und zu dem Christenhaß, der die Gemeinde als Schädling aus dem Volksleben auszuschalten sucht.

Aber auch dieses zweite Wunder hat – ebenso wie das erste – nicht Wohlsein und Größe der Gemeinde zum Zweck, sondern das Offenbarwerden Gottes vor seinem Volk und die Erfahrung, daß er sich zu den Harrenden bekennt. Die unvergleichliche Kraft Gottes offenbart sich darin, daß er die, die auf ihn harren, aus dem Tode herausholt und mit neuer Kraft beschenkt (40, 31). Harren oder hoffen, eigentlich: sich-ausstrecken und in Sehnsucht und Zuversicht auf Gott hinblicken, ist die rechte Haltung für sein Volk.

### 2. Gottes Kampf mit der Weltmacht um seine Kinder

Der Raub des Starken

Jes. 49, 24–26:

(25 a) **Denn so spricht Jahwe:**

(24) **Wird auch dem Starken sein Raub genommen?**
**Oder wird der Gefangene des Gewaltigen gerettet?**

(25) **Auch der Gefangene des Starken wird genommen,**
**und die Beute des Gewaltigen wird entrissen;**
**und mit deinen Haderern hadere ich,**
**und deine Söhne rette ich.**

(26) **Ich speise deine Bedränger mit ihrem Fleisch,**
**und wie von Most werden sie trunken werden von ihrem Blut.**
**Und erkennen wird alles Fleisch,**
**daß ich Jahwe bin, dein Erretter,**
**dein Loskäufer, der Starke Jakobs.**

„Gott holt seine Gemeinde mit Gewalt heraus" – kann man die zweite Strophe überschreiben. Die erste Strophe stellte uns vor Gottes stummes Kommando, das von der Welt seine Kinder zurückfordert, die zweite vor Gottes gewaltigen Eingriff, mit dem er seiner Forderung gegen den Widerstand der gewaltigsten Mächte Geltung verschafft. Den „Starken" hat man auf die Weltmacht Babel gedeutet. Im Bilde liegt mehr. Der Starke mit seiner Beute ist Bild jedweder Weltmacht, der Macht, die gefangenhält, überhaupt.

Das Bild führt uns in die Lage des Volkes hinein: ein Häuflein in der Hand der zur Zeit gewaltigsten, unbesiegten Weltmacht Babel, die sich dem Plan Gottes widersetzt und seine Gemeinde gefangen hält, und die zugleich an anderen Stellen unseres Buches Sinnbild trotziger Auflehnung, finsterer chaotischer Auflösung (Chaos, Urflut, Tiefe, Ströme), des Widergöttlichen ist. Das ganze Kapitel ist beherrscht von dem Gedanken der Unwiderstehlichkeit der angreifenden Gottesherrschaft (im Knecht, in seinem Werk, in Gott). Als Schwert begegnet uns der Knecht, als streitbarer und unüberwindlicher Kämpe Gott selbst. Wer das Schwert ist, mit dem er streitet, wird nicht mehr gesagt, wohl aber wird der Gegner genannt. Nach menschlichen Gesetzen gibt es kein Entrinnen aus der Hand dieses Starken. Aber gerade im Zusammenstoß mit der Urmacht des Widergöttlichen, im Kampf um seine Kinder, offenbart Gott sich vor allem Fleisch in seiner Streitbarkeit und Kraft. Er zeigt sich als „Erretter", „Loskäufer" und „Starker" Jakobs, als Haderer wider alle, die gegen seine Gemeinde hadern, als Sieger, der den Starken fesselt und ihm die Beute entreißt.

Jesus hat das Bild aufgegriffen und auf seinen Kampf mit dem Satan um die von den Dämonen besessenen Menschenseelen angewandt und sich selbst in dem Sieger gesehen, der in das Haus des Starken eingebrochen ist, ihn gebunden hat und ihm seinen Hausrat raubt (Markus 3, 27).

Aber noch tiefer läßt uns das Bild in die unheimliche Finsternis dieses Kampfes hineinblicken. In seinem Zorn treibt Gott die Gegner der Gemeinde widereinander in ihre eigenen Waffen, daß sie sich gegenseitig zerfleischen und sich an ihrem Blut berauschen „wie von Most". Man hat in diesem Bilde die Ausmalung perverser Wunschträume der Rachsucht eines Sklavenvolkes finden wollen. Wir sind mit solchen Urteilen vorsichtiger geworden, seitdem sich vor den Augen Europas das Schauspiel von Weltmächten abspielt, die sich am Blut ihrer eigenen Kinder berauschen und zu Millionen Menschenleben durch Kugel, Hunger und Verbannung vernichten. Das waren Weltmächte, in denen einst Israel Alten Bundes litt, dann Israel Neuen Bundes leiden mußte. Die Haderer Israels, die Gott mit ihrem Fleisch speist und durch ihr Blut trunken macht, sind ein Bild der Selbstzerfleischung in Bürgerkrieg und Revolutionen, das uns stille schweigen lehrt vor dem entsetzlich strafenden Ernst Gottes.

Aber auch dieser schreckliche Einsatz Gottes hat nicht Vergeltung für die Leiden der Gemeinde zum letzten Zweck, sondern die Offenbarung Gottes vor allem Fleisch als des „Starken" und Retters.

### 3. Gottes Besitzrecht auf seine Kinder wider den Anspruch der Weltmacht

Der Scheidebrief

Jes. 50, 1 – 3:

(1) **So spricht Jahwe:**
**Wo ist doch der Scheidebrief eurer Mutter,**
**mit dem ich sie entlassen hätte?**
**Oder wer ist mein Gläubiger,**
**dem ich euch verkauft hätte?**
**Siehe, wegen eurer Verschuldungen seid ihr verkauft,**
**und wegen eurer Treubrüche ist eure Mutter entlassen.**
(2) **Warum kam ich, und niemand war da?**
**Ich rief, und es war niemand, der antwortete.**
**Ist etwa wirklich zu kurz mein Arm, um zu befreien?**
**Oder ist etwa bei mir keine Kraft, zu erretten?**
**Siehe, mit meinem (bloßen) Schelten lege ich trocken das Meer**
**und mache Ströme zur Wüste.**
**Ihre Fische verfaulen, weil kein Wasser da,**
**und sterben vor Durst.**
(3) **Ich kleide die Himmel in Schwarz,**
**und Trauertuch gebe ich ihnen zur Hülle.**

Brachte die erste Strophe Gottes Forderung, die zweite sein Eingreifen, so zeigt die dritte sein Recht zu dieser Forderung und beweist seine Macht, sie durchzusetzen. In drei Abschnitten wird das entfaltet. Mit den Fragen: „Wo?" und: „Wer?" beginnt der erste, mit der Feststellung: „Siehe" der zweite und mit einem neuen „Siehe" der dritte.

Der erste Abschnitt antwortet auf die Anfechtung, die der Gemeinde Gottes sagt, sie hätte kein Anrecht mehr auf Gottes Hilfe. Der Anspruch der widergöttlichen Weltmacht, sie zu halten, vereinigt sich mit dieser Anfechtung zu weiterer Anfechtung. Das leuchtet blitzartig auf in den zwei Bildern von der gelösten Ehe und dem Gläubiger. Gott – der Mann, die Gemeinde – das Eheweib; sie hat die Ehe gebrochen, er die Ehe gelöst. Sie hat kein Anrecht mehr auf seinen Schutz, er keines auf ihren Besitz. Zwischen ihnen steht der Scheidebrief, der von Ehebruch spricht, und klagt an.

Doch Gott hält dieser Anfechtung seinen verbrieften Anspruch an sein Volk entgegen: Wo ist die verbriefte Aufhebung dieses Anspruchs? „Der Scheidebrief" besteht nur im Kleinglauben, in der Einbildung seiner Kinder. Wo ist das verbriefte Wort der Verdammung, das sein verbrieftes Wort der Verheißung aufhübe? Vollends, wenn die Weltmacht behauptet, Eigentumsrecht auf die Gemeinde Gottes zu haben, Anspruch wider Gottes Anspruch geltend machen zu können, – wo ist die Macht, die überhaupt Ansprüche an Gott stellen, von ihm etwas verlangen könnte, gleich einem Gläubiger, der seinem Schuldner sein Eigentum abfordern darf? „Wer ist mein Gläubiger, dem ich euch verkauft hätte?" Das erste Bild sagt: Es gibt auf Gottes Seite kein Aufgeben seines Anspruchs auf seine Kinder. Das zweite Bild zeigt: Es gibt keinen Anspruch auf seine Kinder von seiten irgend einer andern Macht.

Auch heute hält die Finsternis, wenn sie uns ganz haben will, uns den angeblichen Scheidebrief entgegen, mit dem Gott sich von uns zurückgezogen haben soll. Auch heute packt sie uns an unserem Verzagen, das uns verklagt. Darum heißt sie der „Verkläger" (Offb. 12, 10). Aber ihrer dunklen Sprache steht Gottes helles, verbrieftes Recht entgegen. Und es ist nicht allegorische Auslegung, wenn das Neue Testament Babel auf die Macht der Finsternis deutet; sondern wir sahen schon, daß auch für den Propheten Babel eine Verkörperung der finsteren Urtiefe ist.

Mit dem ersten „Siehe" kehrt Gott das Bild um. Es ist nicht so, daß die Gemeinde, von Gott verlassen, in Nacht und Not hinausschrie, sondern umgekehrt. Gott stand, von seinem Volk verlassen, in ungeheurer Einsamkeit, rief und warb, und es war niemand da, der antwortete. Wir blicken in jene tiefste Not Gottes um sein Volk, dieselbe Not, die Jesus durchlitt, als er das Volk wie eine Henne ihre Küchlein rief und sie nicht wollten (Luk. 13, 34), und über Jerusalem weinte (Luk. 19, 41). Nicht Gott hat sich zurückgezogen, sondern Israels Sünde hat sich zwischen ihn und das Volk gestellt, um der Schuld willen ist es in Schuldhaft gekommen. Aber ihm gehören auch die Tiefen der Schuldhaft. Es gibt keine Tiefe, aus der sein Arm nicht herausholen könnte. „Ist etwa wirklich zu kurz mein Arm, um zu befreien?"

Mit einem zweiten „Siehe" enthüllt Gott den ganzen Umfang seiner Macht. Er braucht seinen Arm nicht einmal auszurecken. Schon sein „bloßes Schelten" genügt, um das Weltenmeer, jene uralte Verkörperung der Auflehnung und Finsternis, und all seine Ströme zum Versiegen zu bringen, so daß die Kreatur darin stirbt. Es genügt, um den Himmel, dessen Jubel wir hörten (49, 13), in Trauerflor zu hüllen. Das Meer, die Wasser der Tiefe, und den Himmel, die Wasser der Höhe, die beiden Hälften des Alls vermag er durch sein bloßes Wort zu vernichten, ebenso wie er sie geschaffen. Was vermag erst sein Arm, wenn er ihn enthüllt, aus der Verborgenheit hervortritt und in die Weltgeschichte eingreift als der Offenbare und Gegenwärtige, wie wir es im nächsten Kapitel hören werden!

## *Theologische Besinnung*

Das erste Kapitel des dritten Teils versetzte uns in eine Riesenschlacht. Wie fern davon und wie gemütlich nahm sich dagegen der Lebenszuschnitt der Christen im Abendlande aus, bevor die letzten Leiden über sie kamen! Es machte den Eindruck, als hätten die Gottesherrschaft oder ihre Vorkämpfer mit der Welt Frieden geschlossen. Aber solch ein Friede wäre nur berechtigt gewesen, wenn die Welt der Gottesherrschaft unterworfen gewesen wäre. Breite Kreise haben auch dieser Überzeugung gelebt. Diese Täuschung ist wie Nebel zerronnen, und der Kampf setzt wieder ein.

### I.

Aber wie konnte es zu dieser Täuschung kommen? Wie konnte die Welt die Streiter ihres Todfeindes liebgewinnen, solange sie ihrem Könige fluchte? – Wohl nur dadurch, daß die Soldaten der Gottesherrschaft ihre Waffen versteckten und sich als friedliche Handelsreisende ausgaben, die wohlschmeckende Ware anzubieten hatten. Weisheit, Sittlichkeit, Vernunft pries die Kirche in den Zeiten des Rationalismus der Welt als Inhalt des Schatzkästleins des Gotteswortes an, und nicht anders war es in den Zeiten des Liberalismus, in denen wir wieder tief drinstehen. Aber wo war jenes schreckliche Schwert, jener tödliche Pfeil geblieben, das Wort Gottes, das der Bibel und der christlichen Lehre Inhalt ist? Wie man sich in Friedenszeiten den Schreibtisch mit alten Granaten oder Zündern schmückt, so war das gefährliche Wort ein ungefährlicher Schmuckgegenstand geworden. Infolgedessen erfuhr die Kirche nicht mehr den unversöhnlichen Widerstand der Welt, aber auch nicht mehr die unheimliche, unwiderstehliche und unentrinnbare Kraft des Wortes. Zu allen Zeiten, in denen man das Wort Gottes verharmloste, dem Pfeil die Spitze abzubiegen, dem Schwert die Schneide in Watte zu packen suchte, wurde die Kirche schwach und war darauf angewiesen, anderswoher Kraft zu leihen. Da lehnte man sich an den Staat, guckte ihm seine Methoden der Steuererhebung, des Gesetzes und der Ordnung ab, der Welt und ihrer Weisheit die Methoden der Erziehung, Seelenheilung und Seelsorge.

Aber Gott ist gnädig. Er schüttelt nicht nur die Welt, sondern auch die Kirche in seinen Gerichten und entlarvt die Handelsware, die die Kirche neben dem Worte Gottes in ihren Kramläden und durch ihre Handelsreisenden anzupreisen unternommen hatte, als Menschenfabrikat. Gott ließ über das angebliche Gold der Kirche eine Inflation kommen, die es als wertloses Papier erwies. Immer wieder ist darüber ein Besinnen auf das Wort durch die Reihen der Kirche gegangen. Wieder leben wir in einer Zeit solchen Besinnens auf das Wort als einzige Grundlage, einzigen Reichtum, einzige Waffe der Kirche und des Reiches Gottes. Zu den gewaltigsten Erkenntnissen, die den reformatorischen Kirchen der letzten Zeit geschenkt worden sind, gehört die Besinnung darauf, daß sie Kirchen des Wortes sind, das Wort lauter und rein verkündigen müssen, und daß das Wort eine unwiderstehliche Waffe ist.

## II.

Aber der Mensch, dem das Wort anvertraut ist, erliegt nicht nur der einen Gefahr, es aus Menschenfurcht oder Kompromißsucht in Watte zu packen, als Zuckerware anzupreisen, sondern auch der andern, dieses Wort zu seiner eigenen Waffe zu machen, um damit gegen seine Widersacher zu kämpfen, zum Zepter, um damit über seine Gegner zu herrschen. Ist es in der Ordnung, wenn der Kampf der Kirche zur Verteidigung einer guten Sache, zum Kampf um eine reine Lehre wird? Gottes Herrschaft ist Kampf, aber dieser Kampf sieht doch anders aus. Er ist unwiderstehlicher Angriff. Seine Waffe ist Schwert und Pfeil, aber immer zugleich Licht und Rettung. In diesem Kampf wird nicht gegen, sondern um den Gegner gekämpft. Dieser Kampf ist immer Weltmission, die bis an die Enden der Erde hinaus-, in die Stellungen des Gegners hineinwill.

Woran liegt es, wenn wir uns in die Verteidigung drängen lassen, wenn Fronten entstehen, die nicht die wahren Fronten zwischen Gottesherrschaft und Welt, Christus und Teufel sind? Liegt es nicht daran, daß wir das Wort zu einer Waffe gemacht haben, die wir führen, über die wir Gewalt haben, die wir putzen, über deren Reinheit wir wachen — statt es die Waffe sein zu lassen, die uns führt, über uns Gewalt hat und uns reinigt? Daß wir es nahmen als Waffe, mit der wir gegen den Gegner streiten, statt als Waffe, die gegen uns streitet?

Aber ist das Wort Gottes dem Menschen nicht gerade als Waffe übergeben? Haben die Propheten es nicht als Hammer geschwungen? Rühmt nicht der Apostel das Wort als Schwert? Trifft nicht das Bild, das Paulus entwirft, unsere Lage: „Im übrigen werdet mächtig in dem Herrn, in der Gewalt seiner Stärke. Ziehet an den Harnisch Gottes, damit ihr stehen könnet gegen die Methoden des Teufels. Denn wir haben nicht einen Ringkampf wider Blut und Fleisch, sondern gegen die Herrschaften, gegen die Gewalten, gegen die Weltherrscher dieser Finsternis, gegen die Geistwesen der Bosheit in den Himmelsbezirken. Darum ergreifet den Harnisch Gottes, auf daß ihr widerstehen könnet am bösen Tage und alles ausrichtend bestehen könnet. Nehmet das Schwert des Geistes, welches ist das Wort Gottes" (Eph. 6, 10—17).

Der Ausdruck für „Wort Gottes", der hier steht, bedeutet eigentlich „die Rede", „das Gesprochene Gottes". Wir aber haben daraus „das Geschriebene Gottes" gemacht. Paulus nennt es das „*Schwert des Geistes*", und wir haben daraus das „*Schwert des Buchstabens*", das System der Theologie, die Überzeugungskraft der Lehre gemacht.

Da ist es von entscheidender Bedeutung, daß der Zweite Jesaja uns den Blick dafür öffnet, was es um dieses Schwert des Geistes ist. In unserem Kapitel begegnet es uns in so eigentümlicher Gestalt, daß wir gar nicht auf den Gedanken kommen, es als Schwert in unsere Hand, als Angriffs- oder Abwehrwaffe unter unsere Waffenvorräte und Sicherungsvorrichtungen zu nehmen. *Dieses Wort redet uns an als lebendige Person*, vor der es auf unserer Seite nur bedingungslose Unterwerfung oder Widerstand auf Leben und Tod gibt, aber kein Drittes, keinen Gedanken an Zusammengehen oder Herrschaft über sie oder mit ihrer Hilfe. Das Wort redet uns als Schwert in der Hand des lebendigen Gottes an, als Pfeil im Köcher des Herrn über Himmel und Erde. Sollten wir dieses Schwert in unsere Hand, diesen Pfeil in unseren Köcher nehmen? Dann reißen wir ja dem lebendigen Gott aus der Hand, was ihm gehört. Wagt die Ameise, den Gedanken zu denken, daß sie das Schwert des Riesen führen, der Mensch, daß er über Gottes Schwert verfügen könnte? Unser Kapitel zeigt uns den Knecht Christus als das Schwert des Wortes. Auch er ist solches Schwert nur als *Knecht* Gottes, in der Hand des Lebendigen. Wie dürften wir das Wort von Christus und Gott lösen als Lehre, Theologie, allgemeine Wahrheit oder Gesetz? Es *ist* nur Wort in der Person des Lebendigen und im Zeugnis von ihm, in Menschen und menschlichen Worten, durch die der Lebendige spricht, als Rede, als Geist Gottes.

Dieses Wort ist von Gott durch seinen Geist uns als Waffe anvertraut, aber immer nur so, daß er damit selber durch uns streitet. Wir führen diese Waffe nur so lange, als wir Knechte in der Hand des Knechtes sind, so wie der Knecht Schwert in der Hand Gottes war. Wir führen sie nicht als Knüppel, sondern als Schwert, mit dem wir behutsam umgehen müssen, daß es uns nicht selber töte oder verwunde, daß wir ihm nicht selber Blößen geben, daß wir selber mit dem „Panzer der Rechtfertigung" (Eph. 6, 14) und der Zugehörigkeit zu Christus gegen seine Schärfe gedeckt sind. Nicht nur dann, wenn der Mensch die Schneide des Wortes in Watte packte oder mit der Ware vertauschte, sondern auch dann, *wenn der Mensch das Wort von Christus löste*, es aus der Hand des lebendigen Gottes losriß und in die seine nahm, *wurde die Kirche kraftlos* und mußte sich nach Kraft von anderer Seite umsehen. Was helfen die gewaltigsten Geschosse ohne das Geschütz, das sie abfeuert? Sie sind nicht mehr Waffe, die die Festungen des Feindes zertrümmert, sondern die Mannschaft kann sich nur noch untereinander damit totschlagen. Zu allen Zeiten, da aus dem Wort Christus die Waffe in Menschenhand, aus seiner Person Theologie oder Lehre gemacht wurde, erkaltete die Liebe, und das Wort war nicht mehr zugleich Licht und Rettung bis an die Enden der Erde, sondern Spaltpilz und Totschläger, und die Arbeit der Kirche war nicht mehr Weltmission, Antwort auf das Harren der Inseln. Der Knecht als das Wort ist aber immer gleichzeitig Schwert und Licht, Pfeil und Rettung. Zu allen Zeiten, wo Kirche sich zur Besitzerin oder Hüterin des Wortes oder der Lehre machte, statt Zeuge unter der Gewalt des lebendigen Wortes zu sein, zeigte sich bald ihre Ohnmacht auch darin, daß sie zu anderen Waffen greifen mußte, um dieses köstliche Wort zu schützen, daß sie mit Gewalt, Politik und Scheiterhaufen, mit den Werkzeugen dieser Welt, die doch gegen den Fürsten dieser Welt ohnmächtig sind, kämpfen mußte. Oder sie mußte – wo sie nicht Gewalt und Scheiterhaufen zur Verfügung hatte – sich als Bettlerin an den Arm des Staates hängen, um mit seiner Hilfe die Ordnung in ihren Reihen zu erhalten. Die Armut solcher Kirche zeigt sich immer wieder in weiten Kreisen, die tödlich erschrecken, wenn der Staat seine Gunst der Kirche auf eine Weile zu entziehen droht und der Kirche die irdischen Macht-, Schutz-, Propaganda- und Erziehungsmittel gesperrt werden sollen. Kirche, die ans lebendige Wort gebunden ist, kann nicht durch Entziehung irdischer Machtmittel zu Fall, nicht durch Sperrung von Kampfmitteln dieser Welt zum Verzagen gebracht werden.

## III.

Unser Kapitel stellt uns vor das Wort als einzigen Reichtum und Inhalt, einzige Kraft und Waffe der Gottesherrschaft, vor die Gottesherrschaft als angreifende Front unwiderstehlicher Weltmission. Es zeigt uns diese Gottesherrschaft und ihren Angriff in völliger Machtlosigkeit, ihren Sieg im Unterliegen („ich aber dachte: vergeblich ... habe ich gearbeitet"), ihre Herrlichkeit in Schmach. Verachtet, verabscheut, ohnmächtig und erfolglos marschiert der Knecht, marschiert die Gottesherrschaft gegen die Weltmacht, den „Starken" und die Völker an. Darin liegt gleichzeitig Anfechtung und königliche Größe der Gottesherrschaft, der Kirche Jesu. Sie muß und darf so waffenlos, ohne Hilfsmittel der Politik, der Macht oder des Geldes gegen die Welt anmarschieren; denn unter ihrem kleinen Häuflein befindet sich das Oberkommando der himmlischen Heerscharen. Gott selbst ficht in Christus mit der Weltmacht als der Starke Jakobs, aber unsichtbar.

Auch hinter der Weltmacht steht unsichtbare Macht, nicht Fleisch und Blut, sondern Herrschaften, Gewalten, Weltherrscher dieser Finsternis, Geistwesen der Bosheit unter dem Himmel, die große Tiefe mit ihren Strömen, die Chaosmacht. Diese unsichtbare Macht verfügt über ein sichtbares Heer, über die Gewalt dieser Welt. Die Streiterschar Jesu Christi aber kämpft unter der Befehlsgewalt dessen, der nur mit unsichtbaren Waffen kämpft. Selbst der Waffen seiner Jünger, soweit sie natürliche sind, ihrer Gaben, ihres Mutes bedarf er nicht, sondern nur des unsichtbaren Wortes, mit dem er die Welt überwindet. Es ist die Einzigkeit dieses Wortes, daß es fertigbringt, was keine sichtbare Gewalt vermag. Alle sichtbaren Gewalten können von außen töten. Dieses Wort kann von innen überwinden. Es ist, indem es tötet, Rettung, indem es wehtut, Licht.

Unser Kapitel offenbart den Sieg dieses unterliegenden Wortes nicht nur über die Schwachen, sondern auch über die Gewaltigen, Fürsten und Herren dieser Welt, die vor ihm in den Staub sinken, wenn Gott seinen Knecht erhöht. Nach seiner Erhöhung bezeugt Paulus, daß Gott in der Auferstehung Christi die „Energie der Gewalt seiner Stärke wirksam gemacht hat"; er hat Christus, das Wort, zu seiner Rechten in den Himmeln über alle Obrigkeit, alle Gewalt, alle Macht, alle Herrschaft und allen Namen, der nicht nur in diesem, sondern auch in dem kommenden Äon genannt wird, eingesetzt und hat alles unter seine Füße getan und ihn zum Haupt über alles, zum Haupt der Gemeinde, gesetzt (Eph. 1, 19 – 23). Das ist es, was auch Jesaja schauen durfte, wenn er bezeugt, daß Fürsten und Gewaltige vor dem besiegten, machtlosen Wort im Staube liegen.

Kirche Gottes ist nicht machtlos. Herrschaft Gottes „steht nicht in Worten, sondern in Kraft" (1. Kor. 4, 20), ihre Botschaft ist „eine Kraft Gottes" (Röm. 1, 16). Sie ist nur in der Auferstehung Jesu sichtbar geworden. Während menschliche Augen sie nicht sehen, spüren aber bereits die Dämonen diese Kraft. Sie schrien und bekannten vor Jesus: „Bist du hergekommen uns zu quälen, ehe denn es Zeit ist?" (Matth. 8, 29). Sie bekannten auch vor Jesu Jüngern (Apg. 16, 17) und fliehen auch heute noch vor seinen Kindern. Sie wissen, daß Gottes Angriff im Grunde nicht dem Menschen, sondern der Finsternis gilt, nie gegen Menschen, sondern um Menschen kämpft, sie der Finsternis entreißt. Diese Kraft des Wortes beruht darauf, daß es das Wort dessen ist, durch den der „Starke Jakobs" den Starken dieser Welt bereits bezwungen hat. Darum muß die Welt seine Kinder herausgeben. Keine Macht der Welt hat Anrecht auf die, die Jesus ruft und die zu Jesus flüchten. In dem Wort ist der Arm des Herrn verborgen, der streitet und nicht zu kurz ist, zu retten.

Zweites Kapitel

# Der Glaube

Die Gottesherrschaft in der Gewalt der Welt. – Die Spannung, die dem Glauben daraus erwächst. – Die Rechtfertigung des Glaubens und die Verdammung der Welt. –
Der verborgene Arm Jahwes

## Einleitung

Die Abschnitte 50,4 ff., 51 und 52,1–12 bilden eine Einheit mit in sich geschlossenem Gedankenfortschritt und klarem Aufbau, der genau dem Aufbau des vorhergehenden und des folgenden Kapitels entspricht.

Folgende Züge halten den Abschnitt zusammen: 1. die Züge der hochnotpeinlichen Verhandlung und Urteilsvollstreckung, die letzte Zuspitzung in der Lage des Knechts und der Gemeinde verraten (Mißhandlung, Schmähung, Dränger, Becher der Betäubung, Halseisen: 50,6; 51,7b; 51,12; 51,17; 51,22; 52,1ff.); 2. der Arm Jahwes, dessen Verborgenheit letzte Anfechtung und Qual ist, der aber offenbar werden soll (51,5a; 51,5b; 51,9; 52,10); 3. der Schein des Ausgeliefertseins in die Hand der Gewaltigen, die in Wirklichkeit gerichtet sind (50,8–9; 50,11; 51,7b–8a; 51,12; 51,23; 52,3–6); 4. die Vergänglichkeit dieser Welt, die Ewigkeit des Heils der neuen (51,6; 51,8; 51,8–11; 51,16; 52,10; 51,13a); 5. die Nähe der Wendung (50,8; 51,4.5; 51,14; 52,7–12); 6. die Ungeduld der Erwartung, die sich ausdrückt in den Doppelungen (50,4; 51,9; 51,17; 52,1; 52,11).

Einzigartige Bewegtheit beherrscht das Stück. Die Handlung leuchtet aber nur vom Hintergrunde her durch. Die ganze Bewegtheit spielt sich im Inneren, im Kampf des Glaubens ab. Diese Bewegtheit, die auch durch die eigentümlichen Doppelungen des Ausdrucks zittert und alle Stufen der Leidenschaft, des Kampfes, des Festhaltens, des Wartens, der Ungeduld, der Sehnsucht und der Hoffnung durchläuft, hat doppelten Grund. Die Spannung zwischen Wirklichkeit und Verheißung, dem Sichtbaren und Unsichtbaren ist bis zur Unerträglichkeit gestiegen. Davon zittert der Glaube bis nahe an die Grenze des Zerbrechens. Es ist wie Hochspannung in der geladenen Gewitterluft. Damit aber, daß die Spannung auf den Gipfelpunkt stieg, kam die Entladung, die Rettung ganz nahe. Sie pocht bereits an die Tore der Zeit.

So sind Bewegtheit und Spannung dieses Abschnitts zwiefach: die Ungeduld des Glaubens, die den verschlossenen Himmel und die Verborgenheit des Armes Gottes nicht mehr ertragen kann, Gott wecken will, und die Ungeduld Gottes, die seine Gemeinde wecken und seinen Arm den Völkern offenbaren will, „ganz nahe" ist, „plötzlich" kommen will, dabei ist, den neuen Himmel und die neue Erde zu schaffen, die Gemeinde zu retten und die Feinde zu vernichten. Die Ungeduld des Menschen und die Ungeduld Gottes begegnen sich im „Noch nicht" wie positive und negative Elektrizität vor der Entladung. Dadurch ist die Spannung wie Stille vor dem Sturm, Schwüle vor dem Gewitter, Gottverlassenheit vor der endgültigen Erhörung, Morgengrauen vor Sonnenaufgang, Sonnenwende, gespannte Adventssehnsucht unmittelbar vor dem Schauen.

Etwas von diesen schroffen Gegensätzen und der gespannten Ungeduld malt sich als Wortspiel in einem Ausdruck, der in vierfacher Abwandlung achtmal wiederholt in immer neuer Steigerung das Kapitel durchzieht. „Wach macht er am Morgen", „Am Morgen macht er wach (mir das Ohr)", als Sprache zwischen Gott und seinem Knecht; „werde wach", „werde wach" aus dem Munde des Knechts an Gott gerichtet; „laß dich wachmachen", „laß dich wachmachen" und noch einmal „werde wach", „werde wach" aus dem Munde Gottes an seine Gemeinde gerichtet (50, 4 – 11; 51, 9 – 16; 51, 17 – 23; 52, 1 – 6). Der letzte Abschnitt (52, 7-12) enthüllt das Ziel, auf das solches Wecken und solche Ungeduld münden, den Freudenboten, der „hören läßt ... hören läßt", zum Schauen aufruft „Auge in Auge", zum Aufbruch drängt: „Weicht, weicht". Das Ziel ist das Erscheinen der Königsherrschaft Gottes.

Mit diesem eigentümlichen Charakter des Abschnitts hängt es zusammen, daß er sich an die Müden richtet (50, 4), an die dem Heil oder der Rechtfertigung Nachjagenden, an die Gott Suchenden aus der Gemeinde Zion (51, 1). Das sind die unter dem Druck dieser Weltzeit nach der Gerechtigkeit Hungernden und Dürstenden (Matth. 5, 6), an die auf Gott ausgestreckt Hoffenden und auf seinen Arm Harrenden aus der Heidenwelt (51, 5) und endlich an die kleine, unter Haß, Druck und Verfolgung zagende Gemeinde aus beiden (51, 7), ja, schließlich an die Trümmer Jerusalems (51, 3; 52, 9) und an die zur Hinrichtung betäubte und im Halseisen gefangene Tochter Zion (51, 17; 52, 2).

Vor den Augen dieser Müden, Verzagten, Verdurstenden, Verlassenen und Vergewaltigten vollzieht sich Anfechtung, Anfeindung, Verfolgung des Knechts bis zur letzten Gottverlassenheit (50, 4 – 11; 51, 9 – 16). So deutlich ist die Ähnlichkeit in der Schilderung seiner Not und der Not der Gemeinde, trotz grundsätzlicher Verschiedenheit, daß die Gemeinde Gottes merken soll: in seinem Schicksal hat sie den Schlüssel zu dem ihren, sein Kampf ist ihr Kampf und sein Sieg ihr Sieg. Sein Sieg aber ist der Glaube, „der die Welt überwunden hat" (1. Joh. 5, 4 b; Jes. 50, 10). In seinem Glauben hat auch sie den Sieg über die Welt. So ist dieses ganze Kapitel eine erschütternde Schau in die Tiefen des Glaubens. Hinter dem Kampf und Sieg des Glaubens aber folgt in der Ausleitung das Schauen (52, 7 – 12). Spannung und Kampf gehen unter in der Freudenbotschaft.

## A. Der Knecht als Hirte und Zusprecher seiner Gemeinde

### 1. Die Spannung des Glaubens

Ein Wort des Knechts

Jes. 50, 4–9:

(4) Der Allherr Jahwe hat mir gegeben
eine Jüngerzunge,
daß ich wüßte zu weiden
den Müden durch's Wort.
Er weckt am Morgen,
am Morgen weckt er mir das Ohr,
zu hören wie Jünger.

(5) Der Allherr Jahwe hat mir aufgetan das Ohr,
ich aber war nicht widerspenstig,
ich wich nicht zurück.

(6) Meinen Rücken bot ich den Schlagenden
und meine Wange den Raufenden.
Mein Angesicht verbarg ich nicht
vor Schande und Speichel.

(7) Aber der Allherr Jahwe hilft mir,
darum werd' ich nicht zuschanden,
darum hab' ich mein Antlitz wie Kiesel gemacht,
und ich weiß, ich werd nicht beschämt.

(8) Nahe ist, der mich rechtfertigt.
Wer will mit mir prozessieren?
Laßt uns antreten miteinander!
Wer ist mein Prozeßgegner?
Er trete her zu mir!

(9) Siehe, der Allherr Jahwe hilft mir.
Wer ist's, der mich will verdammen?
Siehe, sie alle veralten wie ein Gewand,
die Motte wird sie fressen.

(4) Glaube als Gottunmittelbarkeit. – Wer sind die Müden, die den Hintergrund dieser Rede des Knechts bilden? Es sind Juden, die unter der Bürde der Gesetzesreligion sich müde gemüht haben um Gott (43, 22–24), und Heiden, die sich im Dienst der Götzen hungrig gearbeitet (44, 12), an den Holzklötzen ihrer Götzen müde geschleppt haben (45, 20), die sich Abmühenden und Belasteten, von denen Jesus spricht (Matth. 11, 28); Juden, die sehnsüchtig auf Gott harren,

Gott suchen (40, 31; 51, 1), und sehnsüchtig auf Gott harrende Heiden (42, 4; 51, 5); Verzagte und Verlassene Israels (49, 14) und Heiden, die dem glimmenden Docht und dem geknickten Rohr gleichen (42, 3). Die Ausdrücke für Juden und Heiden und ihre Not fließen merkwürdig ineinander, als verblaßten alte Trennungsstriche und Fronten und eine neue Front täte sich auf.

Auf dem Hintergrunde dieser müden Schar erscheint der Knecht, den wir als spitzen Pfeil und tötendes Schwert in Gottes Hand kennen lernten, zur Überraschung für die Welt als Zusprecher der Müden. Mit demselben tödlichen Instrument des Wortes gibt er Zuspruch, „weidet" oder richtet auf. Je nach der bevorzugten Lesart ist es das Bild des Hirten, der seine durstige Herde zum Wasser führt, die Müden nicht übertreibt, die Schwachen trägt (40, 10. 11), oder das Bild des Helfers, der dem Gefallenen beispringt und ihn aufrichtet. Beidemal überrascht das lebensgefährliche Wort als Werkzeug des Trostes in seinem Munde.

Über das Amt, das den Krieg Gottes gegen die Finsternis führt, hinweg läßt uns der Knecht in ein noch heiligeres Amt, das ihm Gott gegeben hat, hineinsehen: das Amt des Seelsorgers an seiner Gemeinde, das ganz Güte und inniges Eingehen auf den Einzelnen, ganz Lindigkeit ist und doch mit dem Amt des Schwertes unlösbar zusammenhängt. Gott, „der Allherr Jahwe", ist auch bei der Enthüllung seines stillen Amtes das erste Wort des Knechts, das dem Verständnis für seinen Zuspruch von vornherein die Richtung weist. Zusprecher, Tröster ist er nicht als Weiser, Lehrer oder Mächtiger, sondern als einer, der selbst unter Zuspruch steht, als Schüler. Damit deckt er das heiligste Geheimnis seines Lebens auf: das Geheimnis seiner Vollmacht – daß er das rechte Wort weiß, seines Reichtums – daß er aus der Fülle geben kann. Es heißt: Abhängigkeit. Er nennt sich nicht Prophet, sondern „Jünger", seine Zunge – „Jüngerzunge". Er sagt damit, daß er nicht von dem Eigenen redet, sondern, was ein Größerer ihn lehrt (Joh. 8, 28).

Als Schüler ist er nicht ein Fertiger, der – einmal eingeweiht – aus seinem Besitz an Erkenntnis heraus urteilt und austeilt, sondern steht fortlaufend im Unterricht, unter Zuspruch, Führung und Weisung von oben. Morgen um Morgen wird ihm das Ohr geweckt. Die Wiederholung im Ausdruck drückt Unaufhörlichkeit und Innigkeit im Umgang des Meisters mit seinem Schüler aus. Das Geheimnis seines Führens heißt: Führung, das Geheimnis seines Redens – Hören, das Geheimnis seines Hörens – Erweckung. Unter fortgesetzter Erweckung von oben formt sich ihm jeder neue Tag in der Morgenfrühe. Das ist Gebet, nicht als Bitte, Forderung und Beeinflussung Gottes, sondern als Hören, Umlernen und Sich-formen-lassen von Gott.

(5–6) Glaube als Gehorsam. – Unmittelbar auf die Schilderung tiefster für Menschen noch faßbarer Seligkeit – unauflöslicher Verbundenheit mit Gott – läßt uns der Knecht hineinblicken in Leid. Leid löst nicht seine Seligkeit ab, sondern steht in unauflöslichem Zusammenhang mit seiner Seligkeit. Dasselbe Wort, mit dem er seinen Reichtum begründet, eröffnet auch die Schilderung seines Leidens. „Der Allherr Jahwe hat mir aufgetan das Ohr, ich aber war nicht widerspenstig." Aus seiner Schülerstellung zu Gott folgt sein Leid mit solcher Selbstverständlichkeit, daß es gar nicht mehr besonders ausgeführt wird. Nicht um des Leidens, sondern um der Aufnahme willen, die es beim Knecht fand, wird dieses Leiden überhaupt erwähnt.

Durch die Ausdrücke, die der Knecht braucht, dürfen wir ihm von ferne auf seinem Leidenswege folgen. Die Häufung von Bezeichnungen aus der Gerichtssprache am Ende (Anwalt, Prozeßgegner, prozessieren, verdammen, rechtfertigen) ebenso wie am Anfang unseres Abschnitts (Schläge, Raufen der Wange, Schande und Speichel) verrät, daß er sich vor Gericht befindet. Auch Schläge und Anspeien sind nicht Ausbrüche der Leidenschaft erregter Massen, sondern Züge aus der Urteilsvollstreckung des jüdischen Gerichts (4. Mose 12, 14; 5. Mose 25, 9; Neh. 13, 25; Matth. 26, 67; 27, 30; 10, 17; Apg. 5, 40; 16, 22; 2. Kor. 11, 23–25). Danach ist also der Spruch schon gefallen, der Knecht vor seinen Klägern als Gesetzesübertreter entlarvt und schuldig befunden. Nur das Letzte steht noch aus. Man lese die Schilderung des Prozesses Jesu in den Evangelien, um zu verstehen, in welcher Lage der Knecht jetzt seine Gegner in die Schranken fordert. Er steht am Ende eines langen Leidensweges, kurz vor dem Ziel desselben.

Aber wie konnte der Gehorsam gegen Gottes Sprache ihn auf diesen Weg bringen? – Ein neuer Ausleger denkt an Heidenmission als Schuld des Knechtes. Daß er die Thora zu den Heiden (42, 1), das Brot „vor die Hunde" gebracht und damit das Heilige entweiht hat, werfen die gesetzesstrengen Juden ihm vor, ähnlich wie später dem Apostel Paulus. – Aber mehr noch mußte der Widerspruch zwischen seiner Erscheinung (53, 2–4) und seinem Anspruch für den frommen Juden unerträglich sein. Hatte sich Israel gegen Gottes Wege mit Cyrus gesträubt, weil sie seiner Dogmatik nicht entsprachen, wieviel mehr mußte es sich gegen den Knecht auflehnen!

Darüber hinaus ist seine Verkündigung, die wir uns inhaltlich mit der Botschaft unseres Buches zusammenfallend vorzustellen haben, Angriff auf die jüdische wie auf die heidnische Frömmigkeit nicht nur in ihren Verfalls-, sondern auch in ihren Glanzzeiten (43, 22–28; 44, 9–11), auf Gesetzesreligion und Götzen, auf Menschenfrömmigkeit überhaupt. Darum muß seine Verkündigung heidnische Priester ebenso sehr wie Volkspropheten und Gesetzeslehrer Israels zu erbitterter Gegenwehr herausrufen. Obgleich er gekommen ist, die Thora Gottes herrlich zu machen, muß er ihnen als Übertreter erscheinen, der die Autorität des

Gesetzes ebenso wie die des Priesters untergräbt. Denn ihre Frömmigkeit ist Leistung. Er aber hat durch seinen Angriff ebenso wie durch die Enthüllung der Gnade, die sich den Zerbrochenen umsonst erschließt, Gesetz und Priester, Leistung und Vermittler als Mauer zwischen Gott und Mensch entlarvt und niedergerissen. Die Gnade, die er verkündigt, entthront nicht nur den frommen Menschen, sondern nimmt auch dem Gesetz und dem Priester die Lebensberechtigung. So wie gegen ihn jetzt, flammte je und je in völkischen und kirchlichen Kreisen die Erbitterung gegen die Propheten auf, wenn sie Israels Gesetzlichkeit, sein kirchliches oder völkisches Selbstbewußtsein antasteten.

Über den Inhalt seiner Verkündigung hinaus ist aber die Unmittelbarkeit seines Redens und Lebens aus Gott Beunruhigung und Angriff. So sind alle Propheten als Last empfunden worden (2. Mose 5, 21; 15, 24; 16, 1 ff.; 17, 2 ff.; 4. Mose 14, 1 ff.; 16, 1 ff.; 12, 1 ff.; Jer. 15, 15 – 17; 20, 1 ff.; 20, 8 – 12; 18, 18 – 23; 11, 18 – 20; Amos 7, 12. 13). Von Jeremia erfahren wir, daß seine Heimatgenossen ihn umbringen wollten, weil sie sein aus der Vollmacht Gottes heraus gesprochenes Wort nicht ertragen konnten: „Weissage uns nicht im Namen des Herrn, willst du anders nicht von unsern Händen sterben"! (Jer. 11, 21 b). Die Angst des Menschen vor Gottes Anspruch überträgt ihre Feindschaft vom Herrn auf seinen Knecht. Jeder, der unmittelbar aus Gott lebt und spricht, ist Verkündigung seines Anspruchs, uns zu besitzen, und darum Vorwurf und Not für seine Umgebung. Gottunmittelbares Leben ist Anklage für alles Leben, das nicht aus Gott ist, besonders, wenn es diesen Namen führt. Der Knecht aber ist gottunmittelbar in einem tieferen Sinne als alle Propheten. Sein ganzes Leben ist nicht nur auf seinen Höhepunkten, sondern dauernd von Morgen zu Morgen Horchen und Nehmen, die Gottunmittelbarkeit selbst, und darum Entlarvung alles Scheines.

Darüber hinaus ist auch sein Handeln das Gegenteil der selbstherrlichen Art, die Hesekiel „Haus Widerspenstigkeit", „Haus Empörung" oder „ungehorsames Haus" genannt hat (Hes. 2, 5 ff.; 3, 9; 3, 26; 12, 2 ff. 9. 25; 17, 12; 24, 3). Der Knecht greift dasselbe Wort auf, um seine Haltung zu deuten. „Ich aber war nicht widerspenstig (empörerisch)." Schülergehorsam ist der Grundzug seines Handelns. Auch Leid und Feindschaft der Menschen nimmt er als Jünger aus der Hand seines Meisters, ohne sich aufzulehnen. Ja, seine Mißhandlung durch die Gegner wird mit den Farben der Züchtigung des Schriftgelehrtenschülers durch seinen Meister gemalt. Nicht nur stilles Dulden ist sein Ja auf das, was Gott auflegt, sondern aktives Handeln. Er bietet seinen Rücken den Schlagenden. Er ist freiwillig in dieses Leid hineingegangen. Sein Dulden selbst ist Handeln, ist Tat, Hingabe in den Gehorsam, Übergabe der letzten Stellungen des Selbst, ein Sich-verlieren und -hineingeben in die unmittelbare Führung Gottes. Ebenso wie die Unmittelbarkeit seines Lebens aus Gott, seiner Gottesgemeinschaft Angriff auf allen Schein, ist die Völligkeit und Grenzenlosigkeit seines Gehorsams und seiner Hingabe Angriff auf alle, die ihr Selbst zurückbehalten oder retten wollen, Angriff auf die Selbstherrlichkeit des Menschen.

Die Entladung der über seinem Haupt zusammengeballten Wolken des Widerstandes schaut der Prophet in den Farben seiner Zeit, die in dieser Hinsicht der Zeit Jesu glich. Die Gerichtsverhandlung ist das jüdische Gericht. Mit dem Judentum erfolgt der erste Zusammenstoß. Aber die Juden als Kolonie unter babylonischer Fremdherrschaft haben ebensowenig wie Israel unter der Gewalt Roms zur Zeit Jesu das Recht zur Todesstrafe. Bei den heidnischen Behörden liegt Bestätigung und Vollstreckung des Urteils. Eifernde Gesetzesjuden, um ihre Macht und das Ansehen des Staates besorgte Heidenpriester und der fromme Mensch als solcher sind des Knechts Gegner, die jüdische Synagoge und die heidnische Behörde seine Richter, und über seiner Seelsorge an den unter dem Druck des Heiden- wie des Judentums Ermüdeten bricht der Streit auf, formt sich die Anklage. Ihr Anliegen vertritt er gegen die, die sie mit Leistungen belasten und ihnen den Weg zu Gott verschließen.

(7.8) G l a u b e a l s G e w i ß h e i t w i d e r d i e E r f a h r u n g. — Der Knecht eröffnete das Geheimnis seines Zuspruchs und wies auf Gott, beleuchtete die Ursache seines Leidens und wies auf Gott. Jetzt begründet er sein Durchhalten im Leiden, und wieder ist „der Allherr Jahwe" sein erstes Wort. Menschlich gesehen ist sein freiwillig betretener Leidensweg ein hohes Spiel, das verloren gehen und den, der es unternahm, zuschanden machen muß. Aber nicht nur menschlich gesehen, auch in Wirklichkeit ist sein Durchhalten Wunder, Geheimnis, das ebenso wie sein Zuspruch und sein Gehorsam nur in Gott seine Erklärung findet. Fortgesetzte Hilfe von oben, das heißt wiederum seine unmittelbare Gottverbundenheit, ist die Quelle auch seiner Festigkeit. „Der Allherr Jahwe hilft mir ... darum hab' ich mein Antlitz wie Kiesel gemacht." Diese der Härte von Stein und Fels vergleichbare Festigkeit wider Feindschaft und Anfechtung, die unter dem Bilde des Angesichts aus Kieselstein dargestellt wird, ist aber nicht die unerschütterliche Gemütsruhe des Philosophen, der über dem Leben steht, nicht die Unempfindlichkeit des Starken gegen die schweren und beängstigenden Eindrücke des Lebens, nicht Heldentum, das vor Gefahren nicht zu zittern versteht. Sie ist auch nicht das Gefühl der Überlegenheit über das Schicksal, das den Genius beflügelt und trägt, sondern ist der Anfechtung, dem Zweifel und dem Kampf ausgeliefert und in den Wellenschlag des Lebens hineingerissen, unter den Riesendruck der Welt gebeugt, von Spannung erfüllt wie die Bogen einer Brücke, die sich unter Riesenlast über einen Abgrund spannen. Es ist Gewißheit, nicht im Schauen, sondern im Glauben.

Tiefer als der Glaube der Größten unter den Propheten ist der Glaube des Knechts in die Spannung hineingestellt. Von Jeremia hören wir, daß Gott ihn zu einer ehernen Mauer (Jer. 1, 18), von Hesekiel, daß Gott seine Stirne „härter denn Fels", wie einen Diamant macht (Hes. 3, 9). Der Knecht muß selbst sein Angesicht wie Kieselstein machen, diese Festigkeit erkämpfen und wider das Leben setzen. Kein Größerer nimmt ihm den Kampf ab. Vereinsamt, von seinen Volksgenossen verkannt und abgeurteilt, mit seiner Sendung zuschanden geworden, ja, durch seine Niederlage die Verleumdung der Gegner bestätigend, muß sein Glaube sich behaupten. Denn das war der tiefste Grund ihres Widerstandes, daß er ohne Macht und sichtbare Größe Gottes Sache führte. Sein Unterliegen mußte ihre Klage bestätigen. Die tiefste Anfechtung seines Glaubens war, daß Gott zuließ, daß er nicht nur vereinsamt, sondern auch als Hochstapler entlarvt vor den Augen der Welt dastand als einer, der sich zu Unrecht auf Gott berufen und Anspruch erhoben hat, Gottes Sache zu führen.

So in die Brandung des Lebens hineingestellt, sehen seine Augen nur Widerstand, Feindschaft, Niederlage und Zuschandenwerden. Er steht wie in einem tiefen Tal, das von allen Seiten steile Felswände einschließen, die den Blick versperren. Sein Glaube aber hat über ihm Fuß gefaßt, sieht wie von hohem Turm über die dunklen Wände hinweg die Hilfe herannahen und ruft ihm von droben zu: Der Anwalt ist nahe. Nur noch ein Schritt, und über den Bergen taucht er auf, die Kulissen dieser sichtbaren Welt zerreißen, und aus der Unsichtbarkeit tritt er herein, bekennt sich zu seinem Knecht und rechtfertigt seinen Anspruch vor dem Weltgericht. „Nahe ist, der mich rechtfertigt."

An das, was der Glaube von droben her dem schwachen, von Anfechtung umbrandeten, in der Tiefe versinkenden Menschen zuruft, klammert sich der Knecht. Darin gründet er seine Gewißheit, daraus schöpft er das Wissen, daß er nicht zuschanden wird, trotzdem er — menschlich gesehen — schon zuschanden geworden ist. Das kostet Kampf. Wie heftig dieser innere Kampf ist, klingt noch aus den wie aus schwerem Ringen empordrängenden, bekenntnisartig wiederholten Sätzen: „Aber der Allherr Jahwe hilft mir", „siehe, der Allherr Jahwe hilft mir", „darum werd' ich nicht zuschanden", „ich weiß, ich werd' nicht beschämt". Das ist Gewißheit, die nicht in sich selbst, nicht auf irgend etwas in der sichtbaren Welt, sondern allein auf dem großen Anwalt ruht, der hinter dem Sichtbaren unsichtbar nahe ist.

(9) Glaube als Hoffnung. — Mit Menschenaugen gesehen steht der Knecht wie ein Halm vor der Übermacht des Lebens, die ihn jeden Augenblick zerdrücken muß. Aber der Glaube mit seinem Fernblick sieht es umgekehrt. Hinter dem Knecht steht der gewaltige Gott Himmels und der Erde, und vor seinem Zornesodem ist der Widerstand der

Welt, sind die Mächtigen und die Massen wie Halme, die geknickt werden. Es kommt ein Tag, der es offenbar macht, der alles umkehrt: der Tag des Gerichts. Ja nicht nur dann, schon jetzt vollzieht sich, verborgen unter der Hülle dieser sichtbaren Welt, das Gericht, altern die Königsgewänder, frißt die Motte an den Kleidern, sind schon die Zeit und der Tod unermüdlich an der Arbeit bei allem, was Gott widersteht. Der Tag aber, da die Hülle zerreißt und der Unsichtbare erscheint, wird wie Sturmwind das Morsche umwerfen, den Mottenfraß aufdecken, die Königsgewänder aller Pracht selbstherrlichen Menschentums im scharfen Licht der Ewigkeit als alternde Lumpen bloßstellen. Die Augen des Glaubens sehen Gott nicht nur von ferne kommen, sondern schon aus der Nähe wirken, verborgen, aber furchtbar für alles, was ihm widersteht, verborgen, aber tröstlich für alles, was auf ihn harrt.

Aus diesem Wissen um sein Nahesein nimmt der Glaube nicht nur Festigkeit zu stehen, wenn das Leben ihn umrennen will, sondern Mut anzugreifen und es mit der Übermacht des Lebens, Feindschaft, Anfechtung und Not aufzunehmen. Die Szene vor Gericht verwandelt sich. Aus dem zuschanden gewordenen und überwältigten Knecht wird der Angreifer, aus dem Verklagten der Kläger. Mit einem dreifachen „Wer“ – „Wer will mit mir prozessieren?“ „Wer ist mein Prozeßgegner?“ „Wer ist's, der mich will verdammen (oder schuldig sprechen)?“ – nimmt der Knecht erst alle Feindschaft, dann alle Anklage und schließlich alles Urteil, das über ihn gefällt wird, den Angriff der Welt an, ja, ruft ihn in die Schranken. Der schwache Mensch, der gegen den Angriff der Welt durch Glauben steht, ist Anklage gegen die Welt. Der Knecht ist hier ganz als schwacher Mensch in den Strudel der Anfechtung gestellt. Glaube, der Gott nahe weiß, Gott für sich weiß, ist Anklage für die Welt, die nicht von Gott weiß. Gibt es überhaupt etwas, was stehen könnte wider den Glauben? Denn was wider den Glauben streitet, streitet wider Gott. Gibt es überhaupt etwas, was dem Glauben die Verbindung mit Gott rauben, den Glauben „verdammen“ (wörtlich „für gottlos erklären“), ihm Gott nehmen könnte? Denn alles, was den Glauben von Gott scheiden will, erhebt sich wider Gottes Spruch und Urteil, das rechtfertigt.

### 2. Die Bestätigung des Glaubensgehorsams durch Gott

Ein Wort über den Knecht an die Gemeinde

Jes. 50, 10:

(10) **Wer unter euch fürchtet Jahwe?**
**Der höre auf die Stimme seines Knechts,**
**welcher in Finsternis wandelte,**
**und nicht gab es einen Lichtschimmer für ihn!**

**Er vertraute (aber) auf den Namen Jahwes**
**und stützte sich auf seinen Gott.**

Das Ich des Propheten und das Ich Gottes wechseln häufig in unserm Buch, ohne daß dadurch sachlich ein Unterschied gegeben wäre. Weil der Prophet so ganz von Gottes Sendung erfüllt ist, aus Vollmacht redet, ist auch das, was er in der Ichform spricht, Wort Gottes.

Die Stimme des Knechts ist verklungen. Bis auf einen Schrei zu Gott wird sie überhaupt nicht mehr zu hören sein. Nur noch seine Tat und sein Leid werden reden. Jetzt, da das verkörperte Wort, der Knecht, verstummt, nimmt Gott selbst das Wort, sein Leben zu deuten. – In seinem Glaubenskampf, sagt Gott, ist der Knecht selbst ein Wort an alle, die Gott fürchten. Was hat die trotzige Zuversicht des Knechts, die die Welt herausfordert, mit der Furcht Gottes zu tun, der bedrängte Knecht mit den Gottesfürchtigen? Ein Dreifaches:

1. Das Leben des Knechts mündet in eine einzige Finsternis, vergleichbar dem gegen alle Lichtwirkung von außen abgeschlossenen Raum völligen Dunkels. Dieser Gang ins Dunkel ist die völlige Furcht Gottes, die vor dem Letzten nicht zurückschreckt, das Letzte herausgibt und hinter sich läßt. Dieser Gang ins Dunkel ist Predigt von der Furcht Gottes und darum in besonderer Weise ein Wort an alle, die Gott fürchten wollen.

2. Dieser Gang ins Dunkel hat aber noch eine andere Botschaft an sie: Anfechtung und Gottesfurcht, Finsternis und Gottesgehorsam gehören zusammen. In der Erfahrung derer, die Gott gehören wollen, stehen Anfechtung und Gottesfurcht, Finsternis und Gehorsam in schwerer Spannung zueinander. Diese Spannung des Glaubens entsteht dadurch, daß der Glaube in die Welt gestellt, das Reich Gottes äußerlich in die Gewalt des Fürsten dieser Welt gegeben ist. Im Blick auf den Weg des Knechts dürfen die Angefochtenen darum ihr eigenes Leben verstehen.

3. Endlich kündet der Gang des Knechts die Herrlichkeit des Glaubens, die sich in der Anfechtung offenbart. Wenn das Schauen endgültig zu Ende, fängt das Vertrauen an. Wo kein Lichtschimmer mehr Hoffnung und Halt gibt, wird Gott Halt und Stütze. Wo alle Hilfe abgeschnitten ist, enthüllt sich die Herrlichkeit des Glaubens, wie die Sterne anfangen zu scheinen, wenn es dunkel wird.

Darum richtet Gott die Augen aller Glaubenden auf den Weg des Knechts durch's Dunkel und ihr Ohr auf die Stimme des Knechts, so wie jene Stimme vom Himmel den erschreckten Jüngern einst unter der Wolke, die sie überschattete, zurief: „Dieser ist mein lieber Sohn, den sollt ihr hören" (Luk. 9, 35). Furcht Gottes ist gleichbedeutend mit „Hören auf die Stimme seines Knechts". Der Knecht, der durch die Anfechtung gegangen, ist der Zusprecher seiner angefochtenen Gemeinde.

### 3. Die Bestätigung der Glaubensgewißheit durch Gott

Ein Wort über den Knecht an die Welt

Jes. 50, 11:

(11) **Siehe, ihr alle, die ihr Feuer anfacht,**
**die ihr Brandpfeile anzündet,**
**geht in die Glut eures Feuers**
**und in die Brandpfeile, die ihr anzündet!**
**Von meiner Hand geschieht euch solches.**
**In die Pein müßt ihr euch legen.**

Jetzt, wo der Mund des Knechts schweigt, redet Gott und deutet die Botschaft, die das Leben des Knechts auch an diejenigen hat, die heimlich oder offen Gott widerstreben. Er bestätigt dabei das, was der Knecht mitten in seiner Niederlage im Glauben geschaut hat: die Niederlage aller Widerstrebenden. Das Wort beleuchtet die Heftigkeit und erbitterte Leidenschaft des Widerstrebens gegen den Knecht und darin gegen Gott, einen Krieg auf Tod und Leben. Weil sie durch die Völligkeit seiner Hingabe an Gott ihr selbstherrliches Ich am Leben bedroht fühlen, angesichts seines Weges ins Dunkel, auf dem er sich verliert, sich selbst zu verlieren fürchten, kämpfen sie um ihr Leben. Dieser Kampf wird nicht mit gewöhnlichen Waffen, sondern mit allen Mitteln der Vernichtung, mit „Feuer" und „Brandpfeilen", geführt.

Das Wort beleuchtet aber auch Gottes eigentümliche Art, den Kampf seiner Gegner zu beantworten. Ähnlich wie er im 49. Kapitel die, die sich an seiner Gemeinde vergriffen, ihr eigenes Fleisch essen und ihr eigenes Blut trinken ließ, läßt er hier die, die seinem Knecht und ihm widerstreben, in ihre eigenen Waffen rennen. Ein grausiges Gesetz der Geschichte des Reiches Gottes! Widerstreben wider Gottes Anspruch ist Selbstvernichtung. Wer sein Leben retten will vor Gottes Anspruch, vernichtet es eben damit. Ja, Kampf und Eifer gegen Gott und sein Wort fressen, brennen und zehren schon heute im Verborgenen. Solches ist Gottes verborgenes Wirken und Tun: „Von meiner Hand geschieht euch solches."

Aber darüber hinaus gibt es ein endgültiges Urteil, das diesen Kampf beendigt. Das Leben des Knechts ging hier durch den völlig gegen alles Licht abgesperrten Raum des Dunkels. Das Leben derer, die Gott nicht Herr sein lassen wollen, mündet in den völlig gegen alle Linderung abgesperrten Raum der Qual. „In die Pein müßt ihr euch legen." Was im Kleinen, eine Vorausnahme oder Vorausdarstellung der Endzeit, sich abspielte, als die Rotte Korah sich gegen Mose erhob und von der Erde und dem Feuer verschlungen wurde (4. Mose 16, 31-33), das soll im Großen, im Drama zwischen Gott und denen, die sich ihm nicht ergeben wollen, der Endakt sein. Kampf, Widerstreben, Ablehnung des Knechts ist aber Ablehnung Gottes.

## B. Die Gemeinde unter der Anfechtung und in der Spannung des Glaubens

Der Abschnitt ist eigenartig, weil alles, was bisher als Werk des Knechts berichtet wurde, hier als Tat Gottes zusammengefaßt wird. Das erklärt sich aus dem Zusammenhang. Israel zu erlösen, Licht und Rettung, Thora und Wahrheit zu den Völkern zu bringen, der angefochtnen Gemeinde Führer und Zusprecher zu sein, war Aufgabe und Anspruch des Knechts. Jetzt eilt sein Leben zu Ende. Da nimmt Gott selbst diese drei Aufgaben in die Hand, beglaubigt damit des Knechtes Werk als seines und stellt seinen Sieg wider den Augenschein der Gegenwart sicher.

Über diesem Abschnitt liegt darum ebenso wie über dem vorangehenden die Spannung zwischen Ohnmacht und Sieg der Sache Gottes, zwischen Verborgenheit und unmittelbarer Nähe des Heils als Anfechtung des Glaubens. Dem bestätigenden Charakter dieses Abschnitts, der gleichsam das ganze Lebenswerk des Knechts zusammenfaßt (ohne daß der Knecht als Werkzeug genannt wird), entspricht es, daß er sich nacheinander an alle die Gruppen richtet, an die Gottes rettender Ruf bis dahin ergangen war: erst Israel, dann das Heidentum, endlich die Gemeinde. Daß unter dem Wort sich eine Scheidung innerhalb Israels und der Völker anbahnte, tritt hier klar ans Licht, indem die nach Rechtfertigung Hungernden innerhalb Israels, dann das Heidentum als suchendes und endlich die Jüngergemeinde, die sich aus beiden Gruppen herausschälte, angeredet werden.

### 1. Forderung und Verheißung des Glaubens an das wartende Israel

**Jes. 51, 1–3:**

(1) **Hört mir zu, die ihr der Rechtfertigung nachjagt,**
**die ihr Jahwe sucht:**
**Blickt auf den Felsen, aus dem ihr gehauen,**
**auf den Brunnenschacht, aus dem ihr gebrochen!**
(2) **Blickt auf Abraham, euren Vater,**
**auf Sara, die euch gekreißt hat!**
**Denn als Einzelnen berief ich ihn,**
**und ich segnete ihn und mehrte ihn.**
(3) **Denn es tröstet Jahwe Zion,**
**er tröstet all ihre Trümmer.**
**Er macht ihre Wüste wie Eden,**
**ihre Öde wie den Gottesgarten.**
**Wonne und Freude wird darin gefunden,**
**Loblied und Harfenklang.**

Diese drei Strophen arbeiten in Gegensätzen. Hier ist es der Trümmerhaufe, in den die Geschichte Israels tatsächlich mündete (Zions „Trümmer"), und das Heil, das Gott ihr versprochen hat, die einander in unversöhnlichem Widerspruch gegenüberstehen, auf dem Glauben des Gottesvolkes lasten und schwere Spannung erzeugen. Aus dieser Spannung geboren, erwachen Hunger und Suchen nach Gott, der sich anscheinend zurückgezogen hat. Diese Spannung scheint Israel seine Erwählung und seine Zugehörigkeit zu Gott im Angesicht der Völker abzusprechen, ebenso wie die Niederlage des Knechts diesem angesichts seines Volkes die Sendung durch Gott abzusprechen schien. Aus dieser Anfechtung heraus steigert sich das Suchen zu einem „Nachjagen". Unter den Schlägen der Not und unter der Predigt des Knechts erwacht im Volk eine Schar, die – wie ein Heer auf den Spuren seiner Beute – hungert, sucht und jagt nach einem Ja Gottes, nach Annahme durch Gott, Bekenntnis Gottes zu den Seinen, „Rechtfertigung" und Heil (1 a).

Gott antwortet dieser aus der Not der Gegenwart aufbrechenden Bewegung, indem er den Glauben zur Besinnung auf seine letzten Grundlagen ruft. Am Anfang der Heilsgeschichte steht das Wunder. Aus dem Nichts, wider alle Voraussetzungen steigt die Geschichte Israels auf. Sara, die Neunzigjährige, Unfruchtbare, Abraham, der Vereinsamte, – das ist der Steinbruch, aus dem die Quadersteine Israels stammen, das Holz des Glaubens, aus dem seine Geschichte geschnitzt ist. Will Israel sich und seinen Weg verstehen, so muß es auf das Wunder seines Ursprungs aus Abraham blicken und sich daran erinnern, wie aus dem Vereinsamten und der Unfruchtbaren, nach Menschenurteil von Gott Verfluchten, Volk, Segen und Berufung kam. Berufung, wo alle Voraussetzungen fehlen, Segen, wo die Welt nur Fluch sieht, Leben und Heil, wo der Weg für Menschenaugen ins sichere Sterben mündet, ist der Anfang Israels. Unter dem gleichen Gesetz des Wunders steht seine Geschichte und seine Zukunft. Das ist so schwer faßbar und ärgerlich, daß das Volk es immer wieder vergessen, aus der Spannung des Glaubens ausbrechen, zum Schauen emporklimmen, sein Heil begreifen, errechnen oder mit menschlicher Energie erringen will. Darum verzweifelt es so schnell, wenn es in sich und der Welt keine Voraussetzungen oder Anhaltspunkte findet. Diese Besinnung ist aber zugleich so dringend und heilsnotwendig, daß Gott mit einem zweifachen „blickt... blickt" Israel drängt, sich von dem Sichtbaren und Begreifbaren loszumachen und zum Vertrauen auf die Tat Gottes zurückzufinden.

Mit dem Blick auf das Wunder seines Ursprungs stellt Gott die Suchenden auf den Fels des Glaubens, und von diesem Felsen aus öffnet er ihnen ein neues Verstehen der Gegenwart mit ihrer Not und Spannung. Ebenso wie Abrahams Vereinsamung und Saras Unfruchtbarkeit die Voraussetzung für das Volk war, soll der Trümmerhaufe, in den Israels Geschichte mündet, Voraussetzung für das Paradies auf Erden sein. In eigentümlichem Gegensatz stehen die Trümmer des zerstörten Jerusalems und Eden, der Garten Gottes, erfüllt von Feierklang, sich gegenüber. „Wonne", „Freude", „Loblied", „Harfenklang" schallen aus dem Garten, der selbst Inbegriff der Gottesnähe ist, und verkündigen die Gegenwart Gottes unter seinem Volk. Es soll offenbar werden, daß das Heil, wenn es am fernsten scheint, am allernächsten, und daß es – alle menschlichen Begriffe, alle geschichtlichen Vergleiche übersteigend – Aufhebung der fluchgebundenen Geschichte, Rückkehr in Gott und Gottes in die Schöpfung ist. Es kommt steil von oben, indem Gott sich herabneigt und das verzweifelte, in Trümmer gegangene Zion tröstet. „Es tröstet Jahwe Zion, er tröstet all ihre Trümmer."

### 2. Forderung und Verheißung des Glaubens an das suchende Heidentum

Jes. 51, 4–6:

(4) **Horcht auf mich, Völker!**
**Nationen, leiht mir das Ohr!**
**Denn Thora (Weisung) geht aus von mir**
**und meine Rechtsordnung zum Licht der Völker.**
(5) **Plötzlich naht sich meine Rechtfertigung,**
**geht aus meine Rettung,**
**und meine Arme bringen zurecht die Völker.**
**Auf mich harren die Inseln,**
**auf meinen Arm hoffen sie.**
(6) **Erhebet zum Himmel eure Augen,**
**blicket auf die Erde drunten!**
**Denn die Himmel werden wie Rauch in Fetzen gehen,**
**die Erde wird wie ein Gewand zerfallen,**
**ihre Bewohner werden wie Mücken sterben.**
**Aber meine Rettung wird auf ewig bestehen,**
**meine Rechtfertigung wird nicht erschreckt.**

Wir befinden uns noch in der Gerichtsverhandlung. Über das Suchen Israels hinweg redet Gott den Völkerkreis an. Im Herzen des von seinen Götzen betrogenen Heidentums regt sich Sehnsucht danach, daß der wahre Gott aus der Verborgenheit hervortrete und seinen Arm entblöße (5 c), Sehnsucht nach klarer Weisung von oben statt ungewisser Ahnungen, Gefühle und Sehnsüchte, das heißt nach der „Thora" Gottes, nach einer neuen Ordnung anstelle von Zügellosigkeit und Verwirrung, nach der Rechtsordnung des Reiches Gottes. Alles, was damals (42, 4), als Gott zum ersten Male den Knecht in das Weltgericht hereinführte, an Hoffnung und Warten unter den Heidenvölkern geweckt wurde, alles, was im vorigen Kapitel (49,1.6) der Knecht selbst den Heidenvölkern verkündet hatte, faßt Gott zusammen und verspricht, es zum Ziele zu führen. Die Stimme des Knechtes ist verstummt, sein Leben in Mißerfolg versunken. Alle die, die ihre Sehnsucht vor der Erfüllung glaubten, müssen sich enttäuscht abwenden. In diesem Augenblick bestätigt Gott nicht nur: Ich bringe es zum Ziel, sondern sagt: Es ist ganz nahe.

Die Gegensätze, zwischen denen dieses Wort spielt, sind die fehlgegangene Weltmission des Knechts, die in Not und Chaos sich auflösende Völkergeschichte, die Verborgenheit Gottes – und die Weisung oder „Thora" Jahwes, die allem Fragen Antwort, die Rechtsordnung des Reiches Gottes, die der dunklen Völkergeschichte Licht sein will. Aus diesem Gegensatz heraus wächst auch Not und Sehnsucht des Heidentums zum ausgestreckten Warten, Hoffen und Spähen nach dem Augenblick, wo die Hülle zerreißt, des unsichtbaren Gottes Arm sichtbar wird und die Zügel ergreift.

Dieser Sehnsucht antwortet Gott, indem er auf das Ende der Schöpfung und Weltgeschichte weist, auf den Himmel droben und die Erde drunten. Das Dauerhafteste, was es gibt, die Festigkeit der Erde, und das Gewaltigste, der unerreichbare Himmelsdom, werden sich in Nichts auflösen, wie Lumpen zerfallen, wie „Rauch" im Winde „in Fetzen gehen". Das ist mehr noch, als was der Knecht im Glauben schauen durfte. Nicht nur Menschenpracht und -größe, die sich gegen Gottes Herrschaft stemmt, sondern die ganze sichtbare Wirklichkeit, Schöpfung und Geschichte, die mit ihrem Dunkel Einspruch gegen die Erlösung sind, werden sich in nichts auflösen. Die unsichtbare Welt Gottes dagegen, sein Reich und sein Wort, werden dauern. Was fest und unumstößlich scheint, vergeht, und was keinen Raum und keine Wirklichkeit in dieser Welt zu haben scheint, besteht. Das ist der große Gegensatz.

Gott öffnet der Sehnsucht des Heidentums den Blick zu einer Schau durch die Dauerhaftigkeit und Festigkeit dieser sichtbaren Welt hindurch in eine ewige Welt. Noch mehr, er sagt: Die ewige Welt ist im Anmarsch. Wie der Knecht im Glauben wissen durfte, sein Anwalt ist nahe, so sagt Gott der Hoffnung des Heidentums: „Jählings", „plötzlich" naht sich mein Heil (meine Rechtfertigung). Die „Rettung" ist schon ausgezogen wie ein Heer, das zum Entsatz aufbrach, und die Arme des unsichtbaren Gottes, auf deren Sichtbarwerden die Heiden harrten, sind schon am Werk, die Völker „zurecht", d. h. unter die Rechtsordnung des Reiches Gottes zu bringen. Die Thora hat sich aufgemacht, und das Heil geht schon auf wie die Sonne, die im Aufsteigen ist und jeden Augenblick den Rand des Horizonts erklimmen muß. Weisung und Wahrheit, Rechtfertigung und Rettung sind die Strahlen, in denen das Licht der Völker so übermächtig hereinschießt, daß sich die gegenwärtige Weltordnung davor wie Rauch- und Nebelfetzen vor der Sonne auflösen muß.

Daß damit eine neue Welt und Wirklichkeit, ein neuer Himmel, eine neue Erde, also neue Schöpfung hinter den Toren der Zeit antritt, braucht nicht erst gesagt zu werden. Es kommt nicht nur für e i n Volk, sondern das All umfassend. Es kommt nicht für e i n e Weltperiode zwischen anderen, sondern für immer. Es kommt für Staaten, Kulturen, Kirchen, Gottesvorstellungen, für alles Feste als Auflösung und Gericht, für die tiefste Sehnsucht des Menschen als Antwort und Rettung, „Heil", das unvergänglich und unantastbar ist, durch nichts „erschreckt" werden kann. So ist Anfang und Ende nicht nur der Geschichte Israels, sondern auch der Geschichte der Menschheit Wunder, nicht Entwicklung, nicht aus irdischen Voraussetzungen berechenbar, sondern bestürzende Überraschung.

### 3. Forderung und Verheißung des Glaubens an die Gemeinde der Jünger

Jes. 51, 7 – 8:

(7) **Höret mir zu, die ihr um die Rechtfertigung wißt,**
**Volk, das meine Thora im Herzen trägt!**
**Fürchtet nicht Schimpf von Menschen,**
**und vor ihren Schmähungen erschreckt nicht!**
(8) **Denn wie ein Kleid wird die Motte sie fressen,**
**wie Wolle wird die Schabe sie verzehren.**
**Aber mein Heil wird auf ewig bestehen,**
**meine Rettung für Geschlecht um Geschlecht.**

Über die Sehnsucht der Juden, vor Gott gerecht zu sein, und über die Gottessehnsucht der Heiden hinweg spricht Gott jetzt zu einer dritten Gruppe. Wer ist dieses „Volk, das seine Thora im Herzen trägt"? In dem Ausdruck liegt eine ganze Welt. Die Thora groß und herrlich zu machen, war Aufgabe des Knechts, und als Schüler oder Jünger begegnete er uns. Was er von Gott empfangen, in seinen Schülern lebendig zu machen, seine Thora in den Herzen seiner Jünger zu versiegeln, war einst das Anliegen des Ersten Jesaja (vgl. Jes. 8, 16 – 18), ebenso wie es das Anliegen Jesu vor seinem Tode war (Joh. 15, 7. 8; 17, 6 – 18). Der Jüngergedanke ist hier weitergesponnen. Das Volk, in dessen Herzen die Thora lebt, ist die Schar derer, die durch den Jünger Gottes zu Jüngern wurden, durch seine Weisung (Thora) in ein Schülerverhältnis zu Gott kamen. Das ist die kleine Schar derer, für die „gerecht sein vor Gott" nicht mehr Sehnsucht und Warten, sondern Gewißheit geworden ist, die um „Rechtfertigung", d. i. Annahme im Weltgericht, wissen. Das liegt alles in der Anrede beschlossen.

Auch diese Strophe bewegt sich in Gegensätzen. Das Heil, das diese kleine Schar im Herzen trägt und das zur ganzen Welt hinaus will, – und das Unheil, das die Welt beherrscht, der Trotz, mit dem sie sich gegen dieses Heil verschließt; die kleine Zahl, Armut an Einfluß, Macht und Gaben auf seiten der Jünger – und Macht, Gewalt, Feindschaft, „Schmähungen" auf seiten der Welt: das sind alles schreiende Gegensätze, zwischen denen der Glaube der kleinen Schar bangt. Aber wie Gott dem Glauben des Knechts in die Tiefen seiner Vereinsamung hinab die Schau über die Zeit hinweg in die Ewigkeit öffnete, tut er es auch der Schar von Jüngern, die, verzagt und verlassen, die Niederlage ihres Meisters miterlebt haben. Auch vor den Augen ihres Glaubens steht der große Tag auf, der alles umkehrt, vor dem Größe und Pracht, Trotz und Widerstand der Welt wie Lumpen zerfallen. Auch vor ihren Augen zieht er die Hülle von der Gegenwart, daß sie im scharfen Licht der Ewigkeit sehen dürfen, wie Gottes Zorn im Verborgenen schon heute frißt wie die Motte am Gewand, die Schabe in der Wolle.

Wie an das Heil Gottes kein Schreck herandarf (51, 6 c), während die Festigkeit des Himmels und der Erde erschrickt, so darf auch die kleine Jüngerschar, die um das Heil weiß, nicht erschrecken, während Macht und Sicherheit von Menschen erschrecken müssen. Der Jüngergemeinde ist derselbe Trotz und dieselbe Zuversicht geschenkt, mit der der Knecht die Welt herausforderte: „Wer ist's, der mich will verdammen?" Aber ebenso wie der Knecht hat auch diese kleine Schar solchen Trotz nur im Glauben, nicht im Schauen.

Rückblick. – In diesem und im vorangehenden Abschnitt kehren zwei Worte unermüdlich (siebenmal hintereinander) wieder: die Worte „Rechtfertigung" oder „Heil" und „Rettung". Das hat einen Sinn. Alle drei Abschnitte führen uns in Not und Spannung des Glaubens hinein, lassen uns über Not und Spannung in die Hoffnung sehen. Alle drei reden zu Angefochtenen. Die suchenden Juden, die sich sehnenden Heiden, die kleine Jüngergemeinde erstehen vor uns wie eine Schar Gefangener, eingeschlossen in dunklen Gefängnisraum. Die Welt hat ihnen den Tod zugesagt, ähnlich wie den Gefangenen der politischen Gefängnisse. Aus der Ferne aber donnern schon die Geschütze der Befreier herüber und seine Kugeln fegen über die Stadt. Mit hellem Aufschlag „Heil", „Heil", „Rettung", „Rettung" schlagen die Hiebe des Befreiers gegen die verschlossenen Türen. Aber unter all den Gefangenen kennt nur die kleine Jüngerschar diesen Klang; weil sie in Verbindung mit ihm lebt, weiß sie, daß es der Befreier ist. So ist das Suchen des Judentums, die Sehnsucht des Heidentums, die wissende Gemeinde der Jünger eingeschlossen in der Welt. Das Heil pocht von draußen an die Türen. Sie können es nicht sehen, aber im Glauben weiß die Gemeinde schon darum, und durch sie sagt Gott es allen.

## C. Drei Weckworte

### Zwischen Glauben und Schauen

#### 1. Der Notschrei des Knechtes und Gottes Antwort

Jes. 51, 9–16:

(9) Werde wach, werde wach, zeuch Kraft an,
du Arm Jahwes!
Werde wach wie in den Tagen der Vorzeit
bei uralten Geschlechtern!
Warst etwa nicht du es, der Rahab zerhieb,
den Drachen durchbohrte?
(10) Warst etwa nicht du es, der das Meer austrocknete,
die Wasser der großen Urflut,
der die Meerestiefe machte zum Wege
für den Durchzug der Erlösten?
(11) Ja, die Erkauften Jahwes kehren wieder
und kommen nach Zion mit Jubel.
Ewige Freude ist über ihrem Haupte.
Wonne und Freude holen sie ein,
es fliehen Kummer und Seufzen.
(12) Ich, ich bin es, der euch tröstet.
Wer bist du, daß du dich fürchtest vor dem Menschen, der stirbt,
und vor des Menschen Kind, das zu Gras gemacht wird?
(13) Und vergissest Jahwes, der dich gemacht hat,
der ausgespannt hat die Himmel und gegründet die Erde?
Und bebest beständig den ganzen Tag
vor dem Grimm des Drängers,
wenn er drauf zielt, zu vernichten?
Wo ist der Grimm des Drängers?
(14) Es eilt der Gekrümmte, entfesselt zu werden,
und nicht stirbt er zur Grube,
und nicht mangelt's ihm an Brot.
(15) Ich bin Jahwe, dein Gott,
der erregt das Meer, daß seine Wogen toben.
Jahwe der Heerscharen ist sein Name.
(16) Und ich lege meine Worte in deinen Mund,
und im Schatten meiner Hand hab' ich dich geborgen,
die Himmel zu pflanzen und die Erde zu gründen,
und zu Zion zu sprechen: Mein Volk bist du.*)

*) Zur Deutung auf den Gottesknecht vgl. E. Sellin, Mose.

Wir stehen vor einer der rätselvollsten und darum auch umstrittensten Stellen der Bibel. Darum muß hier eine kurze Auseinandersetzung eingeschoben werden. Ein Teil der Ausleger läßt die Einheit des Abschnitts bestehen und will ihn auf das Volk, einen Kern desselben oder auf den Propheten deuten. Die andern trennen Vers 16 ab, wobei dann die Frage ist, auf wen sich dieser Vers bezieht, während im Vorangehenden das Volk gemeint wäre. Der Abschnitt bildet aber eine Einheit und stellt ein Zwiegespräch zwischen Gott und seinem Knechte dar.

1. Formale Gründe betr. V. 9–14: a) Die Anreden können nicht als Grund gegen den Knecht geltend gemacht werden, denn der hebräische Text ist offenbar in Unordnung. Die Anreden wechseln: erst zweite Person männlichen Geschlechts Mehrzahl (V. 12 a), dann zweite Person weiblichen Geschlechts Einzahl (V. 12 b), dann wieder zweite Person männlichen Geschlechts Einzahl (13 a). Aus den Anreden kann darum überhaupt nichts geschlossen werden. b) Außerdem haben die griechische und die syrische Übersetzung in 12 a und b beidemal offenbar die zweite Person männlichen Geschlechts Einzahl gelesen. c) Endlich hat der hebräische Text selbst in V. 13 die zweite Person Einzahl männlichen Geschlechts. – So spricht alles dafür, daß diese Anrede ursprünglich den Text beherrscht hat, durch das angeredete Zion am Schluß des Abschnitts vielleicht aber die Verwirrung mit der Einzahl weiblichen Geschlechts hereingekommen ist, wobei dann aber gerade hinter Zion wieder das männliche Geschlecht eingetragen wurde.

2. Innere Gründe betr. V. 9–14: Der schwerste Grund dagegen, daß hier der Knecht angeredet wird, ist das Bild der Angst, das zum Werkzeug der Welterlösung und dem gerechten Knecht mit seiner Glaubenszuversicht (50, 7 ff.) nicht zu passen scheint. Die Auseinandersetzung mit diesem Grunde wird die Auslegung bringen.

3. Innere Gründe betr. V. 15–16: a) Daß der Angeredete nicht das Volk sein kann, erweist das Ende von V. 16, denn hier wird er Zion und dem Volk gegenübergestellt, von Zion und seinem Volk ebenso sehr unterschieden wie von Himmel und Erde. b) Man hat deshalb auf den Propheten und sein hohes prophetisches Bewußtsein geschlossen. Dem Propheten sei es gegeben, durch sein Wort die Erneuerung des Volkes, ja der ganzen Schöpfung zu wirken. Wo ist das einem Propheten gegeben gewesen? Wohl hatte Jeremia Auftrag, Königreiche zu bauen und einzureißen (Jer. 1, 10), aber nicht, Himmel und Erde zu schaffen. Vollends gilt das, wenn in V. 16 (was ich allerdings nicht annehme) auf die Präexistenz angespielt wird, was aber eine Analogie in Spr. 8, 22–31 hätte. c) Wer bekam außer dem Propheten in unserem Buch noch Gottes Wort in seinen Mund? Wer wurde im Schatten der Hand Gottes verborgen? Wer sprach in der Hülle? Nur der Knecht (49, 2; 48, 16; 50, 4 ff.) d) Spricht aber hier der Knecht, so

verstehen wir, warum es besonders unnatürlich ist, daß der V. 9 – 14 Angeredete sich vor sterblichen Menschen fürchtet. „Wer bist du, daß ...“

4. Gründe für die Einheit von V. 9 – 14 und 15 – 16: Bewiesen werden kann die Einheit nicht, aber ein Dreifaches spricht für sie: a) Ein Blick in den Aufbau des Abschnitts 51,9 – 52,6 (bzw. 7 – 12) zeigt, daß hier vier große Abschnitte, mit Stichworten eingeleitet, nach klarem Aufriß den Gesamttext aufbauen. b) Der Schöpfungsgedanke, der den ganzen Abschnitt 51,9 – 16 umklammert, als Kampf mit dem Chaos in der ersten, als Erschaffung der alten Schöpfung in der zweiten, als Erschaffung der neuen Schöpfung in erneutem Kampf mit der Flut in der dritten Strophe. c) Vor allem aber wird die Frage „Einheit oder Nicht-Einheit unseres Abschnitts“ sich daran zu entscheiden haben, ob sich ein einheitliches Verständnis des inneren Herganges gewinnen läßt. Das muß die Auslegung erweisen.

(9 – 11) Am Anfang der Geschichte Israels stehen Gottes Kampf mit der Weltmacht Ägypten um die Befreiung seines Volkes, Gottes Weg durch die Wasser des Roten Meeres vor dem erlösten Volk, und am Anfang der Schöpfung steht Gottes Kampf mit den Finsternismächten. „Rahab“, der „Drache“ und die „große Urflut“ sind Bilder für die Chaostiefe, die Mächte der Empörung und der Finsternis, die Gott durch das Wort besiegte.

Es ist, als ob die Urzeit wiederkehren, die Wasser über dem Wege der Gemeinde Gottes zusammenfluten und die Weltmacht wieder sein Volk vernichten wollte. Es ist, als erhüben sich wieder die Urmächte der Finsternis, Schöpfung und Geschichte versänken im Chaos und das begonnene Erlösungswerk des Knechts würde restlos verschlungen. Da tut Gottes Eingreifen not wie in uralten Tagen. Aber Gott schweigt, Gott ist verborgen. Es ist, als hätte er seinen Arm zurückgezogen, als wäre sein Arm ermattet oder eingeschlafen. Da reckt sich der Arm des Knechts empor und hämmert mit drei gewaltigen Faustschlägen gegen das verschlossene Himmelsgewölbe: „Werde wach, werde wach, zeuch Kraft an, du Arm Jahwes! Werde wach ...“. Das ist Notschrei aus letzter Gottverlassenheit, ähnlich dem Ruf: „Mein Gott, mein Gott, warum hast du mich verlassen?“, der vom Kreuze aufstieg (Matth. 27,46).

Mit einem zweifachen: „Warst etwa nicht du es?“ „Warst etwa nicht du es?“ hält der Knecht Gott seine Taten in uralten Tagen vor, seine Taten an der Weltmacht (Ägypten) und an den Finsternismächten, an den Wassern des Roten Meers und an der großen Flut der Chaostiefe, bei der Schöpfung wie bei der Sintflut. Ähnlich hält der Beter des Psalms, den Jesus am Kreuz gebetet hat, Gott seine Taten an den Vätern vor: „Unsere Väter hofften auf dich, und da sie hoffeten, halfest du ihnen aus. Zu dir schrieen sie und wurden errettet, sie hofften auf dich und wurden nicht zuschanden" (Ps. 22, 5. 6). Wir haben hier ein Gebet, wie wir es immer wieder in den Psalmen finden, nur einsilbiger und gewaltiger, in wenige schroffe Sätze gefaßt, mehr Notschrei als Gebet, vom Knecht zum Himmel geschrien. Aber es ist Notschrei des Glaubens. Ureigentümlich für das Gebet des Glaubens ist, daß sich nicht mehr entscheiden läßt, von wem der letzte Satz dieses Gebets gesprochen wurde, ob vom Beter oder von Gott, ob es noch Besinnung des Betenden oder schon Antwort Gottes ist. Während der Beter noch spricht, hat Gott schon angefangen zu antworten: „Die Erkauften Jahwes kehren wieder und kommen nach Zion mit Jubel ...". Es wird wieder in zwölfter Stunde ein Weg durch die Wasser sich auftun, und es wird wieder Sieg sein über die Finsternismächte, diesmal endgültiger.

In einem wunderbaren Bilde ist die Rettung mit e i n e m Striche gezeichnet: die Gemeinde Gottes, die Wasser des Roten Meeres vor ihr, das Verderben im Nacken; die Truppen der Weltmacht haben sie eingeholt. Das war die Lage Israels am Anfang seiner Geschichte. So ist sie jetzt wieder, doch wenn Gott handelt, kehrt sich das Bild um: die Gemeinde Gottes, vor ihr Weg, hinter ihr die Wasser. „Wonne und Freude holen sie ein" wie ein nachsetzendes Heer, „Kummer und Seufzen", Not und Anfechtung der langen Gefangenschaft fliehen wie geschlagene Truppen, und statt des unaufhörlich verschlossenen Himmels über ihnen ist unaufhörliche, „ewige Freude" über ihrem Haupte. Über dem Ganzen aber steht wieder als Geheimnis: „Die Erkauften Jahwes".

(12–14) Die Stimme des Knechts verstummt für immer. (Es war sein letzter Notschrei.) Gott redet. Die Antwort läßt noch tiefer hineinblicken in den Abgrund von Anfechtung und Not, aus dem der Notschrei aufstieg, in eine einzige Angst. Die Ausdrücke sind außerordentlich stark gewählt: Furcht, beständiges Beben „den ganzen Tag", eine einzige Bedrängnis durch die Feindmacht, die auf Vernichtung zielt („vor dem Grimm des Drängers, wenn er darauf zielt, zu vernichten"). Über dieser Enge und Angst ist das Bild Gottes, das vor dem Glauben stand, verblaßt, wie hinter Wolken verschwunden, Gott selbst ist in den Hintergrund getreten, vergessen. „Nahe ist, der mich rechtfertigt ... Wer ist's, der mich will verdammen?" hörten wir den Knecht in unbeugsamer Zuversicht bekennen. Jetzt ist er ein Bild der Angst geworden.

Zu stark ist das für menschliche, unerträglich für jüdische Vorstellung vom Retter. Doch wir kennen aus dem Neuen Testament das Bild dessen, dem die Naturgewalten gehorchten, vor dem ein Armeekorps von Teufeln flüchtete, und kennen die Stunde, in der er verzagt und erschüttert „bis an den Tod" (Matth. 26, 38) „mit ... Geschrei und Tränen" (Hebr. 5, 7) im Todesschweiß ringt: „Ist's möglich, so gehe dieser Kelch von mir" (Matth. 26, 39). Darum sind wir vorsichtig mit dem Urteil über das, was für den Knecht Gottes oder Messias möglich oder nicht möglich ist. Wir stehen hier vor den letzten Folgerungen der Knechtsgestalt, in der der Knecht über diese Erde ging. Das ist das, was wir uns vom Neuen Testament her gewöhnt haben, „Kreuzesgestalt" zu nennen.

Aber wir ahnen auch, daß wir dem Kampf, der hier gekämpft wird, nicht zu folgen, den Druck der Spannung, unter dem dieses Menschenleben stand, mit unseren Maßen nicht zu messen vermögen. Denn keiner von uns kann sich überhaupt hineinversetzen in einen, der die Sache Gottes auf Erden zu führen, die Entscheidungsschlacht Gottes gegen die Finsternismächte zu schlagen, in seiner Person das Licht der Völker und die Rettung bis an die Enden der Erde zu sein, zum Beruf hatte – und dabei unterliegen mußte. So sehen wir denn auch aus der Antwort Gottes, daß es nicht die eigene Gefahr, nicht die Not eines kleinen Menschenlebens ist, unter deren Druck das Gebet aufstieg, sondern Not eines ganzen Volkes, das am Rande des Vergehens angekommen ist. In den Farben der Gefangenschaft zu Babel schaut der Prophet die Endnot, in welcher der Knecht Gottes mit seinem Schöpfer ringt: in Fesseln, gekrümmt, ohne Brot am Verhungern, am Rande der Grube; es ist Not, über der das Wort „Zu spät" steht.

Aber selbst die Stunde tiefster Anfechtung des Knechts ist nicht Widerlegung, sondern Bestätigung jener Glaubenszuversicht, aus der vorher das Bekenntnis aufstieg: „Der Allherr Jahwe hilft mir, darum werde ich nicht zuschanden." In Gethsemane stärkt ein Engel vom Himmel den Herrn in seinem Gebetskampf (Luk. 22,43). Hier hören wir, daß Gott selbst antwortet und tröstet. Dem drängenden „Werde wach, werde wach" setzt er vom Himmel her ein ebenso heißes, ungeduldiges „Ich, ich" entgegen. Wie der Notschrei des Knechts im Namen des Volkes aufstieg, so faßt die Antwort Gottes den Knecht mit seinem Volk zusammen: „Ich, ich bin es, der e u c h tröstet". Es ist, als wäre die Mauer der Verborgenheit, die von ihm trennt, ganz dünn und er stünde zum Eintreten bereit dahinter.

Mit der Frage: „Wer bist du, daß du dich fürchtest?" rührt Gott an das Geheimnis der Person des Knechts, das uns schon 48,16 rätselhaft ansah als das Geheimnis eines, der war, ehe er in der Hülle erschien. Die Frage rührt zugleich an alles, was Gott von der Erwählung und Sendung des Knechts gesagt hat: „Mein Knecht, dem meine Seele ihr Wohlgefallen zugewandt hat." Sollte der Bevollmächtigte und Vertraute Gottes sich vor Menschen fürchten? Aller Haß und Widerstand der Menschen ist vor ihm Gras, Fleisch, das stirbt. Hinter ihm dagegen steht die Autorität und Macht des Schöpfers von Himmel und Erde. Zum zweiten Male wird an Gottes Schöpfung gerührt. Das erste Mal erinnerte der Knecht seinen Gott, jetzt erinnert Gott seinen Knecht an sie. Wo bleibt vor dem Schöpfer und seinem Willen, zu retten, die Macht des Drängers mit ihrem Willen, zu vernichten? „Wo ist der Grimm des

Drängers?" Wieder kehrt sich unter Gottes Blick das Bild um. Der verzagende Glaube des Knechts sah das Leben seines Volkes eilend sich der Grube nähern. Gottes Antwort sieht den „Gekrümmten", wie er „eilt, entfesselt zu werden", und im Licht seines Wortes darf es der Glaube auch schon schauen.

(15–16) Auch hier wieder tröstet Gott nicht nur mit der Zukunft, sondern zieht auch die Hülle von der Gegenwart. Auch da ist er es wieder. „Ich bin Jahwe, dein Gott, der erregt das Meer, daß seine Wogen toben." Auch in der Brandung der Not, auch im Wogengang der Weltgeschichte, der das Lebenswerk des Knechts zu verschlingen droht, begegnet dem Glauben sein Gott. Auch in der Empörung der Finsternismächte, im Triumph ihrer tobenden Gewalten ist Gott am Werk, als die letzte wirkende Ursache aller Bewegung. Ja, die Erregung der zerstörenden Mächte ist schon Anzeichen für das Werden einer neuen Schöpfung. „Jahwe der Heerscharen", Herr der Kriegsheere, Feldherr und Sieger im großen Kriege um die Aufrichtung seines Reiches ist er.

Sein Wort, mit dem er einst die alte Schöpfung schuf, das Chaos bändigte, Israel berief, seine Kriege führte, hat Gott dem Knecht, dem Bilde der Angst und Niederlage, in den Mund gelegt. Während er ihn unter der Hülle von Unscheinbarkeit und Knechtsgestalt barg, ist er am Werk, durch ihn im Kampf mit den Finsternismächten aufs neue wie einen Riesenbaum den „Himmel zu pflanzen, die Erde zu gründen" und die Heilsgeschichte ans Ziel zu bringen. Das Bild am Anfang zeigte uns Schöpfung als Kampf, Gottes Zorn als Glutwind, vor dem die große Urflut verzischt, sein Wort als Schwert, das spaltet, Pfeil, der durchbohrt; und davor die Ungetüme, die der Tiefe entstiegen, Rahab und den Drachen, zerschmettert und durchspießt. Durch das Bild des erregten Meeres und der tobenden Wogen weist Gott auf den Urkampf zurück und beleuchtet zugleich blitzartig die Gewalt desjenigen Kampfes, der sich im Leben des Knechts entscheidet. Seine Anfechtung hat solche Bedeutung. Welcher Mensch hat je in der Stunde seiner Anfechtung solches hören dürfen?

Wunderbar ist das Wort von der Hülle der Verborgenheit hier gewandt. Aus der V e r borgenheit ist G e borgenheit, aus der Hülle der Finsternis ist der Schatten der schützenden Hand Gottes geworden („im Schatten meiner Hand hab' ich dich geborgen"). Mit Faustschlägen gegen das verschlossene Himmelsgewölbe fing das Zwiegespräch zwischen Gott und seinem Knecht an. Es mündet in die Stille tiefster Geborgenheit in Gottes gewaltiger Hand. So folgte am Kreuze Jesu auf den Schrei: „Mein Gott, mein Gott, warum hast du mich verlassen?" (Mark. 15,34) das stille Wort: „Vater, ich befehle meinen Geist in deine Hände!" (Luk. 23,46).

Von dem angstvollen Mahnruf an Gottes Schöpferarm, über die tröstende Erinnerung an Gottes Schöpfergegenwart schreitet das Zwiegespräch fort zur Enthüllung der neuen Schöpfung, die in vollem Gange ist (von V. 9 – 10 über V. 12 – 13 zu V. 15 – 16). Anfechtung und Not sind die Wehen, unter denen sie geboren, die Erregung in der Weltgeschichte der Schlachtenlärm, unter dem die Finsternis besiegt wird. Und „mein Volk" steht am Ende als Ziel, auf das alles hinmündet.

**2. Der Weckruf Gottes an seine Gemeinde I**

Jes. 51, 17 – 23:

(17) **Laß dich wecken, laß dich wecken!**
**Steh auf, Jerusalem,**
**die du getrunken hast aus der Hand Jahwes**
**den Becher seines Grimmes,**
**den Kelch des Bechers der Betäubung**
**getrunken, geschlürft hast!**

(18) **Nicht gab's für sie einen Leiter**
**unter all den Söhnen, die sie geboren.**
**Nicht gab's einen, der sie an ihrer Hand faßte**
**unter all den Söhnen, die sie großgezogen.**
(19) **Diese zwei sind es, die dich getroffen haben:**
**– wer klagt um dich? –**
**Sturm und Zerstörung und Hunger und Schwert**
**– wer tröstet dich?**
(20) **Deine Söhne lagen ohnmächtig an allen Straßenecken**
**wie eine Antilope im Netz,**
**sie, die angefüllt waren vom Grimm Jahwes,**
**vom Schelten deines Gottes.**

(21) **Darum höre doch dies, du Elende,**
**du Trunkene, doch nicht von Wein!**
(22) **So spricht dein Herr Jahwe**
**und dein Gott, der für sein Volk streitet:**
**Siehe, ich nehme aus deiner Hand**
**den Becher der Betäubung;**
**den Kelch des Bechers meines Grimmes sollst du nicht fortfahren**
**zu trinken fernerhin.**
(23) **Ich gebe ihn in die Hand deiner Bedrücker,**
**welche sagten zu deiner Seele:**
**Ducke dich, daß wir drüber schreiten!**
**daß du machtest gleich der Erde deinen Rücken**
**und gleich der Gasse für die darüber Trampelnden.**

(17) Die beiden Abschnitte 51, 17–23 und 52, 1–6 sind das Gegenstück zu 51, 9–16. Dort trieben Anfechtung und heiße Ungeduld den Weckruf: „Werde wach!" gegen die Mauer des Schweigens, hinter der sich Gott verbarg. Hier ist wiederum ein Bild des Schweigens, aber nicht nur des Schlafes und Vergessens, sondern der Todesstille, nicht auf Gottes, sondern auf seines Volkes Seite. Dort hörten wir, daß es Gottes heißes Anliegen ist, als Krönung der Erschaffung Himmels und der Erde Zion zu seinem Volk zu schaffen. Im Psalm heißt es, daß er über den Lobgesängen Israels thront (Ps. 22, 4), und im 51. Kapitel, daß das zukünftige Jerusalem ein Gottesgarten sein soll, der von Lobgesängen erfüllt ist. Gott hat dies Volk mit seinem Mittelpunkt in Jerusalem zu seiner Verherrlichung erschaffen. In dem Lobe Israels will Gott wohnen. An dem Lobe, das aus seiner Mitte erschallt, soll die Welt das Zeugnis von der Gegenwart Gottes haben. Aber statt des Lobes, das von dieser Stätte aufsteigen soll, lastet Todesschweigen über ihr. Das ist Anfechtung für Gott.

Den Grund dieses Schweigens beleuchtet das Bild von dem Taumelbecher. Man hat darin Märchenzüge gefunden oder an den Schicksalsbecher erinnert und die Züge der Berauschung unterstrichen. Doch das Bild hat einen ernsteren Hintergrund. Der Ausdruck: „Gott, der für sein Volk streitet", den Prozeß führt, zeigt, daß wir uns noch innerhalb der Vorstellungswelt des Gerichtslebens befinden. Rausch und Taumeln sind Bilder für die Auflösung der Kraft, Betäubung ist Bild für den Tod. Der Taumelbecher ist der Giftbecher, den der Verurteilte getrunken, das Todesschweigen über Jerusalem – das Schweigen der Richtstätte. Und das Erschütterndste ist: nicht Fremde haben das Lob der Gemeinde Gottes zum Schweigen gebracht, sondern aus Gottes eigener Hand empfing sie den Todesbecher. Voll eingeschenkt, bis zum Rande angefüllt mit Grimm, trank, schlürfte Jerusalem den weiten, bauchigen Kelchbecher. Der Anwalt seiner Gemeinde im Prozeß gegen die Welt (41, 10 ff.) begegnet uns als ihr Richter, die Gemeinde als Gerichtete. Im Angesicht der Völker erhielt sie den Todesbecher von der Hand desselben, der sich nach den Lobgesängen Israels sehnt.

Wie das „Werde wach!" des Knechts gegen den schweigenden Himmel emporstieg, so fährt hier das ungeduldige „Laß dich wecken, laß dich wecken!" aus dem Himmel in das Todesschweigen Jerusalems. Es ist banger Sehnsuchtsruf, zugleich aber machtvoller Schöpferspruch: „Stehe auf!" Wort dessen, der dem Nichtseienden ruft, daß es ist, die Welt aus dem Nichts, das Leben aus dem Tode ruft. Dieser Ruf ist wie ein Lichtstrahl, der bis in die Todesfinsternis hinabdringt.

(18–20) Noch einmal zieht das Verhängnis, das über Jerusalem hingegangen ist, mit allen Wirkungen des Zornes Gottes über seine Gemeinde an uns vorüber. Die erste Wirkung ist Führerlosigkeit, eine Erscheinung, die wir in der Geschichte der Völker und Kirchen als Unglück, Not oder Schicksal zu deuten gewohnt sind. Führerlosigkeit ist aber Zorn Gottes, lesen wir hier. Man hat das Bild, das hier gebraucht ist, zart und innig gefunden und auf ein Mütterlein gedeutet, das nun, da es alt und schwach geworden, unter seinen Söhnen niemand findet, der es freundlich an der Hand nimmt und stützt. Es *ist* das Bild der Mutter. Aber nicht bloß ein freundliches „An der Hand nehmen" und Stützen ist gemeint, sondern der machtvolle Griff, der aus dem Verderben emporreißt, der in den Fluten, die alles wegschwemmen, festhält. Führerlosigkeit ist Inbegriff und Sinnbild der Auflösung und Sinnlosigkeit des Lebens. Leben – in der Gemeinde ebenso wie im Volk – ist unausgesetztes Zeugen und Gebären. Wenn es keine Führung gibt, wird solches Zeugen und Gebären ein Zeugen fürs Gericht, ein Gebären in den Tod.

Erst die zweite Wirkung ist das sogenannte Unglück, das von außen, von den Verhältnissen und weltgeschichtlichen Verwicklungen kommt, in Wirklichkeit wieder aus Gottes Hand. Zwiefach hat es Jerusalem getroffen: mit „Sturm" und „Zerstörung", die über Stadt und Land gingen, mit „Hunger" und „Schwert", die ihre Söhne fraßen. Das war nicht zufälliges Unglück, aus dem es Entrinnen gibt, sondern zielbewußte und ganze Arbeit, wie nur Gott sie leistet. Darum ist es auch Not, die durch keine menschliche Klage, kein menschliches Beileid, keinen irdischen Trost gelindert wird. „Wer klagt um dich? ... Wer tröstet dich?" Wer wagt es? Es ist, als träten alle Menschen scheu zurück, wie man an einer Richtstatt vorübergeht.

Ein drittes Bild bringt die Schilderung der Not, die über Jerusalem kam, zum Abschluß. Der Sturm, der über Jerusalem ging, ließ ein Leichenfeld zurück. „Ohnmächtige", d. h. Sterbende, liegen „an allen Straßenecken". Das Bild der Antilope im Netz des Jägers malt Wildheit und Hoffnungslosigkeit aller menschlichen Anstrengung, aus den unentrinnbaren Maschen des Zornes Gottes zu entrinnen. Mit ihrem verzweifelten Zappeln und Um-sich-schlagen erwürgt sich die Antilope selber in den Schlingen des Netzes, bis sie – vom Todeskampf erschöpft – die Besinnung verliert. Solch ein Verzweiflungskampf, den Jerusalem bei der Eroberung durch die Babylonier zum erstenmal, im Jahre 70 n. Chr. durch die Römer zum zweitenmal durchmachte, ist nicht Tragik oder Not eines kleinen Volkes zwischen der Übermacht der Großmächte dieser Welt, sondern Wirkung des Geladenseins mit Gottes Grimm.

(21 – 23) *Die Wendung.* – Aus solchem Gericht gibt es nach Menschenberechnung keine Rettung, es sei denn, daß eine völlige Wandlung innerhalb der Weltverhältnisse vor sich ginge oder das getroffene Volk mit übermenschlichen Anstrengungen sich erneuerte, um ein anderes Schicksal zu verdienen. Es ist merkwürdig, daß hier weder auf Wand-

lungen der geschichtlichen Lage noch auf innere Umstellung Israels hingewiesen wird. Man hat deswegen unserem Abschnitt vorgeworfen, daß er hinter dem sittlichen Ernst der Propheten zurückbleibe. Doch darin liegt gerade das Gewaltige. Ohne Vorbereitungen, ohne äußere oder innere Voraussetzungen streckt sich vom Himmel Gottes gewaltige Hand mitten in Todesschweigen und Vernichtungsgrauen hinein und windet dem Verurteilten den Gerichtsbecher seines Zornes aus der Hand. Ohne Grund, einfach aus Erbarmen, nimmt der Richter die Sache des zu Recht Verurteilten als Anwalt in seine Hand. „So spricht ... dein Gott, der für sein Volk streitet." Das bleibt für Zeit und Ewigkeit das Größte, daß unser Richter aus grundlosem Erbarmen sich zu unserem Anwalt macht.

Erschütternd ist der Schluß. Alle, die solches Erbarmen nicht kennen, sondern erbarmungslos die Opfer des Zornes Gottes verurteilt und getreten haben, trifft sein Zorn ohne Erbarmen. Der Prophet verwendet einen auf orientalischen Reliefs und Gemälden häufigen Zug, der besonders eindrucksvoll auf einem Bilde des ägyptischen Pharao Amenophis II. hervortritt (A.O.T.Z.A.T. Nr. 59): unter dem Schemel der Füße des Pharao krümmen sich Semiten und Neger; ihre Halsketten führen in seiner Hand zusammen – ein Bild der Brutalität des Lebens im Machtkampf der Völker des Orients. Ist es heute im politischen und in feinerer Form auch im Privatleben anders? Das ist nicht Wille des Herrn der Geschichte, sagt unser Text, sondern Grenzüberschreitung. Gott antwortet, indem er dem Opfer seines Zornes den Taumelbecher aus der Hand nimmt und denen gibt, die kein Erbarmen hatten.

### 3. Der Weckruf Gottes an seine Gemeinde II

Jes. 52, 1 – 6:

(1) **Werde wach, werde wach! Zeuch an**
**deine Kraft, Zion!**
**Zeuch deine Prachtgewänder an,**
**Jerusalem, heilige Stadt!**
**Denn nicht soll fürder in dich kommen**
**ein Unbeschnittener oder Unreiner.**
(2) **Schüttle dich ab vom Staube, stehe auf,**
**Gefangene Jerusalem!**
**Löse dir die Bande deines Halses,**
**gefangene Tochter Zion!**
(3) **Denn so spricht Jahwe:**
**Umsonst seid ihr verkauft worden,**
**und nicht um Silber sollt ihr losgekauft werden.**

(4) **Denn so spricht der Allherr Jahwe:**
**Nach Ägypten stieg mein Volk hinab im Anfang,**
**um dort als Fremdling zu wohnen,**
**und Assur hat es um nichts vergewaltigt.**
(5) **Doch jetzt – was habe ich hier – ist der Spruch Jahwes –**
**daß geraubt ist mein Volk umsonst?**
**Seine Herrscher jammern, ist der Spruch Jahwes,**
**beständig den ganzen Tag wird mein Name verlästert.**
(6) **Darum wird mein Volk an jenem Tage meinen Namen erkennen,**
**daß ich es bin, der da sagt: Hier bin ich.**

(1. 2) Der erste Weckruf drang ins Todesschweigen der Richtstatt, der zweite dringt in die Zelle der Gefangenen. Rief der vorige aus dem Tode ins Leben, so dieser aus der Gefangenschaft in die Freiheit, mehr noch: aus Staub und Halseisen des Sträflings zur Festfeier, zur Prozession oder zum Priesterdienst. Es ist wörtlich derselbe Ruf, der aus dem Munde des angefochtenen Knechts gegen den verschlossenen Himmel drang, nur die Anrede hat gewechselt. Dort war der Arm des Herrn, hier ist Jerusalem angeredet. „Werde wach, werde wach! Zeuch deine Kraft an!" Daß Gott, dessen Amt ist, zu helfen und zu regieren, sich zurückgezogen und die Herrschaft anderen überlassen hat, war dort die Not. Hier ist die Not, daß Jerusalem ihres Amtes vergessen hat oder enthoben ist. Vor Gott Priesterdienst zu tun, sich zu weihen, eine von der Unreinheit der Welt abgesonderte Stätte seiner Anwesenheit zu sein, war das Amt Jerusalems. Statt dessen ist es entweiht, und die Unreinen sind eingedrungen, das Priestervolk ist mit Staub befleckt, muß anstatt Dienst am Heiligtum Sträflingsdienst tun in Zwang und Halseisen. Das ist Anfechtung für Gott. Daß Gott machtlos schien, war dort, daß die Gemeinde von der Kraft Gottes verlassen erscheint, ist hier die Not.

In diese Not dringt wiederum ebenso sehnsüchtig wie überraschend, ebenso als Weckruf wie als Machtwort, Jahwes Stimme. Er weckt nicht nur, sondern befiehlt, und indem er befiehlt, gibt er. Der unglaubhafte Befehl an die machtlos am Boden Liegende, sich in Macht zu kleiden, wird nur so verständlich. Ja, in *ihre* Macht oder Kraft heißt es, so als ob diese Kraft für sie bereit läge wie ihr Recht. Aus Stellen wie Psalm 18, 2 ff. wissen wir, was diese Kraft ist, die für Zion und seine Frommen bereit liegt. Das ist Gott selbst. Darum heißt es: „Zeuch an deine Kraft"! d. h. hülle dich in deinen Gott. Ebenso sind die Feierkleider, die die in Staub und Schmutz gehüllte Gefangene anlegen soll, die Priester- oder Prozessionskleider, die er ihr gibt, so daß sie im Heiligtum anbeten darf. So soll am Ende der Tage die Völkerwelt in heiligem Priesterschmuck das Angesicht Gottes in seinem Heiligtum aufsuchen (Ps. 96, 9).

Die geweihten Kleider sind Symbol der Reinheit, und die Stätte, da die Gemeinde wohnt, soll „heilige Stadt", d. h. geweiht und rein sein, weil Gott selbst eine Mauer um diese Stadt sein, selbst die „Unreinen", die an Fleisch und Herzen „Unbeschnittenen" am Eintritt hindern wird. Wie mit den Kleidern und der Kraft, die die Gemeinde Gottes anlegen, so ist es auch mit dem Staub und den Fesseln, die sie ablegen soll. Der Befehl: „Schüttle dich ab vom Staube!" an die vom Thron in den Staub Gestürzte, der Befehl: „Löse dir die Bande deines Halses!" an die Gebundene ist Unsinn und Hohn, wenn nicht eine Hand von außen die Halseisen aufschließt, aus dem Staube herausführt.

Hinter der Gefangenen, die zum Priestertum berufen wird, steht Gott selbst, Kraft und Reinheit schenkend, von Schmutz und Zwang befreiend. Ja, er hat die Fesseln schon aufgeschlossen, darum darf die Gefangene aufstehen. Daß es aus Schmutz und Eisen unvermittelt zum Priestertum geht, ist ebenso überraschend und herrlich wie im Gleichnis vom verlorenen Sohn, wo es von den Träbern unvermittelt zum Festmahl ging (Luk. 15, 16–22). Steht hinter unserem Weckruf Gott mit Kraft und Feierkleidern, so mündet unser Weckruf in den großen Tag Gottes, der ein Sabbat oder Feiertag, ein heiliger Festtag ist. Der letzte große Sabbat steht vor der Tür. Gott sehnt sich danach, ihn mit seiner Gemeinde zu feiern. Darum muß sie sich schnell in die Feierkleider hüllen, die er ihr reicht.

(3–4) Wie im vorigen, so wirft auch in diesem Abschnitt Gott einen Blick aus der Gegenwart in die dunkle Vergangenheit. Sonderbar: die Geschichte dieses Priesters ist die Geschichte eines Sträflings, eines Rückfallverbrechers, ein Weg von Gefängniszeit zu Gefängniszeit. Die Geschichte dieses Priestervolkes, von dem wir hörten, daß es Knechtsvolk Gottes sei, ist wirklich eine Knechtsgeschichte. In ihrem Dunkel und ihrer Niedrigkeit ist sie dem Schicksal des Knechts und seinem Ausgang verwandt. Nur ist es hier der schuldige, dort der schuldlose Knecht. Die Knechtschaft in Babel steht am Ende der Geschichte des Volkes, am Anfang die Knechtschaft in Ägypten und dazwischen die Vergewaltigung durch Assur. Dieses Volk hat nicht das Amt der Herrschaft und der Macht bekommen, sondern des Knechtsdienstes. Darum hat es während seiner ganzen Geschichte den Weltmächten dienen müssen, sobald es seines Dienstes an Gott vergaß. Denn seine Kraft hieß nicht: Zahl, Heer, Waffen oder Begabung, sondern: Gott. Die Weltmächte irren sich aber, wenn sie meinen, Bestimmung des Knechtsvolkes sei es, ihnen zu dienen. Seine Bestimmung ist, Gott zu dienen. Darum haben die Weltmächte kein Recht, über dieses Knechtsvolk zu herrschen. Nur Gott hat das Recht dazu. Die Welt spielt der Gemeinde Gottes gegenüber nicht Besitzer-, sondern nur Schergenrolle. „Um nichts", nicht um ihrer Werte, Verdienste, Vorzüge oder Rechte willen durfte die

Welt wieder und wieder an das Volk Gottes heran, sondern Gott verkaufte je und je seine Gemeinde „umsonst" den Weltmächten Ägypten, Assur, Babel. Das bedeutet aber: er verkaufte sie nicht, sondern gab sie dahin. „Umsonst" verkaufen ist kein Verkaufen.

Wie er das Recht hat, sie umsonst dahinzugeben, hat er auch das Recht, sie umsonst wiederzunehmen, wenn der Tag der Gnade und des Wohlgefallens gekommen ist. Nicht um der Vorzüge, Verdienste, Werte, Rechte, nicht um der Buße, Reue oder Werke seines Volkes willen, sondern umsonst. Weder mit sittlichen noch mit politischen oder finanziellen Anstrengungen darf seine Gemeinde mitwirken. Es ist ein ungeheuerlicher Gedanke: Gemeinde Gottes kann ihre Erneuerung nicht schaffen, ist ganz darauf angewiesen, auf Erneuerung zu warten und – wenn der Tag kommt – Erneuerung als Geschenk zu nehmen.

(5–6) Aber das Wartenmüssen ist nicht nur für die Gemeinde, sondern auch für ihren Gott, der sie verkaufte und warten läßt, Anfechtung. Unser Abschnitt erinnert merkwürdig an die Anfechtung, in die uns die Zwiesprache zwischen Gott und seinem Knecht blicken ließ (51, 9–16). Dort hieß es, daß der Knecht in Schicksalsgemeinschaft mit seinem gefangenen Volk beständig den ganzen Tag vor dem Grimm des Drängers bebte. Hier hören wir, daß Gott in Schicksalsgemeinschaft mit seinem Volk es nicht mehr aushalten kann, daß von den Mächtigen, die es bedrängen, „beständig den ganzen Tag" sein Name verlästert wird. Der Jammer seines Volkes ist s e i n e Anfechtung, die Schmach seiner Gemeinde s e i n e Lästerung. „Was habe ich hier?" d. h.: Kann ich da zusehen? – bricht es mühsam zurückgestaut aus seiner Anfechtung hervor.

Mit einem doppelten „Darum, darum" („darum wird mein Volk meinen Namen erkennen, darum an jenem Tage", heißt es im Urtext) läßt er uns fühlen, wie dringlich, wie sicher es ist, daß seine Gemeinde seinen Namen erfahren, d. h. ihn als den Nahen kennenlernen wird, der seiner Gemeinde das Wort hält, ihr gegenwärtig wird: „Hier bin ich." Das soll „an jenem Tage" geschehen, d. h. an dem Tage der großen Wende, da die Ferne zu Ende, Zion wieder Wohnung Gottes, die Gemeinde wieder seine Priesterin sein darf. Wir wissen, daß der Tag angebrochen ist, als er in Jesus sagte: „Hier bin ich." So beginnen beide Weckrufe an die Gemeinde mit Gottes heißer Ungeduld und münden auf den Tag, da er sprechen wird: „Hier bin ich."

Auslegung: **Die frohe Botschaft vom Anbruch der Königsherrschaft Gottes**

**Jes. 52, 7 – 12:**

(7) **Wie lieblich sind über den Bergen**
**die Füße des Freudenboten,**
**der Frieden hören läßt,**
**Gutes als Freudenbotschaft ausruft,**
**Rettung hören läßt,**
**der da spricht zu Zion:**
**Die Königsherrschaft angetreten hat dein Gott!**
(8) **Stimme deiner Späher, sie erheben die Stimme,**
**jubeln auf miteinander;**
**denn Auge in Auge schauen sie die Rückkehr**
**Jahwes nach Zion.**
(9) **Brecht los, jubelt auf miteinander,**
**Trümmer Jerusalems!**
**Denn getröstet hat Jahwe sein Volk,**
**losgekauft Jerusalem.**
(10) **Aufgestreift hat Jahwe seinen heiligen Arm**
**vor den Augen aller Völker,**
**und es schauen alle Enden der Erde**
**die Rettung unsres Gottes.**
(11) **Weichet, weichet! Ziehet aus von dort!**
**Unreines berührt nicht!**
**Zieht aus aus ihrer Mitte, reinigt euch, Träger**
**der Geräte Jahwes!**
(12) **Denn nicht in Hast sollt ihr ausziehen,**
**in Flucht nicht wandern.**
**Denn es wandelt vor euch her Jahwe,**
**eure Nachhut ist der Gott Israels.**

Unser Abschnitt ist die Antwort auf die drei Weckworte, zugleich aber auch Krönung der Botschaft des dritten Kapitels. Man könnte ihn überschreiben: „Das Evangelium: die Königsherrschaft Gottes ist herbeigekommen." Es ist der Ruf, mit dem Jesus und seine Jünger auftraten. In einer Kette von immer neuen Bildern entfaltet sich die „frohe Botschaft".

(7) Das erste Bild. – **Über den Bergen**, die Jerusalem umgeben, sieht man die Füße des Freudenboten, der in atemloser Eile herankommt, um schicksalhafte Meldung zu bringen, auftauchen, im Tal

verschwinden und wieder auftauchen. Über die Berge hört man seine Stimme schallen. In sich überstürzender Eile sprudelt aus seinem Munde das Evangelium. „Der ... hören läßt, evangelisiert (frohe Botschaft ausruft) ... hören läßt ... spricht zu Zion (oder ruft)." Wie in den laufenden Füßen und den immer neu gehäuften Ausdrücken für „rufen" die Eile und Dringlichkeit, so drückt sich in den immer neuen Namen für den Inhalt seiner Botschaft die Fülle des Heils aus, die er in seiner Freude nicht für sich behalten kann: „Frieden" (im vollen umfassenden Sinne des „Heils"), „Gutes", „Rettung", und das wird alles zusammengefaßt in den einen Satz: „Die Königsherrschaft angetreten hat dein Gott (über die Welt)". Das ist die Stunde, da alle Götter und Dämonen, Priester und Vermittler, Tyrannen und Weltmächte (darunter auch Babel) stürzen.

(8) Das zweite Bild. – Näher und näher ist der Ruf des Boten gekommen. Jetzt bricht als Antwort von den zerfallenen Türmen und Mauerresten Jerusalems der Späherchor in lauten Jubel aus. „Stimme deiner Späher, sie erheben die Stimme." Die Wiederholung drückt das Bestürzende und Unerwartete, Schmetternde des Klanges aus. Noch weiß man in der Stadt nicht, was geschehen, aber alles horcht auf: Was soll der aufbrausende Stimmenchor der Wächter auf Zions Zinnen? Was man in den Gassen noch nicht sieht, sehen sie von den Türmen. Was die Gemeinde noch nicht weiß, künden die Propheten: Gott kommt; alle Wände sind gefallen, alle Fernen überbrückt. Nicht mehr durch Schleier, sondern von Angesicht zu Angesicht, „Auge in Auge", sehen sie ihn, der verborgen war. Er kommt, um an seiner heiligen Stätte innerhalb seiner Gemeinde zu wohnen.

(9) Das dritte Bild. – Einen Augenblick haben sie lauschend aufgehorcht, was der Jubel auf den Zinnen bedeutet. Dann brechen die umgestürzten und am Boden liegenden „Trümmer Jerusalems" selber in Jubel aus. Die stummen Steine schreien (vgl. Luk. 19, 40). Sie „brechen los", heißt es. Sie können sich nicht länger halten, „denn getröstet hat Jahwe sein Volk". Die Wendung ist da. Jerusalem ist aus Schuldhaft losgekauft. Das Wort, das uns durch den ersten Teil unseres Buches begleitet hat, klingt jetzt als Jubellosung tausendfach wieder: „Losgekauft hat ...".

(10) Das vierte Bild. – Wie der Stimmenchor von der Stimme des einzelnen Boten über die Schar der Späher zum Haufen der Trümmer angeschwollen ist, wie die Botschaft von den Bergen nach Jerusalem, von ihren Türmen zu ihrem Schutt und ihren Niederungen sich fortgepflanzt hat, so soll der Stimmenchor noch weiter anschwellen, bis er den Völkerkreis mitreißt und die Botschaft sich bis an die „Enden der Erde" erstreckt. Was auf den Türmen die Späher schauen, soll bald der Erdkreis sehen: Gott hat seinen verborgenen Arm, nach dem der

Knecht schrie, enthüllt. Es ist geschehen, was wir am Eingang des Buches lasen: Alles Fleisch wird die Herrlichkeit Gottes schauen, nicht als Vernichtung, sondern als Rettung. „Es schauen alle Enden der Erde die Rettung unseres Gottes." Hier bricht die Botschaft ab. Das letzte Kapitel soll die Enthüllung bringen, und mit angehaltenem Atem sollen wir auf das Geheimnis warten, das erscheinen wird.

(11–12) Das fünfte Bild. – Es bringt die Folgerung aus der Frohbotschaft. Ist die Königsherrschaft Gottes angebrochen, so kann auch die Weltmacht die Verbannten nicht mehr halten. Darum wird die frohe Botschaft Losung zum Aufbruch, leidenschaftliche Losung zu eiligem Aufbruch. „Weichet, weichet! Zieht aus... Zieht aus..!" hämmert es in immer neuen Wiederholungen ins Ohr der gefangenen Gemeinde. Diese Dringlichkeit hat doppelten Grund. Mit der Königsherrschaft Gottes sind Gericht und Untergang für die Weltmacht gekommen. Das verlangt Aufbruch aus der Welt, die vergeht, um nicht mit der Welt zu vergehen. Und dann: Der Weg ist frei! Diese Freude ist so groß, daß sie keinen Aufschub duldet.

Aber der Aufbruch ist nicht nur ein äußerer, Scheidung aus der heidnischen Umgebung, Rückkehr in die Heimat, sondern auch ein innerer: „Reinigt euch!" Vor unseren Blicken entfaltet sich das Bild der Gefangenen und Verbannten, die heimwärts ziehen, voran die heiligen Geräte des Tempels, die der Feind geraubt und die wirklich später der Perserkönig der Gemeinde Gottes auslieferte (Esra 1, 7.8). Ein Volk, das am Heiligtum dient, muß sich auch innerlich von allem Unreinen scheiden, ganz Gottes Eigentum sein.

„Weichet, weichet!" „Ziehet aus . . . ziehet aus!" „sollt ihr ausziehen . . . gehen (wandern)" „reinigt euch . . . Unreines berührt nicht!" Diese Fülle von treibenden, drängenden Befehlen läßt an einen hastigen, düsteren, opfermutigen Aufbruch denken. Doch nichts Hastiges, Ängstliches, sondern etwas Festliches, Feierliches haftet diesem Zuge an. Wie die Kinder Israel zu Moses Zeiten durch die Wüste zogen, am Tage die Wolken-, in der Nacht die Feuersäule vor ihnen, in der Gefahr die Wolken- und Feuersäule hinter ihnen (2. Mose 13, 21; 14, 19.20), so geht Gott selbst vor dem Aufbruch seines Volkes her als Vorhut und folgt ihm als Nachhut. Das Bild des Aufbruchs wird zum Bild der Geborgenheit und die Losung des Aufbruchs zur Losung der Freude.

## *Theologische Besinnung*

Der Inhalt dieses Kapitels heißt: Das Reich Gottes in der Gewalt der Welt. Daß dieses Reich, das bestimmt ist, die Welt zu erobern, nicht nur unsichtbar, sondern in die Gewalt dieser Welt gegeben ist, daß wir nicht im Schauen, sondern im Glauben leben müssen, ist zu allen Zeiten für die Kinder des Reiches Anfechtung gewesen. Immer wieder versuchen wir, aus dieser Spannung, in die unser Glaube gestellt ist, auszubrechen. Es ist uns zu schwer, zwischen zwei Welten zu leben.

### Die Versuche, aus der Spannung des Glaubens auszubrechen

1. Der erste Versuch ist, daß wir zwischen dieser und der andern Welt eine eherne Mauer aufrichten. Man sagt: „Es gibt kein Herüber und Hinüber. Für unser Leben in dem Gefängnis der Welt ist uns das Wort gegeben, in dem alles steht, was wir brauchen." Auf diese Weise brauchte man nicht mehr immerfort auf ein Lebenszeichen von drüben zu lauschen und war auch gesichert gegen irreführende Lebenszeichen von anderer Seite. Aber diese Sicherheit hat Gott uns gerade nicht geben wollen. Man hatte diese Sicherheit im Wort, sei es, daß man es als Lehre auffaßte, in der man einen Schatz an Erkenntnis bekam, durch den man reich werden konnte, sei es, daß man es als Gesetz auffaßte, an dem man sich wie an einem Geländer halten, das man wie ein fertiges Rezept auf alle Lebenslagen anwenden konnte. Oder man nahm das Wort als Geißel, mit der man immer aufs neue sich und andere aus der Trägheit des Fleisches herausgeißeln konnte. Allemal war das geschriebene Wort als Weisheitslehre, Lebensgesetz oder Geißel ein Besitz innerhalb dieser Welt, und das Lauschen in die andere Welt war nicht mehr nötig. Es ist auch zu quälend, auf Unsicherheit angewiesen, zu demütigend, täglich von einem Lebenszeichen aus der andern Welt abhängig zu sein.

2. Die andern brachen nach der umgekehrten Richtung aus. Sie erklärten: „Es gibt keine Wand zwischen dieser und der andern Welt. Wir leben in der Fülle." Man schwelgte und schwelgt noch heute in Zungenreden, Gefühlen, Erlebnissen, Geistesweisungen. Man brauchte nur seine Türe aufzutun, in die andere Welt hineinzulauschen und sich seine Weisungen aufzuschreiben. Bei diesem Reichtum verfiel man gewöhnlich tief in diese Welt. Die ganze Kirchengeschichte zeugt davon, daß die Fleischessünden der Schwärmerei auf dem Fuße folgen.

3. Wieder andere konnten es nicht ertragen, im Kampfgebiet zweier Fronten zu leben. Sie suchten ihr Leben in der Welt Gottes n e b e n dem Leben in dieser Welt einzurichten. Im Großen ist dann die Losung: „Die Kirche sorgt für das Jenseits, der Staat und das Gesetz für das Diesseits", und im Kleinen: „Sonntags oder im Andachtsstübchen lebe ich Gott, im Werktag der Welt. Das eine ist meine Pflicht, das andere meine Privatsache. Das eine ist Arbeit am inneren Menschen. Wenn ich am Innenleben reich sein will, muß ich ein Leben mit Gott führen, um mir einen Schatz zu horten. Daneben muß ich aber auch in dieser Welt arbeiten, um den Meinen und dem Volk zu dienen und

irdische Schätze zu sammeln. Wenn ich nur beides sauber auseinanderhalte, läßt sich beides reibungslos vereinigen." Die Kirche kann im Frieden mit dem Staat leben, der Einzelne, ohne seinen Mitmenschen zu beunruhigen, seiner Frömmigkeit nachgehen, ohne den anderen zu hindern, wenn er auf andere Weise sein inneres Bedürfnis befriedigt. Man ist morgens Soldat in der einen, abends, nachdem man die Kleider gewechselt, Soldat in der andern Front.

4. In umgekehrter Richtung entgleisten die andern. „Es gibt nur eine Front und eine Welt", behaupteten sie. „Als Kinder des Reiches müssen wir es sichtbar aufrichten. Durch das Evangelium erleuchtet, werden wir diese dunkle Welt mit unserer Vernunft und Kraft zum Paradies umgestalten, auf unseren Konferenzen die Völkerversöhnung herbeiführen, durch unsere Gesetzgebung das soziale Elend beseitigen, Geld und Besitz richtig verteilen, Krankheit und Not abschaffen." Der Weltkrieg, die großen Revolutionen, die Wirtschaftskrisen, das himmelschreiende Leid der Kinder Gottes in der Verfolgung enthüllen das wahre Gesicht der Welt und machen die Träume derer, die von einer Verchristlichung derselben und einem leidlosen Dasein in dieser Welt geträumt hatten, zuschanden. Doch wenn wir das so ansehn, wie das Böse siegt, der Glaube keine Früchte, der Kampf keine Erfolge hat, der Weg ins Leiden führt, treibt es nicht nur jene Schwärmer, sondern jeden von uns in Auflehnung und Verzagen, und wir wollen das Joch abwerfen.

All diesen Versuchen, aus der Spannung auszubrechen, stellt die Bibel den Weg des Glaubens entgegen, der auf dem schmalen Grat unter der dunklen Wolke hinführt. Sie weist uns dabei auf den Weg des Knechts. „Wer unter euch fürchtet Jahwe? Der höre auf die Stimme seines Knechts, welcher in Finsternis wandelte, und nicht gab es einen Lichtschimmer für ihn! Er vertraute aber ... auf seinen Gott."

## Glaube als Leben aus der andern Welt

Glaube heißt: Hören auf Gott, das ist das Erste, was der Knecht uns zeigt.

1. Glauben heißt: Schüler sein, bedeutet das vor allem anderen. Als Schüler begegnete uns der Knecht, als Schüler ging Jesus über die Erde, als einer, der nichts von sich selber tat, sondern nur, was er den Vater tun sah (Joh. 5, 19), nicht von dem Eigenen lehrte, sondern das, was er vom Vater hörte (Joh. 15, 15). Zu Schülern oder Jüngern berief er die Seinen und war ihr Lehrer. Solch ein Lernen als Schüler heißt: keine fertige christliche Persönlichkeit sein, keine fertige christliche Überzeugung oder Weltanschauung haben, sondern bis zum grauen Haar auf der Schulbank sitzen und immer noch umlernen, kein eigenes Urteil haben, sondern des Meisters Urteil sich aneignen

und sein Wort in sich tragen, in seinem Gedanken- und Willensleben sich von demselben durchformen, gestalten und umschaffen lassen, dem Bilde eines vollkommenen Menschen in Christus entgegen (Eph. 4, 13).

2. Glauben heißt: unter Zuspruch leben. Solches Lernen am Wort ist aber weder Vertiefung in ein fertiges Gesetz noch Schöpfen aus einer Fundgrube von Erkenntnis, aus der man sich herausholen kann, was man braucht, sondern Lauschen auf Weisung und Entscheidung für jeden neuen Tag und jeden neuen Weg, Klärung des Gewissens unter dem Zuspruch Jesu. Auch das geschriebene Wort muß erst durch unsichtbare Hand von oben her aufgeschlossen und dazu immer aufs neue im Gebet vor ihn gebracht werden. Glaube ist darum undenkbar ohne stille Stunden, Gebet und Lauschen, Christengebet undenkbar ohne Zuspruch. Ein Blick in die stillen Morgenstunden des Knechts offenbart das überwältigend. Jesu eigenes Leben läßt sich gar nicht denken ohne die stillen Nächte auf den Bergen unter dem Zuspruch des Vaters, und – solange er auf Erden wandelte – war er seinen Jüngern der Zusprecher. Bei seinem Fortgang aber verhieß er den Jüngern einen andern Zusprecher, stellte ihr ganzes Leben unter den dauernden und innigsten Zuspruch von oben. „Ich will den Vater bitten, und er wird euch einen andern Zusprecher geben, damit er mit euch sei (d. h. euch begleite) in Ewigkeit, den Geist der Wahrheit... Ihr kennt ihn, denn bei euch bleibt er, und in euch wird er sein" (Joh. 14, 16 – 17).

Diese Wirklichkeit des Zuspruchs ist die Voraussetzung allen sittlichen Kampfes, aller Erziehung und Ermahnung im Christenleben. „Wenn es einen Zuspruch in Christus gibt", leitet Paulus seine Ermahnung an die Gemeinde ein (Phil. 2, 1). Das ist unsichtbarer Einbruch, formende und gestaltende Gegenwart Jesu in uns.

Aber auch alle Seelsorge in der Gemeinde, unser eigener Trost im Leiden und all unser Trösten der Leidenden beruht darauf, daß wir einen „Gott alles Zuspruches" haben, „der uns zuspricht in aller unserer Bedrängnis, damit wir zusprechen könnten denen, die in allerlei Bedrängnis sind, mit dem Zuspruch, mit dem uns selber von Gott zugesprochen wird" (2. Kor. 1, 3. 4).

Dieser Zuspruch ist auch die letzte Grundlage der Verkündigung der Kirche. Ausbildung, Wissen, klar durchdachte Weltanschauung, feuerfeste Theologie, Kraft der Überzeugung ist nicht das Entscheidende bei unserem Zeugnis, Bindung an den Buchstaben der lutherischen oder altkirchlichen Symbole nicht das Ausschlaggebende bei unserem Bekennen. Sondern Bekennen heißt: Zuspruch empfangen und unter Zuspruch reden. Darum sagt Jesus: „Wenn sie euch in die Synagogen und vor die Obrigkeiten und Gewalten führen, sorget nicht, wie oder was ihr antworten oder was ihr sagen sollt. Denn der heilige Geist wird euch in derselbigen Stunde lehren, was nötig ist zu sagen" (Luk. 12, 11 – 12). „... Jener wird von mir Zeugnis ablegen, und ihr werdet auch Zeugnis ablegen" (Joh. 15, 26. 27). „Er (wird) die Welt überführen ... der Sünde, daß sie nicht an mich glauben, der Gerechtigkeit, daß ich zum Vater gehe ..., des Gerichts, daß der Fürst dieser Welt gerichtet ist" (Joh. 16, 8 – 11). Das heißt: er wird der Welt die Sünde ihres Unglaubens an Jesus, die Erfüllung der Weltpolitik Gottes im Leben und in der Auferstehung Jesu, das Gericht über die Welt in seinem Kreuz zum Bewußtsein bringen.

Dieser Zuspruch vermag auch unsere praktischen Entscheidungen und Pläne zu bestimmen. Solchem Zuspruch verdanken wir den praktischen Entschluß des Apostels Paulus, das Evangelium zu uns nach Europa zu bringen. Vor dem entscheidenden Gesicht „wehrte" der Geist dem Apostel, in Asien zu reden, „verhinderte" ihn, durch Bithynien zu reisen (Apg. 16, 6. 7).

Dieser Zuspruch ist weit verschieden von wunderbaren Einfällen, Erkenntnissen und Geheimnissen. Er ist vielmehr eng verbunden mit dem klaren Wort, das Gott durch die Propheten und seinen Sohn geredet hat. Sogar der Knecht, der doch Gottes Mund war, war Lehrer der Thora, empfing seine Weisungen in der Morgenfrühe, um die Müden „mit dem Wort" zu weiden. Und von dem andern Zusprecher sagt Jesus: „Er wird euch ins Gedächtnis rufen alles, was ich euch gesagt habe" (Joh. 14, 26). Der Beruf des Knechts war, als Seelsorger mit dem Wort die Gemeinde zu führen. Diese Arbeit setzt der andere Zusprecher nur fort. Darum gibt es kein Wehen und Reden des Geistes neben Jesus oder im Widerspruch zu seinem Wort. „Aus dem Meinen wird er's nehmen und euch verkündigen" (Joh. 16, 14), sagt Jesus.

3. Glauben heißt: von Erweckung abhängig sein. Ein Blick auf den Knecht zeigt uns aber auch, daß Glaube es nicht in unsere Hand gibt, die Tür zur andern Welt, wann wir wollen, aufzuschließen und zu hören und zu nehmen, was wir brauchen. Sogar der Knecht sagt nicht von seinem Gebetsleben: „Morgen für Morgen tauche und bade ich meine Seele in der Welt Gottes", sondern bekennt demütig: „Er weckt am Morgen, am Morgen weckt er mir das Ohr." Sogar der Knecht weiß sein Ohr für Gottes Sprache verschlossen. Es gibt kein Hinüber von unserer Seite, keine Selbsterziehung, kein Mittel der Stimmung, Andacht oder Sammlung, die es erzwingen können. Unser Ohr ist taub, eingeschlafen, von drüben muß einer es wecken.

Über diese demütigende Abhängigkeit hilft uns auch nicht hinweg, daß wir einmal erweckt wurden, wie viele meinen, die einen Umbruch in ihrem Leben erfahren haben, vor dem sie taub waren, nach dem sie wach für Gott wurden. Auch der Knecht unterscheidet eine große Stunde, die sein Leben in neue Nähe zu Gott versetzte, so wie Jesus es in der Taufe erfuhr. „Der Allherr Jahwe hat mir aufgetan das Ohr" (der hebräische Ausdruck bedeutet: ein für allemal). Und doch bedarf es von Morgen zu Morgen neuen Weckens („er weckt am Morgen, am Morgen weckt er mir das Ohr") und neuen Lauschens („zu hören wie Jünger"). Einmalige Bekehrung enthebt nicht fortlaufender Erweckung. Zuspruch macht nicht reich und selbständig, sondern wirft uns immer hilfloser auf Gott, hebt uns nicht aus unserm Dasein in der Fremde heraus.

## Glaube als Sendung aus der andern an diese Welt

Der Glaube lebt nicht durch eine Mauer geschieden von der andern Welt, sondern unter ihrem Zuspruch. Er lebt aber auch nicht entrückt in einer seligen, sondern ganz in dieser harten Welt. Aller Zuspruch von oben weist ihn an diese Welt, bringt ihn in Zusammenstoß mit dieser Welt und bannt ihn unter das Leid dieser Welt.

1. Erweckung gibt Anteil an der Sendung des Knechts. – Der Durchbruch durch die Wand zwischen Gott und Mensch ist immer auch Durchbrechung der Wände zwischen Mensch und Mensch. Erweckung zerreißt unsere kleine Eigenwelt und erschließt uns eine Fremdwelt von Leid und Not um uns her, die wir vorher nicht sahen. Erweckung ist Verlust unseres Privatlebens und Beteiligung an der Sendung und Arbeit Jesu. Aller Zuspruch, den der Glaube bekommt, ist auf die Not der Welt abgezielt. Auch der Knecht bekommt das Ohr geweckt, um den Müden Zuspruch zu geben. Unter der Seelsorge Jesu leben heißt: Seelsorger werden. Wie der Bach, der nicht fließen kann, versumpft, so stirbt der Glaube, der sich Schätze hortet. Das Leben des Knechts aus Zuspruch in Zuspruch ist eine stille Frage an Kirchen, die auf ihre Lehren und Bekenntnisse stolz, an Gemeinden, die sich ihres geistlichen Lebens bewußt, an Einzelne, die dabei sind, aus dem, was ihnen geschenkt wird, einen Besitz zu machen.

2. Erweckung gibt Anteil am Leiden des Knechts. – Wir sahen, daß im Leben des Knechts das Leiden unmittelbar aus seinem Hören erwuchs, und das Volk, das seine Thora im Herzen trug, unter derselben Anfeindung durch die Menschen stand. Aus der Bibel wissen wir vom Leid der Propheten. Jesus hat es zusammengefaßt im Gleichnis von den bösen Weingärtnern, die zuerst die Boten stäupen und zuletzt den Sohn töten (Luk. 20, 9–16), und hat in Aussicht gestellt, daß mit seinem Tode dies Leiden nicht zu Ende ist (Joh. 15, 18-21; 16, 1-4; Luk. 21, 12-20; Matth. 5, 11; Luk. 6, 22). Paulus sagt, daß er an seinem Leibe erstatten muß, was noch an Christusleiden fehlt (Kol. 1, 24). Den Weg, den Jesus damals sichtbar, heute unsichtbar über die Erde geht, begleitet ein Heer von Leiden und Feindschaft. Weil Erweckung Beteiligung an seiner Sendung ist, ist sie auch Gemeinschaft seiner Leiden.

Der Anlaß zur Feindschaft der Welt und damit die Wurzel des Leidens ist die Gottunmittelbarkeit des Lebens in Christus und mit Christus, in die uns Erweckung hineinstellt. Gottunmittelbare sind in dieser Welt Fremdkörper und werden als solche empfunden, denn in ihnen ragt die andere Welt in diese hinein. Die von oben her aus dem Geist Geborenen und unter seinem Zuspruch Lebenden sind nach Jesu Worten dieser Welt so fremd und rätselhaft wie das Sausen des Windes, dessen Woher und Wohin niemand kennt (Joh. 3, 8). Sie sind ihr aber nicht nur Rätsel, sondern auch Bedrohung. Denn gottunmittelbares Leben aus Erweckung und unter Zuspruch ist redende oder stumme Verkündigung des Totalitätsanspruchs Gottes, Zeugnis davon, wie verloren das Leben ohne ihn, wie selig es mit ihm ist. Darum ist gottunmittelbares Leben ungewollt Anklage für alle, die ohne ihn sind und seinem Anspruch widerstehen, weil sie sich selbst nicht aufgeben wollen. Gottunmittelbares Leben ist nicht nur für Menschen, die ihm nicht untertan sein wollen, sondern auch für die Finsternismächte, die ihm widerstehen, Bedrohung und fordert darum den Angriff des Satans heraus. Darum sollten wir nicht irre werden, wenn die Welt anfängt, uns anzufeinden, sondern im Gegenteil uns beunruhigen, wenn wir in ungestörtem Frieden mit ihr leben.

3. Erweckung verlangt Bereitschaft und Darunterbleiben. – Glauben heißt nicht nur: am Leid unter der Feindschaft der Welt wider Christus teilhaben, sondern auch: im Leiden bei ihm aushalten. Das Leiden des Glaubens ist Kreuz mit seiner Not und seiner Verheißung. Glaube unter dem Kreuz ist Geduld, Darunterbleiben, Ausharren. Das ist mehr als Verzicht, Unterwerfung, untätige Gelassenheit. Das Leid ist des Glaubens höchste Aktivität, ist willige Auslieferung, tätige Hingabe des ganzen Menschen. Das bespieene Antlitz des Knechts offenbart, daß es für diese Hingabe und Auslieferung keine Grenze gibt. Das Herz dieser Hingabe ist die Schülerhaltung der Gottunmittelbaren, die auch hinter dem Feind und seiner Bedrückung, hinter den Teufeln und ihren Anfechtungen den Lehrer weiß und alles aus seiner Hand nimmt als Aufgabe, an der sie lernt. Darum kann der Glaube im Leiden von Bitterkeit freikommen und durch sein Leiden Widersacher überwinden.

## Glaube als Gefangenschaft in dieser Welt

Des Glaubens schwerste Anfechtung ist aber nicht, daß er in dieser Welt Fremdkörper, von ihr angefeindet, sondern daß er ihr ausgeliefert ist. Ein Blick in die Welt, ein Blick ins eigene Herz sagt uns, was es um diese Anfechtung des Glaubens ist. Gerade diejenigen Kinder Gottes, denen besonders herrlich geschenkt wurde, aus Zuspruch und unter Zuspruch zu leben, werden immer wieder irre, wenn es nicht nur draußen, sondern auch drinnen dunkelt. Sie meinen dann, der Weg unter ihren Füßen sei verschwunden, während doch gerade dann der Weg des Glaubens, den der Knecht uns weist, betreten ist, „welcher in Finsternis wandelte, und nicht gab es einen Lichtschimmer für ihn". Wiederholt doch Jesus immer wieder: „Selig sind, die nicht sehen und doch glauben" (Joh. 20, 29), „Selig, wer sich nicht ärgert an mir" (Matth. 11, 6), und: „Welcher beharrt bis ans Ende, der wird selig" (Matth. 24, 13; 10, 22). Nicht nur das äußere, sondern auch das innere Dunkel gehört zum Glauben, darin bewährt, verwirklicht sich und wächst erst Glaube.

Zwei Stützen hat Gott dem Glauben in das Dunkel seines Gefängnisses mitgegeben. Die erste heißt: Gewißheit im Wort. Es steht nichts zwischen Gott und mir. Ist aber Gott auf meiner Seite, wer will mich anfechten? – Und die zweite Stütze heißt: Hoffnung aufs Wort. Gottes Reich ist im Anzuge, und was eben noch groß und schrecklich erscheint, zergeht. Nur sein Wort bleibt.

## Glaube als Aufbruch aus dieser Welt in die andere

Glaube ist in dieser Welt im Gefängnis und doch schon frei, muß durch das Dunkel, aber weiß im Dunkel schon um den Sieg. Die letzte Anfechtung bleibt ihm erspart, weil der Knecht sie für uns durchgekämpft, Gottes Arm wider die Finsternis für uns angerufen hat, weil in seinem Kampf Gottes Arm die Finsternis besiegt hat. Darum hat der Glaube – obschon noch im Gefängnis – die Gewißheit, daß die Finsternis ihn nicht mehr gefangen hält, daß er schon freigesprochen, die Gefängnistüren aufgeschlossen sind. In den Bildern der Verurteilten, der der Zornesbecher aus der Hand genommen, der Gefangenen, die aus dem Gefängnis gerufen wird, ist das wunderbar ausgedrückt. Glaube ist schon frei, darf schon Fessel um Fessel abschütteln im sittlichen Kampf, ist schon auf dem Wege aus dem Gefängnis in die Freiheit. Wenn auch – solange er hier auf Erden wandert – der Weg noch durch dunkle Korridore geht, es ist keine verschlossene Tür mehr vor ihm. Darauf beruht, daß es überhaupt Christenkampf, Heiligung, Lossage von der Sünde und Aufbruch gibt.

Das merkwürdige Zwielicht, in dem der Glaube lebt, läßt sich am ehesten durch das Bild wiedergeben, das der Schluß unseres Kapitels bringt: Gott hat die Königsherrschaft angetreten, Gott kommt. Die Türmer auf den Zinnen sehen ihn schon und verkündigen es. Die Trümmer, die am Boden liegen, können es noch nicht sehen, aber vernehmen es und jubeln mit. So ist die Frohbotschaft für den Glauben immer aufs neue Türmerruf: „Laß dich wecken! Werde wach! Brecht auf! Reinigt euch!" Der Glaube braucht nicht mehr seine Hand zum Himmel emporzurecken: „Werde wach!", sondern darf Gottes vom Himmel her ausgestreckte Hand, die uns weckt, ergreifen und an seiner Hand aufbrechen. Dieser Aufbruch ist anders als der Kampf, den das Gesetz fordert. Er ist fröhlich und friedlich, denn Gott ist ihm Vorhut und Nachhut.

## Drittes Kapitel
# Die Erlösung

Die Gottesherrschaft als Erfüllung. – Friede und Rechtfertigung als Frucht der Weltpolitik Gottes. – Die „Vielen" als Ziel der Weltpolitik Gottes. –
Der enthüllte Arm Jahwes

## A. Der Knecht als Hoherpriester und Lamm Gottes

### Die Grundlage von Frieden und Rechtfertigung

Jes. 52, 13-53, 12 stellt uns ans Ziel und zugleich auf den Gipfel des ganzen Buches. Ohne das Vorangegangene ist unser Kapitel nicht verständlich und umgekehrt bleibt das Vorangegangene ohne dieses Kapitel unverständlich und ohne Lösung. Die Ausleitung des vorigen bildet zugleich die Einleitung dieses Kapitels. Wir sollen an dieses herangehen mit der Spannung: Der Arm Jahwes enthüllt sich; Außerordentliches, Letztes, Abschließendes erwartet uns.

Äußerlich gliedert sich dieses Wort über den Knecht ebenso wie das vorangehende in drei Teile: ein Wort Gottes, ein Bekenntnis der Gemeinde und noch ein Wort Gottes über den Knecht. Der zweite Teil zerfällt wieder in drei Teile. Im Ganzen haben wir fünf Einheiten, die alle so eigentümlich angelegt sind, daß das Hauptthema jeder Strophe am Anfang oder am Ende durch Verdoppelung herausgestellt ist: in der ersten Strophe die „Vielen", die sich entsetzten, und die „Vielen", die besprengt werden; in der zweiten: „Verachtet" am Anfang und am Ende von V. 3; in der dritten: „Wir allesamt gingen irre" am Anfang und „unser aller Schuld" am Ende von V. 6; in der vierten: „Nicht tat er seinen Mund auf" am Anfang und am Ende von V. 7. In der fünften sind es drei Grundgedanken, in jedem Verse ein besonderer: Jahwes Plan (am Anfang und am Ende von V. 10), Rechtfertigung und Eroberung der Vielen (V. 11 b und 12 a) und die Schicksalsgemeinschaft des Knechts mit den Abtrünnigen (12 b und 12 c).

Mit den Gottesknechtperikopen und dem übrigen Buch hat dieses Kapitel auch äußere Züge gemeinsam: die dreifache Abwandlung des Gedankens als Mittel der Steigerung (52, 13 der dreifache Ausdruck für die Erhöhung, 53, 3 der dreifache Ausdruck für die Unscheinbarkeit des Knechts, 53, 4 der dreifache Ausdruck für seine Geschlagenheit, 53, 11 b. 12 b die dreifache Wiederkehr der „Vielen"). Mit der ersten Gottesknechtperikope (42, 1 ff.) verbindet unsern Abschnitt auch äußerlich die Einführung des Knechts mit einem „Siehe" und die dreifache Verneinung zur Abgrenzung der Gestalt des Knechts gegen andere Gestalten.

**1. Das unerhörte Wunder der Erhöhung des Knechtes**

Vom Auswurf der Welt zum Priester der Völker.
Ein Wort Gottes über den Knecht.

Jes. 52, 13–15:

(13) **Siehe, Erfolg haben wird mein Knecht.**
**Er wird erhöht, erhoben und überaus hoch sein.**

(14) **Gleichwie sich entsetzten über ihn viele,**
**weil entstellt war unmännlich sein Antlitz**
**und sein Aussehen Menschenkindern unähnlich,**
(15) **so wird er besprengen der Völker viele.**

**Seinetwegen werden Könige ihren Mund verschließen,**
**weil, was ihnen nie erzählt wurde, sie schauen**
**und, was sie nie gehört haben, sie verstehen.**

(13) Mit einem „Siehe" stellte Gott zum erstenmal den unsichtbaren Knecht, der noch nicht auf dem Schauplatz der Geschichte erschienen war, vor die Völker (42, 1), und mit einem „Siehe" stellt er zum letztenmal den wiederum unsichtbaren Knecht, der vom Schauplatz der Geschichte verschwunden ist, vor die Welt. Mit dem ersten „Siehe" kündigte er sein Erscheinen in der Hülle der Knechtsgestalt, in der ersten Gestalt an, mit dem zweiten „Siehe" sein Erscheinen in Herrlichkeit, in der zweiten Gestalt. In Vergeblichkeit und Mißerfolg schien die Arbeit des Knechts zu münden. Nun hören wir mit einem Mal, daß er „Erfolg haben" („weislich handeln" oder „Weisheit erlangen") soll. In völligem Dunkel sahen wir sein Leben enden; ein Notschrei aus der Tiefe war das Letzte, was wir aus seinem Munde hörten. Jetzt sehen wir ihn jählings aus der Tiefe aufsteigen wie einen Kometen, der über den Rand des Horizonts emporkommt und dann unaufhaltsam darüber hinaussteigt, bis er über uns steht im Zenit. In der unserem Buche eigenen Weise türmen drei verschiedene Ausdrücke für dieselbe Sache sich übereinander, um in unerhörter Steigerung die Höhe der Erhöhung des Knechts zu zeichnen. Der erste Ausdruck spricht sein Emporkommen, der zweite sein „darüber hinaus wachsen", der dritte sein dauerndes Thronen in außerordentlicher Höhe aus. Man hat an das Zeugnis „auferstanden, aufgefahren, sitzend zur Rechten Gottes" im Glaubensbekenntnis erinnert. Seinem Aufstieg folgend von einer Höhe zur andern, soll unser Auge vor Höhen ankommen, zu denen es ihm nicht mehr zu folgen vermag.

(14) Von dieser Höhe wird jählings unser Blick zur Tiefe zurückgerissen. Indem das Wort uns mitnimmt in das Dunkel, aus dem er aufstieg, durchmessen wir noch einmal seinen Weg. So tief unten liegt die Tiefe, in der sein irdisches Leben mündete, daß zunächst Umrisse über-

haupt nicht zu erkennen sind. War es Sorge, Leid, Krankheit, Verfolgung, Mißhandlung oder Tod, was ihn so zurichtete? Wir erfahren es nicht. Undurchdringliches Dunkel liegt einstweilen darüber gebreitet. Wir sehen nur den Widerschein auf den Gesichtern der Umgebung, starres Entsetzen bis hin zu den „Vielen". Was dort zu sehen war, lag schon unterhalb der Grenze des Menschlichen, „weil entstellt war unmännlich sein Antlitz und sein Aussehen Menschenkindern unähnlich". Das war entsetzenerregender Ausdruck des Fluches, und der natürliche Widerhall darauf war bei den Juden Entsetzen der Scheu vor dem Zorn Gottes, bei den Heiden Entsetzen der Angst vor dem Werk der Dämonen. Für beide war er Inbegriff dessen geworden, was man ablehnt, ein Auswurf der Menschen, ein Quell der Verunreinigung, Fluch leidend und Fluch um sich breitend.

(15) Zugleich mit den Vielen, die sich über ihn entsetzten, reißt das nächste Wort unseren Blick wieder empor zu schwindelerregender Höhe. Den, den sie drunten wähnten, zeigt ihnen Gott mit einem Mal hoch droben, die Völker besprengend. „Gleichwie sich entsetzten über ihn viele ... so wird er besprengen der Völker viele." Das Bild ist so überraschend, daß die Ausleger vielfach an dieser Stelle den Text zu ändern pflegten.*) Für „besprengen" steht dasselbe Wort, das die Bibel braucht, wenn am Versöhnungstage der Priester zur Versöhnung der Sünden des Volkes Sühnedeckel und Altar mit Blut besprengt (3. Mose 16, 14. 15. 19), oder wenn der Priester die Aussätzigen mit Wasser besprengt, um sie zu reinigen (3. Mose 14, 7), oder wenn Aaron und seine Söhne mitsamt ihren Kleidern besprengt werden, um die Weihe zum Priesterdienst zu empfangen (2. Mose 29, 21).

Eine Fülle gewaltiger Vorstellungen greift ineinander. Ist ein großer Versöhnungstag für alle Nationen angebrochen? Doch er besprengt nicht einen Altar, sondern die Völker selbst. Ist es, daß er die Heiden von Aussatz und Unreinigkeit ihrer Herzen reinigt, oder gar, daß er die Heiden gleich Israel zu einem Volk von Priestern weiht? – Es ist mehr. Er vollzieht die Priesterweihe an Juden und Heiden. Er hebt nicht nur zwischen Juden und Heiden, sondern auch zwischen Priestern und Laien die Unterschiede auf und weiht ein allgemeines Priestertum. In der Form des Wortes für „besprengen" liegt, daß dies nicht nur einmal, sondern fort und fort seine Arbeit sein wird, die er aus der Erhöhung tut.

Unerhört ist der Gegensatz zwischen der ersten und der zweiten Gestalt des Knechts, zwischen den Vielen, die sich über ihn entsetzten, und den Vielen – nicht nur Menschen, sondern Völkern –, die von ihm die Weihe empfangen, zwischen dem Auswurf der Menschheit und dem

*) Siehe die Gründe W. Vischers für die Beibehaltung, „Jahrbuch der Theologischen Schule Bethel", 1930, S. 97 und 99.

Priester der Völker, dem Träger des Fluches und Quell der Verunreinigung und dem Erhöhten, der Versöhnung, Reinigung, Heiligkeit, Gottzugehörigkeit, Priesterweihe über den Völkerkreis austeilt (vgl. den Born gegen die Unreinigkeit des Volkes Sach. 13, 1). Das ist so unerhört, daß durch die Menschheit bis hinan zu ihren Höhen und Wipfeln ein Erschrecken geht, Ruhmredigkeit, Stolz, Sicherheit der Mächtigsten auf Erden vor dem Priestertum des Knechts verstummen, wenn sie der reinigenden Kraft seiner Weihe innewerden. „Seinetwegen werden Könige ihren Mund verschließen, weil... was sie nie gehört haben, sie verstehen."

## 2. Der Sinn der Erniedrigung des Knechts (Jes. 53, 1–9)

Ein Bekenntnis der Gemeinde

### a) Die Verborgenheit des Armes Jahwes unter der Knechtsgestalt des Knechts

Die Niedrigkeit des Knechts und seine Ablehnung durch die Menschen

Jes. 53, 1–3:

(1) **Wer hat geglaubt der Kunde, die uns wurde?**
**Und der Arm Jahwes, über wem war er enthüllt?**

(2) **Er stieg auf wie ein Senkreis vor ihm**
**und wie ein Wurzelschößling aus dürrem Erdreich.**
**Nicht Gestalt hatte er,**
**nicht Pracht, daß wir ihn ansehen mochten,**
**nicht Aussehen, daß wir nach ihm begehrt hätten.**

(3) **Verachtet war er, einer, von dem Männer abrücken,**
**ein Mann der Schmerzen, gekannt von Krankheit,**
**wie einer, vor dem man das Antlitz verhüllt.**
**Verachtet war er, und nicht zählten wir ihn.**

(1) Ließ uns die erste Strophe durch ein Wort der Verheißung aus der Gegenwart in die Zukunft sehen, so blicken wir von 53, 1 ab durch ein in der Zukunft liegendes Bekenntnis in die Vergangenheit zurück. Das Bekenntnis durchzittert ein einziges Staunen und Bedauern. Es ist Staunen; denn auf den Arm Jahwes haben Heiden und Juden in gespannter Sehnsucht gewartet (seine Enthüllung war das Thema des Buches, vgl. 40, 10; 51, 5; 51, 9; 52, 10). Jetzt geht ihnen auf, daß der Arm Jahwes in Gestalt des Knechts mitten unter ihnen anwesend, das Leben des Knechts selbst Enthüllung dieses Armes gewesen ist. – Es ist Bedauern, denn bisher war ihnen das unter der Hülle seiner Knechtsgestalt verborgen. Nicht erst die Erhöhung des Knechts ist Offenbarung, während sein Leben in Knechtsgestalt Verhüllung des Armes Jahwes war. Sondern der Sinn ist ihnen dafür verschlossen gewesen, aber jetzt fällt von seiner Erhöhung ein Lichtschein über die Zeit

seines Wandels in Niedrigkeit, und in diesem Licht erkennen sie rückschauend in der Hülle seiner Knechtsgestalt und im Vollzug seines Leidens die Offenbarung des Armes Gottes.

Diese Offenbarung verlangt Glauben. Für den Glauben aber ist Predigt und Leben des Knechts Adventsbotschaft, Botschaft, daß die Zeit, da Gott sich verborgen und die Herrschaft den Götzen und Dämonen überlassen hatte, zu Ende ist, Botschaft, daß Gott mit seinem Arm eingegriffen und selbst die Zügel des Weltregiments genommen hat. Erst der Glaube der Besprengten vermag rückschauend im Leben des Knechts den Arm Jahwes zu entdecken. Aus dem erwachten Glauben aber wächst Staunen und Bedauern und wird zu tiefer Reue: „Wer hat geglaubt der Kunde, die uns wurde? Und der Arm Jahwes, über wem war er enthüllt?" Schwere Selbstanklage klingt aus dem Bekenntnis. Man hat sich zu Unrecht darüber gestritten, ob Juden oder Heiden dieses Bekenntnis ablegen. Das Leben des Knechts hat sich vor beiden abgespielt, er wurde von beiden verkannt. Doch steht Israel mit seiner Schuld am Knecht hier im Vordergrunde und hat auch in erster Linie die Predigt des Knechts vernommen.

(2) Staunend kehrt das Auge zurück zum Bilde seiner Niedrigkeit, an der sich menschliches Urteil gestoßen hat. Ein Ausleger der Gegenwart*) hat feinsinnig den Vergleich gezogen zwischen unserer Stelle und dem Bilde des Achilles in der Ilias Homers, zwischen dem Knecht Gottes und dem humanistisch-heldischen Menschen- oder Persönlichkeitsideal.

„Blüte der Helden, er wuchs empor wie ein sprossender Schößling,
und ich nährte ihn gleich einer Pflanze im üppigen Erdreich",

heißt es von Achilles,

„Er stieg auf wie ein Senkreis vor ihm
und wie ein Wurzelschößling aus dürrem Erdreich",

vom Knecht.

„Und es umkränzte sein Haupt die göttlichste Göttin mit goldenen Wolken
und sie ließ von ihm selbst eine leuchtende Flamme entlohen,
also stieg von dem Haupt des Achilles ein Leuchten zum Äther",

heißt es bei Homer –

„nicht Gestalt hatte er,
nicht Pracht (Glanz), daß wir ihn ansehen mochten,
nicht Aussehen, daß wir nach ihm begehrt hätten",

bei Jesaja. Zwei Bilder sind hier ganz unabhängig voneinander und doch wie in bewußtem Gegensatz zueinander gestaltet worden, als hätte unser Wort den Knecht als das Gegenbild des idealen Menschen zeichnen wollen.

---

*) Siehe Vischer, „Jahrbuch der Theologischen Schule Bethel", 1930, S. 98.

Von den Ursprüngen an läßt unser Abschnitt die Knechtsgestalt dieses Lebens vor uns erstehen, die Ärmlichkeit seiner Herkunft, die Unansehnlichkeit seiner Erscheinung, seine Ablehnung durch die Menschen, seine Heimsuchung durch Leid.

(2 a) Die Bilder vom Senkreis und Wurzelschößling zeichnen mit knappem Umriß seine Anfänge. Als zartes Reis (Ableger) aus dem Wipfel der umgehauenen Zeder und als Schößling aus der Wurzel des bis auf den Stumpf vernichteten Stammes Davids hatten schon Hesekiel und der Erste Jesaja, einen Anflug seiner Niedrigkeit vorahnend, die Gestalt des Erlösers geschaut (Hes. 17, 22–24; Jes. 11, 1 ff.). Hier steht, daß auch das Erdreich, aus dem Senkreis und Schößling wachsen, „dürr" war. Zusammenbrüche und Gerichte sind sein Ursprung und seine Wiege, Not und Ärmlichkeit seine Herkunft und Umgebung. Wir werden daran erinnert, daß er, als er kam, „keinen Raum in der Herberge" hatte (Luk. 2, 7), die Krippe statt der Wiege fand und beim Antritt seines Berufs bekennen mußte: „Die Füchse haben Gruben, und die Vögel unter dem Himmel haben Nester; aber des Menschen Sohn hat nicht, da er sein Haupt hinlege" (Luk. 9, 58).

(2 b) Was von seiner Herkunft gesagt wird, gilt auch von seinen Gaben, seiner Erscheinung und seinem Auftreten, seiner ganzen Menschlichkeit. Mit einem dreifachen „Nicht" zeichnete Kap. 42, 2 in dreifacher Steigerung den Abstand zwischen seiner stillen Weise zu wirken und der Weise des Staatsmannes oder Volksredners. Ebenso zeichnet unsere Stelle mit dreifachem „Nicht" in dreifacher Steigerung den himmelweiten Abstand zwischen seiner Erscheinung und der Erscheinung des idealen Menschen, des Herrschers oder Feldherrn, Führers oder Helden, Weisen oder Genies. „Nicht Gestalt . . . nicht Pracht . . . nicht Aussehen . . .", das heißt weder beeindruckend durch Auftreten und Haltung, noch blendend durch geistige Gaben, noch anziehend durch sein Äußeres. Es fehlt alles, was – im Orient mehr noch als bei uns – unentbehrlich ist für den Führer, dem die Massen und die Herzen zufliegen.

Bei näherem Zusehen finden wir auch im Neuen Testament nichts von Gaben und Ausstattung des Zimmermannssohnes, was seinen Zeitgenossen Eindruck gemacht hätte. Was sie aufhorchen machte, war vielmehr die Vollmacht, die dieser schlichte Mensch hatte, nicht seine Menschlichkeit, sondern seine Beglaubigung durch Gottes Geist.

(3 a) In engstem Zusammenhang damit steht die Antwort der Menschen und des Schicksals auf ihn, die uns aus einem unvergeßlichen Bilde ansieht. Wir sehen, wie die „Männer" (im Sinne von „Standespersonen") von ihm „abrücken" und ihn nicht kennen wollen, wie Schmerzen und Krankheit aber zu ihm hinrücken und ihn „kennen". Der Mann, der Selbstbehauptung und Menschengröße sucht, findet an ihm nichts. Last und Leid aber finden bei ihm willige Schultern, die bereit

sind, auf sich zu nehmen und zu tragen. Das zweimal wiederkehrende „verachtet war er" faßt das Ergebnis zusammen.

(3 b) Aber nicht nur, daß des Schicksals Lasten sich auf ihn häufen, nicht nur, daß man ihn über die Achsel ansieht und nicht für voll nimmt, nicht zählt („nicht rechneten wir ihn"), – darüber hinaus wird er zum Gegenstand der Ablehnung, ja der Verabscheuung und Abwendung, des heftigen Widerstandes, wie einer, vor dem man das Angesicht verbirgt (wörtlich „verhüllt"). Nicht aus trauernder Teilnahme, sondern – wie wir schon vorher sahen – aus Angst vor den Dämonen bei den Heiden, vor Zorn und Fluch Gottes bei den Juden wandte man sich von Aussätzigen, Leichen und aller Art Geschlagenen ab als von etwas, was unrein macht und Fluch bringt. So wendet man sich heute von der Pest und ansteckenden Krankheiten ab. Ja, eine Pest, eine Lebensgefahr, von der man sich abwendet, ist der Knecht in seiner Niedrigkeit und Leidverhaftung für den natürlichen Menschen heute wie damals.

Dieses Leben, das das „Licht der Völker" heißt, ist rätselhaft umspielt von den Wortstämmen des „Verhüllens", „Verbergens" und „Versteckens". „Verborgenes" hieß die Botschaft von seinem Erscheinen (48, 6 b). Wir erfuhren, daß er aus der „Hülle" sprach (48, 16), daß Gott ihn wie einen Pfeil in seinem Köcher „verbarg" (wörtlich „verhüllte"), wie ein Schwert im Schatten seiner Hand „versteckte" oder „verbarg" (49, 2), ihn im Schatten seiner Hand „barg" (51, 16) und daß der Arm Gottes in seinem Leben verhüllt oder verborgen war (53, 1). Aus dem Verhüllten wird hier „einer, vor dem man das Antlitz verhüllt" (wörtlich „gleich einem Verhüllen des Angesichts vor ihm war er"). So ist das Geheimnis seines Lebens, daß es Erscheinung der Herrlichkeit in Knechtsgestalt ist; daß für Menschenaugen, die eigene Größe und Selbstbehauptung suchen, in diesem Leben nichts von Herrlichkeit zu sehen ist, und doch Gottes Herrlichkeit sich darin offenbart. Das ist Offenbarung in der Hülle, für die einen – Verhüllung, für die andern – Offenbarung.

### b) Die große Überraschung: sein Leiden war Stellvertretung

Unsere Sünde – seine Strafe, seine Strafe – unser Heil

Jes. 53, 4–6:

(4) **Fürwahr, unsere Krankheiten, er trug sie,**
**und unsre Schmerzen, er lud sie auf sich.**
**Wir aber rechneten ihn für geschlagen,**
**von Gott getroffen und gedemütigt.**

(5) **Er aber war durchbohrt wegen unsrer Sünden,**
**zerschlagen wegen unsrer Schulden.**
**Züchtigung uns zum Frieden lag auf ihm,**
**und durch seine Wunden ward uns Heilung.**

(6) **Wir allesamt gingen wie Schafe in der Irre,**
**jeder seinem eigenen Wege waren wir zugewendet.**
**Jahwe aber ließ aufprallen auf ihn**
**die Schuld unser aller (insgesamt).**

(4 a) Der Abschnitt ist ein fortgesetzter Ausruf erschütterter Überraschung, in einer Kette von Gegensätzen Gegenüberstellung dessen, was die Augen des natürlichen Menschen und die Augen des Glaubens im Leiden des Knechts lesen. Das Bild des niedergebeugten und duldenden Knechts, Armut, Mißerfolg und Leiden haben für Menschen etwas Verletzendes und Abstoßendes. In dem Ausruf: „Fürwahr!" — „Das sind ja unsere Schmerzen!" — klingt das erschütternde Aufdämmern der Erkenntnis: das gehäufte Leid, das uns vom Knecht abschreckte und uns seine Gestalt entfremdete, ist ja gar nichts Fremdes, gehört eigentlich zu uns. Das ist ja unser Jammer und unser Leid, die dorthin gekommen sind. Es ist wie der Ausruf peinlichen Wiedererkennens zwischen zwei nahen Bekannten, die nicht gern aneinander erinnert sein wollen. Der letzte Grund, warum uns sein Leidensbild verletzt und abstößt, ist vielleicht schon die unbewußte Ahnung, daß es unser Jammer ist, der uns daraus ansieht.

(4 b) Vor dem Aufdämmern dieser Erkenntnis erbebt die Sicherheit, aus der unsere Deutung seines Leidens entsprang, in ihren Grundfesten. „Wir aber rechneten ihn für geschlagen", hieß unsere Deutung. Wieder drücken drei verschiedene Ausdrücke in dreifacher Steigerung aus, wie sehr dieses Leben Ausdruck des Niederdrückenden, der Lebensminderung, der Lebensverneinung und darin des Fluches und Zornes war. So schließt nicht nur jüdisches Urteil, das in allem Leid Strafe sieht, sondern das ist ebenso logische Schlußfolgerung aus jener modernen Anschauung, nach der jeder sellst vor dem Richter die Verantwortung für sein Tun trägt. Es ist urmenschlich, in Erfolg Rechtfertigung und in Lebensminderung Strafe zu sehen.

(5 a) Auf dem Hintergrunde unserer menschlichen Gedanken von Strafe hebt sich noch greller die erschütternde Wirklichkeit ab. „Er aber ...". Jawohl, das war Strafe, aber nicht seine, sondern unsere. Armut, Krankheit, Leid in seinem Leben sind Fluch und Zorn, den unsere Sünde angerichtet hat. In den Worten „durchbohrt" und „zerschlagen" heben sich schon die Umrisse der Katastrophe heraus, in die sein Leben mündet. Sein Sterben ist die Frucht unseres Lebens.

(5 b) Aber das Überwältigendste und Bestürzendste in dieser Kette erschütternder Überraschungen ist: das Gottesgericht über seinem Leben, das selbst Frucht des Fluches und Zornes war, richtet nicht wieder Fluch und Zorn an, sondern „Frieden" („Heil"). Die Zerstörung in seinem wirkt Gesundung in unserem Leben. Von seiner Lebensminderung geht

Lebenserhöhung, von seinem Leiden Kraft des Friedens (das Wort im vollen messianischen Sinne des Heils genommen) und der Heilung aus wie ein aufgebrochener Quellstrom, der sich aus seinem Sterben in unser Leben ergießt. Das Gesetz des Bösen, das „fortzeugend Böses muß gebären", ist hier auf den Kopf gestellt. Das Böse in der Welt trug als Frucht sein Leid, und sein Leid trägt als Frucht unseren Frieden. Die geborgene Zuschauerhaltung, aus der menschliches Urteil, die Sicherheit, aus der menschliche Deutung seines Leidens entsprang, liegt in Scherben. Doch in sein Leiden verflochten, in sein Gericht hineingerissen, finden wir uns wider Erwarten in einer Burg des Friedens, die von keinem Zorn mehr erschreckt wird.

(6 a) Von hier aus sehen die Bekennenden auch ihr eigenes Leben in neuem Licht. Es ist, als schauten sie von der Höhe ihrer Felsenburg gleich Entronnenen zurück auf Wüstenwege. Vom Raum des völligen Heils umschlossen, mit Gott und den Brüdern zusammengeschlossen, sehen sie ihr bisheriges Leben wie den hastenden Lauf einer zersprengten Schafherde: jedes von der Angst um sich selbst beherrscht, ohne Führung von oben und darum ohne Fühlung untereinander, von Gott losgebunden und darum an sich selbst gebunden, nicht mehr von Gottes Sorge getragen und darum beständig um sich selbst sorgend, und eben darin dem Verhungern und allen Gefahren ausgeliefert. „Jeder seinem eigenen Wege waren wir zugewendet." Unübertrefflich ist in dem Bilde der Herde das Bild des einzelnen Menschen gezeichnet, der mit der Befreiung von der Vormundschaft Gottes in den kleinen Raum seines Ichs gebannt wurde, und zugleich das Bild der menschlichen Gemeinschaft, die trotz Größe und Zahl im Tiefsten trostloses Nebeneinander und zwiefache Einsamkeit ist, sobald sie nicht durch die gemeinsame Führung von oben zusammengehalten und durch gemeinsame Enthaftung von Gebundenheit füreinander freigemacht wird.

Das ist jene tiefste Form des Individualismus, die alle menschlichen Gemeinschaftsformen beherrscht und vergiftet, gleichviel ob die Herde schon versprengt ist oder ob sie vor einer gemeinsamen Gefahr oder nach einem gemeinsamen Lockton im Haufen rennt, eines sich am anderen stoßend. Das ist das Gesetz des Individualismus, das sie widersinnigerweise beherrscht, sobald nicht jedes einzeln dem Ruf seines Hirten beim Namen folgt und seiner Führung sich anvertraut.

(6 b) Dieser trostlosen Vereinzelung und Hast um sich selbst steht ein Leben gegenüber, das mit all den tausend einzelnen Leben und ihrer Not verflochten war, – das Leben des Knechts. Das ist das letzte Wunder der Weltpolitik Gottes: das Verderben, dem die Tausende Einzelner auf ihrem Irrwege hastenden Laufes zurannten, ließ Gott wie einen Wolkenbruch auf dieses eine Leben prallen, und an dem Anprall zerschellte es. Aber die Gewitterwolke seines zusammengeballten Zornes

hatte sich über ihm bis auf den Grund ausgeregnet. Darum dürfen die Vielen die Sonne sehen.

Wir stehen wie vor einem erschütternden Naturvorgang. Alle menschlichen Versuche, zu deuten oder verständlich zu machen, sind elende Zugeständnisse, und die größten Ausleger sind gefallen, sobald sie sich um ein psychologisches Verständnis des Vorganges bemühten. Unverständlich schwer und wuchtig starrt uns die Tatsache an: dort der Wolkenbruch, das zerschmetterte Leben, das Verhängnis, das unser Verhängnis war, — und hier wir, verschont, enthaftet und in einem Glück, das sein Glück ist. Es ist ein gewaltiger Schicksalstausch zwischen dem Knecht und uns.*) Wie so etwas möglich ist, wird nie begreiflich zu machen sein.

Wie am Anfang steht auch am Ende des fünften Verses das Wort: „Wir alle". „Wir allesamt gingen ... in der Irre" — „die Schuld unser aller (insgesamt)". Ein neues Gesamtheitsbewußtsein, neue Verantwortlichkeit, eine neue Wir-Erfahrung spricht aus diesem Bekenntnis. Dieses neue Wir wurde aus der Erfahrung gemeinsamer Schuld und gemeinsamer Rettung geboren. Aus dem „Für uns" des Knechts wurde das „Wir", indem die Front zwischen ihm dort auf jener und uns andern allen auf dieser Seite aufbrach.

### c) Die Weise seines Leidens: nicht heldisches Martyrium, sondern Knechtsgehorsam

Unwidersprochene Mißhandlung, unbeachtete Stellvertretung, unschuldige Ächtung

Jes. 53, 7–9:

(7) **Gepeinigt ward er, er aber beugte sich,**
**und nicht tat er seinen Mund auf,**
**wie ein Lamm, das zur Schlachtbank geführt wird,**
**und wie ein Mutterschaf, das vor seinen Scherern verstummt,**
**nicht tat er seinen Mund auf.**

(8) **Aus Drangsal und Gericht ward er hingerafft.**
**Und unter seinen Zeitgenossen, wer dachte dem nach,**
**daß er weggerissen wurde aus dem Lande der Lebendigen,**
**wegen der Sünde meines Volkes zu Tode getroffen?**

(9) **Und man gab ihm bei den Gottlosen sein Grab**
**und bei Übeltätern, als er starb,**
**obgleich er nicht Gewalttat getan,**
**und nicht Betrug in seinem Munde war.**

Die vorige Strophe stellte vor die Tatsache der Stellvertretung, diese führt hinein in das Geheimnis seines stellvertretenden Leidens.

*) Vgl. P. Volz, Jesaja II, S. 176.

(7) Auch hier wieder ist der Grundgedanke durch Verdoppelung herausgehoben. In dem einen Satz: „Nicht tat er seinen Mund auf" liegen Grundzug und Geheimnis seines Leidens ausgesprochen. Es heißt: Gehorsam. In zwei Bildern, von denen das zweite ausgeführt, das erste nur mit einem Strich angedeutet wird, ersteht der Gehorsam des Knechts vor uns. Das erste Bild ist dem Fronleben entnommen und sagt: das Leiden des Knechts war Fron. „Gepeinigt ward er." Das Wort bedeutet „bedrängt" oder „gedrängt", „angetrieben" und gehört zu demselben Wortstamm wie „Dränger" oder Fronvogt (vgl. Jes. 9, 3.4). Das Leben unter der Schuld der Gesamtheit war eine Fron unter dem Stecken des Drängers. Paulus sieht das Leben ohne Christus als Fron, dahinter den Tod als Dränger, in seiner Hand die Sünde als Stachel (1. Kor. 15, 55.56). Hier führt die gewaltige Hand Gottes diesen Stachel, und ihr Stecken ist die Sünde der Menschheit, der Zorn, den sie anrichtet, der auf den Einen trifft, ihn quält und treibt. „Er aber beugte sich, und nicht tat er seinen Mund auf." Der Knecht demütigte sich unter diesen Stecken und nahm in seiner Mißhandlung das Verhängnis der Gesamtheit aus Gottes Hand. Er tat es ohne Sträuben und Widerstreben, ohne Murren, Bitterkeit und Auflehnung.

Das Bild der Fron geht über in das zwiefache Bild des Opferlammes, das zur Schlachtung geführt wird, und der Schafmutter, die ihren Scherern stillehält. Das eine ist Bild der Willigkeit, das andere – Bild der Geduld. „Nicht tat er seinen Mund auf", wiederholt der Text zweimal hintereinander. Nicht erlittenes Unglück, nicht ohnmächtiges Sichfügen, aber auch nicht heldische Tat oder selbsterwähltes Dulden war sein Leid, sondern Willigkeit zu ganzer Bereitschaft, Auslieferung ohne Vorbehalt, Hingabe bis an und über die letzte Grenze. Das ist der Gehorsam des Sklaven und das Stillehalten des Opferlammes. Sein Leiden war zum erstenmal in der Weltgeschichte rundes Ja auf Gottes totalen Anspruch und Gottes heiliges Urteil, völlige Erfüllung des göttlichen Gesetzes, Einswerden mit Gottes Willen. Darin liegt die erlösende Kraft. Das ist das Geheimnis seines Leidens, das ihn von allen Duldern unterscheidet. „Nahm Sklavengestalt an ... und ward gehorsam bis zum Tode", sagt Paulus (Phil. 2, 7.8; vgl. Hebr. 5, 8).

(8) Der nächste Vers läßt uns in die ungeheure Einsamkeit dieses Leidens hineinblicken. Ein schwerer Widerspruch liegt darin, daß dieses Leiden ein Leiden für die Gesamtheit und mit ihr war und doch unbeachtet von der Gesamtheit durch Einsamkeit im Leben in Todeseinsamkeit führte. Nicht nur äußerlich, sondern auch innerlich war es Vereinsamung. Auch in Gedanken und mit dem Herzen folgte keiner seinem Wege („unter seinen Zeitgenossen, wer dachte dem nach?"), bis er auch äußerlich von Anteilnahme und Gemeinschaft abgeschlossen war. „Weggerissen aus dem Lande der Lebendigen" – durch dieses Wort blickt

etwas davon, was Todeseinsamkeit ist. „Abgeschlossen" liegt in dem Ursinn des von uns mit „weggerissen" übersetzten Wortes. Schicksal seines Volkes – und unbeachtet von seinem Volk. Wir können aus unserem menschlichen Sein heraus diese Abgründe von Bitterkeit und Undank gar nicht ermessen.

(9) Doch darüber hinaus blicken wir in eine Vereinsamung, einen Kelch, dessen Bitterkeit über das Grab und die Todesgrenze hinausreicht. Nicht nur im Leben und im Tode rückt sein Volk von ihm ab; nach seinem Tode noch bleibt er ausgeschlossen. Noch sein Gedächtnis wurde geächtet, indem man bei Verbrechern (genauer „bei Gottlosen") ihm sein Grab zudachte, bei solchen, die nicht nur außerhalb der staatlichen und bürgerlichen, sondern auch außerhalb der kirchlichen Gemeinschaft, außerhalb der Heilshoffnung der Gemeinde stehen. Ein größerer Widerspruch läßt sich nicht mehr denken: der Eine, der sich mit der Gesamtheit zusammenschließt und ihr Verhängnis auffängt, – und die Gesamtheit, die über den Tod hinaus von diesem Einen abrückt und ihn ächtet.

An dieser Stelle steht im hebräischen Text ein unerklärliches Wort, das die Auslegung – auch die unsrige – verändert hat, weil es keinen Sinn im Zusammenhang ergibt. „Man gab ihm bei den Gottlosen sein Grab und bei einem Reichen, als er starb." Durch Änderung eines Konsonanten ergibt sich die sinnvolle Lesart: „und bei Übeltätern, als er starb." Doch eigentümlich: Gott hat gewollt, daß dieser sinnlose Text (vielleicht ein Schreibfehler in der Bibel) im Hebräischen stehen geblieben ist, bis der Erlöser kam, der mit Verbrechern den Tod fand und wirklich bei einem Reichen sein Grab bekam (im Begräbnis des Ratsherrn Joseph von Arimathia).

### 3. Jahwes Plan: Stellvertretung bringt seine Weltpolitik ans Ziel

Der Opfertod des Einen ist Rechtfertigung und Eroberung der Vielen

Jes. 53, 10–12:

(10) **Jahwes Plan war es, ihn zu zermalmen durch Krankheit.**
**Wenn er einsetzte als Schuldopfer sein Leben,**
**sollte er Samen sehen, seine Lebenstage lang machen,**
**und Jahwes Plan sollte durch seine Hand ans Ziel kommen.**
(11) **Und nach der Mühsal seiner Seele sollte er (Licht) schauen**
**und sich sättigen an seiner Erkenntnis.**
**Rechtfertigung bringt mein Knecht als Gerechter den Vielen,**
**und ihre Schulden, er lädt sie sich auf.**
(12) **Darum teile ich ihm zu die Vielen,**
**und die Starken soll er zur Beute bekommen**
**dafür, daß er ausgegossen hat in den Tod sein Leben**

**und zu den Abtrünnigen sich zählen ließ,**
**während er doch trug die Sünde der Vielen**
**und für die Abtrünnigen fürbittend eintrat.**

(10–11a) Wie im Gebirge drangvolle Enge ohne Ausgang sich plötzlich als Durchgang ins Freie herausstellt, so tritt aus der Todesöde, in die der Weg des Knechts mündete, die schroffe Linie hehren Gottesplanes heraus. „Jahwes Plan war es, ihn zu zermalmen." Wo Menschenaugen nur Einsamkeit, Sterben, vergebliches Zerschellen an den Widerständen sahen, tut sich unerwartet Weg auf ins große Volk, ins Leben, in den Erfolg. Ja, über den Erfolg kleinen Menschenkampfes hinaus wird der Endsieg der auf weite Sicht angelegten Weltpolitik Gottes sichtbar. Es ist, als öffnete sich die Talschlucht zum Durchblick in ungeahnte Weite.

Angesichts dieser Weite nimmt sich die Enge, durch die das Leben des Knechts hindurch mußte, noch angstvoller aus. Daß sie keinen Durchblick gestattete, war das Wesen dieser Enge. Das war Einsatz im Gehorsam aufs Ungewisse. Doch hinter der Anfechtung eines kleinen Menschenlebens blickt noch größeres Dunkel herein – die Enge, in die der Weg der Vielen mündet, ohne Ausweg eingekeilt zwischen Schuld und Zorn. Die Enge des ganzen Menschengeschlechts war es, die auf den Knecht eindrang und – ohne einen Wechsel auf die Zukunft dafür zu geben – ihm sein Leben abforderte als Schuldopfer, das fallen muß, damit das Schuldige leben darf.

Vom Ziel aus gesehen, erscheint diese Enge in neuem Licht, der Tod des Knechtes als Priesterdienst, seine eigene Person als das Opfertier, die ganze Menschheit als seine Gemeinde. Angesichts der Anklage ihrer Riesenschuld gab er sich selbst zum Schuldopfer, in schrecklicher Einsamkeit seines Priesteramtes waltend. Von der Welt unbeachtet vollzog sich die Weltwende. Sein Leben mußte in die Nacht völliger Sinnlosigkeit hinunter. Erst nachdem der schreckliche Absprung gewagt und der Gehorsam bis ans Ende festgehalten, tat sich dahinter die Talschlucht auf, weitete sich die Enge des Todes, öffnete sich der Blick in das Riesengebirge der Weltpolitik Gottes, und zurückschauend sieht das Auge lauter Plan und Weg.

Kaum faßlich ist das Bild des Knechts, der – dem Dunkel entnommen – einfach „schaut". Der griechische Text und die „Jesajarolle" ergänzen: daß er „Licht" schaut. Er schaut die Pläne Gottes, sättigt sich an Erkennen, schaut von Angesicht zu Angesicht, was er geglaubt hat. Die durchlittenen Leiden aber liegen hinter ihm nicht als Last oder Unglück, sondern wie schwere Arbeit, die seine Seele getan hat, Arbeit, die die Menschheit ihm bereitet hat mit ihren Sünden, Gottesdienst, den er geleistet hat mit seiner Sühne. „Ausschließlich hast du mich dir Knechtsdienst tun lassen mit deinen Sünden" (43, 24).

Die zwei folgenden Strophen entfalten die Fernsicht, die sich von der erstiegenen Höhe aus auftut, erst nach vorwärts in die weltumfassende Wirkung, dann nach rückwärts in die letzten Beweggründe seiner Tat.

(11b–12a) Zwei Worte fassen kurz die Riesenschau über Welträume und Weltzeiten zusammen: Rechtfertigung und Eroberung, beides im Weltausmaß. Darauf läuft die Weltpolitik Gottes hinaus.

Rechtfertigung. – Stehen vor dem heiligen Gott – wer kann das? Die ganze Welt ist Gericht. Die letzte Frage alles Lebens heißt: Wie bestehe ich vor dem Richter? Und die letzte Not jedes Menschen, des Heiden wie des Juden, des Frommen wie des Gottlosen, ist, daß wir mit unserer Sünde nicht stehen können vor dem heiligen Gott. Aber der Einzige, der es kann, der „Knecht als Gerechter", hat mit unserer Sünde für uns dort gestanden. Darum dürfen jetzt viele ohne ihre Sünde dort stehen und sich auf ihn berufen, wenn irgend eine Macht, ein Dämon oder die Stimme des eigenen Gewissens ihnen diesen Platz streitig machen will. Der Platz auf der Seite Gottes wider alle Welt, Macht und Anfechtung ist durch ihn unveräußerliches Recht für die Vielen.

Weil Leben nicht Kranken und Wieder-gesunden, sondern immer wieder Fallen und Empörung ist, immer wieder Zorn anrichtet und unter Anklage fällt, spricht er den Vielen, die sich auf ihn berufen, dies Recht wieder und wieder zu (das liegt in der hier gebrauchten Wortform), ist fort und fort unser Anwalt im Gericht.

Eroberung. – Weil das sein Werk ist, daß er Mensch und Gott zueinander bringt, schenkt Gott ihm „die Starken" „zur Beute" und auf „die Vielen" ein Anrecht, das unverbrüchlicher ist als alle Anrechte, die irgend eine Macht zwischen Himmel und Erde auf den Menschen geltend machen könnte. Darum hat er Macht, allen anderen Mächten zu entreißen, und Recht, gegen alle Mächte zu behaupten. Weil er der Einzige ist, der auf den ursprünglichen Platz vor Gott stellt, den die Sünde uns geraubt hat, ist er beglaubigt und bevollmächtigt zum Welteroberer größten Stils vor allen Welteroberern dieser Erde. Seine Welteroberung beruht auf Rechtfertigung.

(12b) Die letzte Strophe versetzt uns noch einmal in den Kampf, der der Welteroberung vorausging, läßt uns das innere Kommando hören, das den Knecht in den Kampf trieb. Es heißt: Liebe. Angesichts des furchtbaren Ernstes dessen, was uns hier als Liebe begegnet, wird deutlich, wie wir dieses Wort mißbraucht haben. Daß der Knecht zu den Abtrünnigen gezählt wurde, hörten wir erst. Daß er selbst „zu den Abtrünnigen sich zählen ließ", sich mit dem Volk von Empörern und mit ihrer Schuld zusammenschloß, hören wir hier. In noch tieferem Licht erscheint jetzt sein Priestertum. Wir sehen ihn als Weltpriester vor Gott treten, nicht für, sondern anstelle der Welt, um nicht bloß für sie, sondern in ihrem Namen zu bitten. Das ist Fürbitte nicht von oben, sondern von der untersten Stufe her. Zusammengeschlossen mit den Aufrührern, gebeugt unter die Last ihrer Empörung, eingetreten in ihr belastetes Fleisch, gehüllt in ihre entstellte Menschlichkeit, mehr als durch alle Bande des Blutes und des Fleisches durch das Band jener großen, schonungslosen Liebe mit ihnen verbunden, steht er vor Gott für sie als ihr Hoherpriester. Er trägt ihre Empörung vor ihn, als wäre es seine; er schickt seine Gebete empor zu ihm, als wären es ihre; und er gießt sein Leben anstelle ihres Lebens vor Gott aus, wie man einen Kelch bis zur Neige leerschüttet. „Er behält nichts für sich zurück", sagt der Ausdruck. Das ist Liebe. Diese Liebe ist letzte Offenbarung der Weltpolitik Gottes. Diese Liebe bringt die Weltpolitik Gottes ans Ziel. Diese Liebe erobert die Welt. So steht der Knecht als Priester und sein Sterben als Opfer im Mittelpunkt der Weltgeschichte als ihr Ziel und ihre Krone.

In V. 11b und 12b gehen die Bilder aus der gerichtlichen und priesterlichen Vorstellungswelt ineinander über, die Vorstellungen des Anwalts und des Priesters, des Loskäufers und des Sühners. Als Hoherpriester ist der Knecht unser Anwalt, als Stellvertreter unser Loskäufer, als Opfertier unser Loskaufspreis. Stellen, die am Anfang dunkel blieben, werden von hier aus verständlich. Daß Jerusalems Schuld bezahlt (40, 2), Israel losgekauft (44, 22 u. a.), sein Anwalt nahe ist (41, 14 u. a.), hörten wir früher. Jetzt erfahren wir, wie das geschah, womit er loskauft und wodurch er rechtfertigt. Das Priestertum des Knechts, seine Fürbitte, seine Stellvertretung und sein Opfer erscheint als die Erfüllung allen Priestertums des Alten Bundes, aller Fürbitte, aller Stellvertretung und aller Opfer. Priestertum und Opfer Israels hatten nur einen Sinn als Zeugnis, Hindeutung, Wegweisung, Vorausverkündigung dieses einmaligen und abschließenden Opfers, dieser endgültigen Sühnetat.

## B. Die Gemeinde in der Herrlichkeit

Der Umfang des Friedens und der Rechtfertigung

### 1. Das neue Volk

Das wunderbare Wachstum der Gemeinde Gottes

Jes. 54, 1–6:

**(1) Juble, Unfruchtbare, die nicht geboren hat!**
**Brich aus in Jubel und jauchze, die nicht gekreißt hat!**
**Denn viele sind der Söhne der Einsamen**
**vor den Söhnen der Vermählten, spricht Jahwe.**
**(2) Mache weit den Raum deines Zelts**
**und die Decken deiner Wohnstätten spanne! Spare nicht!**
**Mache lang deine Zeltstricke und deine Zeltpflöcke fest!**

**(3) Denn nach rechts und nach links wirst du ausbrechen.**
**Dein Same wird die Völker beerben**
**und wird verödete Städte besiedeln.**
**(4) Fürchte dich nicht, denn du wirst nicht zuschanden!**
**Schäme dich nicht, denn du wirst nicht enttäuscht!**
**Denn die Schande deiner Jugend wirst du vergessen,**
**und der Schmach deiner Witwenschaft wirst du nicht gedenken.**
**(5) Denn dein Hochzeiter ist dein Schöpfer –**
**Jahwe der Heerscharen ist sein Name;**
**und dein Loskäufer ist der Heilige Israels –**
**der Gott der ganzen Erde wird er genannt.**
**(6) Denn wie ein Weib, das verlassen**
**und das betrübten Geistes ist, ruft dich Jahwe;**
**und das Weib der Jugend, sollte es verschmäht werden?**
**spricht dein Gott.**

(1–3) Aus Vereinsamung zum großen Volk. – Man hat in diesem Abschnitt einen Ausdruck der völkischen Hoffnungen des Judentums gefunden. Auf der anderen Seite erklärte man, daß hier die Verheißung des neuen Jerusalem von den volklichen Grundlagen gelöst sei (so kein Geringerer als der Apostel Paulus Gal. 4, 27).

Den Hintergrund bilden Stille und Traurigkeit, die die Behausung der kinderlosen Frau erfüllen, verstärkt durch die Last der Schande, die sich für urwüchsiges Volksempfinden – besonders im Orient – mit Unfruchtbarkeit verbindet. Noch dunkler wird das Bild dadurch, daß die Frau auch noch von ihrem Mann verlassen, daher „einsam", arm (wörtlich „verwüstet") ist. In dieses Dunkel bricht Botschaft, die dreimal hintereinander zu immer neuem Jubel aufruft: „Juble!" „Brich aus in Jubel!" „Jauchze!". Alle Saiten des Instruments sollen mitschwingen.

Der Inhalt der Botschaft ist völlig unverständlich. Die Verarmte, Verstoßene, die nie gebar, nie trug, nie empfing, ja sogar unfruchtbar ist, hat Kinder, hat der Kinder mehr als die Frau, bei der alle Voraussetzungen für Kinderreichtum vorhanden sind. Sie hat der Kinder so viele, daß ihre Wohnung sie nicht faßt. Lebhaft ist geschildert, wie sie ihr Zelt erweitern, die Zeltdecken ausspannen, die Stricke, die die Decken tragen, verlängern, die Zeltpflöcke „fest" (d. h. tiefer) einschlagen muß, damit sie unter der vermehrten Last nicht umgerissen werden. Und das Ergebnis ist, daß die Kinder doch nach allen Seiten „ausbrechen". Der neue Inhalt sprengt die Hülle. Die Kirche des Alten Bundes faßt nicht das neue Volk.

Hier verläßt die Schilderung das Bild und wir sehen, wie das Volk Jerusalems sich über das während der Verbannung von den Nachbarn geraubte oder enteignete Land ausbreitet und verwüstete Städte aufbaut. Man hat gedeutet: Die Einsame ist das von Gott verlassene Jerusalem der Verbannungszeit, die Vermählte das Jerusalem vor dieser, als Gott noch in seinem Tempel wohnte. Das Volk, das in der Verbannung aufwuchs, ist zahlreicher als das alte Israel der Königszeit. Ein Ausleger schließt dann weiter, der Prophet müsse Gelegenheit gehabt haben, an seinem Wohnort außerordentliche Vermehrung der Juden zu beobachten.

Doch unser Wort ist nicht aus Erfahrungen und Beobachtungen der Gegenwart des Propheten entsprungen, sondern aus Offenbarung Gottes geboren. Die genannte Auslegung übersieht auch den Wundercharakter, die märchenhaften Züge in unserem Bilde. Schwerlich ist die Vermählte das Israel der Davidszeit. Schwerlich ist es die Meinung, daß Israel, von Gott verlassen, mehr Kinder gebar als in der Ehe mit Gott. Die „Vermählte" ist vielmehr jede, die einen Mann hat und bei der Voraussetzungen für Kinderreichtum vorhanden sind, d. h. jedes Volk in vitaler Kraft und Freiheit; die Unvermählte ist die, bei der diese Voraussetzungen fehlen, Jerusalem in seiner Erniedrigung.

Das ganze Bild besagt: Das anbrechende Heil wird vor eine völlige Überraschung stellen. Jerusalem wird ein Kinderreichtum zuströmen, der nicht auf natürlichem Wege, sondern durch Wunder gezeugt ist, wider Verarmung, Vereinsamung und Verstoßung, wider alle natürlich-vitalen Voraussetzungen, Ehelosigkeit und Unfruchtbarkeit. Wie der Beginn der Heilsgeschichte, die Existenz des auserwählten Volkes vor dem Exil, auf dem Sara-Wunder ruht, so soll Ende und Erfüllung der Heilsgeschichte, das Dasein des neuen Israel, auf einem zweiten, noch viel größeren Sara-Wunder ruhen. Das erste Sara-Wunder war ein Sohn von der Unfruchtbaren, das zweite ist ein ganzes Volk von der Unfruchtbaren und dazu noch Ehelosen. Der Wundercharakter des neuen Israel, seines Ursprungs und seiner Größe soll ganz stark unterstrichen werden.

Es führt eine Linie von den unfruchtbaren Stammüttern des Samens Abrahams, Sara, Rebekka, Rahel, über die unfruchtbare und ehelose Mutter Jerusalem zur ehelosen Mutter Jesu Maria, der Mutter „des Samens", zur Jungfrau, die schwanger wird (Jes. 7, 14). Im Grunde aber ist die Reihenfolge umgekehrt. Das Wunder selbst ist die Geburt Jesu von der Jungfrau, und Ausstrahlungen dieses Wunders in den Raum der Geschichte, Wellenkreise, die dieses Wunder in die Vergangenheit schlägt, sind die Wunder der Erneuerung Israels aus dem Exil und der Ursprünge des auserwählten Volkes in der Väterzeit.

Wie das Wunder des neuen Volkes zu denken ist, wird nicht gesagt. Nur einige Andeutungen im Text geben Fingerzeige.

1. Dieses Wunder soll die Erfüllung sein der Abraham gewordenen Verheißung vom großen Volk und vom Samen, in dem die Völker Segen finden. Darum greift schon die Anrede: „Juble, Unfruchtbare!" auf Sara zurück (vgl. 51, 2 und 54, 1), und das Wort vom Samen, der die Völker beerben wird, geht auf jene Verheißung zurück, die dem Abraham über der Opferung Isaaks wurde (1. Mose 22, 17. 18).

2. Das Wunder steht im Zusammenhang mit dem Tode des Knechtes. Eine unverkennbare Entsprechung ist zwischen der verstoßenen (wörtlich „verwüsteten") Frau Jerusalem, die Samen bekommt (54, 1), und dem getöteten Knecht, der Samen sehen soll (53, 10). Ferner ist mit den „Vielen" als Bezeichnung für die Kinder der Unfruchtbaren ein Stichwort aus dem vorangegangenen Kapitel aufgenommen, das dort die Schar bezeichnete, die durch den Opfertod des Knechts gewonnen wird. Endlich steht auch die Verheißung vom Samen in der angezogenen Stelle aus der Abrahamsgeschichte in Beziehung zu einem Opfertode und ruht auf einem Wunder. Dieses Wunder war der Widder, der für Isaak einsprang, so daß in Isaak den Eltern ein Same aus dem Tode geschenkt wurde. Der Knecht ist solch ein Widder, der für sein Volk in zwölfter Stunde einspringt. „Schuldopfer" heißt sein Tod, und als Schuldopfer pflegte ein Widder geschlachtet zu werden. Auf Grund seines Schuldopfers werden die „Vielen" dem neuen Jerusalem geschenkt, durch Wunder als ein Same aus dem Tode.

3. Dieses Wunder umfaßt nicht nur Israel dem Blute nach, sondern auch die Heiden. Schon beim Samen des Knechts (53, 10) handelte es sich nicht um leibliche, sondern um geistliche Nachkommenschaft, und die „Vielen", die sein Tod eroberte, entsprachen den „vielen" Völkern, die er besprengen wird, waren also aus den Heiden herzugekommen. Wir erfuhren schon früher (44, 1–4), daß dieses unnatürliche Wachstum des neuen Israel Zeugung durch den Geist ist, die Israel dem Blut nach verwandelt und Nicht-Israel, die Heiden, ins Volk Gottes beruft, neues Gottesvolk schafft, das nicht an völkische Grenzen und Grundlagen gebunden ist. Das ist ein Israel dem Geiste nach, wie Paulus – dem man mit Unrecht hier allegorische Exegese vorwarf – es geschaut hat (Gal. 4, 27). Das ist ein Volk von lauter Gottesjüngern (vgl. 51, 7; 54, 13), lauter echten Gottessklaven oder Leibeigenen (vgl. 44, 1–4), dem das Israel gegenübersteht, das sich dem Blut nach zwar mit Recht, in Wirklichkeit aber mit Unrecht nach der heiligen Stadt benennt (48, 1).

(4–6) Von der Verstoßung zur Hochzeit. – Die zweite Strophe bringt die Gewähr für die Erfüllung der Verheißung der ersten. Weil das neue Israel Glaubensfrage, ein Wunder gegen alle Voraussetzungen der Würdigkeit und der Wirklichkeit ist, weil nicht nur der traurige Zustand der Gegenwart (Witwenschaft), sondern auch die

Untreue der Gemeinde in der Vergangenheit (Schande der Jugend) diesem Wunder entgegenstehen, darum bedarf der Glaube eines „Fürchte dich nicht" (d. h. zweifle nicht)! „Schäme dich nicht!" Die Not und die Schande der Gegenwart und Vergangenheit müssen verstummen und versinken, wenn Gott, der die Enden der Erde besitzt und zugleich unnahbar heilig ist, sein Volk aus der Schuldhaft loskauft (5 b), wenn Gott, der Schöpfer und Befehlshaber der Himmelsheere, der sie allabendlich aus dem Tode zum Leben herausführt, kommt, um mit der Gemeinde Hochzeit zu machen, sich ihr zu verbinden (5 a), wenn Gott selbst durch sein Wort die Verlassene zur Gemeinschaft ruft. Die Bilder werden immer kühner und immer inniger: der Bräutigam, der zur Hochzeit kommt, der Anwalt, der den Loskauf zahlt, der Ehemann, der sein verstoßenes Weib zurückruft, die Kraft der Jugendliebe, die nicht vergessen werden kann. Ist schon unter Menschen Jugendliebe stark, – Gott kann Neigung, die er einmal faßte, Gemeinschaft, die er einmal gewährte, nicht vergessen.

Die Bilder der Braut, der in Schuldhaft Gefangenen, der Verstoßenen, der Jugendliebe sagen – jedes von einer anderen Seite – dasselbe: daß das Volk Gottes ohne Gott nichts ist, nichts zu hoffen hat, aber mit Gott alles hat und alles hoffen darf, daß Gott jetzt über alles, was gewesen ist, hinwegsehen und mit der Fülle des Heils in seinem Volk anwesend werden will. Damit ist die Gewähr für die unglaublichsten Verheißungen gegeben. Besonders herrlich zeigt das letzte Bild den Einbruch des Heils als ein Wiedererkennen, ein Heimkommen, als einen Trostruf in tiefste Traurigkeit hinein, die das ganze Wesen erfüllt. („Betrübten Geistes" bedeutet „von Geist", d. h. von Herzen betrübt.)

## 2. Der neue Bund

Der ewige Friedenszustand zwischen Gott und seiner Gemeinde Jes. 54, 7–10:

(7) **Auf einen kleinen Augenblick verließ ich dich,**
**doch mit großem Erbarmen sammle ich dich.**
(8) **Im Überwallen des Zornes verbarg ich**
**mein Angesicht auf einen Augenblick vor dir,**
**doch mit ewiger Huld erbarme ich mich dein,**
**spricht dein Loskäufer Jahwe.**

(9) **Wie die Wasser Noahs gilt mir dies.**
**Wie ich schwur, daß nicht mehr kommen sollen**
**die Wasser Noahs ferner über die Erde,**
**so schwör ich, nicht mehr über dich zu zürnen**
**und dich nicht mehr zu bedräuen.**

**(10) Denn die Berge mögen weichen,**
**und die Hügel mögen wanken,**
**aber meine Huld soll von dir nicht weichen,**
**und der Bund meines Friedens nicht wanken,**
**spricht dein Erbarmer Jahwe.**

Der vorige Abschnitt mündete in die Worte „Kinderreichtum" und „Hochzeit", Volksgemeinschaft und Gottesgemeinschaft. Dieser Abschnitt leuchtet in die Dauer der neuen Gemeinschaft mit Gott und vergleicht sie mit der Dauer der Verlassenheit, die nun dahinten liegt. Es sind drei Strophen, von denen die erste in den Stichworten „Zorn" auf der einen, „Huld" und „Erbarmen" auf der andern Seite das Thema angibt. Die zweite Strophe führt das Thema „Zorn", die dritte das Thema „Huld" und „Erbarmen" näher aus. So steht dieser ganze Abschnitt wie zwischen zwei Zeiten, zwischen Tag und Nacht, an der Wende vom Zorn zum Erbarmen, aber mit dem Rücken zum Zorn, mit dem Blick ins Erbarmen gewandt.

(7–8) Zorneszeit und Gnadenzeit. – Der erste Abschnitt nimmt seinen Standort mitten in der Wende vom Zorn zum Erbarmen. Darum liegt darüber Überraschung und Erschütterung des Morgengrauens unter dem Einbruch des Lichts. Jahrzehnte der Knechtschaft und Verbannung, Jahrhunderte der Versündigung und Schuld, Jahrtausende der Gottesferne, die ganze Geschichte dieses Volkes von seiner Wiege im Knechtshause Ägyptens bis zu seinem Grabe in der babylonischen Gefangenschaft (ein Ausdruck für die Not der ganzen Menschheit) schrumpft vor der hereinbrechenden Zeit des Heils zu einem kurzen „Augenblick" zusammen, wie die lange, bange Nacht unter dem Einbruch des Lichts zergeht. Der unaufhörliche Wolkenbruch des Gerichts wird zum augenblickhaften „Überwallen des Zornes" über seine Ufer. Die endlose Gottesferne unter verschlossenem Himmel wird gleich dem kurzen Verschwinden der Sonne hinter einem Wölkchen, das vergessen ist, sobald die Sonne ihr strahlendes Antlitz wieder in ungetrübtem Glanze herwendet. So umfängt und „sammelt" sein Erbarmen die Einsamen, so neigt sich seine Huld in rückhaltloser Zuwendung den Fernen zu. Er steht vor seinem Volk als Loskäufer, und nichts steht zwischen ihnen. Die Not ist kurz, das Heil ewig.

(9) Die Zorneszeit. – Aus dem hereinbrechenden Raum des Lichts wendet dies Wort noch einmal den Blick in die Zeit des Zornes zurück, nicht um in der Erinnerung darin zu ruhen, sondern um seines Verschwindens gewiß und froh zu werden. Von hier erscheinen Gericht und Zorn der vergangenen Zeit, die ins Exil mündeten, wie die Wasser der Sintflut, aber wie die abziehenden. Über dem Augenblick ihres Verrinnens aber liegt der Entscheidungsernst einer Zeitwende.

Gewaltiger, umwälzender, abschließender ist diese Wende als die Wende nach dem Flutgericht. Damals lagerte sich die eherne Mauer göttlicher Geduld zwischen Menschheit und Flut, um für die Dauer dieser Weltzeit wie ein Damm die Wasser des Zornes zurückzuhalten. Jetzt ist der Zorn nicht aufgeschoben, sondern aufgehoben. Ja, nicht nur Zorn, sondern auch „Dräuen", nicht nur Gericht, sondern auch der bloße Schatten über der Gemeinschaft, die leise Trübung im Verhältnis zu Gott ist für immer gebannt. Die Flut lagert nicht mehr irgendwo hinter dem Damm der Geduld, der plötzlich einbrechen oder niedergerissen werden kann. Sie ist durch einen feierlichen Schwur Gottes, der nicht gebrochen, nie rückgängig gemacht werden kann, für immer gebannt.

Über dem Opfer Noahs gab Gott die Zusage seiner Geduld, solange die Erde steht. Hinter dem Schwur, der seinen Zorn auf immer bannt, steht ungenannt auch ein Opfer, das Opfer des Knechts. Aus der neuen Gottesgemeinschaft in die Vergangenheit zurück- und in die Zukunft vorausblickend, sucht das Auge vergeblich nach Zorn. Er ist abgetan, kann nie wieder drohen. Alle Anfechtungen und Ängste, die ihn zurückbeschwören wollen, sind Spuk, der wie Glas zerschellt an den granitenen Kanten des Schwures Gottes, an dessen Eindeutigkeit nichts gedeutelt, nichts abgebrochen werden kann, der in unwandelbarer Majestät den neuen Weltlauf trägt.

(10) Die Gnadenzeit. – Der Vers wendet aufs neue den Blick aus der Vergangenheit in die Zukunft, in die Unendlichkeit der Gemeinschaft mit Gott. Diese Welt wird vergehen. Das Festeste und Dauerhafteste – die nach Jahrtausenden zählenden Ketten der Berge und die Massen des Felsgesteins, die so alt sind wie die Schöpfung Gottes – werden eher weichen und wanken, als daß Gottes Huld wankt, sich wandelt oder abwendet. Die neue Gemeinschaft mit Gott ist fester als das Festeste von dieser Welt. Sie überdauert dieses Leben und diese Welt, denn sie ist selbst nicht mehr von dieser Welt. In ihr ist der Anfang einer Welt gesetzt, die diese Welt ablösen wird, Ewigkeit, die an die Stelle der Zeit rückt.

Diese Gemeinschaft ruht auf einem Bunde, den Gott selbst stiftet, ähnlich den Bünden mit Noah, Abraham und Mose. Inhalt dieses Bundes ist der völlige „Friede". Das Wort des Urtextes umfaßt die ganze Fülle alles Heils, der Gaben der andern Welt. Die Geduld des Noah-, die Hoffnung des Abraham- und die Forderung des Mosebundes münden in die Erfüllung dieses letzten Bundes, im Raum des völligen Friedens zwischen Mensch und Gott. Daß der Knecht selbst der Inhalt dieses Bundes ist, hörten wir im 42. und 49. Kapitel. Daß über seinem Sterben der Friede sich für uns auftat, „Züchtigung uns zum Frieden" auf ihm lag, hörten wir im vorigen Kapitel (53, 5). Jetzt verstehen wir, warum dieser Bund „der Bund meines Friedens" heißt.

So ragt denn fest und trotzig in die Ewigkeiten der Ewigkeiten die Burg dieses Friedens, nicht schrecklich und dräuend, nicht fern und verschlossen, sondern als sicherer Wall um uns her, und darin steht Gott vor seinem Volk als sein „Erbarmer".

### 3. Das neue Jerusalem

Reichtum und Geborgenheit der Gemeinde in ihrem Gott

Jes. 54, 11 – 17:

(11) **Elende, Umstürmte, Ungetröstete,**
**siehe, ich lagere deine Steine in Malachit**
**und lege deinen Grund in Saphiren,**
(12) **und mache Rubinen zu deinen Zinnen,**
**und deine Tore zu Karfunkelsteinen,**
**und all' deine Umgrenzung zu Edelsteinen.**
(13) **Und all' deine Söhne sind Jünger Jahwes,**
**und groß ist der Friede deiner Söhne.**
(14) **In Gerechtigkeit (Rechtfertigung) sollst du dich gründen.**
**Sei fern von Drangsal, denn du sollst dich nicht fürchten,**
**und fern von Schrecken, denn er darf dir nicht nahen!**
(15) **Siehe, rottet man sich zu Rotten, so kommt's nicht von mir.**
**Wer auch sich rottet wider dich, an dir kommt er zu Fall.**
(16) **Siehe, ich bin's, der geschaffen hat den Schmied,**
**der anbläst die Glut der Kohlen**
**und zu Tage fördert die Waffe nach seinem Gewerbe.**
**Und ich bin's, der geschaffen hat den Verderber zum Vernichten.**
(17) **Alle Waffe, geformt wider dich, hat nicht Gelingen.**
**Alle Zunge, die sich erhebt wider dich zum Rechtsstreit, verdammst du.**
**Das ist das Erbteil der Knechte Jahwes**
**und ihre Gerechtigkeit (Rechtfertigung) von mir, ist der Spruch Jahwes.**

Der Abschnitt entfaltet die überirdische Herrlichkeit und unverletzliche Geborgenheit des neuen Jerusalem in zwei Strophen, die merkwürdig ebenmäßig aufgebaut und darin ein Seitenstück zu dem ersten Abschnitt von dem Kinderreichtum und dem Ehebunde Jerusalems sind. Die erste Strophe voll herrlicher Verheißung redet dort die Unfruchtbare, hier die Elende an. Die zweite setzt mit einem „Fürchte dich nicht!" dort, mit einem „Du sollst dich nicht fürchten" hier ein. Beide Strophen führen hier mit einem „Siehe" von der Anrede zur Beweisführung über. Dazu kommen eine Reihe kleinerer Ebenmäßigkeiten und Regelmäßigkeiten im Aufbau, die aufzuzählen zu weit führen würde.

(11–14a) Die Anrede zeigt noch einmal die gegenwärtige Not Jerusalems als dunklen Hintergrund der einbrechenden Herrlichkeit. Drei Worte geben die besondere Not der Gemeinde Gottes an. „Elende" erinnert an ihre Armut und gedrückte Stellung, „Umstürmte" an Feindschaft und Verfolgung, die in immer neuen Kriegeswettern über sie hingegangen sind. „Ungetröstete" rührt an die innere Not, die daraus erwuchs, daß Gott in dieser Weltzeit sich zurückgezogen und geschwiegen hat.

Märchenhaft erstrahlt auf diesem dunklen Hintergrunde die Pracht des neuen Jerusalem. Auf den ersten Blick scheint es, als funkle uns ein Märchenbild aus hundert blitzenden Edelsteinen fremdartig und unverständlich in orientalischer Farbenpracht entgegen. Doch das Bild ist Ausdruck einer Botschaft. Die bunten Steine sind für jene Zeit Sinnbild des Paradieses (vgl. Hes. 28, 13–15). Sie bedeuten hier einen Zug paradiesischer Herrlichkeit. Noch tiefer werden wir in die Botschaft unseres Bildes hineingeführt, wenn wir die einzelnen Steine betrachten. Die ersten beiden Steinarten, Malachit und Saphir, auf denen Mauern und Fundament ruhen, sind grünlich und tiefblau durchscheinend. Die zwei anderen, die Zinnen und Tore der Stadt schmücken, Rubin und Karfunkel, sind der erste hell-, der andere tiefrot. Die Edelsteine, die den Umriß der Umwallung zeichnen, sind wohl als blitzende Steine ohne bestimmte Farben gedacht.

Setzen wir aus den einzelnen Bausteinen das ganze Bild zusammen, so ersteht vor unserem staunenden Auge eine Burg, deren Fundament in grün und tiefblau, den Farben des Himmels, ruht. Die Burg selbst aber ist durchscheinend von Licht. Aus ihren Toren bricht es rot wie Karfunkel. Um ihre wie Sonnenstrahlen gezackten Zinnen leuchtet und glüht es hellrot wie Rubin. Die ganze Umwallung, das Burggebiet ist von einem blitzenden Lichtkranz wie aus tausend Edelsteinen umgeben, ähnlich wie eine Wolkenburg, die sich aus tiefem Himmelsblau lichtumrändert gegen den Zenit emportürmt. Ihre Gipfel glühen rot, und durch die Wolkenwände bricht von Zeit zu Zeit das Licht wie durch feurige Tore. Zwei Züge treten alles beherrschend aus diesem flammenden Bilde hervor. 1. Das neue Jerusalem ist eine Himmelserscheinung, wie die Gestalt einer andern Welt. Das Himmelsgewölbe, die große tiefblaue Feste, die den Thron Gottes trägt (Jes. 66, 1; 2. Mose 24, 10; Hes. 1, 26), ist der unerschütterliche Grund, auf dem die Grundmauern dieser Stadt ruhen. Sie ist die Stadt Gottes. 2. Diese Stadt ist durchscheinend von Feuerglanz, erfüllt von dem Licht, in dem Gott selbst wohnt. Von dem Licht, das um ihre Zinnen leuchtet und aus ihrem Inneren hervorglüht, ist ihre Gestalt verklärt, in Paradiesesfarben, Klarheit und Herrlichkeit der oberen Welt getaucht. Und wie Waberlohe oder Heiligenschein umlodert unnahbarer Glanz ihre ganze Umwallung und ihr Stadtgebiet.

Wie ihre äußere Erscheinung durchscheinend von Licht, so ist das Volk, das sie bewohnt, durchscheinend von der Nähe Gottes. Das einzigartige Jüngerverhältnis wie zwischen dem Knecht und seinem Gott (50, 4 ff.) beherrscht das ganze Volk dieser Stadt. Es sind lauter für Gott Geöffnete, Hörende, unter dem Zuspruch und der Führung Gottes Lebende, lauter Jünger oder Schüler Jahwes. Das Lebenselement, in dem sie atmen wie Fische im Wasser, ist „Friede", „großer", d. h. gewaltiger, alles durchdringender, fester, unerschütterlicher Friede. Und der Grund, auf dem ihre Jüngergemeinschaft mit Gott ruht, heißt „Gerechtigkeit" oder „Rechtfertigung", „Heil", Gotteshilfe im Weltgericht.

Drei Worte, die unlöslich mit der Erscheinung des Knechts verbunden sind, umreißen das Leben dieses Volkes: Jüngerstellung zu Gott, das Lebenselement des Knechts (50, 4 ff.), Friede (Heil), jener Strom, der aus dem Sterben des Knechts in unser Leben flutet (53, 5), Rechtfertigung, die Frucht der Arbeit, die der erhöhte Knecht als der einzige Gerechte droben im Himmel unaufhörlich tut, die Hilfe, die er im Weltgericht den Vielen täglich zuteilt (53, 11). So steht auch hier wieder der Knecht und sein Werk ungenannt hinter dem Bilde.

(14 b – 17 b) Je größer der Reichtum eines Landes, desto heftiger Neid und Anfechtung, die ihn rauben wollen. Das ist ein Gesetz, das in übertragenem Sinn auch von unserem Leben mit Gott gilt. Je größer der Friede, desto heftiger der Kampf der Widermacht, ihn zu erschüttern oder zu rauben. Aus diesem Gesetz wird das Folgende verständlich. Mit einem zweifachen „Sei ferne" legt Gott einen unübersteigbaren Wall zwischen das neue Jerusalem und alle Drangsal und Angst. Wunderbar kommt im Verhältnis zur Anfechtung der Unterschied zwischen dem Leben in Hoffnung und in Erfüllung, dem Leben im Glauben und im Schauen zum Ausdruck. „Fürchte dich nicht... du wirst nicht zuschanden"! hieß es zum Glauben, der auf das Kleinod wartet (54, 4). „Sei ferne von Drangsal, denn du wirst dich nicht fürchten"! heißt es zur erlösten Gemeinde, die das Kleinod festhält, daß niemand es ihr raube.

Ein zweifaches „Siehe" begründet die Unverletzlichkeit des neuen Jerusalem. Das erste „Siehe" sagt: Alles, was künftig gegen die Gemeinde sich zusammenballt oder unternommen wird, wird ohne Gott und gegen ihn unternommen und kommt an der Gemeinde Gottes zu Fall, weil Gott mit ihr ist. „Rottet man sich zu Rotten, so kommt's nicht von mir." „Wer auch sich rottet wider dich, an dir kommt er zu Fall." In dem „Rottet man sich zu Rotten" hören wir den letzten großen Haß und die letzte Empörung der Welt gegen Gott und sein Volk wie dunkles Gewittergewölk herangrollen. Auch sie werden machtlos sein.

Das zweite „Siehe" begründet, inwiefern Gott imstande ist, ein solcher Wall um sein Volk zu sein. Mit einem zweimaligen „Ich bin's, der geschaffen hat" tritt er uns erst als Erschaffer aller Waffe und

Kriegsindustrie entgegen. Ein eigentümlich anstößiger Gedanke: Gott hinter dem Arm des Waffenschmiedes! Aber noch ärgerlicher begegnet er uns als letzter Urheber auch aller Mächte der Zerstörung, die sich der Kriegsindustrie bedienen. Gottes Werk ist auch „der Verderber" und die Vernichtung, das Streben zum Imperialismus, zum Niederreißen der Volksgrenzen, das immer wieder – in gewaltigen Kriegergestalten verkörpert – das politische Gleichgewicht des Orients zertrümmerte, Menschen und Völker unter Weltreichen begrub. Die finstere selbstherrliche Macht in der Weltgeschichte ist auch Gottes Werk. Darum liegt es aber auch in Gottes Hand, über Waffen und Mächte zu gebieten, wenn sie sich gegen die Stadt Gottes erheben.

Mit dem letzten Satz zerteilt sich das Bild der sichtbaren Welt gleich Kulissen, die auseinandertreten. Wir stehen wieder im Raum des Weltgerichts und hören die Stimme des Verklägers, der das Volk Gottes verklagt. Wer es ist, wird nicht gesagt. „Alle Zunge, die sich erhebt wider dich zum Rechtsstreit", heißt es. Das Bild des neuen Jerusalem sah wie entrückt aus himmlischer Herrlichkeit herüber. Dann erinnerten uns die Waffen des Verderbers daran, daß wir uns mit dem Volk der Erlösten noch auf dem Boden dieser Erde befinden. Jetzt sehen wir die Stadt Gottes im Weltgericht in derselben Front wie den Knecht vor seiner Erhöhung. Doch es ist ein anderer Kampf. „Wer ist's, der mich will verdammen?" hieß es dort (50, 9). „Alle Zunge . . . verdammst du", heißt es hier. Nicht nur alle Waffe, die sich gegen das Volk Gottes erhebt, kommt an ihm zu Fall, sondern auch alle Zunge, die wider die Gemeinde lästert, holt sich an ihr das Urteil im Weltgericht. Es ist eigentlich nicht mehr Kampf, sondern nur noch Sieg. Gott selbst ist Schutz, Schild und Mauer des neuen Jerusalem. Darum muß „die Stadt Gottes fein lustig bleiben", ist unverletzlich und uneinnehmbar (Psalm 46, 5).

(17 c – d) Die letzten Verse fassen das Ergebnis des ganzen Kapitels zusammen. Die große Volksgemeinschaft, der ewige Friedensbund, die himmlische Herrlichkeit der Gottesnähe, dieses ganze ungeteilte Heil ist „Erbteil" der Knechte Gottes, das niemand ihnen absprechen kann, weil es ihnen durch Erbrecht von Gott zugeteilt ist. Und den Namen, den sein Knecht trug, tragen jetzt alle Kinder des Volkes Gottes. Sie heißen „Knechte Jahwes". Dieses Erbteil (vgl. das „Erbteil der Heiligen im Licht" bei Paulus Kol. 1, 12 b) ist aber nicht Recht, sondern Geschenk, das ohne Würdigkeit durch den Knecht von Gott den „Vielen" im Weltgericht zugeteilt wird. „Das ist... ihre Gerechtigkeit von mir."

Spielt sich die Herrlichkeit, die der Prophet hier schaut, im Himmel oder auf Erden ab? Merkwürdigerweise im Himmel und doch auf Erden. – Hat der Prophet sie am Ende der Tage oder beim Abschluß der Verbannung erwartet? Am Ende der Tage und beim Abschluß der Verbannung. Er hat mit dem Abschluß des Exils das Ende der Tage, mit der wunderbaren Erneuerung und Heimführung den Einbruch der letzten Herrlichkeit erwartet. Wie wir es immer wieder bei den Propheten sehen, verschwimmen auch bei seiner Zukunftsschau die Perspektiven. Aber es ist nicht nur das. Die Errettung des Judenvolkes durch Wunder, die Schau auf den Erlöser und die erstmalige Verkündigung des Evangeliums durch den Propheten waren wirklich schon erstes Hereinscheinen der letzten Herrlichkeit durch die brüchig gewordene Zeit. In der verborgenen Gottesherrschaft sind wir hier auf Erden schon im Himmel, und mit dem Sichtbarwerden der Gottesherrschaft soll der Himmel auf die Erde kommen.

## C. Drei Einladungsworte

Der Empfang des Heils

### 1. Das gegenwärtige Heil will umsonst genommen sein

Der ewige Bund

Jes. 55, 1–5:

(1) **Auf, alle Durstigen, kommet zum Wasser!**
**Und wer kein Geld hat, komme!**
**Kaufet und esset ohne Geld**
**und ohne Kaufpreis Wein und Milch!**
(2) **Warum wägt ihr Geld dar für „Nichtbrot"**
**und eure Arbeitsmühe für das, was nicht sättigt?**
**Höret, höret auf mich und esset Gutes,**
**und es erquicke sich am Fett eure Seele!**
(3) **Neiget euer Ohr und kommet zu mir!**
**Höret, so wird eure Seele leben!**
**Und ich gewähr' euch einen ewigen Bund,**
**die Gnaden Davids, die beständigen.**
(4) **Siehe, zum Zeugen für Völker hab' ich ihn gesetzt,**
**zum Fürsten und Gebieter von Völkern.**
(5) **Siehe, Volk, das du nicht kennst, wirst du rufen,**
**und Volk, das dich nicht kannte, wird zu dir laufen**
**um Jahwes, deines Gottes, willen**
**und des Heiligen Israels, weil er dich herrlich macht.**

Das 53. Kapitel zeigte uns den Entscheidungskampf um das Heil, das 54. das neue Jerusalem in diesem Heil. Im 55. Kapitel reißt Gott die Tore des Heils weit auf für die ganze Welt. In immer neuen Worten der Aufforderung: „Kommet!" „Kommet!" „Kaufet!" „Esset!" „Höret!" „Höret!" ruft und bittet Gott herein wie zu einem großen Mahl, das bereit ist. In immer neuen Ausdrücken für Speise – „Wasser", „Wein", „Milch", „Fett" – breitet Gott das Heil vor uns aus als unser Brot. Die einzelnen Worte in ihrer Mannigfaltigkeit und Fülle greifen nach der Fülle und Mannigfaltigkeit menschlichen Mangels und Bedürfens. Wasser ist im heißen Süden das alltäglichste und unentbehrlichste Nahrungsmittel, das für Geld gekauft, oft von weitem her geholt wurde, und das nur Könige und Mächtige zum Erweis ihrer Huld bei großen Gelegenheiten umsonst unter das Volk verteilten. Milch und besonders Wein sind die Speisen des Festes, besonders der Hochzeit, Sinnbilder für die Freude der Heilszeit und des messianischen Königs, von dem es heißt, daß seine Augen funkeln werden von Wein und die Zähne blitzen von Milch (1. Mose 49, 12). Fett ist dem Orientalen Inbegriff der Kraft, der Gottesspeise, der wertvollste Bestandteil des Opfers. Die Bibel hat starke Bilder für die lebenerhöhende Freude, die der König der Heilszeit bringt.

Zusammenfassend sind es, in unsere Sprache übersetzt, täglich Brot (Wasser), Himmelsfreude (Wein und Milch) und Gotteskraft (Fett). Die Fülle dessen, was das Leben ausmacht und zum Leben nötig ist, breitet Gott vor uns aus. Doch das Überraschendste und Überwältigendste ist: die notwendigsten ebenso wie die kostbarsten dieser Gaben bietet er „umsonst" an, „ohne Geld und ohne Kaufpreis". Er bietet sie nicht den Reichen, die sich auf Festesfreude verstehen, nicht den Priestern, die ohnehin an den Opferspeisen teilhaben, sondern den Armen, „Durstigen", Unbemittelten. Er wirft gleichsam das Heil auf die Straße, wie ein orientalischer König bei seiner Thronbesteigung mit vollen Händen Gold unter die Massen verteilt. Der Unterschied ist nur, daß es dort eine herablassende Geste von oben her ist und ein flüchtiger Freudenspritzer für das Volk. Hier aber ruft ein König die Straße zu sich: „Kommet zu m i r!" und lädt sie zum Mahl in ewiger Festesfreude und Gemeinschaft mit ihm ein.

Das Verlangen Gottes, das heiß und stark durch die achtfach gehäuften Bitten der Einladung spricht, ist wie vom Hintergrunde her durchzittert von Schmerz über die tiefe Sinnlosigkeit und Vergeblichkeit alles menschlichen Suchens und Ringens um Erneuerung und Erlösung, von Schmerz um die Zwecklosigkeit der Werke menschlicher Frömmigkeit. Nicht nur Mammonsdienst, Sinnlichkeit und diesseitiges Wesen meint sein Wort unter der Mühe um „Nichtbrot" und um das, was nicht sättigt, sondern alles menschliche Ringen auf Bahnen, die Menschen wiesen, um Ziele, die Menschen aufstellten. Über die großen Gottesvorstellungen der babylonischen Religion und ihre eindrucksvolle, aber mühselige Verehrung, ebenso wie über Israels ehrliches, aber mühsames Ringen um die Erfüllung des Gesetzes schreibt Gott „Nichtbrot",

„Nichtsättigung" (wie es im Urtext heißt), und darunter setzt er die schmerz- und grimmerfüllte Frage: „Warum?"

Dawider hält er die Gabenfülle auf seinem gedeckten Tisch und den freien Eintritt dazu, der jedem offen ist im Hören: „Höret, höret!" „Neiget euer Ohr!" „Höret!" Der Weg zu Gott führt nicht über steile Berge, die der Mensch erklettern muß, sondern durch ein schlichtes Sichaufschließen für den, der in seinem Wort mit seiner Fülle zu uns herniederkommt. Solches Hören ist nicht Vorgang im Gehirn, Arbeit des Verstandes, Lernen nach Vorbildern, sondern „Essen", Aneignung „des Guten", das vorher (52, 7) als Inhalt der frohen Botschaft (d. h. des Evangeliums) bezeichnet wurde. Es ist „Erquickung" des ganzen Menschen (der „Seele") mit Kraft („Fett"), mehr noch: Leben, Leben im eigentlichen Sinne. „Höret, so wird eure Seele leben." Solches alles liegt im „Hören". Weil dies gleichbedeutend ist mit „zu ihm kommen", „mit ihm Tischgemeinschaft haben", darum heißt es in der dem Hebräischen eigenen Weise, dasselbe in verschiedenen Ausdrücken zu wiederholen: „Neiget euer Ohr und kommet zu mir!"

Solche Gemeinschaft soll nicht ein vorübergehender Festtag sein, vergleichbar dem Sinnenrausch der orientalischen Götzenanbeter auf ihren großen Volksfesten, dem der Sturz in die Ernüchterung folgte, nicht Stimmung, Gefühl und Begeisterung, sondern ein nüchternes, verbrieftes Gemeinschaftsverhältnis, ähnlich unserer vor Zeugen geschlossenen Ehe. Es ist dauernde Gemeinschaft zwischen Gott und uns, die nicht auf unserer Bindung an ihn, unserer Treue und Würdigkeit beruht, sondern auf seiner Bindung an uns, darauf, daß er uns die Tür in den Raum seiner Offenbarung, zu neuem Gottesverhältnis und neuer Gotteserkenntnis aufgeschlossen hat. Ein „ewiger Bund" soll es sein, der aller Bundesschlüsse Erfüllung ist und nicht mehr gebrochen werden, aus dessen Raum, Heimatboden und Gabenfülle die Gemeinde Gottes nicht mehr ausbrechen oder herausgerissen werden kann. Inhalt dieses Bundes sollen „die beständigen Gnaden Davids" sein, d. h. der Bund soll die Erfüllung dessen, was Gott seinem Volk in David verheißen hat, bringen, das ewige Reich unter ewiger Zuwendung Gottes. So hatte Gott es durch Nathan dem ersten David (2. Sam. 7, 10. 16), durch Jesaja in der Person des zweiten David seinem Volk verheißen (Jes. 9, 6. 7; 11, 1 ff.; 7, 14–16). Das, was unter dem irdischen David und seinen Nachfolgern im Raum der Geschichte keine Erfüllung gefunden hatte, das Licht ohne Wandel, Gnade und Herrschaft in Beständigkeit, soll nun der Gemeinde Gottes geschenkt werden.

Doch zur Überraschung für jüdische Vorstellung von Gottesgemeinschaft und dem David, der sie seinem Volk vermittelt, stellt er diesen nicht in erster Linie als Herrscher hin, sondern als „Zeugen", nicht in erster Linie für Israel, sondern „für Völker". Wir hörten schon, daß die Gemeinde Gottes seine Zeugenschar im Weltgericht ist und ihren Zeugenberuf mit dem niedrigen Knecht teilt (43, 10 a). Wir sahen: Zeuge sein heißt nicht, die Aufmerksamkeit auf sich lenken, selber groß und herrlich sein, sondern von der Herrlichkeit eines andern aussagen. Daß er den Völkern auf diese Weise von der Herrlichkeit Gottes Rede und Antwort steht, soll der Beruf des neuen David sein. Dadurch soll er „Fürst und Gebieter von Völkern" werden. Sein Fürstentum soll nicht von dieser Welt, sondern von der Anwesenheit Gottes in dieser Welt sein Bestehen haben.

Und noch mehr: wenn die Armen herein- und herandürfen zur Fülle der Gaben, so geschieht es nicht, damit sie darin schwelgen; sondern indem sie die Gnaden Davids empfangen und den Völkerzeugen David unter sich haben, wird die Gemeinde Gottes Völkermissionar. Indem sie die Einladung Gottes hören, der zum messianischen Freudenmahl ruft, werden ihre Glieder Rufer, die die Völker einladen, werden sie selbst wie ein Freudenmahl, zu dem die Völker laufen, weil sie darin die Anwesenheit Gottes, die Tischgemeinschaft mit ihm finden. „Volk, das dich nicht kannte, wird zu dir laufen um Jahwes, deines Gottes, willen." Die Gemeinde wird durch Gott herrlich gemacht, damit die Völker durch sie zur Herrlichkeit Gottes finden.

## 2. Das gegenwärtige Heil verlangt Umkehr

### Das ewige Wort Gottes

**Jes. 55, 6–11:**

**(6) Suchet Jahwe, während er sich finden läßt!**
**Rufet ihn, während er nahe ist!**
**(7) Es verlasse der Gottlose seinen Weg**
**und der Mann des Unheils seine Gedanken,**
**und bekehre sich zu Jahwe, daß er sich seiner erbarme,**
**und zu unserm Gott, denn er vergibt reichlich!**
**(8) Denn nicht sind meine Gedanken eure Gedanken**
**und nicht eure Wege meine Wege, ist der Spruch Jahwes.**
**(9) Gleichwie höher sind die Himmel als die Erde,**
**so sind höher meine Wege denn eure Wege,**
**meine Gedanken denn eure Gedanken.**
**(10) Denn gleichwie herabkommt der Regen**
**und der Schnee vom Himmel her**
**und dorthin nicht wieder zurückkehrt,**
**er habe denn getränkt die Erde,**
**und sie gebären gemacht und sprossen gemacht,**
**und Samen gegeben dem Sämann und Brot dem Esser, –**

(11) **so ist mein Wort, das ausgeht aus meinem Munde:**
**nicht kehrt es zu mir leer zurück,**
**es habe denn ausgeführt meinen Plan**
**und vollbracht, wozu ich es sandte.**

(6–7) An einem Ort, wo kein Wasser ist, Wasser zu suchen, ist sinnlos. Wenn man doch nicht finden kann, ruht keine Verantwortung darauf, ob man sich aufmacht zu suchen oder nicht. Wenn aber Wasser da ist, bekommt das Suchen nicht nur einen Sinn, sondern es legt sich auch eine ungeheure Verantwortung darauf, ob man hingeht, es zu suchen, oder es unterläßt, und darauf, daß man es dort sucht, wo es zu haben ist, und nicht dort, wo man es sich wünscht. So legt die Botschaft: „Das Heil ist da, alle dürfen es umsonst nehmen" uns eine gewaltige Verantwortung auf. Seit der Zeit, da zum erstenmal das Sterben des Knechts uns zum Heil geschaut, die frohe Botschaft durch den Zweiten Jesaja verkündigt wurde, ist Gott nahe und läßt sich finden. Seit der Zeit ist der Weltzustand der Verborgenheit Gottes für die Völker durchbrochen, es hat Sinn, zu rufen und zu beten, und es ruht Verantwortung wie auf der Entscheidung zwischen Tod und Leben darauf, ob wir ihn suchen oder nicht, rufen oder nicht; darauf, daß wir ihn dort suchen, wo er zu finden ist – in seinem Wort, innerhalb seiner Gemeinde, in seinem Knecht, in der frohen Botschaft, in der er uns begegnet – und nicht dort, wo er nicht zu finden ist – in Gottesideen, die Menschen sich erdachten, Pseudokirchen, die Menschen gründeten, Gefühlen, Stimmungen, Opfern, Entsagungen, sittlichen Leistungen und was dergleichen mehr Menschenwerkes ist. „Suchet Jahwe, während er sich finden läßt!"

Seit der Zeit, da Gott zu finden und Heil nahe ist, bekommen die Worte „Gottlosigkeit" und „Unheil" einen neuen Klang. „Der Gottlose" ist nicht mehr der Mörder, Ehebrecher, Volksverräter oder Heide, sondern jeder, der Gott nicht dort sucht, wo er zu finden ist. „Unheil" ist nicht nur dort, wo Tod, Aussatz, Krankheit, Leid und Gefängnis herrschen, sondern überall, wo Gott nicht nahe, wo sein Heil nicht ist. Darum klingt aus den weit aufgerissenen Türen des Heils nicht nur der beseligende Ruf: „Kommet, kommet!", sondern gleichzeitig der uns durch Mark und Bein dringende Ruf: „Kehret um!" „Es verlasse der Gottlose seinen Weg ... und bekehre sich (kehre um) zu Jahwe!" Die Botschaft vom gegenwärtigen Heil macht Gottlose und Unheilsmenschen dort, wo sie vorher nicht waren, entlarvt Gottlosigkeit und Unheil dort, wo sie früher nicht empfunden wurden. Darum redet das Wort hier so unvermittelt den „Gottlosen" und den „Mann des Unheils" an, daß die Auslegung sich zu helfen versucht hat, indem sie den Text zerriß oder spätere Eintragung annahm. Die Enthüllung des offenen Weges zu Gott stellt vor die Notwendigkeit, unsere Wege zu verlassen, verlangt nicht nur, daß wir in uns gehen, an uns arbeiten, besser werden, sondern fordert völlige Umkehr.

(8–9) Denn so weit wie der Abstand des Himmels von der Erde ist Gottes Weg verschieden von Menschenweg, Gottes Heil und Gedanken verschieden von Menschengedanken. Wieder und wieder wollte Israel es nicht fassen, daß das Heil angebrochen sei und Gott sich zugewandt habe. Wenn die Herrschaft Gottes wirklich angebrochen wäre, müßten die Weltmächte stürzen, müßte die Gemeinde groß und herrlich sein, Macht und Herrschaft in dieser Welt bekommen. Dann müßte einer aus dem Volk selbst, ein irdischer Messias, es schaffen. Statt dessen war das Volk Gottes noch immer ein machtloses Häuflein, und Gott gebrauchte den Heidenkönig Cyrus zu seinem Gesalbten und den, den die Gemeinde abgelehnt und hingerichtet hatte, zu seinem Knecht. Statt daß das Gottesvolk in einer ungeheuren Buße sich erhoben, gereinigt und mit dem Ernst seiner Opfer und seiner Gesetzeserfüllung die Begnadigung verdient hätte, reißt Gott die Türen zu seinem Heil auf in einem Augenblick, da nicht nur beim Volk selbst keine Voraussetzungen für Erneuerung vorhanden, sondern auch in der Welt noch nichts von einem Anbrechen des Morgens zu spüren ist. Statt eines neuen, ernsteren Gesetzes, neuer Anspannung, neuer Forderungen bietet er das Heil umsonst an.

Wahrlich, die frohe Botschaft, die der Zweite Jesaja erstmalig verkündigte, war gleich einem Windstoß, der das niedrige Gewölk menschlicher Gedanken und Frömmigkeit zerriß und die Aussicht reinfegte, so daß der hehre Plan der Weltpolitik Gottes, der gewaltige Dom seiner Gedanken hereinblickte wie das unendliche blaue Himmelszelt, Menschengedanken und -wege davor so nichtig wurden wie flüchtige Nebelschwaden!

(10–11) Aber Gottes Gedanken und Wege sind nicht nur anders und manchmal ärgerlich für Menschengedanken, sie sind nicht nur heilig und darum Gericht für Menschengedanken. Gottes Gedanken und Wege sind auch erfolgreich und wirksam, während Menschengedanken und -wege vergeblich und machtlos sind. Der Träger der Gedanken Gottes, das Werkzeug seiner Weltpolitik, seines ewigen Planes ist das Wort. In seinem Wort wohnt eine unwiderstehliche Kraft, denn es kommt von ihm, ist sein Bote. Wie in der Regenperiode des Orients Schnee und Regen unaufhaltsam und unaufhörlich niederstürzen, so unaufhörlich gewaltsam und unaufhaltsam geht das Wort Gottes aus, wirkt und arbeitet. Wie im Orient nach der Regenperiode der Pflanzenwuchs auf den Feldern wunderhaft urwüchsig hervorbricht, so wohnt in dem Wort eine urwüchsige, lebenträchtige Kraft. Es ist „Brot" und „Samen" in eins, schafft Speise und zeugt Leben. Ja, indem Gottes Wort unaufhörlich aus seinem Munde geht, vollzieht sich die neue Schöpfung, erfüllt sich, was die Propheten geweissagt haben, verwirklicht sich sein verborgener Plan, der im Sterben seines Knechts sichtbar wurde. Das Wort kommt „nicht leer zurück". Die Weltpolitik Gottes kommt ans Ziel, bis daß es klingt: „Es ist vollbracht" (Joh. 19, 30; Jes. 44, 23; Ps. 22, 32). „Jahwes Plan war es, ihn zu zermalmen. Wenn er einsetzte als Schuldopfer sein Leben, sollte ... Jahwes Plan ... durch seine Hand gelingen", lasen wir 53, 10. „Nicht kehrt es zu mir leer zurück, es habe denn ausgeführt meinen Plan", heißt es vom Wort 55, 11. Beide Male ist derselbe Ausdruck gebraucht.

### 3. Das gegenwärtige Heil schenkt frohen Aufbruch

Das ewige Denkmal

Jes. 55, 12 – 13:

(12) **Denn in Freude sollt ihr ausziehen,**
**und in Frieden sollt ihr geleitet werden.**
**Die Berge und die Hügel**
**sollen ausbrechen vor euch her in Jubel,**
**und alle Bäume des Feldes**
**werden in die Hände klatschen.**
(13) **Anstelle von Dorngestrüpp werden Cypressen aufschießen,**
**anstelle von Steppenpflanzen werden Myrten aufschießen.**
**Und es wird geschehen für Jahwe zum Denkmal,**
**zu einer ewigen Inschrift, die nicht ausgelöscht wird.**

(12 – 13 a) Von altersher war es Israels Hoffnung, daß ein Retter aus dem eigenen Volk erstehen und es zu Größe und Freiheit führen würde. Als Aufstand oder Revolution, vielleicht zusammen mit Aufständen anderer unterdrückter Völker, mochte es sich die Befreiung aus Babel gedacht haben; oder – da es so machtlos war – kam wohl nur heimliche Flucht unter unsäglichen Beschwerden und Ängsten in Frage. Ob blutiger Aufstand oder ängstliche Flucht – in jedem Fall wäre es Menschenwerk und Menschenweg mit seinem Fluch und seiner Angst gewesen. Aber ganz anders ist Gottes Weg. Nicht als sorgenvolles Wagnis soll der Aufbruch aus Babel vor sich gehen, sondern festlich wie eine Prozession, umbraust von einem Chor der Freude wie ein Gottesdienst, eingehüllt in eine Wolke von Frieden.

Der Aufbruch der Gemeinde soll die ganze Schöpfung mitreißen in Freude. Nach immer neuen, stärkeren Ausdrücken ringt unser Wort. Diese Freude soll das erhabene Schweigen der Bergriesen, die von Urzeit an stumm waren, zerreißen und den stummen Felsen Stimme verleihen. Sie soll der von Urzeit an gefesselten Pflanzenwelt, den bewegungslos starrenden Wäldern die Arme lösen, daß sie „in die Hände klatschen", nicht vom Sturm, sondern von Freude geschüttelt mit den Zweigen aneinanderschlagen. Diese Freude soll die seit dem Sündenfall zu Unfruchtbarkeit verfluchte Steppe vom Fluche lösen und entbinden, daß sie der Dornen und des Steppengewächses vergißt und in Cypressen, Myrten und Edelpflanzen sich in paradiesischer Fruchtbarkeit entlädt – auch eine Unfruchtbare, die gebären darf! Der Auszug des Volkes Israel aus Babel unter den wunderbaren Umständen, die Gott schickt, soll Beginn der einbrechenden Heilszeit, ja mehr: Wahrzeichen der angebrochenen Herrschaft Gottes sein. Darum der Jubel der ganzen Kreatur. Sie ahnt in diesem Auszug das Ende ihres Leides.

(13 b) Die orientalischen Herrscher pflegten sich Pyramiden, Säulen, Denksteine in Riesengröße zu errichten und darin ihre Taten einzugraben. Diese nach Tausenden von Fußen zählenden Pyramiden sind ein Raub der Wüste und des Sandes geworden; Säulen und Steine sind durch den Gang der Geschichte unter der Erde vergraben, ob sie schon reden sollten, ins Reich des Schweigens gebannt. Der Herrscher Himmels und der Erde hat sich nicht eine nach Tausenden von Fußen zählende Pyramide, sondern ein kleines Völkchen von Menschen zum Denkstein ersehen und seine Taten nicht in Stein, sondern in Menschenherzen gegraben. Der Auszug dieses Volkes aus dem geschichtlichen Tode ins Leben ist ein Zeugnis von Gottes Sieg über die Welt, das nicht verstummen wird, nicht ausgelöscht werden kann, wenn längst alle Inschrift, die in Stein gehauen ist, von Sonne und Regen getilgt wurde. So endigt unser Buch mit dem Ausblick auf das ewige „Denkmal" (im Hebräischen ist es dasselbe Wort wie „Ruhm" oder „Name"). Einen „Ruhm" oder „Namen" hatte die Menschheit einst sich selber errichten wollen, als sie Babel baute (1. Mose 11, 1–9). Einen „Ruhm" oder „Namen" errichtet Gott sich, indem er Babel besiegt und sein Volk aus Babel herausholt.

## *Theologische Besinnung*

Das erste Kapitel offenbarte uns den Knecht als Streiter, Schwert und Licht, das zweite als Zusprecher, Hirten und Seelsorger, das dritte als unsern Priester und gleichzeitig unser Opferlamm. Es stellte uns vor das Lamm Gottes und damit an die Wegkreuzung, an der viele, die bis dahin noch mitkonnten, Christus verlassen oder aber die Gestalt Jesu umzudeuten versuchen, obgleich gerade an diesem Punkt sich die Tür auftut, die das Reich Gottes aus einer Sache für wenige Bevorzugte zu einer Möglichkeit für „die Vielen", das heißt für alle macht.

### I.

Wegen des Lammes wenden sich heute die Einen mit Empörung vom Christentum ab. „Sein Bild sanften, untätigen Duldens und Leidens ist für heldisches Empfinden untragbar, den nordischen Völkern wesensfremd. Es ist Ausgeburt der Schwachheit seelisch minderwertiger Völker, die durch dies weichliche Bild, das sie auf die Fahne geschrieben haben, das Mark der harten nordischen Rasse erweichen. Das Bild des Dulders ist nicht nur für die nordische Rasse, sondern überhaupt für den Mann unerträglich, darum könnte Christentum höchstens noch eine Sache für Frauen sein" – sagt man, wobei gar nicht beachtet wird, daß das Bild des Dulders ganz zuerst für die semitische Rasse untragbar war.

Aber ist das Lamm Gottes wirklich Bild der Schwachheit und Weichheit? Läßt sich eine unerschütterlichere Festigkeit denken als der Knecht, der sein Angesicht wie Kieselstein gemacht hat und allein wider eine Welt steht? Läßt sich schonungslosere Härte gegen sich selbst, unerbittlicheres Festhalten an seiner Sendung, stählernerer Mut vorstellen als der Mut, mit dem der Knecht, mit der Schuld der ganzen Menschheit beladen, vor den tritt, vor dem der König unter den Propheten ausruft: „Ich vergehe" (Jes. 6, 5)? Gibt es eine schonungslosere Unerbittlichkeit als die, mit der der Knecht, von allen allein gelassen und abgelehnt, ohne rechts und links zu blicken, ohne zurückzuweichen, in den Konflikt hineingeht, aus dem es kein Heraus gibt, und dabei nicht Gesundheit, Ansehen, Vermögen, sondern sein ganzes Sein daransetzt? Ist das nicht ein Bild aus Stahl und Eisen?

Die, die das Lamm Gottes als etwas Verächtliches oder Weichliches ablehnen, müssen entweder falsch gesehen haben und es nicht kennen, oder aber mit oder ohne Wissen an dem Lamm Gottes etwas anderes ablehnen, als sie angeben. Denn, wo sie Weichheit sehen, finden andere das Bild letzten Heldentums. So haben vielleicht die recht, die Christentum als Religion des Heldentums hinstellen? Sie machen der Kirche den Vorwurf, daß sie schuld sei, wenn die Vielen – und gerade die nordischen Völker und die Männer – sich von Christus abwenden. Die Kirche, sagt man, hat das stählerne Bild des Helden Christus mit der diamantenen Stirn verdunkelt und verfälscht. Er ist in Wirklichkeit der bis zum Tode getreue Kämpfer, das Vorbild aller Helden, der uns aufruft, ihm nachzufolgen und auch bis zum Tode getreu unser Leben in die Schanze zu schlagen. Das gäbe eine unbesiegbare Phalanx, einen auf Leben und Sterben verbundenen, unüberwindlichen Todes- oder Stoßtrupp, wenn die Schar der Helden, die ihr Leben nicht liebhaben, Christus nachstürzen und hinter ihm her die Festungen des Bösen und Faulen in der Welt stürmen würde. – Diese Auffassung Jesu spiegelt sich in einem alten Spruch oder vielmehr in dem heutigen Verständnis des Spruches: „Das tat ich für dich. Was tust du für mich?"

Doch sollten die ersten, die das Lamm Gottes ablehnten, wirklich so völlig blind gewesen sein? Sollte die Kirche wirklich die Macht besessen haben, dieses stahlblitzende Bild des Heldentums zu verkehren? Wenn Jesus wirklich dieser nordische Held gewesen wäre, würden ihm doch die Herzen der Männer und der nordischen Völker von selber entgegenschlagen. Wenn sie aber das Lamm Gottes trotz seiner beispiellosen Hingabe ablehnen, muß an ihm etwas sein, was zu dem Idealbild des Helden nicht paßt. Sind nicht am Ende die Verkünder des heldischen Christentums selbst dabei, zu tun, was sie der Kirche vorwerfen: das gefährliche Bild des Christus zu verdunkeln, sich vor dem Lamm Gottes, das ihr Heldentum bedroht, die Augen zuzuhalten? Haben am Ende die, die das Christentum um des Lammes willen ablehnen, klarer gesehen als die, die Christus begeistert als ihrem Vorkämpfer nachfolgen, nur daß Erstere sich nicht bewußt sind oder nicht zugeben, weswegen sie das Lamm ablehnen?

## II.

Die das Lamm ablehnen, haben beim Anblick Jesu etwas von dem gespürt, was durch das Bekenntnis des 53. Kapitels des Jesaja klingt. Das Bild des Lammes in seiner Erniedrigung und Erhöhung ist furchtbarer Umsturz, der umwälzendste, der je in der Geschichte stattgefunden hat, Umsturz, der alle Throne umkehrt, Umwertung aller Werte bringt. Das Bild des Erniedrigten und Erhöhten enthüllt schonungslos, daß dort, wo Menschenaugen nichts von Größe sahen, die gewaltigste Größe, die Größe des Herrn Himmels und der Erde, war. Was muß dann wohl dort sein, wo Menschenaugen Größe sehen? Vor seiner Größe erweist sich, daß alles, was wir groß nennen, vor der Ewigkeit nichts ist. Darum die staunenerregende Wendung im Leben des Knechts vom Verbrecher, auf den die Mächtigen dieser Erde herabsehen, zu dem über alle Höhen Erhöhten, vor dem die Gewaltigen und Großen verstummen und im Staube liegen. Das Bild des Lammes ist für den Menschen, der groß sein will, gleichviel ob semitischen oder nordischen Blutes, untragbar, weil es seine Größe zermalmt.

Doch der Grund zur Ablehnung liegt noch tiefer. „Ein Bild der Lebensminderung, von dem Niederbruch ausgeht, ist das Bild des Gekreuzigten und Sterbenden" – sagen sie, ohne zu merken, daß sie sich selbst widersprechen, wenn sie an dem Bilde, das sie für weichlich und unmännlich erklärt hatten, das Grausige, Tödliche ablehnen, das Lebenmindernde, das Leiden und das Sterben. Wir würden es nicht zum Anlaß nehmen, ihn abzulehnen, es würde uns als die Starken, die wir sein wollen, höchstens zum Mitleid rühren, wenn wir nicht ahnten, daß hinter diesem Leiden ein furchtbares Zorngericht steht, daß dies Zorngericht die geradlinige Fortsetzung unseres Weges, die unausbleibliche Frucht unseres Lebens, das Verhängnis unserer Selbstherrlichkeit und Gottesferne ist. Beim Anblick seines Sterbens bleibt es nicht bei der Ahnung.

Sterbend zieht er unserem Elend den Schleier ab und enthüllt Zug für Zug unsere Erbärmlichkeit. Er findet den Tod an denen, in denen wir uns selbst und unsere Menschlichkeit Zug für Zug wiedererkennen. Das Lamm, das erwürget ist, stellt uns vor unsere Sünde: „Seht, was ihr angerichtet habt!" und vor den schrecklichen Zorn Gottes: „Seht, was ihr verdient habt!" Das eine so wenig wie das andere hält der Mensch aus, der nordische Mensch ebensowenig wie der orientalische, der Mann ebensowenig wie die Frau.

Das Bild des Knechts, der nicht widerschalt, als er gescholten wurde, seinen Mund nicht auftat wie ein Lamm, das zur Schlachtbank geführt wird, das Bild dessen, von dem sein Volk abrückte, der in schrecklicher Einsamkeit schonungslos und unerbittlich sein Leben einsetzte für die, die ihn bespieen, enthüllt Liebe und Gehorsam in einer Tiefe und Größe, vor der menschlicher Gehorsam und menschliche Liebe, menschlicher Mut und Gemeinsinn in ihrer Unzulänglichkeit und Eigensüchtigkeit offenbar werden. „Wir allesamt gingen ... in der Irre, jeder seinem eigenen Wege waren wir zugewendet." Vor dieser schonungslosen Liebe, diesem unerbittlichen Gehorsam verwandelt sich der Sinn jenes alten Spruches: „Das tat ich für dich. Was tust du für mich?" in einer Weise, die all unsere Vorstellungen vom heldischen Christus und unserer Heldennachfolge bestürzt. „Das tat ich für dich. Was tust du für mich?" Das heißt: „Was könntest du für mich tun? Was wagtest du wohl noch für mein Reich zu tun?" „Solltest du dein Leben für mich lassen? ... Der Hahn wird nicht krähen, bis du mich dreimal habest verleugnet" (Joh. 13, 38). „Ich aber habe für dich gebeten, daß dein Glaube nicht aufhöre" (Luk. 22, 32).

Vor dem Lamm Gottes, das uns richtet und den Siegesruf ausstößt: „Es ist vollbracht!", vor dem die Dämonen flüchten, verstummt der Mensch, der groß, herrlich und fromm sein wollte, verkriecht sich unser alter Mensch; denn er liest seinen eigenen Namen am Kreuz, und einer, der zu Tode verurteilt ist, kann sich nicht mehr blicken lassen. Vor dem Lamm Gottes windet sich unser Ich im Todeskampf und entrinnt nicht dem Tode. Vor dem Lamm Gottes jubelt beklommenen Herzens unsere Sehnsucht nach Gott, denn er hat es für uns vollbracht. Das Alte liegt hinter uns und gehört der Nacht an, denn er hat es abgetan. Wir selbst liegen hinter uns, unerträglich für die, die es selber vollbringen wollen, herrlich für die, die erfuhren, daß sie es selber nicht vollbringen können.

## III.

Weil Christus nicht nur Schwert und Streiter, nicht nur Lehrer, Vorbild und Held ist, der uns anfeuert, sondern das Lamm Gottes, das unserem Ich die Lebensberechtigung fortgenommen hat und für uns vor Gott steht, es für uns vollbringt, darum ist das Reich Gottes nicht für die Bevorzugten, sondern für die Hungernden und Dürstenden, Müden und Unmündigen, nicht für die Wenigen, sondern für „die Vielen" da. Vor dem Lamm Gottes, an dem Punkt, wo so viele nicht mehr mitkönnen und sich trennen, tut sich uns der Weg auf ins Reich Gottes in seiner dreifachen Seligkeit.

Es ist fürs erste der Weg ins große Volk. Wir sahen, daß alle menschliche Gemeinschaft von der Ehegemeinschaft bis zur Volksgemeinschaft vergiftet ist durch unsere Gebundenheit an uns selbst, sei es als Ichsucht, sei es als Blindheit für den andern. Wir sahen auch, daß die Wurzel dieser Gebundenheit an uns selbst — in Liebe zu uns oder Sorge um uns — das Zerfallensein mit Gott ist. Ohne Versöhnung mit Gott, ohne Reichsein durch Gott, ohne Geborgensein in Gott, ohne Wissen: „Ich bin geliebt bei Gott", muß das Herz sich selber lieben, um sich selber sorgen, für sich selber kämpfen und mit dem Bruder zusammenstoßen, der ebenso sich selber liebt, um sich selber sorgt und für sich selber kämpft. Das Leben gleicht dem irren Lauf der Herde Schafe in die Wüste, bei dem sie sich gegenseitig stoßen. Aber wie das Fronterlebnis, gemeinsame Not im Schützengraben Kameraden macht, gemeinsame Zeugung und Geburt, gemeinsam erfahrene Vatersorge und Mutterliebe Geschwister macht, — ebenso, nur noch in einem tieferen Sinne zu Kameraden, Geschwistern und Volksgenossen macht uns das gemeinsame Stehen vor dem Lamm, auf das Gott treffen ließ unser aller gemeinsame Schuld, das gemeinsame Schuldigwerden vor Jesus und die gemeinsame Besprengung durch das Lamm, das uns vergibt, die gemeinsame Geburt aus dem Nichts durch das Wunder seines Geistes. Das Lamm ist die Tür, durch die wir aus der Einsamkeit ins große Volk der Kinder Gottes kommen, das die ganze Erde umfaßt. Die neue Gemeinschaft der Kinder Gottes ist die erste Gestalt der Herrlichkeit, die uns das Lamm aufschließt.

Das zweite Merkmal der Herrlichkeit ist der Neue Bund, der tiefe, unerschütterliche Friede mit Gott, aus dem eine neue Stille in unserem Gewissen aufquillt, der uns von der Sorge um uns selber freimacht füreinander. Solange wir selber uns die Stille unseres Gewissens erringen, den Frieden mit Gott erkämpfen mußten, konnte es nie Friede werden. Unser Leben war ein Schwanken zwischen Zufriedenheit, die auf Selbsttäuschung, und Verzweiflung, die auf unserer Sehnsucht, groß zu sein, beruhte. Weil alle Zufriedenheit mit uns selbst nur vorübergehende Täuschung, darum war auch alles, was wir Frieden nannten, gleich dem Glück jener Städte am Vulkan, deren Reste heute aus der Asche des Vesuv gegraben werden, bis der kam, der unser Friede ist. Das Lamm, das erwürget ist, verkündigt uns einen Frieden, der über dem Opfer seines Lebens geschlossen wurde.

Hier versagen unsere Begriffe. Wir erfassen nur noch die über dem erwürgten Opferlamm uns dargereichte Friedenshand Gottes. Hoch über allem menschlichen Irren und Bemühen, dort, wo sie durch nichts verschüttet werden kann, ist die Quelle unseres Friedens aufgesprungen und fließt unaufhörlich in unser Leben, wenn wir zu ihm kommen und bei ihm bleiben. Das ist Friede, um den wir nicht mehr zu bangen brauchen, der sich nicht als Täuschung erweisen kann. Denn er ist nicht unserer vermeintlichen Gerechtigkeit, sondern unserer Verlorenheit, nicht den Gerechten, die einmal entlarvt werden, sondern den bloßgestellten Sündern geschenkt, nicht auf unsere Frömmigkeit und Sittlichkeit, die zuschanden wird, gegründet, sondern auf Gottes Gerechtigkeit, die wie ein Riesengebirge den neuen Weltlauf trägt und bleibt, wenn Hügel und Berge wanken, Himmel und Erde vergehen.

Die dritte Gestalt der Herrlichkeit, zu der uns das Lamm die Tür aufschließt, ist das Erbteil der Heiligen im Licht. Gott „wohnt in einem Licht, da niemand zukommen kann" (vgl. 1. Tim. 6, 16; Kol. 1, 12; Eph. 1, 18). Wie sollten wir in diesem Licht wohnen?! Aber der Knecht, der, aus dem Tode entronnen, sich satt sieht an (diesem) Licht, hat gesagt: „Wo ich bin, dort soll mein Diener auch sein" (Joh. 12, 26). Darauf gründet sich unsere Gewißheit, daß wir in diesem Licht wohnen, wie er Schüler und Knechte Gottes sein und in der Stadt bleiben dürfen, die erfüllt ist von seinem Licht, so daß es aus ihr herausblitzt und funkelt und noch ihre äußersten Grenzbezirke voll sind von Licht.

Das große Volk, der ewige Friede, das Erbteil der Heiligen im Licht, – dieses Heil, das durch den Tod Jesu uns begründet und aufgeschlossen ist, bietet sich uns an umsonst, sofern wir Bettler sind, ruft uns zur Umkehr, sofern wir reich, schließt uns zum Aufbruch auf, sofern wir Gefangene sind. Das Heil in Jesus stellt all unsere Menschengedanken auf den Kopf, läßt uns aber, sofern wir hungrig sind, unter dem Schatten seiner Vergebung schon hier auf Erden an dem großen, ewigen Gemeinschaftsmahl teilnehmen im Abendmahl, in dem wir die Früchte seines Sterbens, die wir einst schauen werden, Friede und Rechtfertigung glaubend schmecken dürfen.

Im Lamm Gottes enthüllt sich so, daß Menschenweisheit davor zunichte wird, die Weltpolitik Gottes.

## Nachwort

Die hier vorgetragene und von mancher Seite beanstandete Behandlung des Deuterojesajabuches als Einheit, die die Gottesknechtslieder in sich befaßt, wird neuerdings von verschiedenen Seiten erkannt: von theologischen Gesichtspunkten aus durch M. Schmidt („Prophet und Tempel", 1948, S. 222 ff. und 273), von literarkritischen Gesichtspunkten aus durch Aage Bentzen, von religionsgeschichtlichen aus durch Engnell und Gyllenberg (cf. Aage Bentzen, „Messias Mose redivivus Menschensohn", 1948, S. 45 ff. und 55 ff.).